本研究得到国家社会科学基金资助
批准号：10BKG005

吴越文化比较研究

张敏 著

南京出版传媒集团
南京出版社

图书在版编目（CIP）数据

吴越文化比较研究 / 张敏著. -- 南京 : 南京出版社, 2018.4

ISBN 978-7-5533-2176-9

Ⅰ. ①吴… Ⅱ. ①张… Ⅲ. ①地方文化 – 对比研究 – 华东地区 Ⅳ. ①G127.5

中国版本图书馆CIP数据核字（2018）第054452号

书　　名：吴越文化比较研究
作　　者：张　敏
出版发行：南京出版传媒集团
南　京　出　版　社
社址：南京市太平门街53号　　邮编：210016
网址：http://www.njcbs.cn　　电子信箱：njcbs1988@163.com
天猫1店：https://njcbcmjtts.tmall.com/　　天猫2店：https://nanjingchubanshets.tmall.com/
联系电话：025-83283893、83283864（营销）　025-83112257（编务）
出 版 人：项晓宁
出 品 人：卢海鸣
责任编辑：余　力　谢　微
装帧设计：姜　嵩　王　敏
责任印制：杨福彬
排　　版：南京新华丰制版有限公司
印　　刷：南京玉河印刷厂
开　　本：787 毫米 ×1092 毫米 1/16
印　　张：20.5
字　　数：320 千字
版　　次：2018 年 4 月第 1 版
印　　次：2023 年 6 月第 2 次印刷
书　　号：ISBN 978-7-5533-2176-9
定　　价：88.00 元

目　录

下编　考古篇

绪　论

开宗明义，《吴越文化比较研究》的研究对象是“吴越文化”，研究方法是“比较研究”。

“比较”是人类认识事物的基础，也是人类认识、辨别、区别事物异同最常见、最基本的思维方法，因此“比较”是判断、选择和确认事物的基本方法之一。

文化的核心内涵既包括精神文化，也包括物质文化，吴越文化亦然；历史文化的产生必然有其特定的文化传统和历史渊源，必然有其特定的文化氛围和外部环境，吴越文化亦然；历史文化必然有其产生、发展、繁荣、衰落、衰亡的全过程，吴越文化亦然。

吴越文化研究的终极目标是全面、客观、科学地揭示吴越文化产生、发展、繁荣、衰落、衰亡的全过程，然达到这一终极目标，任重道远。

吴越“接土邻境”，吴越为“仇雠敌战之国”，春秋战国之际吴越相互征伐，文化也相互交织，因此吴越文化既有共性，亦有异性。

吴越文化比较研究的研究目的是比较吴越文化的异同，根据出现的文化现象探讨其产生的文化背景，而不是全面、客观、科学地揭示和阐释吴越文化产生、发展、繁荣、衰落、衰亡的全过程。

西周时期的吴越都是偏居东南一隅的蕞尔小邦；春秋时期的吴越都不受周代礼制的羁束而称王；春战之际的吴越先后崛起，一跃成为军事强国而称霸诸侯。《荀子·王霸》：“故齐桓、晋文、楚庄、吴阖闾、越句践，是皆僻陋之国也，威动天下，强殆中国，无它故焉，略信也。是所谓信立而霸也。”

阖闾为春秋末霸，句践为战国首霸，吴越在中国历史上谱写了一段可歌可泣的华丽篇章。

吴越文化的研究从东汉至明清始终是一个诱人的课题，研究成果也层出不穷；自 1936 年“吴越史地研究会”成立以来[1]，有关吴越文化的考古与研究已不间断地进行了 80 年。

吴国的历史可追溯到“太伯奔吴”。《史记·吴太伯世家》：“吴太伯，太伯弟仲雍，皆周太王之子，而王季历之兄也。……太伯之奔荆蛮，自号句吴。荆蛮义之，从而归之千余家，立为吴太伯。”然“太伯奔吴”之说疑窦颇多，殆为春秋时期吴、越等南方蛮夷国家为争当中原霸主、寻求华夏正统而出现的“冒荫现象”。

吴国的历史始于西周早期，终于春战之际。《史记·吴太伯世家》“是时周武王克殷，求太伯、仲雍之后，得周章。周章已君吴，因而封之……列为诸侯”；《左传》哀公二十二年（前 473）“越灭吴”。

吴国自周章至夫差有完整的世系。

越国的历史可追溯到夏。《史记·越王句践世家》“越王句践，其先禹之苗裔，而夏后帝少康之庶子也。封于会稽，以奉守禹之祀。文身断发，披草莱而邑焉。后二十余世，至于允常”；《越绝书·记地传》“昔者越之先君无余，乃禹之世，别封于越，以守禹冢。……无余初封大越……千有余岁而至句践。……越王夫镡以上至无余，久远，世不可纪也”。

越国自无余至夫镡的世系不见史籍，越国早期的历史和世系十分渺茫。

越国的历史始于西周早期，终于战国中期。《尚书·顾命》“（成）王崩……越玉五重……在西序”；今本《竹书纪年》“（周成王）二十四年，于越来宾”；《竹书纪年》：周显王“三十六年（前 333），楚围齐于徐州，遂伐于越，杀无强”；《史记·越王句践世家》“楚威王兴兵而伐之，大败越，杀王无强，尽取故吴地至浙江”。

---

1. 卫聚贤《吴越考古汇志》，《说文月刊》1940 年 1 卷合订本；荣亮《吴越史地研究会之成立》，《档案与建设》2009 年第 8 期。

越国自允常以下虽有较完整的世系，但历史文献的记载有较大的出入。

吴越分属不同的文化民族，有着不同的文化渊源。吴越文化的发展轨迹异源殊途：吴文化来源于以陶鬲为主要炊器的湖熟文化，越文化来源于以陶鼎为主要炊器的马桥文化，吴属东夷族群的一支，位于东夷民族文化区的最南端；越属百越族群的一支，位于百越民族文化区的东北部。

春秋时期的吴国和越国分属不同的政治集团。夏商至西周时期，由于华夏族群与东夷族群的逐渐融合，主要社会矛盾已转化为华夏、东夷联盟的北方集团和苗蛮、百越联盟的南方集团；春秋时期，周王室的衰微，众多的诸侯国逐渐分化为以晋国为首的“北方国家集团”和以楚国为首的“南方国家集团”。

晋联吴制楚。《左传》成公七年（前584）：“巫臣请使于吴，晋侯许之。吴子寿梦说之。乃通吴于晋。……与其射御，教吴乘车，教之战陈，教之叛楚。……吴始伐楚，伐巢、伐徐。……蛮夷属于楚者，吴尽取之，是以始大，通吴于上国。”吴属晋国为首的北方国家集团，成为长江以南唯一属于北方国家集团的南方国家，成为北方国家集团楔入楚越中心地带的一支不可或缺的重要政治力量，吴先后灭巢、灭徐，伐楚、伐越，入郢、败越，终为越所灭。

楚联越制吴。《春秋》昭公五年（前537）：“冬，楚子、蔡侯、陈侯、许男、顿子、沈子、徐人、越人伐吴。”越属楚国为首的南方国家集团，随楚伐吴；战国之初，越灭吴后会诸侯于徐州，横兵于江淮东后又徙都琅邪，北伐齐鲁，成为南方国家集团征伐北方国家集团的重要先遣力量；战国中期越兴师伐齐、伐楚，与中国争强，终为楚所灭。

吴越文化既有共性，又存在异性。《吕氏春秋·知化》“夫吴之与越也，接土邻境，壤交通属，习俗同，言语通”；《越绝书·纪策考》“吴越为邻，同俗并土”；《吴越春秋·夫差内传》“吴与越，同音共律，上合星宿，下共一理”。

吴国与越国“接土邻境”“同俗并土”“同音共律”，吴越文化的共性是显而易见的。

吴国语言属古夷语，越国语言属古越语，吴越语言与华夏语言分属不同的语族，存在着极大的差异；吴人越人都“断发文身”，没有“身体发肤，受之父母，不敢毁伤，孝之始也”的观念；吴越都是“男女同川而浴”，没有“男女授受不亲，礼也”的礼俗；吴越没有庙号或谥号，虽然僭越称王，然吴王、越王都直呼其名，显然不合礼仪……

因春战时期战争频繁和吴越所处的地理环境等原因，吴越都有一种与生俱来的“生存恐惧感”。《国语·越语》：“夫吴之与越也，仇雠敌战之国也。三江环之，民无所移，有吴则无越，有越则无吴，将不可改于是矣。”

因吴越的“生存恐惧感”，从而演绎了跌宕起伏的“吴越春秋”。

西周时期吴国与越国分属不同的族群，有着不同的文化来源；春秋时期的吴国属以晋国为首的北方国家集团，越国属以楚国为首的南方国家集团，吴越分属不同的国家集团，吴越文化差异性也是显而易见的，最典型的是吴越礼制。

吴没有自身的礼仪系统，春秋晚期的吴国为融入中原主流社会而努力学习和仿效周礼，但往往表现得不伦不类而陷入茫然；越有不同于中原体系的礼制——“越礼”，因政治的需要也努力学习周礼，但仍顽强地保持自身的文化习俗和文化传统，因此在吴越文化的遗存上表现出强烈的反差。

吴越历史波澜壮阔，吴越文化源远流长。吴越文化的研究虽然取得长足的进展，但仍留有许多亟待解决的问题。

因此，吴越文化比较研究的重点是吴越文化差异性的比较研究。

吴越文化比较研究分为上、下两编，上编侧重于历史文献，根据先秦两汉历史文献的记载对吴越文化进行梳理；下编侧重于文化遗存，由于本研究所引用的考古材料均已公开发表或正式出版，故对考古学文化遗存仅作简要的介绍并与历史文献进行互证。

在吴越文化比较研究中，历史文献和文化遗存是吴越文化比较研究的基础，既不可或缺，亦不可偏废。

吴越文化的比较研究立足于历史文献和考古资料，应用“二重证据法”和“比较研究法”而不拘泥于传统的考古学研究方法，通过吴越文化差异性的比较研究，为探求吴越文化发生、发展、繁荣、衰落直至衰亡的历史进程而进行的一项基础性研究。

第一节 时空范畴

吴越文化是长江下游的地域文化，吴越文化是吴国先民和越国先民在吴国和越国立国至灭国期间内所创造的精神文化和物质文化，吴越文化即吴越建立国家之后至国家灭亡之前由吴国先民和越国先民创造的精神文化和物质文化。

吴越文化不是“广义的吴越文化”[1]，吴越文化既不包括吴越立国之前的“先吴文化”[2]和“先越文化”[3]，也不包括时空范畴无限外延的“吴地文化”[4]和“越地文化”[5]。

1. 董楚平《吴越文化概述》，《杭州师范学院学报》2000年第2期；董楚平等《广义吴越文化通论》，中国社会科学出版社，2012年。

2. 刘绪《略谈“湖熟文化”研究的定量分析和“先吴文化”称谓问题》，《东南文化》1990年第5期；杨宝成《关于湖熟文化研究中的两个问题》，《东南文化》1990年第5期；王文钦《太湖流域先吴文化琐谈》，《苏州大学学报》1996年第4期；王健《略论吴地的古人类活动和原始居民》，《学海》2005年第6期。

3. 李家和《越文化初论》，《江西历史文物》1981年第3期；刘诗中《华南新石器时代遗存与先越文化》，《南方文物》1995年第3期；汪济英《越史琐议》，《浙江学刊》1991年第1期；孟文镛《越国史稿》，中国社会科学出版社，2010年。

4. 叶文宪《吴地文化发展概述》，《铁道师院学报》1991年第3期；潘力行、邹志一主编《吴地文化一万年》，中华书局，1994年；戈春源、叶文宪《吴国史》，人民出版社，2001年；罗宗真《吴地文化研究之我见》，《苏州科技学院学报（社会科学版）》2004年第3期；吴恩培《〈左传·定公六年〉“吴大子终累”解析——兼及吴地文化的历代叠加与层累》，《学术界》2009年第5期。

5. 丁家钟、贺云翱《长江文化体系中的吴越文化》，《南京大学学报（哲学·人文科学·社会科学）》1998年第4期；董楚平《吴越文化概述》，《杭州师范学院学报》2000年第2期；徐国保《吴文化的根基与文脉》，东南大学出版社，2008年；顾琅川《越地环境与越文化复杂内涵之生成》，《绍兴文理学院学报（哲学社会科学）》2006年第1期；朱志勇《越文化精神论》，人民出版社，2010年。

时间和空间是事物的两种最基本的运动形式，静止是相对的，变化是永恒的，因此，吴越文化的历史是动态的，吴越的疆域也是不断变化的。

然而，历史总是在一定空间展开的，“地理是历史的舞台，历史即地理之骨相” ，进行吴越文化比较研究，既要注重历史性、民族性，也应注重其地域性。

吴越文化是在特定时间和特定空间内的精神文化和物质文化，因此进行吴越文化的比较研究，首先需厘清的是吴越文化的时空范畴。

一、时间范畴

吴越文化的时间范畴即吴越文化的起讫时间。

吴越文化的时间范畴既包括吴越立国至灭国的全过程，也包括吴越文化的发生、发展、衰微直至灭亡的全过程。

吴的发端可追溯到太伯奔吴。《史记·吴太伯世家》 “吴太伯，太伯弟仲雍，皆周太王之子，而王季历之兄也。……太伯之奔荆蛮，自号句吴。荆蛮义之，从而归之千余家，立为吴太伯”；《吴越春秋·吴太伯传》“吴之前君太伯者，后稷之苗裔也。……古公三子，长曰太伯，次曰仲雍，雍一名吴仲，少曰季历。……古公病，二人讬名采药于衡山，遂之荆蛮。断发文身，为夷狄之服，示不可用。古公卒，太伯、仲雍归，赴丧毕，还荆蛮。国民君而事之，自号为句吴” 。虽然《史记》与《吴越春秋》言之凿凿，然太伯奔吴之说，疑窦颇多。

吴的历史可上溯到周武王封周章。《史记·吴太伯世家》：“是时武王克殷，求太伯仲雍之后，得周章。周章已君吴，因而封之。”

吴的崛起始于吴王寿梦。《左传》成公七年（前 584）“蛮夷属于楚者，吴尽取之，是以始大，通吴于上国”；《史记·吴太伯世家》 “寿梦立而吴始益大，称王。……吴于是始通于中国” 。

吴的称霸始于吴王阖闾。《越绝书·吴地传》：“阖闾之时，大霸……徙治胥山。……吴王大霸，楚昭王、孔子时也。”

吴亡于吴王夫差。《左传》哀公二十二年（前 473） “冬，越灭吴”；

今本《竹书纪年》：元王四年，“于越灭吴”；《国语·越语》“范蠡不报于王，击鼓兴师以随使者，至于姑苏之宫，不伤越民，遂灭吴”；《越绝书·九术》“越乃兴师伐吴，大败之于秦余杭山，灭吴，禽夫差，而戮太宰嚭与其妻子”。

吴国的历史始于周武王，终于越灭吴，经历了西周和春秋时期。

越的发端可追溯夏少康庶子无余。《史记·越王句践世家》“越王句践，其先禹之苗裔，而夏后帝少康之庶子也。封于会稽，以奉守禹之祀。文身断发，披草莱而邑焉”；《越绝书·记地传》“昔者越之先君无余，乃禹之世，别封于越，以守禹冢。……无余初封大越……千有余岁而至句践。……越王夫镡以上至无余，久远，世不可纪也”；《吴越春秋·越王无余外传》“少康恐禹祭之绝祀，乃封其庶子于越，号曰无余。……无余传世十余，末君微劣……禹祀断绝”。

越的历史可上溯到周成王时期。《尚书·顾命》“成王将崩……越玉五重……在西序”，马融注“越玉，越地所献玉也”；《古本竹书纪年》：成王二十四年“于越来宾”；《论衡·异虚篇》“周时，天下太平，越尝献雉于周公”。

《史记·周本纪》“武王即位，太公望为师，周公旦为辅……周公行政七年，成王长，周公反政成王，北面就群臣之位”；《越绝书·吴内传》“武王封周公，使傅相成王。……周公乃辞位，出，巡狩于边一年。……周公反国，天应之福。五谷皆生，树木皆起，天下皆实。此周公之盛德也”。周公辅政始于武王，行政七年后返政成王，越献雉于周公当在返政之后，即越向周献玉、献雉均在成王时期。

越的兴霸始于越王允常、句践。《左传》哀公二十二年（前473）“冬，越灭吴”；《史记·越王句践世家》“允常之时，与吴王阖庐战而相怨伐。……句践已平吴，乃以兵北渡淮，与齐、晋诸侯会于徐州，致贡于周。……当是时，越兵横行于江淮东，诸侯毕贺，号称霸王”；《吴越春秋·越王无余外传》“夫谭生元常，常立，当吴王寿梦、诸樊、阖闾之时。越之兴霸自元常矣”；《越绝书·记地传》“夫镡子允常，允常子句践，大霸称王，徙琅邪”。

越或亡于楚威王杀越王无强。《今本竹书纪年》：周显王"三十四年，于越子无强伐楚。……三十六年（前 333），楚围齐于徐州，遂伐于越，杀无强"；《史记·越王勾践世家》"楚威王兴兵而伐之，大败越，杀王无强，尽取故吴地至浙江"。

越或亡于秦王翦降越君。《史记·秦始皇本纪》：二十五年（前 222）"王翦遂定荆江南地，降越君，置会稽郡"。

越国的历史始于周成王，终于楚灭越或秦灭越，经历了西周、春秋和战国时期。

吴越皆始于西周早期，吴终于春战之际（前 473），越终于战国时期（前 333 年或前 222），越国的历史长于吴国。

二、空间范畴

空间范畴即地理空间。

吴越文化的空间范畴即吴越疆域，亦称地望。吴国和越国的疆域并非一成不变，而是随着时间的变化而变化，因此吴越的文化内涵也随吴越疆域的变化而变化。

吴越文化的空间范畴在吴王寿梦之前是相对静止的，由于吴、晋的联盟导致楚、越也随之形成联盟并对吴进行征伐；吴、楚首先争夺的地理空间是江淮之间的徐、巢和群舒；随着吴楚争霸，楚不断东进，吴不断退缩并不断地向东打压越的地理空间；吴败楚入郢之后，吴越争霸成为战争的焦点，吴一度占领姑苏，直至越灭吴后纷争的局面方暂告一段落。由于吴楚疆域、吴越疆域变化多端、错综复杂，清代顾栋高的《列国疆域表》和《列国犬牙相错表》亦未能彻底厘清。[1]

因此，吴越的空间范畴采用吴越地理空间相对静止的阶段，即西周至春秋早期。

1.[清] 顾栋高《春秋大事表》之《列国疆域表》和《列国犬牙相错表》，吴树平、李解民点校本，中华书局，1993 年。

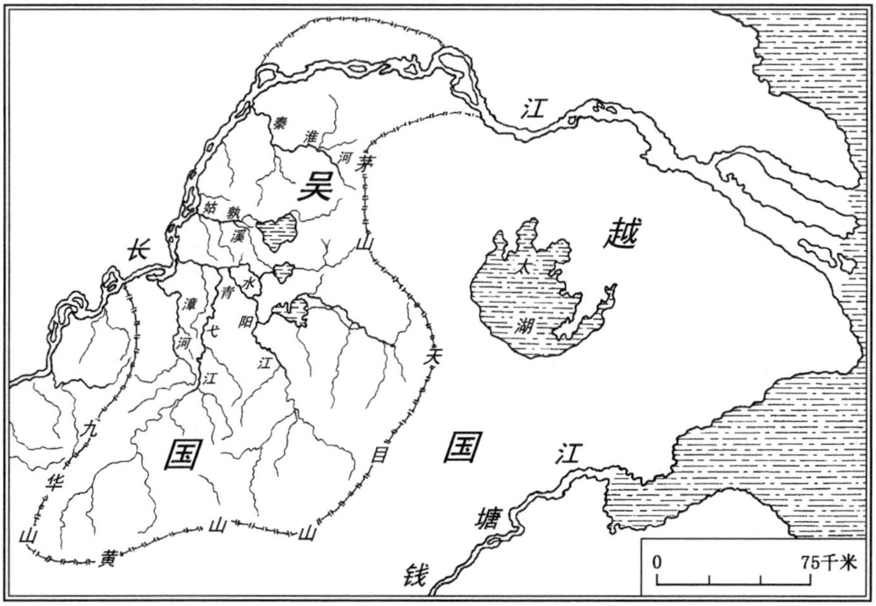

图一 西周至春秋早期吴越地理位置示意图

由于西周时期的吴越疆域缺乏文献记载，根据考古学文化区的划分，苏南西部和皖南东部即宁镇皖南地区的考古学文化继承了湖熟文化的传统，为吴文化分布区，太湖—钱塘江流域继承了马桥文化的传统，为越文化分布区。[1]

西周至春秋早期的吴越疆域相对稳定。吴国疆域大致东至茅山，西止九华，北临长江并达蜀岗小丘陵，南抵黄山天目山；越国疆域大致西起茅山天目山，东至大海，北临长江，南达钱塘江沿岸（图一）。

两周之际，吴逐渐强大并向外扩张。

春秋早期，吴灭干。《管子·小问》："昔者吴干战，未龀不得入军门。"

公元前585年寿梦称王后，伐楚、伐巢、伐徐。《左传》成公七年（前584）："吴始伐楚，伐巢、伐徐……吴入州来。……蛮夷属于楚者，吴尽取之。"

吴王僚九年，灭巢。《春秋》昭公二十四年（前518）："冬，吴灭巢。"

1. 董楚平《吴越文化新探》，浙江人民出版社，1988年；张敏《宁镇地区青铜文化研究》，《长江流域青铜文化研究》，科学出版社，2002年。

公元前515年，专诸刺王僚，阖闾即位。《春秋》昭公三十年（前512）“冬十有二月，吴灭徐，徐子章羽奔楚”；《春秋》定公四年（前506）“冬十有一月庚午，蔡侯以吴子及楚人战于柏举……吴入郢”。吴灭干、灭巢、灭徐、入郢，江淮大部纳入吴国版图；《越绝书·吴地传》：“阖闾之时，大霸，……徙治胥山。”吴徙治胥山，疆域已达太湖西岸。

《春秋》定公十四年（前496）：“于越败吴于檇李，公子光（阖闾）卒。”《左传》哀公元年（前494）：“吴王夫差败越于夫椒，报檇李也。遂入越。”吴入越后，徙都姑苏，吴国疆域已达太湖以东。

《吴越春秋·句践归国外传》：“吴封地百里于越，东至炭渎，西止周宗，南造于山，北薄于海。……增之以封，东至于句甬，西至于檇李，南至于姑末，北至于平原，纵横八百余里。”吴入越后，仅“封地百里于越”，不久又将越地复归，越国疆域“纵横八百余里”。

《左传》哀公二十二年（前473）“冬，越灭吴”；《国语·越语》：“范蠡……至于姑苏之宫，不伤越民，遂灭吴”。吴入越后，以姑苏为都，直至国亡。

吴不断东进之时，越不断退缩，最终退至钱塘江以南的山阴。

经过十年生聚、十年教训，越终于灭吴。《左传》哀公二十二年（前473）“冬十一月丁卯，越灭吴”；《史记·越王句践世家》“句践已平吴，乃以兵北渡淮，与齐、晋诸侯会于徐州，致贡于周。……以淮上地与楚，归吴所侵宋地于宋，与鲁泗东方百里。当是时，越兵横行于江淮东，诸侯毕贺，号称霸王”。越灭吴后，除将吴所侵之地归还楚、宋、鲁之外，越兵横行于江淮东。

《越绝书·记地传》：“允常子句践，大霸称王，徙琅邪。”越徙都琅邪，其疆域已达鲁境南地。

《国语·越语》“句践之地，南至于句无，北至于御儿，东至于鄞，西至于姑蔑，广运百里”，《国语》所云的四至，当为越国本土。[1]

1. 邹身城《越国都邑、疆域考释》，《杭州师范学院学报（社会科学）》1990年第4期；辛土成《於越名称居地和越国疆域变迁考》，《浙江学刊》1992年第4期；管敏义《越国疆域考》，《古籍整理研究学刊》2001年第1期。

公元前333年，楚杀越王无强，尽取故吴地。《史记·越王句践世家》："楚威王兴兵而伐之，大败越，杀王无强，尽取故吴地至浙江。"楚尽取故吴地，越又退缩至本土。

《史记·秦始皇本纪》：二十五年（前222）"王翦遂定荆江南地，降越君，置会稽郡"；《史记·东越列传》"闽越王无诸及越东海王摇者，其先皆越王句践之后也，姓驺氏。秦已并天下，皆废为君长，以其地为闽中郡"，越至此灭亡。

春秋战国时期，吴国曾占有江淮之地，并一度占有越国北部；越灭吴后取故吴地，并一度北上至鲁境南地的琅邪；楚杀越王无强后，越又退缩至本土。

因此，春秋时期的吴国疆域一度大于越国，战国时期的吴国故地先后属越、属楚，战国时期越国的疆域也大于吴国。

第二节　研究方法

在吴越文化比较研究中，主要通过历史文献与历史文献的比较、考古学材料与考古学材料的比较、历史文献与考古学材料的相互印证；因吴越金文已有专门研究[1]，故不在本研究之列。

吴越文化比较研究的基本方法除考古地层学、考古类型学、文化因素分析法等传统考古学研究方法之外，主要采用了“比较”与“互证”的方法，比较即“比较研究法”，互证即“二重证据法”。

凡考古学材料与历史文献可相互印证者，采用“二重证据法”；凡考古学材料与历史文献不可相互印证者，则采用“比较研究法”。

一、二重证据法

1925年王国维先生首倡“二重证据法”：“吾辈生于今日，幸于纸上之材料外更得地下之新材料。由此种材料，我辈固得据以补正纸上之材料，亦得证明古书之某部分全为实录，即百家不雅驯之言亦不无表示一面之事实。此二重证据法唯在今日始得为之。虽古书未得证明者不能加以否定，而其已得证明者不能不加以肯定可断言也”。[2]

运用地下之新材料与古文献记载相互印证以考证古代历史文化，是“二重证据法”的内核；“二重证据法”的合理应用为考古学研究和考古学阐释提供了有益的启示和广阔的空间。

1. 董楚平《吴越徐舒金文集释》，浙江古籍出版社，1992年；董珊《吴越题铭研究》，科学出版社，2014年。

2. 王国维《古史新证——王国维最后的讲义》，清华大学出版社，1994年。

可用于与吴越文化考古发现进行相互释证的先秦两汉时期的历史文献主要有《春秋》《左传》《国语》《史记》《越绝书》《吴越春秋》等。

吴越的考古学文化遗存包括古城遗址、聚落遗址、矿冶遗址、陶瓷窑址、窖藏、贵族墓葬、平民墓葬等，随着考古工作的不断展开，新的材料不断涌现，新的发现层出不穷，势必出现一些历史文献无法释证的文化遗存或文化现象，加之相关历史文献的有限性和局限性而突显“二重证据法”用于吴越文化研究的局限性[1]，因此在历史文献无法释证或考古学材料于史无征的情况下，“比较研究法”不失为一种行之有效的研究方法。

二、比较研究法

比较研究是一种常用的研究方法，广泛应用于自然科学和人文科学。在社会科学的研究方法中，作为方法论的“比较研究法”是出现较晚的研究方法[2]，但将“比较研究法”用于考古学研究，尚属首次[3]。

作为基本的思维方法，“比较”应用于人类对一切事物的认知过程：“比较”是人类认识事物的基础，也是人类认识、辨别、区别事物异同最常见、最基本的思维方法，因此“比较”是判断、选择和确认事物的基本方法之一。

在考古学研究中，“比较”通常是最基本的应用方法之一，比较的方法已广泛应用于考古学研究，比较研究的方法已渗入考古学研究的各个领域。

在考古学研究的比较中，运用的比较方法主要有横向比较与纵向比较、

1. 刘毅《“二重证据法”新论》，《南方文物》1997年第3期；梁涛、白立超《“二重证据法”与古书的反思》，《清华大学学报（哲学社会科学）》2013年第3期；杨骊《反思二重证据法的局限——兼论多重证据法的演变之必然》，《西南民族大学学报（人文社会科学）》2014年第4期；徐学琳《方法与态度：二重证据法的考古学反思》，《南方文物》2015年第1期；西山尚志《我们应该如何运用出土文献？——王国维“二重证据法”的不可证伪性》，《文史哲》2016年第4期。

2. 林聚仁、刘玉安《社会科学研究方法》，山东人民出版社，2008年；李志、潘丽霞《社会科学研究方法导论》，重庆大学出版社，2012年。

3. 张敏《“比较研究法”在吴越贵族墓葬甄别研究中的应用》，《张勄文集》，文物出版社，2013年。

求同比较与求异比较、定性比较与定量比较、宏观比较与微观比较及单向比较与综合比较等。因此，通过比较进行研究已成为考古学研究的基本方法之一。

比较研究有其自身的客观规律，有其独特的研究理论和研究方法，比较研究的理论和方法即“比较研究法”。

“比较研究法”是通过对两个或两个以上属性相同的事物进行比较，对事物与事物之间的相似性与差异性（共性与异性、普遍性与特殊性）进行考察分析，并通过追述事物发展的历史渊源以探求事物的发展过程和发展规律的研究方法。

考古学是社会科学的组成部分，在考古学研究中，比较研究也同样是一种重要的研究方法，因此，“比较研究法”也应成为考古学的基础方法论。

方法论的成立与否，须满足三个基本条件：一是具有相应的理论基础，即理论性；二是具有明确的目的性；三是具有简便易行的可操作性。

“比较研究法”的理论基础是辩证唯物主义；“比较研究法”的目的是比较事物的异同；“比较研究法”用于不同的学科应有不同的、特殊的可操作性，将“比较研究法”应用于考古学，还需根据考古学的特殊属性，对其专用性和可操作性进行规范。

“比较研究法”用于考古学的基本概念主要有：

（1）基本要素和非基本要素

基本要素：稳定的、固定的、不易变化的常量要素，即只有单一选项的常量要素；非基本要素：不稳定的、不固定的、易发生变化的变量要素，即具有多重选项的变量要素。

（2）相同的、共有的要素和非相同、非共有要素

相同要素：两者皆有，在形态上或表现形式上相同的要素。

共有要素：两者皆有的要素。

非相同要素：两者皆有，但在形态上或表现形式上不相同的要素。

非共有要素：此有彼无或彼有此无的要素。

（3）指示性要素

指示性要素：在基本要素中需进行比较的具有指示性意义的要素。

根据比较的目的，指示性要素又可分两类：比较相同性时选择共有的和

相同的要素作为指示性要素；比较差异性时选择非共有或非相同的要素作为指示性要素。

“比较研究法”用于考古学的基本方法和一般步骤是：

（1）将研究对象划分为既相互独立又有机联系的不同构成单元。

（2）分解各单元内的构成要素，根据其性质划分为基本要素和非基本要素，以基本要素为研究对象。

（3）将基本要素用文字描述或图表等形式对应比较。

（4）通过比较，将基本要素进一步划分为相同或共有的要素和非相同或非共有要素。

（5）根据研究需要，在基本要素中确定指示性要素：比较研究对象的共性时以相同或共有的要素为指示性要素，而研究其异性时则以非相同或非共有的要素为指示性要素。

（6）根据对指示性要素的分析、辨别和区别，判断或确认研究对象的异同。

应用“比较研究法”的基本方法和一般步骤，可对所有的文化遗物、文化遗迹乃至考古学文化等不同的考古学研究对象进行认识、辨别、区别、判断、选择和确认。

上编　考据篇

第一章　吴越史料的比较研究

先秦两汉的史籍中，有关吴越史迹和吴越人物的记载或互有出入，或颇多疑点。因此，通过相关史籍的比较，厘清吴越史迹和吴越人物，是吴越文化比较研究的重要内容之一。

可用于与吴越文化考古发现进行相互释证的先秦两汉时期的历史文献有《尚书》《周礼》《春秋》《左传》《公羊》《谷梁》《逸周书》《管子》《国语》《世本》《孙子兵法》《墨子》《山海经》《战国策》《荀子》《韩非子》《楚辞》《吕氏春秋》《竹书纪年》《淮南子》《尸子》《史记》《新书》《说苑》《方言》《汉书》《越绝书》《论衡》《吴越春秋》等。

由于吴越偏居东南，语言迥异，故在历史文献中有关吴越的记载或语焉不详，或相互抵牾，或渺茫无稽，或竟告阙如，因此在吴越文化研究中，第一要义便是进行历史文献的爬梳剔抉或相互发微，在引用历史文献阐释印证吴越的文化遗存或文化现象时，首先是对历史文献进行慎重的梳理与厘正。

历史文献中，《越绝书》《吴越春秋》《论衡》属“越地文献”。

陈桥驿先生对“北方文献”和“越地文献”做过如下评价：“《春秋》中关于句吴和于越的史料当然是十分零星和片断的，在我国早期的史补中，对这两个越人部族有较详记载的是《国语》和《史记》，前者有《吴语》一篇，《越语》上、下两篇，记载了这两个部族的起源和演变，以及这两个部族在春秋时代形成各自的国家以后的兴衰经过。后者有《吴太伯世家》和《越王句践世家》各一篇。上述二书对这两个越人部族的记载，都是很可珍贵的史料。不过它们的史料来源，其中有不少可能是当时流传于北方的有关这两个部族的传说，因此，内容颇有荒诞不经之处，而且两书所记，又往往雷同。除了说明后书参考前书外，也说明当时流行的传说大致相同。所有上述章篇的作者，都是当时的北方学者，其中只有司马迁一人到过古代吴、越地区。因此，在他所撰的两篇《世家》之中，可能包括一些他在南方采访的史料，所以较他书可贵。除了北方学者撰写的著作以外，这两个越人部族所在的当地学者，也撰写了有关这两个部族的著作，至今仍然存在的，就有《越绝书》和《吴越春秋》两种。它们不仅在篇幅上远远超过北方学者的著作，而且由于史料大多来自当地的传说，在撰写过程中访阙求遗也较方便，而且越人虽去，河山犹存，即景写史，其条件自然比北方学者远为优越。因此，对于这两个越人部族的历史来说，《越绝书》和《吴越春秋》的内容显然要超过上述其他著作”。[1]

刘敦愿先生认为“《越绝书》是我国存世最早的一部带有地方志性质的古籍，成书年代一般认为在东汉时期，当是汉代吴越地区的人自写其乡土历史的一部著作，与东汉山阴人赵晔所著《吴越春秋》同为研究古代吴越历史的重要参考资料。《越绝书》虽然也是把重点放在春秋时期吴越争霸问题上面，但对于古代吴越地区的山川、沟渎、城郭、古迹的方位、道里都进行了详细的调查，而流行于当地的方言与一些历史传说、神话故事也都有所记录，涉及的方面相当广泛。由于时代去古不远，并系亲身调查访问所得与采辑当地同类性质著述或记录编纂而成，因此富于史料价值”。[2]

《越绝书》作者不详，或为子贡、子胥，或为东汉袁康、吴平，陈桥驿先生认为此书非一时一人所作，《越绝》当成书于战国后期，东汉时又作了整理和补充。[3]

《越绝书·本事》：“问曰：‘越绝谁所作？’‘吴越贤者所作也。当此之时，见夫子删书作春秋，定王制，贤者嗟叹，决意览史记，成就其事。’”据此《越绝书》为吴越贤者所作。

《越绝书》所记涉及吴越历史、天文、地理、兵法、权谋、术数、兵器、水利、交通、物产等，尤其珍贵的书中记录了部分古越语，与《春秋》《左传》

---

1. 陈桥驿《〈吴越春秋〉及其记载的吴越史料》，《杭州大学报（哲学社会科学）》1984年第1期。
2. 刘敦愿《读〈越绝书〉与〈吴越春秋〉札记》，《东南文化》1987年第1期。
3. 陈桥驿《关于〈越绝书〉及其作者》，《杭州大学学报（哲学社会科学）》1979年第4期；陈桥驿《点校本越绝书序》，乐祖谋点校《越绝书》，上海古籍出版社，1985年。

《国语》《史记》相比，其内容显然要丰富得多。

《越绝书·吴内传》“越王句践反国六年，皆得士民之众，而欲伐吴。于是乃使之维甲。维甲者，治甲系断。修内矛赤鸡稽繇者也，越人谓入铩也。方舟航买仪尘者，越人往如江也。治须虑者，越人谓船为须虑。亟怒纷纷者，怒貌也，怒至。士击高文者，跃勇士也。习之于夷。夷，海也。宿之于莱。莱，野也。致之于单。单者，堵也”；《越绝书·记地传》“姑中山者，越铜官之山也，越人谓之铜姑渎。长二百五十步。去县二十五里”；“朱余者，越盐官也。越人谓盐曰余。去县三十五里”。通过《越绝书》的记载，可知越人谓船为“须虑”，谓盐为“余”，谓海为“夷”，谓山为“姑渎”等。

《吴越春秋》，东汉赵晔著。《后汉书·儒林列传》：“赵晔字长君，会稽山阴人也。少尝为县吏，奉檄迎督邮，晔耻于斯役，遂弃车马去。到犍为资中，诣杜抚受《韩诗》，究竟其术。积二十年，绝问不还，家为发丧制服。抚卒乃归。……晔著《吴越春秋》《诗细历神渊》。”

《吴越春秋》为编年史，所记的内容除参考《越绝书》外，还收集了当时越地流行的先秦故事，尤其是保留了许多不见于其他史籍的吴越史料。[1] 由于赵晔为山阴人，没有语言障碍，又师承杜抚，其用汉语记录的《乌鹊吟》等越歌，弥足珍贵。

《论衡》作者王充是一位博学多才、见识超群的学者，所记越地越事不同凡响[2]，尤其是对“越为禹后”的否定，显示出作者不落俗套的胆识。

《越绝书》《吴越春秋》《论衡》等“越地文献”虽然成书于东汉，其史料价值可能高于《春秋》《左传》《国语》和《史记》，其对历史语境的还原也远远高于《春秋》《左传》《国语》和《史记》等“北方文献”。

与《越绝书》《吴越春秋》《论衡》等东汉时期越地文献截然不同的是唐宋时期的“吴地文献”。

---

1. 陈桥驿《〈吴越春秋〉及其记载的吴越史料》，《杭州大学报（哲学社会科学）》1984年第1期；刘敦愿《读〈越绝书〉与〈吴越春秋〉札记》，《东南文化》1987年第1期；叶建华《浙江史学探源——论〈越绝书〉〈吴越春秋〉的文化意义》，《浙江学刊》1989年第1期。
2. 陈桥驿《〈论衡〉与吴越史地》，《浙江学刊》1986年第1期。

“吴地文献”简称“一正三吴”，即《史记正义》和《吴地记》《吴郡图经续记》《吴郡志》。[1]

《史记正义》，唐代张守节撰。张守节的籍贯与生平事迹不详，据写于唐开元年间的《史记正义·序》中有“守节涉学三十余年”推测，可能生活在唐高宗至玄宗年间。

《史记正义》：“吴，国号也。太伯居梅里，在常州无锡县东南六十里。至十九世孙寿梦居之，号句吴。寿梦卒，诸樊南徙吴。至二十一代孙光，使子胥筑阖闾城都之，今苏州也。”

《史记正义》中不知所本的“太伯居梅里”和“今苏州也”，被众多吴文化研究者奉为圭臬、敬若神明而笃信不移。

《吴地记》，唐代陆广微著。陆广微，吴（苏州）人，《吴地记》约成书于唐僖宗乾符三年（876）。《吴地记》为“三吴”之首，被众多吴文化研究者奉为经典、祭为法宝，凡《左传》《国语》《史记》《越绝书》《吴越春秋》等不能明了的历史、地理，只要检阅《吴地记》便可迎刃而解。因此有必要对《吴地记》进行简要的剖析。

《吴地记》的荒诞不经主要有以下几点：

一是出现不知所本的记载，如“周太王三子，长曰泰伯，次曰仲雍，次曰季历。季历贤而生圣子文王昌，昌必有天下，故泰伯以天下三让于季历焉。周与吴皆后稷之后，姓姬氏。吴国泰伯在位四十九年，无子，弟仲雍立。周繇王在位三十七年；熊遂在位四十九年；早轸在位五十九年；款吾在位三十九年；夷处在位三十八年；璧羽在位三十六年；齐玄在位五十年；柯卢在位二十七年；柯转在位二十四年；娇夷在位二十四年；鸱夷在位三十年；界嗣在位三十五年；知济在位二十七年；诸樊在位十四年；余济在位十七年；余昧在位二十一年；子僚在位十三年；子光在位三十年；夫差在位二十三年。已上计二十五王，治国总六百二十四年”。

《吴地记》不仅明确了每代吴王在位的时间，而且将吴国历史精确上推至公元前1097年。我国纪年始于共和元年，即公元前841年，共和元年之前

1.[唐]陆广微《吴地记》，江苏古籍出版社，1986年；[宋]朱长文《吴郡图经续记》江苏古籍出版社，1986年；[宋]范成大《吴郡志》江苏古籍出版社，1986年。

的纪年从何而来？《吴地记》中的吴国世系不知所本，可能系孤证臆造。

二是任意地篡改《史记》《越绝书》和《吴越春秋》记载的人物或事件。

《越绝书·记地传》："语儿乡，故越界，名曰就李。吴强越地以为战地，至于柴辟亭。女阳亭者，句践入官于吴，夫人从，道产女此亭，养于李乡，句践胜吴，更名女阳，更就李为语儿乡"；而《吴地记》则云："嘉兴县……县南一百里有语儿亭，句践令范蠡取西施以献夫差，西施于路与范蠡潜通，三年始达于吴，遂生一子。至此亭，其子一岁能言，因名语儿亭。"

《吴地记》将句践夫人道中产女改为"西施于路与范蠡潜通……遂生一子"，西施与范蠡潜通之事显然系《吴地记》的篡改和杜撰。

三是假托《史记》《越绝书》《吴越春秋》所言。

如"虎丘山……在吴县西北九里二百步。阖闾葬此山中。发五郡之人作冢，铜椁三重，水银灌体，金银为坑。《史记》：'阖闾冢在吴县阊门外，以十万人治冢，取土临湖。葬经三日，白虎踞其上，故名虎丘山。'《吴越春秋》云：'阖闾葬虎丘，十万人治。葬经三日，金精化为白虎，蹲其上，因号'虎丘'，秦始皇东巡至虎丘，求吴王宝剑。其虎当坟而踞，始皇以剑击之不及，误中于石。……剑无复获，乃陷成池，古号'剑池'。"

又如"女坟湖，在吴县西北六里。《越绝书》曰：'夫差小女字幼玉，见父无道，轻士重色，其国必危，遂愿与书生韩重为偶。不果，结怨而死。夫差思痛之，金棺铜椁，葬阊门外。其女化形而歌曰：'南山有乌，北山张罗，乌既高飞，罗当奈何？志欲从君，谗言孔多。悲怨成疾，殁身黄坡。'又赵晔《吴越春秋》云：'阖闾有女哀，怨王先食蒸鱼，乃自杀。王痛之，厚葬于阊门外。其女化为白鹤，舞于吴市，千万人随观之。后陷成湖，今号女坟湖。'"

《吴地记》所引《史记》《吴越春秋》《越绝书》之言，经查阅，《史记》无"阖闾冢在吴县阊门外"之言，《吴越春秋》无"阖闾葬虎丘"之言，《越绝书》亦无"夫差小女字幼玉"之言。是唐代存有今已不传的《史记》《越绝书》《吴越春秋》古本，还是《吴地记》作者无中生有的杜撰，已无从知晓。

四是将《史记》《越绝书》《吴越春秋》中出现的吴国人名、地名大多附会于苏州，并作了毋庸置疑的确指。

如"太伯冢，在吴县西北，去城十里"；"泰伯三让弟仲雍，仲雍立，号句吴，所居地名。卒葬梅里，又名番丽，今横山""横山……在吴县西南十六里"；"昔齐景公女聘吴太子终累……后葬常熟海隅山东南岭，与仲雍、周章等坟相近。葬毕，化白龙冲天而去，今号为母冢坟”等，《吴地记》中类似的“神来之笔”比比皆是，不一而足；以《吴地记》为“考古指南”在苏州地区进行的考古工作可谓缘木求鱼，往往陷入无法自圆其说的窘境。

《吴郡图经续记》，宋代朱长文著。朱长文（1039 ~ 1098），平江府吴县（苏州）人，除《吴郡图经续记》外，还著有《琴台记》《乐圃余稿》《乐圃集》等。

《吴郡志》，宋代范成大著。范成大（1126 ~ 1193），平江府吴县（苏州）人，除《吴郡志》外，还著有《吴船录》《桂海虞衡志》等。

《吴郡图经续记》《吴郡志》中与吴越文化相关的记载多沿袭《史记正义》和《吴地记》，兹不一一列举。

《吴地记》《吴郡图经续记》和《吴郡志》所记载的内容虽然多采自《史记》《越绝书》和《吴越春秋》，然几乎都在此基础上进行了演绎、附会、臆断和作伪，甚至将臆断附会之词强加于《史记》《越绝书》和《吴越春秋》。

作为地方志书，“一正三吴”所记载的唐宋史地可能是“信史”，而所记载的吴越历史和吴越文化则大多为无稽之谈，以“一正三吴”为代表的“吴地文献”皆不足据，而以“一正三吴”为据进行吴越文化研究，其结论多不可信。

第一节　吴越世系比较

世系，即先王之世系，亦即时代相承的系统。

世系是血缘传继的直接表述，世系首先追述先祖。先祖或称大祖、始祖，《仪礼·丧服》传曰：“诸侯及其大祖，天子及其始祖之所自出。”

吴越世系同样追述先祖，吴将先祖追溯到先周，越将先祖追溯到华夏。由于吴越同为蛮夷之国，追述先祖的目的显然是“尊祀世统，以昭功德”。

一、吴国世系

吴始祖太伯，亦称大伯、泰伯。据历史文献记载，吴为太伯之后，太伯为后稷之苗裔。

《诗·大雅·皇矣》：“帝作邦作对，自大伯王季。”

《论语·泰伯》：子曰：“泰伯，其可谓至德也已矣。三以天下让，民无得而称焉。”

《左传》闵公元年：“大子不得立矣，分之都城而位以卿，先为之极，又焉得立。不如逃之，无使罪至。为吴大伯，不亦可乎？”

《左传》僖公五年：“大伯虞仲，大王之昭也。大伯不从，是以不嗣。”

《楚辞·天问》：“吴获迄古，南岳是指。孰期去斯，得两男子？”

《史记·周本纪》：“古公有长子曰太伯，次曰虞仲。太姜生少子季历，季历娶太任，皆贤妇人，生昌，有圣瑞。古公曰：‘我世当有兴者，其在昌乎？’长子太伯、虞仲知古公欲立季历以传昌，乃二人亡如荆蛮，文身断发，以让季历。”

《史记·吴太伯世家》：“吴太伯，太伯弟仲雍，皆周太王之子，而王季历之兄也。季历贤，而有圣子昌，太王欲立季历以及昌，于是太伯、仲雍二人乃奔荆蛮，文身断发，示不可用，以避季历。季历果立，是为王季，而昌为文王。太伯之奔荆蛮，自号句吴。荆蛮义之，从而归之千余家，立为吴太伯。”

《越绝书·吴地传》：“昔者，吴之先君太伯，周之世，武王封太伯于吴，到夫差，计二十六世，且千岁。”

《吴越春秋·吴太伯传》：“吴之前君太伯者，后稷之苗裔也。……古公三子，长曰太伯，次曰仲雍，雍一名吴仲，少曰季历。季历娶妻太任氏，生子昌，昌有圣瑞。古公知昌圣，欲传国以及昌，曰：‘兴王业者，其在昌乎？’因更名曰季历。太伯、仲雍望风知指，曰：‘历者，适也。’知古公欲以国及昌。古公病，二人讬名采药于衡山，遂之荆蛮。断发文身，为夷狄之服，示不可用。古公卒，太伯、仲雍归，赴丧毕，还荆蛮。国民君而事之，自号为句吴。吴人或问何像而为句吴，太伯曰：‘吾以伯长居国，绝嗣者也，其当有封者，吴仲也。故自号句吴，非其方乎？’荆蛮义之，从而归之者千有余家，共立以为句吴。”

《论衡·初禀篇》：“古公亶甫三子：太伯、仲雍、季历，季历生文王昌。昌在襁褓之中，圣瑞见矣。故古公曰：‘我世当有兴者，其在昌乎！’于是太伯知之，乃辞之吴，文身断发，以让王季。”

《论衡·四讳篇》：“昔太伯见王季有圣子文王，知太王意欲立之，入吴采药，断发文身，以随吴俗。”

《潜夫论·志氏姓》：“太伯君吴，端垂衣裳，以治周礼。仲雍嗣立，断发文身，倮以为饰。武王克殷，分封其后于吴，令大赐北吴。”

“蛮夷”亦称“夷蛮”。我国古代以中原为中心，对四方非华夏族群称之为夷蛮戎狄，蛮夷国家的特征是“不式王命，淫湎毁常”。

《左传》成公二年：“蛮夷戎狄，不式王命，淫湎毁常，王命伐之，则有献捷，王亲受而劳之，所以惩不敬，劝有功也。”

吴是蛮夷国家，直至吴王寿梦仍自称“夷蛮”。

《左传》成公七年：“吴伐郯，郯成。季文子曰：‘中国不振旅，蛮夷入伐。’”

《公羊》定公四年：“吴何以称子？夷狄也，而忧中国。”

《左传》哀公十二年：“吴人藩卫侯之舍。……卫侯归，效夷言。”

《谷梁》哀公十三年：“黄池之会，吴子进乎哉！遂子矣。吴，夷狄之国也，祝发文身，欲因鲁之礼，因晋之权，而请冠端而袭其藉于成周，以尊天王。”

《史记·吴太伯世家》：“自太伯作吴，五世而武王克殷，封其后为二：其一虞，在中国；其一吴，在蛮夷。”

《吴越春秋·吴王寿梦传》：寿梦曰：“孤在夷蛮，徒以椎髻为俗，岂有斯之服哉！”

蛮夷国家吴国成为太伯之后，当肇始于黄池会盟。

《左传》哀公十三年：“夏，公会单平公、晋定公、吴夫差于黄池。……秋七月辛丑，盟，吴、晋争先。吴人曰：‘于周室，我为长。’晋人曰：‘于姬姓，我为伯。’”

《史记·吴太伯世家》：“吴王北会诸侯于黄池，欲霸中国以全周室。……七月辛丑，吴王与晋定公争长。吴王曰：‘于周室，我为长。’晋定公曰：‘于姬姓，我为伯。’”

《越绝书·陈成恒》：“吴王……果与晋人相遇黄池之上。吴晋争强，晋人击之，大败吴师。”

吴在寿梦之时，还自称“夷蛮”，而到了夫差之时却成为姬姓之后，因之对“太伯奔吴”“吴为姬姓”之说深信不疑者有之[1]，疑之者亦有之[2]。清代学者崔述认为“季历于（迁岐）后四十四年始生，文王于后九十七年始生，大王（古公亶父）何以预知其有圣孙，而大伯又将让之于谁乎”[3]？

还有学者认为“太伯所奔之吴就在江西樟树吴城”和“吴城文化族属为

1. 梁白泉《太伯奔吴说》，《南京博物院集刊（2）》，1980 年。
2. 卫聚贤《太伯之封在西吴》，吴越史地研究会编《吴越文化论丛》，上海文艺出版社（江苏研究社 1937 年版影印），1990 年；张亚初《吴史新证》，《江海学刊》1963 年第 8 期；刘启益《周矢国铜器的新发现与有关历史地理问题》，《考古与文物》，1982 年第 2 期；龚维英《太伯何曾奔吴立国》，《浙江学刊》1988 年第 1 期；董楚平《吴越文化新探》，浙江人民出版社，1988 年；尹盛平《关于太伯、仲雍奔“荆蛮”问题》，《吴文化研究论文集》，中山大学出版社，1988 年；尹盛平《西周弓鱼氏的族属及其相关问题》，《华夏文明》（二），北京大学出版社，1990 年；崔凡芝、张莉《〈史记〉“太伯奔吴”说质疑》，《山西大学学报（哲学社会科学）》，2002 年第 5 期；尹盛平《再论西周的弓鱼国与吴太伯、仲雍奔“荆蛮”》，《西周史征》，陕西师范大学出版社，2004 年；苏瑞《阖闾之辨与太伯奔吴》，《兰台世界》2013 年第 7 期。
3.[清] 崔述《丰镐考信录》，中华书局，1985 年。

句吴”[1]，聊备一说。

陈桥驿先生对此现象做过分析：“在古代，汉族由于在土地、经济、文化、人口等种种方面所处的巨大优势，因此在它周围的少数民族为他们的先世编造一些故事以依附汉族，这样的例子绝不是个别的。在于越崛起以前，国力已比于越强大得多的句吴，在中原汉族的著述中，和于越毫无差别，同样都是蛮夷戎狄。《公羊》定四说：‘吴何以称子，夷狄也。’《谷梁》哀十二也说：‘吴，夷狄之国也，祝发文身。’在句吴尚未强大的时候，句吴的国君也并不讳言这种事实，《吴越春秋》卷一有一段记载说：‘寿梦元年，朝周适楚，观诸侯礼乐，鲁成公会于钟离，深问周公礼乐，成公悉为陈前王之礼乐，因为咏歌三代之风。寿梦曰：“孤在夷蛮，徒以椎髻为俗，岂有斯之服哉？因叹而去，曰：于乎哉礼也。’这段文字真实地写出了一位文化落后的蛮夷酋长，在当时文明社会的礼乐前面所表现的手足无措的情况。但到了吴王阖闾以后，国势强大起来。到了吴王夫差时代，南服越，北伐齐，‘会诸侯于黄池，欲霸中国以全周室’，已经俨然是一个中原大国，于是对于这个蛮夷民族的先世，也被编造出一段与汉族之间的血缘关系，并且广为渲染。不消说，句吴的祖先不仅是汉族，而且是汉族中的望族。《史记·吴太伯世家》说：‘吴太伯、太伯弟仲雍，皆周太王之子，而王季历之兄也。’《吴越春秋》卷一并且更追溯到周的先世：‘吴之前君太伯者，后稷之苗裔也。’……这种传说是从什么时候散布出来的，《越绝书》卷二揭露了其中的秘密。《越绝书》说：‘昔者，吴之先君太伯，周之世，武王封太伯于吴，到夫差计二十六世。’最后一句‘到夫差计二十六世’当然是关键性的，因为它清楚地告诉我们，这种传说是从夫差的时代散布出来的。……少数民族为了政治上的原因而编造一种传说以自称汉族或汉族后裔的事，在以后的历史上一直存在，不足为奇。”[2]

“分封制”是周代礼制的重要内容之一。诸侯国君不仅有爵位，还有庙号和谥号，如郑武公、齐桓公、晋文公、蔡昭侯等；楚国虽然僭越称王，但

1. 彭明瀚《太伯奔吴新考》，《殷都学刊》1999 年第 3 期；袁进《吴城文化族属句吴说》，《南方文物》1993 年第 2 期。

2. 陈桥驿《越为禹后说溯源》，《浙江学刊》1985 年第 3 期。

也称楚庄王、楚平王、楚昭王等。吴国既无封爵，亦无庙号和谥号，吴国国君虽然也僭越称王，但无论是吴王寿梦、吴王诸樊，还是吴王阖闾、吴王夫差，都是直呼其名，没有尊卑之分，显然不合周代礼制。“吴为姬姓”之说，值得怀疑。

“同姓不婚”也是周代礼制的重要内容之一。《左传》僖公二十三年“男女同姓，其生不蕃”；《国语·晋语四》“同姓不婚，恶不殖也”；《白虎通·姓名》“人所以有姓者何？所以崇恩爱、厚亲亲、远禽兽、别婚姻也。故世别类，使生相爱，死相哀，同姓不得相娶，皆为重人伦也”；《礼记·郊特牲》“夫昏礼，万世之始也。取于异姓，所以附远厚别也。……无别无义，禽兽之道也”；《礼记·昏义》“昏礼者，将合二姓之好，上以事宗庙，而下以继后世也”；《白虎通·嫁娶》“不娶同姓者，重人伦，防淫泆，耻与禽兽同也”。娶于同姓不仅“其生不蕃”“恶不殖也”，而且是“禽兽之道”“耻与禽兽同也”。

晋为姬姓，《史记·晋世家》：“晋唐叔虞者，周武王子而成王弟。”

《左传》襄公二十三年（前550）：“晋将嫁女于吴，齐侯使析归父媵之，以藩载栾盈及其士，纳诸曲沃。”晋嫁女于吴，齐侯让析归父前来送妾媵，可见在诸樊之时晋、齐皆不认同吴为姬姓。

鲁、蔡亦为姬姓，《史记·周本纪》：“（武王）封弟周公旦于曲阜，曰鲁；封……弟叔度于蔡。”

《左传》哀公十二年（前483）“夏五月，昭夫人孟子卒。昭公娶于吴，故不书姓。死不赴，故不称夫人”；1955年安徽寿县蔡侯墓出土的“吴王光鉴”，为吴王阖闾小女叔姬寺吁的媵器[1]。吴既与鲁、蔡通婚，可见鲁、蔡在阖闾之时也不认同吴为姬姓。

吴在寿梦之时自称为“蛮夷”，吴与姬姓的晋、鲁、蔡联姻，表明直至阖闾之时还没有出现“姬姓”的认同感，因此“吴为姬姓”显然是附会。

吴国附会姬姓始祖首见于黄池会盟时吴王夫差与晋定公争长。《左传》哀公十三年（前482）：“夏，公会单平公、晋定公、吴夫差于黄池。……秋

1. 安徽省文物管理委员会《寿县蔡侯墓出土遗物》，科学出版社，1956年；郭沫若《由寿县蔡器论到蔡墓的年代》，《考古学报》1956年第1期；陈梦家《寿县蔡侯墓铜器》，《考古学报》1956年第2期。

七月辛丑，盟，吴、晋争先。吴人曰：'于周室我为长。'晋人曰：'于姬姓，我为伯。'"这是第一次将吴与姬姓的太伯联系在一起。

至于《论语·述而》所云"君取于吴为同姓，谓之吴孟子。君而知礼，孰不知礼？"和《左传》所云"昭公娶于吴，故不书姓"，则表明夫差移花接木的"认祖归宗"在春秋末期已得到广泛认同，并对司马迁的《史记》产生深远影响。

吴国附会姬姓始祖首见于黄池会盟时吴王夫差与晋定公争长，吴"于周室我为长"，第一次将吴与太伯联系在一起，至于"昭公娶于吴，故不书姓"和"君取于吴为同姓"，反映了吴王夫差的"认祖归宗"已得到孔子的认同。

春秋时期由于征伐、争霸、会盟等各种政治需要，非华夏系统的国家都纷纷追溯华夏先祖以示自身血统的高贵和纯正，这是春秋时期吴、越等蛮夷国家普遍出现的"冒荫现象"，而吴国"冒荫"的诱因可能是"季札三让"。

《春秋》襄公二十九年（前544）"吴子使札来聘"。《谷梁》"吴子使札来聘。吴其称子何也？善使延陵季子，故进之也。身贤，贤也；使贤，亦贤也。延陵季子之贤，尊君也。其名，成尊于上也"。《公羊》"吴无君无大夫，此何以有君有大夫？贤季子也。何贤乎季子？让国也。其让国奈何？谒也、余祭也、夷昧也，与季子同母者四。季子弱而才，兄弟皆爱之，同欲立之以为君，谒曰：'今若是迮而与季子国，季子犹不受也，请无与子而与弟，弟兄迭为君，而致国乎季子。'皆曰：'诺。'故诸为君者，皆轻死为勇，饮食必祝，曰：'天苟有吴国，尚速有悔于予身。'故谒也死，余祭也立。余祭也死，夷昧也立。夷昧也死，则国宜之季子者也。季子使而亡焉。僚者，长庶也，即之。季子使而反至而君之尔。阖庐曰：'先君之所以不与子国而与弟者，凡为季子故也。将从先君之命与，则国宜之季子者也；如不从先君之命与，则我宜立者也，僚恶得为君乎？'于是使专诸刺僚，而致国乎季子。季子不受，曰：'尔弑吾君，吾受尔国，是吾与尔为篡也。尔杀吾兄，吾又杀尔，是父子兄弟相杀，终身无已也。'去之延陵，终身不入吴国"。《左传》襄公三十一年"吴子使屈狐庸聘于晋，通路也。赵文子问焉，曰：'延州来季子其果立乎？巢陨诸樊，阍戕戴吴，天似启之，何如？'对曰：'不立。是二王之命也，非启季子也。若天所启，其在今嗣君乎！甚德而度，德不失民，度不失事，民亲而事有序，其天所启也。有吴国者，必此君之子孙实终之。季子，守节者也。虽有国，不立。’”

《史记·吴太伯世家》：“寿梦有子四人，长曰诸樊，次曰余祭，次曰余昧，次曰季札。季札贤，而寿梦欲立之，季札让不可，于是乃立长子诸樊，摄行事当国。王诸樊元年，诸樊已除丧，让位季札。……吴人固立季札，季札弃其室而耕，乃舍之。……王诸樊卒。有命授弟余祭，欲传以次，必致国于季札而止，以称先王寿梦之意，且嘉季札之义，兄弟皆欲致国，令以渐至焉。季札封于延陵，故号曰延陵季子。……王余昧卒，欲授弟季札。季札让，逃去。……（公子光）使专诸置匕首于炙鱼之中以进食。手匕首刺王僚，铍交于匈，遂弑王僚。公子光竟代立为王，是为吴王阖庐。阖庐乃以专诸子为卿。季子至，曰：‘苟先君无废祀，民人无废主，社稷有奉，乃吾君也。吾敢谁怨乎？哀死事生，以待天命。非我生乱，立者从之，先人之道也。’复命，哭僚墓，复位而待。”

《吴越春秋·吴王寿梦传》：“寿梦病将卒。有子四人：长曰诸樊，次曰余祭，次曰余昧，次曰季札。季札贤，寿梦欲立之，季札让，曰：‘礼有旧制，奈何废前王之礼，而行父子之私乎？’寿梦乃命诸樊曰：‘我欲传国及札，尔无忘寡人之言。’诸樊曰：‘周之太王知西伯之圣，废长立少，王之道兴。今欲授国于札，臣诚耕于野。’王曰：‘昔周行之德，加于四海，今汝于区区之国，荆蛮之乡，奚能成天子之业乎？且今子不忘前人之言，必授国以次及于季札。’诸樊曰：‘敢不如命？’”

《吴越春秋·吴王寿梦传》：“吴王诸樊元年，已除丧，让季札，曰：‘昔前王未薨之时，尝晨昧不安，吾望其色也，意在于季札。又复三朝悲吟而命我曰：吾知公子札之贤，欲废长立少。重发言于口。虽然我心已许之，然前王不忍行其私计，以国付我，我敢不从命乎？今国者，子之国也，吾愿达前王之义。’季札谢曰：‘夫适长当国，非前王之私，乃宗庙社稷之制，岂可变乎？’诸樊曰：‘苟可施于国，何先王之命有？太王改为季历，二伯来入荆蛮，遂城为国，周道就成，前人诵之不绝于口，而子之所习也。’札复谢曰：‘昔曹公卒，废存适亡，诸侯与曹人不义而立于国。子臧闻之，行吟而归。曹君惧，将立子臧，子臧去之，以成曹之道。札虽不才，愿附子臧之义。吾诚避之。’吴人固立季札，季札不受而耕于野，吴人舍之。……乃封季札于延陵，号曰延陵季子。”

《吴越春秋·王僚使公子光传》："季札使还至吴，阖闾以位让，季札曰：'苟前君无废，社稷以奉，君也。吾谁怨乎？哀死待生，以俟天命。非我所乱，立者从之，是前人之道。'命哭僚墓，复位而待。"

我国的"宗法制"确立于夏，发展于商，完备于西周。

夏商时期，既有"父死子继"，亦有"兄终弟及"；西周初年实行宗法制，宗法制的核心即"嫡长继承制"，并依据宗法制度的基本原则，创设了"分封制"。

"嫡长继承制"的原则是"传嫡不传庶，传长不传贤"，先周时期的古公欲传位于季历，可能受到商代"兄终弟及"的继承制度的影响，而春秋时期的"季札三让"则反映了地处蛮夷的吴国与宗周的继承制度不同，不受宗周继承制度的约束，也是对"吴为周后"之说的极大讽刺。

《左传》哀公七年（前488）："夏，公会吴于鄫。吴来征百牢，子服景伯对曰：'先王未之有也。'吴人曰：'宋百牢我，鲁不可以后宋。且鲁牢晋大夫过十，吴王百牢，不亦可乎？'景伯曰：'晋范鞅贪而弃礼，以大国惧敝邑，故敝邑十一牢之。君若以礼命于诸侯，则有数矣。若亦弃礼，则有淫者矣。周之王也，制礼，上物不过十二，以为天之大数也。今弃周礼，而曰必百牢，亦唯执事。'吴人弗听。景伯曰：'吴将亡矣！弃天而背本不与，必弃疾于我。'乃与之。"

《周礼·天官冢宰·宰夫》"宰夫……以牢礼之法，掌其牢礼"，郑玄注："三牲牛、羊、豕，具为一牢"。《礼记·王制》："天子社稷皆大牢，诸侯社稷皆少牢。……诸侯无故不杀牛，大夫无故不杀羊。"在《左传》中，"征百牢"之事仅此一例。

牢是古代祭祀或宴享时用的牲畜，牛、羊、豕各一曰太牢，羊、豕各一曰少牢，天子祭祀社稷方可用太牢。《诗·周颂·我将》"我将我享，维羊维牛，维天其右之。仪式刑文王之典，日靖四方。伊嘏文王，既右飨之。我其夙夜，畏天之威，于时保之"，《诗》中所记在祭祀文王时"维羊维牛"，即用太牢。

《周礼·秋官·大行人》："大行人掌大宾之礼，及大客之仪，以亲诸侯。……上公之礼……礼九牢。……诸侯之礼……礼七牢。……诸子……礼五牢。"

据《周礼》记载，上公之礼方可"礼九牢"，诸子只可"礼五牢"。吴为"诸子"，当"礼五牢"，而吴会鲁哀公于鄫时却向鲁"征百牢"。吴既为周后，却公然挑战周礼，岂非咄咄怪事？

春秋时期发生的“季札三让”，易与“太伯三让”产生联想[1]，因此将没有因果关系“太伯三让”与“季札三让”相附会，由此“季札三让”成为“吴为周后”最主要的诱因之一。

吴国世系主要见于《史记》和《吴越春秋》，吴国世系也反映了“吴非姬姓”。

《史记·吴太伯世家》：“太伯卒，无子，弟仲雍立，是为吴仲雍。仲雍卒，子季简立。季简卒，子叔达立。叔达卒，子周章立。……周章卒，子熊遂立。熊遂卒，子柯相立。柯相卒，子强鸠夷立。强鸠夷卒，子余桥疑吾立。余桥疑吾卒，子柯卢立。柯卢卒，子周繇立。周繇卒，子屈羽立。屈羽卒，子夷吾立。夷吾卒，子禽处立。禽处卒，子转立。转卒，子颇高立。颇高卒，子句卑立。……句卑卒，子去齐立。去齐卒，子寿梦立。……王寿梦卒……于是乃立长子诸樊……王诸樊卒，有命授弟余祭……王余祭卒，弟余眛立。……王余眛卒……乃立王余眛之子僚为王。……（专诸）遂弑王僚。公子光竟代立为王，是为吴王阖庐。……越因伐吴，败之姑苏，伤吴王阖庐指，军却七里。吴王病伤而死。阖庐使立太子夫差。”

《吴越春秋·吴太伯传》：“吴之前君太伯者，后稷之苗裔也。……太伯祖卒，葬于梅里平墟。仲雍立，是为吴仲雍。仲雍卒，子季简。简子叔达，达子周章，章子熊，熊子遂，遂子柯相，相子强鸠夷，夷子余乔疑吾，吾子柯庐，庐子周繇，繇子屈羽，羽子夷吾，吾子禽处，处子专，专子颇高，高子句毕立。……毕子去齐，齐子寿梦立，而吴益强，称王。”寿梦以下为诸樊、余祭、余眛、僚、阖闾、夫差，与《史记》同。

《史记》所载的吴王世系为：太伯——仲雍——季简——叔达——周章——熊遂——柯相——强鸠夷——余桥疑吾——柯卢——周繇——屈羽——夷吾——禽处——转——颇高——句卑——去齐——寿梦——诸樊——余祭——余眛——僚——阖庐——夫差

《吴越春秋》所载的吴王世系为：太伯——仲雍——季简——叔达——周章——熊——遂——柯相——强鸠夷——余乔疑吾——柯庐——周繇——屈羽——夷吾——禽处——专——颇高——句毕——去齐——寿梦——诸

1. 孙森《太伯、季札让国事件简析》，《史学月刊》1992年第5期；黎汉基《让国的争议——以〈春秋〉季札叙事为研究案例》，《现代哲学》2016年第3期。

樊——余祭——余眛——僚——阖闾——夫差

《史记》与《吴越春秋》所载的吴王世系略有出入。《史记》作“周章卒，子熊遂立”；《吴越春秋》作“章子熊，熊子遂”。《吴越春秋》将“熊遂”分作“熊”“遂”二世，比《史记》多出一世。

据《史记·吴太伯世家》“从太伯至寿梦十九世”推，当《吴越春秋》误；据《越绝书·吴地传》“太伯……到夫差，计二十六世”推，则《史记》误。孰是孰非，遽难定论。

吴王世系中出现的人名明显出自不同的体系：“太伯、仲雍、季简、叔达”用“伯、仲、叔、季”为序，属周系统，而“周章、熊遂、柯相、强鸠夷、余桥疑吾、柯卢、周繇、屈羽、夷吾、禽处、转、颇高、句卑、去齐、寿梦、诸樊、余祭、余眛、僚、阖庐、夫差”皆为音译的人名，属吴越系统。显然，吴为太伯之后当为移花接木的结果。

由于是音译，因而也出现了同名异译。

如寿梦又作乘，又作孰姑，《春秋》襄公十二年“吴子乘卒”；《左传》襄公十二年“吴子寿梦卒”；《世本·居篇》“孰姑徙句吴”“孰姑，寿梦也”。

诸樊又作遏、谒，《春秋》襄公二十五年“吴子遏伐楚，门于巢，卒”；《公羊》襄公二十五年“吴子谒伐楚，门于巢，卒”；《左传》襄公二十五年“吴子诸樊伐楚”。

余祭又作戴吴，《春秋》襄公二十九年“阍弑吴子余祭”；《左传》襄公三十一年“阍戕戴吴”。

余眛又作夷，《春秋》昭公十五年“吴子夷末卒”；《史记·吴太伯世家》“王余眛卒，欲授弟季札”。

僚又作州于，《左传》昭公二十年“员如吴，言伐楚之利于州于”；《春秋》昭公二十七年“吴弑其君僚”。

阖闾又作阖庐，《史记·吴太伯世家》“公子光竟代立为王，是为吴王阖庐”；《吴越春秋·王僚使公子光传》“公子光……遂自立，是为吴王阖闾也”。

顾颉刚先生认为吴越王之所以有多个名号，可能一种是夷式之名号，一种是华式之名号，或一为生称，一为死谥。[1]

1. 顾颉刚《楚、吴、越王之名、号、谥》，《史林杂识初编》，中华书局，1963年。

然见诸历史文献的吴王都是中原人的音译，除攻敌王光之外，都与青铜器铭文不同，因此孰为夷式？孰为华式？难分轩轾；吴王、越王都直呼其名，又何来死谥？

同名异译的现象也反映了吴与周分属不同的文化系统。

二、越国世系

据历史文献记载，“越为禹后”，越源于“禹巡狩会稽”和“葬会稽之山”。

《史记·夏本纪》“十年，帝禹东巡狩，至于会稽而崩”；《墨子·节葬下》“禹东教乎九夷，道死，葬会稽之山”；《吕氏春秋·安死》“禹葬于会稽，不变人徒”；《淮南子·齐俗训》“禹葬会稽之山，农不易其亩”；《越绝书·记地传》“（禹）到大越，上茅山，大会计……因病亡死，葬会稽”；《吴越春秋·越王无余外传》“禹……周行天下，归还大越。……命群臣曰：‘吾百世之后，葬我会稽之山’”。

东汉王充在《论衡·书虚篇》中对“禹巡狩会稽”和“葬会稽之山”之说已提出质疑：“夫言舜禹，实也；言其巡狩，虚也。……舜至苍梧，禹到会稽，非其实也。……夫言因山名郡，可也；言禹巡狩会计于此山，虚也。巡狩本不至会稽，安得会计于此山？……会计之说，未可从也。”

越先祖为禹之苗裔无余。《史记·越王句践世家》“越王句践，其先禹之苗裔，而夏后帝少康之庶子也。封于会稽……后二十余世，至于允常”；《越绝书·记地传》“昔者，越之先君无余，乃禹之世，别封于越，以守禹冢。……无余初封大越，都秦余望南，千有余岁而至句践”；《吴越春秋·越王无余外传》“越之前君无余者，夏禹之末封也。……禹以下六世而得帝少康。少康恐禹祭之绝祀，乃封其庶子于越，号曰无余”。

清代梁玉绳在《史记志疑》中对“越为禹后”也提出质疑：“禹葬会稽之妄，说在夏纪……而少康封庶子一节，即缘禹葬于越伪撰。盖六国时有此谈，史公谬取入史，后之著书者，相因成实，史并谓闽越亦禹苗裔，岂不诞哉？”

关于“禹为越后”之说，当代学者也各抒己见。卫聚贤先生认为“夏是北方民族，越是南方民族，两不相干”[1]；林惠祥先生认为“《史记》言越王句践为夏禹之后，此不过越人托古之词”[2]；蒋炳钊先生认为“夏民族和越族是分布在我国不同地域、有着不同的经济生活、不同的语言以及表现不同文化特征所形成的不同民族。……把越说成是夏代的后裔，从考古资料到文献记载都难于找到可靠的证据，从二里头文化和越文化相比较，夏族和越族明显是两个不同的古代民族，越族不是夏族的后裔”[3]；陈桥驿先生认为“‘越为禹后’的传说，实际上是于越强大以后，从于越内部传播出来的。这个传说的编造者，或许就是越王句践自己”[4]；于逢春先生认为越为禹后是“《史记》有关‘华夷同源’‘天下一统’的纵向与横向构筑”[5]；徐建春先生认为“古代越族曾有过多次的迁徙流散，其足迹甚广，而禹的神话传说又起源于古吴越之地，因此，古籍中说禹曾到过什么地方和传说中的舜、禹故迹，有许多是后人的附会，但也有一些却暗示着古代越人迁徙的路线和地点，这就需要仔细鉴别，并找到其他旁证材料”[6]；陈志坚先生认为“越为禹后说乃是一种春秋历史时期的族群认同需求下，所产生的一种历史重新记忆的结果。越人在这个认同过程中重新构建自己的祖先记忆，这一过程是：越人先是认同于楚人，构建出‘楚越同源’说，随后再构建出了‘越为禹后’说”[7]；王向辉先生认为“越的认祖归宗是家天下德政的一种包装”[8]；吴绵吉先生根据对夏越民族的图腾崇拜的研究，认为夏越分属不同的文化系统，“印纹陶是代表着我国古代越族的一种文化，说明了南方越族有着自己形成和发展的一个历史过程，而且时间相当长。因此越为禹后说，不但在文献上找不到可靠的证据，

1. 卫聚贤《吴越民族》，《吴越文化论丛》，上海文艺出版社（江苏研究社1937年版影印），1990年。
2. 林惠祥《中国民族史》，商务印书馆，1937年。
3. 蒋炳钊《“越为禹后说”质疑——兼论越族的来源》，《民族研究》1981年第3期。
4. 陈桥驿《“越为禹后说”溯源》，《浙江学刊》1985年第3期。
5. 于逢春《华夷衍变与大一统思想框架的构筑——以〈史记〉有关记述为中心》，《中国边疆史地研究》2007年第2期。
6. 徐建春《大禹会稽与夏文化》，《杭州师范学院学报》2000年第2期。
7. 陈志坚《“越为禹后说”新论》，《清华大学学报（哲学社会科学）》2013年第4期。
8. 王向辉《越国文化的几点思考》，《中国柯桥·越文化高峰论坛文集》，浙江人民出版社，2011年。

而且在考古文化上也找不出越文化同夏文化有继承的关系”[1]；杜金鹏先生根据马桥文化与二里头文化的相互关系，对“越为禹后说”从考古学的角度进行了分析研究，认为“越王句践是夏禹之苗裔、少康庶子之后代，从目前的考古学材料来看是有这种可能性的，或者说不能排除这种可能性”[2]，也有据此认为“越为夏后”或“夏起源于东南”[3]。

中国在五帝时代已形成华夏、东夷、苗蛮、百越等族群，夏属华夏族群，越属百越族群；华夏地处西北，百越地处东南。夏与越之间既没有族源关系，也没有地缘关系。

既然越、夏之间没有族源关系，也没有地缘关系，那么“越为禹后”显然是附会。

究其附会的原因，可能有二：

一是春秋时期吴、越、秦、楚、匈奴等四夷国家普遍出现的“冒荫现象”。

《史记·秦本纪》“秦之先，帝颛顼之苗裔”；《史记·楚世家》“楚之先祖出自帝颛顼高阳”；《史记·匈奴列传》“匈奴，其先祖夏后氏之苗裔也，曰淳维”。据《史记》，秦与楚的祖先都追溯到颛顼，匈奴与越的祖先都追溯到夏后氏。

二是五帝时期我国形成了华夏、东夷、苗蛮、百越等族群，华夏族群与百越族群有相同的图腾。

蛇在上古称“它”，为华夏族群崇拜的图腾。[4]它即虫，《说文·虫部》“虫，一名蝮，博三寸，首大如擘指，象其卧形”；《说文·它部》“它，

1. 吴绵吉《从越族图腾崇拜看夏越民族的关系》，《中央民族学院学报》1985 年第 1 期。
2. 杜金鹏《关于“越为禹后说”的考古学探析》，《民族研究》1991 年第 5 期。
3. 卫聚贤《中国古文化由东南传播于黄河流域》，《吴越文化论丛》，上海文艺出版社（江苏研究社 1937 年版影印），1990 年；卫聚贤《中国文化起源于东南发达于西北的探讨》，《东方杂志》第三十四卷第七号；李晓路《夏文化地望在东南地区说》，《江汉论坛》1987 年第 11 期；陈剩勇《东南地区：夏文化的萌生与崛起——从中国新石器时代晚期主要文化圈的比较研究探寻夏文化》，《东南文化》1991 年第 1 期；徐日辉《大禹与百越关系简论》，《百越研究》第 2 辑，安徽大学出版社，2011 年；吕琪昌《青铜爵与良渚陶鬶的关系再议》，《华夏考古》2011 年第 4 期。
4. 李修松《夏文化的重要证据——陶寺遗址出土彩绘陶盘图案考释》，《齐鲁学刊》1995 年第 1 期；吴锐《“禹是一条虫”再研究》，《文史哲》2007 年第 6 期。

虫也。从虫而长，象冤曲垂尾形。上古艹居患它，故相问无它乎”。

华夏族群的首领为禹，禹即虫，《说文·内部》：“禹，虫也。”在华夏第一王都——河南偃师二里头遗址也出土过龙蛇纹样的陶器和绿松石镶嵌物。[1]

蛇亦为越人崇拜的图腾，《吴越春秋·阖闾内传》“越在东南，故立蛇门以制敌国。……越在巳地，其位蛇也，故南大门上有木蛇，北向首内，示越属于吴也”；《越绝书·九术》“于是作为策楯，婴以白璧，镂以黄金，类龙蛇而行者，乃使大夫种献于吴”；《史记·东越列传》“闽越王无诸及越东海王摇者，其先皆越王句践之后也”；《说文·虫部》“东南越，蛇种”。无锡鸿山越国贵族墓葬曾出土过蛇纹样的玉器和青瓷器[2]，关于越人崇拜蛇图腾也有诸多论述。[3]

百越族群与华夏族群崇拜的图腾都是蛇，相同的图腾崇拜可能成为越人追溯先祖的最直接的诱因。

《史记·越王句践世家》：“越王句践，其先禹之苗裔，而夏后帝少康之庶子也。封于会稽，以奉守禹之祀。文身断发，披草莱而邑焉。后二十余世，至于允常。”

《越绝书·记地传》：“昔者，越之先君无余，乃禹之世，别封于越，以守禹冢。……无余初封大越，都秦余望南，千有余岁而至句践。……越王夫镡以上至无余，久远，世不可纪也。夫镡子允常，允常子句践，大霸称王，徙琅邪。”

《吴越春秋·越王无余外传》：“越之前君无余者，夏禹之末封也。……禹以下六世而得帝少康，少康恐禹祭之绝祀，乃封其庶子于越，号曰无余。……自后稍有君臣之义，号曰无壬。壬生无曎，曎专心守国，不失上天之命。无曎卒，

---

1. 许宏、陈国梁、赵海涛《二里头遗址聚落形态的初步考察》，《考古》2004 年第 11 期；杜金鹏《中国龙·华夏魂——试论偃师二里头遗址“龙文物”》，《二里头遗址与二里头文化研究》，科学出版社，2006 年。

2. 南京博物院等《鸿山越墓发掘报告》，文物出版社，2007 年。

3. 陈文华《几何印纹陶与古越族的蛇图腾崇拜》，《考古与文物》1981 年第 2 期；吴绵吉《从越族图腾崇拜看夏越民族的关系》，《中央民族学院学报》1985 年第 1 期；吴春明、王樱《“南蛮蛇种”文化史》，《南方文物》2010 年第 2 期。

或为夫谭。夫谭生元常，……越之兴霸自元常矣。”

历史文献中，允常之前的越国世系在历史文献中十分渺茫，可以明确的是越之始祖无余为禹庶子少康后，夫镡或为允常之父；而允常之后的越王世系在历史文献的记载也不尽相同。

《史记·越王句践世家》：“允常卒，子句践立，是为越王。……句践卒，子王鼫与立。王鼫与卒，子王不寿立。王不寿卒，子王翁立。王翁卒，子王翳立。王翳卒，子王之侯立。王之侯卒，子王无强立。王无强时，越兴师北伐齐，西伐楚，与中国争强。……楚威王兴兵而伐之，大败越，杀王无强，尽取故吴地至浙江，北破齐于徐州。”

《竹书纪年》因版本的不同，越王世系的记载也略有出入[1]：“元王二年（前 473），于粤灭吴；七年（前 468），于粤徙都琅邪；贞定王四年（前 465）十一月，于粤子句践卒，是为菼执，次鹿郢立。十六年（前 453），于粤子鹿郢卒，子不寿立。晋敬公三年，于粤子不寿见杀，是为盲姑，次朱句立。晋烈公二年（前 418），于粤灭滕。三年，于粤伐郯，以郯子鸪归。五年（前 415），于粤子朱句卒，子翳立。魏武侯十八年（前 378），于粤迁于吴。二十一年（前 375）七月，于粤太子诸咎弑其君翳；十月，粤人杀诸咎，粤滑吴人立孚错枝为君。二十二年（前 374），于粤大夫寺区定粤乱，立初无余，是为莽安。梁惠成王八年（前 362），于粤寺区弟思杀其君莽安，次无颛立。”[2]

“晋出公十年（前 465），于粤子句践卒，是为菼执，次鹿郢立。十六年（前 459），于粤子鹿郢卒，子不寿立。敬公三年（前 454），于粤子不寿见杀，是为盲姑，次朱句立。十四年（前 443），于粤子朱句灭滕；十五年（前 442），于粤子朱句灭郯，以郯子鸪归；十七年（前 440），于粤子朱句卒，王翳立。魏武侯十七年（前 379），于粤子翳迁于吴。二十年（前 376）七月，于粤大子诸咎弑其君翳；十月，粤杀诸咎，粤滑吴人立孚错枝为君。二十一年（前 375），于粤大夫寺区定粤乱，立无余之。梁惠成王六年（前 364），于粤寺区之弟思杀其君莽安，次无颛立。”[3]

---

1. 越国纪年参见《史记·十二诸侯年表》。
2. 雷学淇《竹书纪年义证》，修绠堂铅印本，1937 年。
3. 范祥雍《古本竹书纪年辑校订补》，新知识出版社，1956 年。

“元王四年（前 473），于越灭吴。……贞定王元年（前 468），于越徙都琅邪。……四年（前 465），于越子句践卒，是为菼执，次鹿郢立。……十年（前 459），于越子鹿郢卒，不寿立。……二十年（前 449），于越子不寿见杀，是为盲姑，次朱句立。……威烈王十一年（前 391），于越灭滕。十二年（前 390），于越子朱句伐郯，以郯子鸪归。十四年（前 388），于越子朱句卒，子翳立。……安王二十三年（前 379），于越迁于吴。三十六年，于越太子诸咎弑其君翳，十月，越人杀诸咎越滑，吴人立孚错枝为君。……烈王元年（前 375），于越大夫寺区定越乱，立初无余，是为莽安。……显王四年（前 365），于越寺区弟思弑其君莽安，次无颛立。……十二年（前 357），于越子无颛卒，是为菼颛卯，次无强立。……三十四年（前 335），于越子无强伐楚。……三十六年（前 333），楚围齐于徐州，遂伐于越，杀无强。”[1]

越国后期的政局十分混乱，竟出现“三世弑其君”，王子搜被迫即位，是为越王无颛。《庄子·让王》：“越人三世弑其君，王子搜（无颛）患之，逃乎丹穴。而越国无君，求王子搜不得，从之丹穴。王子搜不肯出，越人熏之以艾。乘以玉舆。王子搜援绥登车，仰天而呼曰：‘君乎！君乎！独不可以舍我乎！’”

类似的记载还见诸越王翳。《淮南子·原道训》“越王翳逃山穴，越人熏而出之，遂不得已”，《论衡·命禄篇》“越王翳逃山中，至诚不愿。自冀得代。越人熏其穴，遂不得免，强立为君”。

《庄子》不仅成书的年代早于《淮南子》和《论衡》，而且“越人三世弑其君”的记载亦与《竹书纪年》相合，当以《庄子》为正。

《越绝书·记地传》：“夫镡子允常。允常子句践，大霸称王，徙琅邪，都也。句践子与夷，时霸。与夷子子翁，时霸。子翁子不扬，时霸。不扬子无强，时霸，伐楚，威王灭无强。无强子之侯，窃自立为君长。之侯子尊，时君长。尊子亲，失众，楚伐之，走南山。亲以上至句践，凡八君，都琅邪二百二十四岁。”

《吴越春秋·越王无余外传》：“越之前君无余者……自后稍有君臣之义，号曰无壬。壬生无瞫，瞫专心守国，不失上天之命。无瞫卒，或为夫谭。

1. 王国维《今本竹书纪年疏证》，见方诗铭、王修龄《古本竹书纪年辑证》，上海古籍出版社，1981 年。

夫谭生元常……越之兴霸自元常矣。”

《吴越春秋·句践伐吴外传》：“二十七年冬，句践……遂卒。兴夷即位一年，卒，子翁。翁卒，子不扬。不扬卒，子无强。强卒，子玉。玉卒，子尊。尊卒，子亲。自句践至于亲，其历八主，皆称霸，积年二百二十四年，亲众皆失，而去琅邪，徙于吴矣。”

关于越国世系，司马贞的《史记索隐》、罗苹的《路史后纪》、徐天佑的《吴越春秋音注》、郝懿行的《竹书纪年校正》、雷学淇的《竹书纪年义证》，王国维的《古本竹书纪年辑校》和《今本竹书纪年疏证》、范祥雍的《古本竹书纪年辑校订补》、方诗铭和王修龄的《古本竹书纪年辑证》等均做过考证，因采用文献资料的不同和认知的不同，关于越国世系的考证也略有出入。

与吴国世系一样，越国世系也是音译，也同样出现同名异译。根据不同的历史文献或同一历史文献的不同版本，将越王世系排列如下：

《史记》：少康庶子……允常——句践——鼫与——不寿——翁——翳——之侯——无强

《古本竹书纪年》：句践（菼执）——鹿郢——不寿（盲姑）——朱句——翳——诸咎——孚错枝——初无余（无余之、莽安）——无颛

《今本竹书纪年》：句践（菼执）——鹿郢——不寿（盲姑）——朱句——翳——诸咎——孚错枝——初无余（莽安）——无颛（菼颛卯）——无强

《越绝书》：无余……夫镡——允常——句践——与夷——子翁——不扬——无强——之侯——尊——亲

《吴越春秋》：无余……无壬——无曎……夫谭——元常——句践——兴夷——翁——不扬——无强——玉——尊——亲

出土青铜器也使部分越王世系得以证实：“越王之子句浅剑”，此越王当为允常，“句浅”即句践[1]；“越王鸠浅剑”，“鸠浅”即句践[2]；“越王者旨于赐钟”，郭沫若先生认为“者旨于赐”系句践五世孙翳之子诸咎[3]；马

1. 张振林《关于两件吴越宝剑铭文的释读问题》，《中国语文研究》，香港中文大学中国文化研究所，1985 年。

2. 湖北省文物考古研究所《江陵望山沙冢楚墓》，文物出版社，1966 年。

3. 郭沫若《两周金文辞大系图录考释》，科学出版社，1958 年。

承源、林沄先生认为“者旨于赐”系句践之子鼫与[1]；“者汈钟”，容庚先生释为鼫与[2]，郭沫若先生释为诸咎[3]；“越大子敝寿矛”，“敝寿”即不寿[4]；“越王丌北古剑”，马承源先生考“丌北古”即盲姑，亦即不寿[5]；“越王州句剑”，“州句”即朱句。[6]

以上铭文可以看出历史文献对越王世系的记载虽有出入，然未必虚无缥缈，随着考古资料的不断发现，也许会有更多的越王面世。

记载越王世系的史籍虽有出入，然孰是孰非，不可臆断；而出土青铜器铭文所记载的越王，又往往与文献记载的越王可相互印证。因此本着宁可信其有的原则，以《史记》《越绝书》《竹书纪年》记载的越王世系相互参照，将越王允常之后的越国世系排列如下：

允常（元常）——句践（菼执）——鼫与（鹿郢、与夷、兴夷）——不寿（盲姑）——朱句（翁、子翁）——翳——诸咎——孚错枝——初无余（无余之、莽安）——不扬（无颛、菼颛卯）——无强——之侯（玉）——尊——亲

1. 马承源《越王剑、永康元年群神禽兽镜》,《考古》1962年第12期; 林沄《越王者旨于赐考》,《考古》1963年第8期。
2. 容庚《商周彝器通考》，哈佛燕京学社，1941年。
3. 郭沫若《者汈钟铭考释》，《考古学报》1958年第1期。
4. 董楚平《吴越徐舒金文集释》，浙江古籍出版社，1992年。
5. 马承源《越王剑、永康元年群神禽兽镜》，《考古》1962年第12期。
6. 荆州地区博物馆《湖北江陵藤店一号墓发掘简报》，《文物》1973年第9期。

第二节　吴越都城比较

吴越都城是吴越文化研究中的重要内容之一。

在先秦两汉历史文献中，关于吴越都城的记载多含糊其辞，难以穷究曲直；而在唐宋时期的吴地文献中，又言之凿凿，令人真伪莫辨。

吴越都城的特殊性有三：一是由于吴楚争霸和吴越争霸导致吴越都城数度迁徙；二是由于吴越都城之名多为音译，同名异译的现象导致吴越都城出现歧义；三是由于春秋战国时期姑苏为“吴越共都”，此现象导致吴越都城的研究出现盲区和误区。

因此，吴越都城比较研究的首要内容即对先秦两汉历史文献中与吴越都城相关的记载进行梳理和分析。

一、吴国都城

历史文献中，有关吴国都城的记载主要为两个时期。

一是所谓“太伯奔吴”时期，一是自吴王寿梦至吴王夫差时期。

吴的发端往往追溯到太伯奔吴，太伯所居地即吴国最早的都城。《越绝书·军气》“吴故治西江，都牛须女也”；《世本·居篇》“孰哉居藩篱，孰姑徙句吴，诸樊徙于吴”，宋衷曰“句吴，太伯始居地名”；《吴越春秋·吴太伯传》“荆蛮义之，从而归之者千有余家，共立以为句吴。数年之间，民人殷富。遭殷之末世衰，中国侯王数用兵，恐及于荆蛮，故太伯起城，周三里二百步，外郭三百余里。在西北隅，名曰故吴，人民皆耕田其中”。尽管“太伯奔吴”或“吴为周后”有冒荫之嫌，但太伯始居地为“句吴”或“故吴”，可作为吴国都城称谓的参考。

《越绝书·记地传》“自无余初封于越以来，传闻越王子孙在丹阳皋乡，更姓梅，梅里是也”，而《史记正义》则云“太伯居梅里，在常州无锡县东南六十里”，显然丹阳梅里与无锡梅里风马牛不相及；在无锡梅村“太伯庙”与“太伯墓”之间的彭祖墩遗址的考古发掘[1]，亦表明商末周初时无锡梅村一带属马桥文化分布区。马桥文化与商代晚期的先周文化无干，丹阳梅里与无锡梅村扞格不入，所谓的无锡“梅里”亦当与太伯无干。

吴国的强大始于吴王寿梦。《左传》成公七年（前584）“吴始伐楚，伐巢、伐徐。……吴入州来。……蛮夷属于楚者，吴尽取之，是以始大，通吴于上国”；《史记·吴太伯世家》“寿梦立而吴始益大，称王”。

寿梦都城仍名句吴。《吴越春秋·吴王寿梦》“寿梦曰：‘孤在夷蛮’”；《世本·居篇》“孰姑徙句吴”，宋衷曰“孰姑，寿梦也”；《世本》张澍稡集补注本“《诗地理考》引《世本》云：‘孰姑徙丹徒句吴’”[2]。据《世本》，寿梦徙“丹徒句吴”。

吴之兴霸始于吴王阖闾。《春秋》定公四年（前506年）“冬十有一月庚午，蔡侯以吴子及楚人战于柏举，楚师败绩。楚囊瓦出奔郑。庚辰，吴入郢”；《史记·吴太伯世家》：阖闾九年，“于是吴王遂纵兵追之。比至郢，五战，楚五败。楚昭王亡出郢……而吴兵遂入郢”。

阖闾之时徙治胥山，新筑吴城。《越绝书·吴地传》：“阖庐之时，大霸，筑吴越城。城中有小城二。……徙治胥山。……吴王大霸，楚昭王、孔子时也。……吴大城，周四十七里二百一十步二尺。陆门八，其二有楼。水门八。南面十里四十二步五尺，西面七里百一十二步三尺，北面八里二百二十六步三尺，东面十一里七十九步一尺。阖庐所造也。吴郭周六十八里六十步。吴小城，周十二里。其下广二丈七尺，高四丈七尺。”

《吴越春秋·阖闾内传》：“阖闾元年……阖闾曰：‘安君治民，其术奈何？’子胥曰：‘凡欲安君治民，兴霸成王，从近制远者，必先立城郭，设守备，实仓廪，治兵库，斯则其术也。’阖闾曰：‘善。夫筑城郭，立仓库，因地制宜，岂有天气之数以威邻国者乎？’子胥曰：‘有。’阖闾曰：‘寡人委计于子。’子胥乃使相土尝水，象天法地，造筑大城。周回四十七里，陆门八，

1. 南京博物院等《江苏无锡锡山彭祖墩遗址发掘报告》，《考古学报》2006年第4期。
2.《世本八种·张澍稡集补注本》，商务印书馆，1957年。

以象天八风，水门八，以法地八聪。筑小城，周十里，陵门三，不开东面者，欲以绝越明也。”

据《吴越春秋》，阖闾元年（前 514）委计伍子胥筑城；据《越绝书》，阖闾大霸（前 506）而筑吴城，筑城时间不一；然吴城有大城和小城，即有郭有城，《越绝书》和《吴越春秋》的记载是一致的。

阖闾之时，又徙都姑苏。《越绝书·吴地传》“阖庐之时……秋冬治城中，春夏治姑胥之台”；《史记集解》“《越绝书》曰：‘阖庐起姑苏台，三年聚材，五年乃成，高见三百里’”；《吴越春秋·阖闾内传》“阖闾……治姑苏之台。……斯止阖闾之霸时”；《史记·吴太伯世家》“十九年夏，吴伐越，越王句践迎击之槜李。越使死士挑战，三行造吴师，呼，自刭。吴师观之，越因伐吴，败之姑苏，伤吴王阖庐指，军却七里。吴王病伤而死”。姑胥即姑苏，阖闾既然“治姑胥之台”，姑苏亦当为阖闾之都。

吴王夫差仍以姑苏为都。《荀子·宥坐》：“女以谏者为必用邪？吴子胥不磔姑苏东门外乎？”《左传》哀公二十二年（前 473）“冬，越灭吴”；《国语·越语》“范蠡不报于王，击鼓兴师以随使者，至于姑苏之宫，不伤越民，遂灭吴”；《越绝书·记地传》“（越）而灭吴，徙治姑胥台”。越灭吴后“徙治姑胥台”，姑苏当为吴越的共都。

此外，见诸历史文献的吴城还有鸠兹、固城、朱方、邗。

《左传》襄公三年（前 570）：“春，楚子重伐吴，为简之师，克鸠兹，至于衡山。”

《左传》襄公二十八年（前 545）：齐庆封“奔吴。吴句余予之朱方，聚其族焉而居之，富于其旧”；《左传》昭公四年（前 538）“秋七月，楚子以诸侯伐吴。……使屈申围朱方，八月甲申，克之”；《史记·吴太伯世家》“王余祭三年，齐相庆封有罪，自齐来奔吴。吴予庆封朱方之县……十年，楚灵王会诸侯而以伐吴之朱方，以诛齐庆封”。

《左传》昭公十三年（前 529）：“因群丧职之族，启越大夫常寿过作乱，围固城，克息舟，城而居之。”

据历史文献记载，吴国的城有句吴、故吴、鸠兹、固城、朱方、姑苏和邗。

吴国的国名为句吴。《史记·吴太伯世家》“太伯之奔荆蛮，自号句吴”；《吴越春秋·吴太伯传》“国民君而事之，自号为句吴。吴人或问何像而为句吴，太伯曰：‘吾以伯长居国，绝嗣者也，其当有封者，吴仲也。故自号句吴，非其方乎？’荆蛮义之，从而归之者千有余家，共立以为句吴”。

吴国的国号为句吴，而吴国铜器铭文则作工𫊸、攻𫊸、攻敔、攻吴。句，上古音为见母 [g]，吴，鱼韵 [ɑ]；工、攻上古音亦见母 [g]，𫊸、敔、吴亦鱼韵 [ɑ]。句吴和工𫊸、攻𫊸、攻敔、攻吴的古音皆读若 [gɑ]。

因此，工𫊸、攻𫊸、攻敔、攻吴当为句吴的音译，即同名异译。

吴国的都城名故吴、句吴或吴。《吴越春秋·吴太伯传》“故太伯起城……名曰故吴”；《世本·居篇》“孰姑徙句吴”；《越绝书·吴地传》“阖庐之时，大霸，筑吴越城”。

据《史记》《世本》《越绝书》《吴越春秋》等文献的记载，可知吴国国名句吴，吴国都城名故吴、句吴或吴。

先秦时期“国都同名”的现象十分普遍，《左传》中的“入某”“围某”“克某”，“某”或为国，或为都，吴国亦然。《吴越春秋·吴王寿梦传》：“太王改为季历，二伯来入荆蛮，遂城为国。”“遂城为国”，表明吴国也是“国都同名”。

据《史记》《世本》《越绝书》《吴越春秋》等文献的记载，吴国都城曾经数迁，如商都数迁仍称“亳”、楚都数迁仍称“郢”、蔡都数迁仍称“蔡”一样，吴国都城虽经数迁，仍称句吴。历史文献中出现的故吴、吴、鸠兹、固城、朱方和姑苏都是句吴的音译，其中鸠兹、固城、朱方见于《左传》，更是北方人根据吴人的读音的文字记录。

对于音译的吴国地名，可音训而不可义解。

音训即以“因声求义”辨其文义，以“双声叠韵”别其通假。“因声求义”是通过语音去研究词义，是传统训诂方法之一；“双声叠韵”的双声是指一个双音节词中两个字的声母相同，叠韵是指一个双音节词中两个字的韵母相同。

明代杨慎《升庵经说》：“越曰於越，吴曰句吴，邾曰邾娄，本一字而为二字，古声双叠也。”吴在金文中作“工𫊸”“攻敔”“攻吴”等，见诸文献的吴国都城有“句吴”“故吴”和“吴”。《汉书·地理志》颜师古注：“吴言句者，夷语之发声。”工、攻、句、故皆见母，𫊸、敔、吴皆鱼韵，因此工、攻、句、故皆为“夷语之发声”，工𫊸、攻敔、攻吴、故吴皆为“句吴”之假借或音转。

对吴国地名以双声叠韵别其通假，需进行声母和韵母的比较，即将句吴的首字“句”与姑吴、鸠兹、朱方、固城、姑苏首字“故、鸠、朱、固、姑”的母（声母）进行比较，将句吴的尾字“吴”与姑吴、鸠兹、朱方、固城、姑苏尾字“吴、兹、方、固、苏”的韵（韵母）进行比较。[1]

句吴 句，见母 [g]；吴，鱼韵 [ɑ]，“句吴”古音读若 [gɑ]。[2]

故吴 故，见母 [g]；吴，鱼韵 [ɑ]。“故吴”古音 [gɑ] 与“句吴”古音 [gɑ] 相同（[gɑ]—[gɑ]），故吴即句吴。

鸠兹 鸠，见母 [g]，鸠与句读音相同，鸠即句，湖北江陵望山楚墓出土的越王句践剑铭文作“越王鸠浅自作用剑”，可证鸠即句；兹，之 [ə] 韵，之、鱼同属阴声。“鸠兹”古音 [gə] 与“句吴”古音 [gɑ] 声同韵近（[gə]—[gɑ]），鸠兹即句吴。

朱方 《世本·居篇》“姑之言诸也，《毛诗传》读姑为诸”，朱、诸皆章母，“读姑为诸”即朱读若姑，姑，见母 [g]；方，阳韵 [ɑŋ]，鱼 [ɑ]、铎 [ɑk]、阳 [ɑŋ] 属同一韵类的“阴、入、阳”三声；“鱼”、“阳”阴阳对转。“朱方”古音 [gɑŋ] 与“句吴”古音 [gɑ] 声同韵转（[gɑŋ]—[gɑ]），朱方亦即句吴。

固城 固城即固，城是固的后缀。固，见母 [g]，鱼韵 [ɑ]，句吴二字疾读即为固。“固”古音 [gɑ] 与“句吴”古音 [gɑ] 相同（[gɑ]—[gɑ]），固即句吴的疾读，固城即句吴城。

姑苏 姑，见母 [g]，苏，鱼韵 [ɑ]，姑、句双声，苏、吴叠韵。“姑苏”古音 [gɑ] 与“句吴”古音 [gɑ] 相同（[gɑ]—[gɑ]），姑苏即句吴。

根据因声求义辨其文义、双声叠韵别其通假的原则，吴国地名故吴、鸠兹、固城、朱方、姑苏都是句吴的音译，都是句吴的同名异译。[3]

吴国是国都同名，因此凡为句吴或句吴音译的城，都是吴国的都城。

---

1. 上古音声、韵的拟定参考了王力《汉语史稿》，中华书局，1980 年；唐作藩《上古音手册》，江苏人民出版社，1982 年；郭锡良《汉字古音手册》，北京大学出版社，1986 年，下同。
2. 上古音的拟音均依王力先生的古韵“十一类、二十九部”，王力《汉语史稿》中华书局，1980 年，下同。
3. 张敏《鸠兹新证——兼论西周春秋时期吴国都城的性质》，《东南文化》2014 年第 5 期；张敏《浅谈先秦两汉时期的吴越地名》，《剑与礼：苏州博物馆新入藏吴王余眛剑研讨会论文集》，文物出版社，2015 年。

吴国没有健全的行政建制。《左传》哀公二年“克敌者，上大夫受县，下大夫受郡”，表明晋国、楚国等大国在“都、邑”之外已出现“郡、县”。而检阅历史文献，不见吴国设有县、邑，职官中也仅有中央职官而不见地方官吏，因此吴国只有中央一级建制的“都”而没有二级、三级的地方建制的“邑”和“边邑”，而吴国的城皆为“都”，即历史文献记载的吴国的城都是都城，这在春秋时期可能是一个特例。

有学者根据“吴予庆封朱方之县”（《史记·吴太伯世家》）、“于是吴王乃遂发九郡兵伐齐”（《史记·仲尼弟子列传》）和“阖闾葬此山中，发五郡之人作冢”（《吴地记》）的记载，认为春秋时期的吴国已实行郡县制。《史记》所云“发九郡兵伐齐”和“朱方之县”当为“郡县制”形成后的概念而并非吴国有郡县一级的建制，至于《吴地记》所云多不足据，因此“春秋时期的吴国已实行郡县制”的推论，恐与史实有悖。[1]

吴国的城都是都城，这正是吴国社会组织军事化的直接反映。吴国的国家就是一个庞大的军事组织，“全民皆兵”的军事组织成为吴国的国家形态，吴国的战争模式是御驾亲征，倾巢而出，不断发动野蛮的掠夺性战争。从寿梦到夫差，吴王无不披甲操戈南征北战，有的甚至战死疆场。而吴国的都城即军事指挥中心，随着战争的需要或随着战争形势的发展变化，吴国都城在不断地迁徙，因而在今皖南、苏南一带留下许多名“句吴”的城。

吴国城址中不是句吴音译的都城，唯有邗城。《左传》哀公九年（前486）“秋，吴城邗，沟通江淮”；《水经注·淮水》“昔吴将伐齐，北霸中国，自广陵城东南筑邗城，城下掘深沟，谓之韩江，亦曰邗溟沟，自江东北通射阳湖”。陈达祚、朱江先生通过考古调查认为邗城在扬州西北的蜀岗一带[2]，然根据公布的多为战国时期的文化遗物分析，蜀岗一带的古城址可能为楚广陵城而非邗城。

王文清先生将《左传》哀公九年句读为“吴城邗沟，通江淮”[3]，古代汉

1. 韩连琪《春秋战国时代的郡县制及其演变》，《文史哲》1986 年第 5 期；张晓芳《春秋吴国郡县制考论》，《边疆经济与文化》2008 年第 9 期。
2. 陈达祚、朱江《邗城遗址与邗沟流经区域文化遗存的发现》，《文物》1973 年第 12 期。
3. 王文清《“吴城邗沟，通江、淮”考辨》，《中国柯桥·越文化高峰论坛文集》，浙江人民出版社，2011 年。

语可“城城”、“沟沟”，而“城沟”显然有悖于古汉语语法，如此断句对于年轻的吴越文化研究者具有一定的误导性。

邗本干国，大约在春秋早期为吴所灭。《管子·小问》：“桓公使管仲求宁戚，宁戚应之曰：‘浩浩乎。’管仲不知，至中食而虑之。婢子曰：‘公何虑？’管仲曰：‘非婢子之所知也。’婢子曰：‘公其毋少少，毋贱贱。昔者吴干战，未龀不得入军门。国子揥其齿，遂入，为干国多。’”

“为干国多”，文义不通，可能有脱漏，但从《管子》的记载中至少可以反映了邗国保留了凿齿的原始习俗和邗国危在旦夕的紧张局势。

吴灭干后，亦称“吴干”或“干”。《战国策·赵策三》“夫吴干之剑，肉试则断牛马，金试则截盘匜”，“吴干”即“吴”；《庄子·刻意》“干越之剑”，《荀子·劝学》“干越夷貉之子”，“干越”即指“吴越”；陈梦家先生和郭沫若先生先后考释“禺邗王壶”和“邗王是埜戈”，俱考“邗王”即“吴王”。[1]

《左传》庄公二十八年（前666）“凡邑有宗庙先君之主曰都，无曰邑。邑曰筑，都曰城”，而《左传》哀公九年则云“吴城邗”。既然“都曰城”和“吴城邗”都出自《左传》，因此邗城当为夫差时期的吴国都城。

“邗”虽然不是“句吴”的音译，但“邗”与“句吴”一样，亦同样是以国名都，故吴王亦称“邗王”，如“邗王是埜戈”和“禺邗王壶”，因此邗即吴，邗城即吴城，亦即吴国都城。

邗城是吴国都城中的例外，也是唯一一座不用“句吴”音译的吴国都城。

二、越国都城

见诸文献记载的越国都城有秦余望南、岘里、埤中、山阴、姑苏、琅邪等，越国都城在历史文献中的记载多含混不清，虽有学者进行过越国都城的研究[2]，

1. 陈梦家《禺邗王壶考释》，《燕京学报》第21期，1937年6月；郭沫若《吴王寿梦之戈》，《奴隶制时代》，科学出版社，1957年。

2. 林华东《越国都城探研》，《中国古都研究》第四辑，浙江人民出版社，1989年；林华东《越都丛考》，《百越民族研究》，江西教育出版社，1990年；曲英杰《越城复原研究》，《浙江学刊》1992年第4期；方杰主编《越国文化》，上海社会科学出版社，1998年。

但越国都城的厘清还有待时日。

秦余望南即秦余杭山，位于姑苏西北，为越先君无余之都。

《越绝书·记地传》“昔者，越之先君无余，乃禹之世，别封于越，以守禹冢。……无余初封大越，都秦余望南，千有余岁而至句践”；《越绝书·吴地传》“秦余杭山者，越王栖吴夫差山也，去县五十里”。

陈梦家先生认为“上古之越，其族散居于江浙闽粤，而最初当在苏境，渐次而南。……余考春秋时吴地，皆越之故土也。……越绝书云无余初封大越，都秦余望南，秦余杭山则在姑苏西北五十余里，其地为越王都地”[1]。

岘里、埤中，仅见于《水经注》，为越王无余之旧都。

《水经注·浙江水》：“山南有嶕岘，岘里有大城，越王无余之旧都也。……《吴越春秋》所谓越王都埤中，在诸暨北界。”

山阴城又名句践小城，曾为越都；山阴大城，山阴城之郭。

《越绝书·记地传》“句践小城，山阴城也……山阴大城者，范蠡所筑治也，今传谓之蠡城”；《越绝书·军气》“越故治，今大越山阴”；《吴越春秋·句践归国》“越王曰：‘寡人之计未有决定。欲筑城立郭，分设里闾，欲委属于相国。’于是范蠡乃观天文，拟法于紫宫，筑作小城……西北立龙飞翼之楼，以象天门；东南伏漏石窦，以象地户；陵门四达，以象八风。外郭筑城而缺西北，示服事吴也，不敢壅塞，内以取吴，故缺西北，而吴不知也”。

山阴即大越。《越绝书·吴地传》“秦始皇并楚，百越叛去，更名大越为山阴也”；《越绝书·地传》“政更号为秦始皇帝，以其三十七年，东游之会稽……乃更名大越曰山阴”。

越灭吴后徙都姑苏。《史记·越王句践世家》“越复伐吴。……吴师败，越遂复栖吴王于姑苏之山”；《国语·越语》“居军三年，吴师自溃。吴王帅其贤良，与其重禄，以上姑苏”；《吴越春秋·夫差内传》“越王闻吴王伐齐，使范蠡、泄庸率师屯海通江，以绝吴路。败太子友于始熊夷，通江淮转袭吴，遂入吴国，烧姑胥台，徙其大舟”；《越绝书·记地传》“句践小城，山阴城也。……而灭吴，徙治姑胥台”。

---

1. 陈梦家《禺邗王壶考释》，《燕京学报》第21期，1937年6月。

越又从姑苏徙都琅邪，琅邪又作琅玡、琅琊。《越绝书·记地传》“允常子句践，大霸称王，徙琅邪，都也”；《吴越春秋·句践伐吴》“越王既已诛忠臣，霸于关东，从琅邪，起观台，周七里，以望东海”。

越都虽有文献记载，然而除山阴和姑苏外，秦余望南、岘里、埤中和琅邪的地理位置多无定论。[1]

姑苏是吴越的共都，吴都姑苏时称姑苏，而越都姑苏时则称“越”，为叙述方便起见，统称姑苏。需辨疑的是越都姑苏的时间。

《春秋》昭公五年（前537）“冬，楚子……越人伐吴”，越从楚伐吴，从此拉开吴越争霸的序幕。

《左传》昭公三十二年（前510）“夏，吴伐越，始用师于越也”；《越绝书·吴地传》“阖闾之时，大霸……徙治胥山”。吴向东扩张并定都姑苏，当在公元前510年或稍后。自此，姑苏先后为吴国和越国的都城。

《春秋》定公四年（前506）“冬，吴入郢”；《春秋》定公五年（前505）“夏，于越入吴……九月，吴师败楚师于雍澨，秦师又败吴师……吴子乃归”；《左传》定公五年“越入吴，吴在楚也”；《史记·吴世家》“越闻吴王之在郢，国空，乃伐吴”。吴伐楚之际，越伐吴，亦迁都姑苏；同年九月，吴被秦打败后，复归姑苏。

《春秋》定公十四年（前496）“五月，于越败吴于槜李”；《史记·吴世家》“吴伐越，越王句践迎击之槜李。……越因伐吴，败之姑苏”；《国语·吴语》“于是越王句践乃命范蠡、舌庸，率师沿海泝淮以绝吴路。败王子友于姑熊夷。越王句践乃率中军泝江以袭吴，入其郛，焚其姑苏，徙其大舟”。吴伐越失败，越入姑苏。

1. 蒙文通《越史丛考》，人民出版社，1983年；劳伯敏《句无·埤中和“勾践之航”》，《东南文化》1987年第1期；林华东、汪济英《浙越城址考略》，《广西民族研究》1987年第3期；曲英杰《楚、吴、越三都城综论》，《东南文化》1992年第6期；王遂今《吴越文化史话》之〈吴越故都古迹何其多〉，浙江大学出版社，2005年；马雪芹《古越国兴衰变迁研究》，齐鲁书社，2008年；辛德勇《越王勾践徙都琅邪事析义》，《文史》2010年第1辑；葛国庆《越都“埤中”诸稽说之我见》，《中国柯桥·越文化高峰论坛文集》，浙江人民出版社，2011年；莫艳梅《越王允常都埤中浅解》，《绍兴文理学院学报（哲学社会科学）》2012年第2期。

《左传》哀公元年（前494）“春，吴王夫差败越于夫椒，报槜李也。遂入越。……三月，越及吴平。吴入越”。吴复都姑苏。

《春秋》哀公十三年（前482）“夏，于越入吴”；《左传》哀公十三年“六月丙子，越子伐吴……丙戌，复战，大败吴师……丁亥，入吴……冬，吴及越平”。是年夏，越入姑苏；冬，吴又复入。

《左传》哀公十七年（前478）“三月，越子伐吴，吴子御之笠泽……吴师大乱，遂败之”。吴师虽败，然笠泽在姑苏之南，此时姑苏仍属吴。

《左传》哀公二十二年（前473）“冬，越灭吴”；今本《竹书纪年》：元王四年（前473）“于越灭吴”；《国语·越语》“范蠡不报于王，击鼓兴师以随使者，至于姑苏之宫，不伤越民，遂灭吴”；《越绝书·九术》“越乃兴师伐吴，大败之于秦余杭山，灭吴，禽夫差，而戮太宰嚭与其妻子”；《越绝书·请籴》“越兴师伐吴，至五湖。……太宰嚭遂亡，吴王率其有禄与贤良遁而去。越追之，至余杭山，禽夫差，杀太宰嚭”；《吴越春秋·夫差内传》“越王乃葬吴王以礼，于秦余杭山卑犹”。秦余杭山在姑苏西北五十余里。

《越绝书·记地传》：越“而灭吴，徙治姑胥台”。姑胥台即姑苏台，越复都姑苏。

今本《竹书纪年》：贞定王元年（前468）“于越徙都琅邪”；《越绝书·记地传》“句践伐吴，霸关东，从琅邪起观台”；《吴越春秋》：句践二十五年“霸于关东，从琅邪起观台，周七里，以望东海”。越都姑苏五年后，徙都琅邪。

今本《竹书纪年》：安王二十三年（前379），“于越迁于吴”；《史记·越王句践世家》索隐引《纪年》“翳三十三年，迁于吴”。越都琅邪后，又徙都姑苏。

今本《竹书纪年》“（周）安王二十六年（前376），于越太子诸咎弑其君翳。十月，越人杀诸咎越滑，吴人立孚错枝为君”；《史记·越王句践世家》索隐引《纪年》“翳三十六年七月，太子诸咎弑其君翳。十月，粤杀诸咎粤滑，吴人立孚错枝为君”。越内乱之时，仍都姑苏。

《史记·越王句践世家》“王无强时，越兴师北伐齐，西伐楚，与中国争强。……楚威王兴兵而伐之，大败越，杀王无强，尽取故吴地至浙江，北破齐于徐州”；古本《竹书纪年》“（周）显王三十四年（前335），于越子无强伐楚。……三十六年（前333），楚围齐于徐州，遂伐于越，杀无强”。

自越王翳至越王无强，在历史文献中均未见徙都的记载，因此自翳至无强，越都姑苏。

《史记·越王句践世家》“而越以此散，诸族子争立，或为王，或为君，滨于江南海上，服朝于楚”；《越绝书·记地传》“无强以上，霸，称王。之侯以下微弱，称君长”；《吴越春秋·句践伐吴外传》“（无）强卒，子玉。玉卒，子尊。尊卒，子亲”。越既“或为王，或为君”，楚杀无强后，并未能够“尽取吴故地”，越仍都姑苏。

越何时被灭？为楚所灭还是为秦所灭？众说纷纭[1]，归纳起来大致有楚威王灭越说、楚怀王亡越说、楚考烈王并越说和秦始皇降越说。

《越绝书·记地传》“亲以上至句践，凡八君，都琅邪二百二十四岁”；《吴越春秋·句践伐吴外传》“自句践至于亲，其历八主，皆称霸，积年二百二十四年，亲众皆失，而去琅邪，徙于吴矣”。越王翳三十三年时已迁于吴，因此《越绝书》和《吴越春秋》可能有误。

《战国策·楚策三》“五国伐秦……（楚）东有越累，北有晋，而交未定于齐秦，是楚孤也”。“五国伐秦”时在公元前318年，楚国“东有越累”。

古本《竹书纪年》“隐王三年四月，越王使公师隅来献舟三百、箭五百万及犀角、象齿”。周隐王三年（前312）仍称“越王”，可见越君时称越王。

《史记·秦本纪》“惠王卒，子武王立。韩、魏、齐、楚、越皆宾从”。秦武王立，时在公元前310年，越宾从于秦。

1977年河北平山县中山王墓出土的铁足大鼎铭文有“昔者吴人并粤，粤人修教备恁，五年覆吴，克并之至于今”。李学勤先生认为此鼎作于公元前

1. 清·黄以周《史越王句践世家补并辨》，《黄以周全集》，上海古籍出版社，2014年；杨宽《战国史》，上海人民出版社，1955年；蒙文通《越史丛考》，人民出版社，1983年；吕荣芳《望山一号墓与越王剑的关系》，《厦门大学学报（哲学社会科学）》1977年第4期；陈振裕《楚灭越的年代问题》，《江汉论坛》1980年第5期；吕荣芳《楚灭越年代考》，《厦门大学学报》1981年增刊；尚志发《关于楚灭越之时间问题》，《求是学刊》1982年第6期；杨善群《楚未灭越考辨》，《史林》1986年第1期；董楚平《楚败越过程考略》，《百越民族研究》，江西教育出版社，1990年；杨宽《关于越国灭亡年代的再商讨》，《江汉论坛》1991年第5期；刘翔《楚灭越时间再考》，《浙江学刊》1994年第2期；周书灿《楚怀王灭越置江东郡说质疑》，《中国历史地理论丛》2010年第3期。

309 或 308 年。[1]

《韩非子·内储说下》“王使邵滑之越，五年而能亡越。所以然者，越乱而楚治也”。邵滑之越五年，造成“越乱而楚治”，时在公元前 307 年。

《史记·甘茂列传》“楚怀王新与秦合婚而欢。……越国乱，故楚南塞厉门而郡江东”。楚迎秦妇，时在公元前 305 年，越国内乱。

《韩非子·喻老》：楚庄王欲伐越……庄子曰“庄跷为盗于境内而吏不能禁，此政之乱也”。“庄跷为盗”时在公元前 301 年前后，此时楚王“欲伐越”。

《战国策·齐策五》：苏秦说齐闵王曰“天下遍用兵矣……而宋、越专用其兵”。苏秦游说齐闵王，时在公元前 288 年，越尚“专用其兵”。

《史记·楚世家》：顷襄王十八年（前 281）“北游目于燕之辽东而南登望于越之会稽，此再发之乐也”。“越之会稽”即越都姑苏。

《韩非子·孤愤》“夫越虽国富兵强，中国之主皆知无益于己也”。韩非作《孤愤》约在公元前 240 年前后，此时越国还“国富兵强”。

《史记·春申君列传》“春申君……请封于江东。考烈王许之。春申君因城故吴墟，以自为都邑”；《越绝书·吴地传》“春申君，楚考烈王相也。烈王死，幽王立，封春申君于吴”。春申君请封于江东，时在公元前 248 年；楚幽王封春申君于吴，时在公元前 237 年，此时越地已大多沦为楚地，然仍在苟延残喘。

《史记·秦始皇本纪》“二十五年……王翦遂定荆江南地，降越君，置会稽郡”；《后汉书·郡国志》“会稽郡，秦置。本治吴，立郡吴，乃移山阴”。秦置会稽郡于姑苏，时在公元前 222 年；会稽郡治吴，此时姑苏仍为越都。

通过对上述文献的梳理，未见楚灭越国，也未见越国徙都，唯一明确记载的是秦定江南地后“降越君，置会稽郡”，因此越国并非亡于楚，而是亡于秦。

根据历史文献的记载，可将吴、越都姑苏的时间排列如下：

公元前 510 年，吴始都姑苏。

公元前 505 年夏，越始都姑苏。

公元前 505 年 9 月，姑苏复归吴。

1. 李学勤《关于楚灭越的年代》，《江汉论坛》1985 年第 7 期。

公元前 496 年 5 月，越复都姑苏。

公元前 494 年 3 月，吴复入姑苏。

公元前 482 年 6 月，越入姑苏。

公元前 482 年冬，吴复都姑苏。

公元前 473 年冬，越灭吴后，复都姑苏。

公元前 468 年，越徙都琅邪。

公元前 379 年，越徙都姑苏。

公元前 333 年，楚灭无强时，越都姑苏。

公元前 333 年楚灭无强至公元前 222 年秦降越君时，越仍都姑苏。

自成王至公元前 510 年，姑苏为越国疆域；公元前 510 年至公元前 473 年，姑苏为吴越共都；公元前 473 年至公元前 468 年，越都姑苏；公元前 468 年至公元前 379 年，越都琅邪，其间姑苏仍属越；公元前 379 年至公元前 222 年，越都姑苏。吴都姑苏 35 年，越都姑苏 167 年。

《国语·越语》“范蠡……至于姑苏之宫，不伤越民，遂灭吴”，“不伤越民”，言明姑苏在越地；《越绝书·纪策考》“吴越为邻，同俗并土。西州大江，东绝大海。两邦同城，相亚门户。忧在于斯，必将为咎”。春秋晚期姑苏先后为吴越都城，吴越“两邦同城，相亚门户”的“共都现象”在春秋时期诸侯国都城中可能是一个特例。

第三节　吴越政体比较

政体即政治体制，是国家政府的组织结构和管理体制，是国家政治体系的运作形式。

东汉·荀悦《申鉴·政体》：“皇作极，臣作辅，民作基，惟先哲王之政。……承天惟允，正身惟常，任贤惟固，恤民惟勤，明制惟典，立业惟敦，是谓政体也。”根据荀悦的定义，皇、臣、民构成国家政体的基本要素，即皇作极，臣作辅，民作基；而臣是国家的中央职官，在国家政体中，君与臣是国家政体的基本构成。

吴越虽“接土邻境，壤交通属”，但吴越政体并不完全相同。吴越政体的差异主要表现在职官体系和政治制度两个方面。

一、吴越职官

吴国的中央职官有行人、大夫、相国、太宰（大宰）、将军等。

晋巫臣之子狐庸为吴国“行人”。

《左传》成公七年“巫臣请使于吴，晋侯许之。吴子寿梦说之。乃通吴于晋。以两之一卒适吴，舍偏两之一焉。与其射御，教吴乘车，教之战陈，教之叛楚。置其子狐庸焉，使为行人于吴”；《史记·吴太伯世家》“王寿梦二年，楚之亡大夫申公巫臣怨楚将子反而奔晋，自晋使吴，教吴用兵乘车，令其子为吴行人，吴于是始通于中国”。

楚亡臣伍子胥亦为吴国“行人”。

《史记·吴太伯世家》“王阖庐元年，举伍子胥为行人而与谋国事”；《左传》定公四年“伍员为吴行人以谋楚”；《史记·伍子胥列传》“吴国内空，而公子光乃令专诸袭刺吴王僚而自立，是为吴王阖庐。阖庐既立，得志，乃召伍员以为行人，而与谋国事”。

伍子胥又称“大夫”。

《国语·吴语》：“吴王还自伐齐，乃讯申胥曰：‘昔吾先王体德明圣，达于上帝，譬如农夫作耦，以刈杀四方之蓬蒿，以立名于荆，此则大夫之力也。今大夫老，而又不自安恬逸，而处以念恶，出则罪吾众，挠乱百度，以妖孽吴国。今天降衷于吴，齐师受服。孤岂敢自多，先王之钟鼓，实式灵之。敢告于大夫。’”

吴国“大夫”还有王孙雒（公孙雄）和被离。

《国语·越语》“居军三年，吴师自溃。吴王帅其贤良，与其重禄，以上姑苏。使王孙雒行成于越”；《史记·越王句践世家》“而越大破吴，因而留围之三年，吴师败，越遂复栖吴王于姑苏之山。吴王使公孙雄肉袒膝行而前，请成越王”；《史记集解》“虞翻曰‘公孙雄，吴大夫’”。

《吴越春秋·阖闾内传》“吴大夫被离承宴问子胥曰‘何见而信喜’”；《吴越春秋·夫差内传》“吴王召大夫被离问曰‘汝常与子胥同心合志，并虑一谋，人兴师伐齐，子胥独何言焉？’被离曰‘子胥欲尽诚于前王，自谓老狂，耳目不聪，不知当世之所行，无益吴国’”。

伍子胥称“相国”，仅见于《吴越春秋》。

《吴越春秋·句践入臣》：“伍子胥入……吴王曰：‘寡人有疾三月，曾不闻相国一言，是相国之不慈也；又不进口之所嗜，心不相思，是相国之不仁也。夫为人臣不仁不慈，焉能知其忠信者乎？……寡人曾听相国而诛之，是寡人之不智也，而为相国快私意耶，岂不负皇天乎？’……吴王曰：‘相国置之，勿复言矣，寡人不忍复闻。’”

楚亡臣伯嚭（白喜）初为吴国“大夫”，后擢为“太宰”。

《吴越春秋·阖闾内传》：“阖闾见白喜而问曰：‘寡人国僻远，东滨海。侧闻子前人为楚荆之暴怒，费无忌之谗口，不远吾国而来于斯将何以教寡人？’喜曰：‘楚国之失虏，前人无罪，横被暴诛。臣闻大王收伍子胥之穷厄，不远千里故来归命。惟大王赐其死。’阖闾伤之，以为大夫，与谋国事。”

《史记·吴太伯世家》“楚诛伯州犁，其孙伯嚭亡奔吴，吴以为大夫。……王夫差元年，以大夫伯嚭为太宰”；《左传》定公四年“伯州犁之孙嚭为吴大宰以谋楚”；《国语·越语》“越人饰美女八人纳之太宰嚭”；《越绝书·纪策考》“太宰者，官号，嚭者，名也，伯州之孙。伯州为楚臣，以过诛，嚭以困奔于吴。是时吴王阖庐伐楚，悉召楚仇而近之。嚭为人览闻辩见，目达耳通，诸事无所不知。因其时自纳于吴，言伐楚之利。阖庐用之伐楚，令子胥、孙武与嚭将师入郢，有大功。还，吴王以嚭为太宰，位高权盛，专邦之枋。未久，阖庐卒，嚭见夫差内无柱石之坚，外无断割之势，谀心自纳，操独断之利，夫差终以从焉。而忠臣钥口，不得一言。嚭知往而不知来，夫差至死，悔不早诛”。

孙武为吴国“将军”。

《史记·孙子吴起列传》“于是阖庐知孙子能用兵，卒以为将”；《史记·吴太伯世家》“三年，吴王阖庐与子胥、伯嚭将兵伐楚，拔舒，杀吴亡将二公子。光谋欲入郢，将军孙武曰‘民劳，未可，待之’”。

此外，吴国还有“公子”“太子（大子）”“王子”“王孙”，公子有公子札（季札）、公子光（阖闾）、公子苦雒[1]、公子掩余（盖余）、公子烛庸（烛佣）[2]、公子庆忌[3]，太子有太子波[4]、大子友，王子有王子地，王孙有王孙弥庸、王孙寿于姚[5]等，吴国的王室成员虽不是职官，其地位当与行人、大夫不相上下。

越国的中央职官主要为大夫。

常寿过、胥犴为句践之前的越国大夫。

《左传》昭公十三年：“因群丧职之族，启越大夫常寿过作乱，围固城，克息舟，城而居之。”

《左传》昭公二十四年：“越大夫胥犴劳王于豫章之汭。”

句践时期的越国大夫有灵姑浮、石买、文种（大夫种、文子）、范蠡（子范子、范公、范伯、鸱夷子皮）、计然（计倪、计研）、扶同（冯同、逢同、佚同）、皋如（句如、皋如、渠如）、苦成（若成、车成）、皓、诸稽郢（柘郢、廉稽、诸发）、后庸（曳庸、舌庸、泄庸）、畴无余、讴阳等（括号内为同名异译）。

1.《左传》昭公二十一年：“齐师、宋师败吴师于鸿口，获其二帅公子苦雒、偃州员。”
2.《左传》昭公二十七年：“吴子欲因楚丧而伐之，使公子掩余、公子烛庸帅师围潜。”
3.《左传》哀公二十年：“吴公子庆忌骤谏吴子。曰：‘不改，必亡。’”
4.《吴越春秋·阖闾内传》：“复谋伐齐，齐子使女为质于吴，吴王因为太子波聘齐女。”
5.《左传》哀公十三年：“越子伐吴，……吴大子友、王子地、王孙弥庸、寿于姚自泓上观之。……越子至，……复战，大败吴师。获大子友、王孙弥庸、寿于姚。”

灵姑浮为越国大夫。《左传》定公十四年“吴伐越。越子句践御之，陈于槜李。……灵姑浮以戈击阖庐，阖庐伤将指，取其一屦。还，卒于陉，去槜李七里”。杜预注：“灵姑浮，越大夫也。”

石买为越国大夫。《越绝书·记地传》“句践与吴战于浙江之上，石买为将”；《越绝书·范伯》“大夫石买，居国有权”。

文种、范蠡、柘稽为越国大夫。《左传》哀公元年“越子以甲楯五千，保于会稽。使大夫种因吴大宰嚭以行成，吴子将许之”；《史记·越王句践世家》“于是举国政属大夫种，而使范蠡与大夫柘稽行成，为质于吴”。

舌庸、苦成、文种、范蠡、皋如合称“五大夫”。《国语·吴语》：“越王句践乃召五大夫……大夫舌庸乃进，对曰：……大夫苦成进，对曰：……大夫种进，对曰：……大夫蠡进，对曰：……大夫皋如进，对曰：……”

逢同为越国大夫。《史记·越王句践世家》：“句践自会稽归七年，拊循其士民，欲用以报吴。大夫逢同谏曰：……”

佚同、若成、计然为越国大夫。《越绝书·计倪》：“越王曰：‘善。大夫佚同、若成尝与孤议于会稽石室，孤非其言也。今大夫言独与孤比，请遂受教焉。’计倪曰：‘籴石二十则伤农，九十则病末。……’”

文种、范蠡、扶同、苦成、计然、皋如、曳庸、皓、诸稽郢为越国大夫。《吴越春秋·句践入臣》：“越王句践五年五月，与大夫种、范蠡入臣于吴，群臣皆送至浙江之上。……大夫扶同曰：……大夫苦成曰：……大夫计研曰：……大夫皋如曰：……大夫曳庸曰：……大夫种曰：……大夫范蠡曰：……大夫苦成曰：……大夫曳庸曰：……大夫皓进曰：……大夫诸稽郢曰：……大夫皋如曰：……大夫计研曰：……”

越国大夫还有畴无余、讴阳。《左传》哀公十三年：“越子伐吴，为二隧。畴无余、讴阳自南方，先及郊。……乙酉，战，弥庸获畴无余，地获讴阳。”

越国的“宰相”，仅见于文种。

《吴越春秋·句践伐吴》：“人或谗之于王曰：‘文种弃宰相之位，而令君王霸于诸侯。今官不加增，位不益封，乃怀怨望之心，愤发于内，色变于外，故不朝耳。’”

越国的“上将军”，仅见于范蠡。

《史记·越王句践世家》：“范蠡事越王句践，既苦身勠力，与句践深谋二十余年，竟灭吴，报会稽之耻，北渡兵于淮以临齐、晋，号令中国，以尊周室，句践以霸，而范蠡称上将军。”范蠡称“上将军”，“上将军”可能不是职官，而是尊称。

范蠡有相国之称，仅见于《吴越春秋》。

《吴越春秋·夫差内传》“越王乃召相国范蠡、大夫种、大夫郢……大夫种、相国蠡急而攻”；《吴越春秋·句践归国》“越王谓范蠡曰：‘孤获辱连年，势足以死，得相国之策，再返南乡。今欲定国立城，人民不足，其功不可以兴。为之奈何？’……越王曰：‘苟如相国之言，孤之命也’”。

相国未必为职官。《左传》僖公二十三年“吾观晋公子之从者，皆足以相国”；《吴越春秋·句践伐吴》“越王召相国大夫种而问之”。越王曾委国于范蠡、文种，文种既称“相国大夫”，范蠡称“相国”，可能为“相国大夫”之省。

宰相亦未必为职官。宰相亦称宰辅，春秋时期的越国并无此官职，《吴越春秋》成书于东汉，所记又为“人或谗之于王曰”的“谗言”，当不足据。

越国职官除大夫外，有太子兴夷、公子仓等，但越国的王室成员可能不参政议政。

吴国的中央职官在寿梦至阖闾时仅见行人（狐雍、伍子胥、奚斯）；阖闾时始见大夫（伍子胥、被离、伯嚭）、将军（孙武）；夫差时方有“太宰”（伯嚭）和嬖大夫、将军等，地方职官几乎不见。

越国的中央职官主要为大夫，虽然有宰相、上将军、相国之称，然未必是职官。

吴国中央职官的分层多于越国，吴国的职官体系比越国的职官体系更为复杂，即吴国的职官体系更加复杂化。

二、吴越政体

吴国虽有将军孙武、行人伍子胥和大夫、太宰嚭伯，但吴国从未实行集体议政，吴国的行政体制是军事独裁制。

《左传》昭公三十一年“吴师还。始用子胥之谋也”；《史记·吴太伯世家》“王阖庐元年，举伍子胥为行人而与谋国事”。

《史记·吴太伯世家》：“光谋欲入郢，将军孙武曰：‘民劳，未可，待之。’……吴王阖庐请伍子胥、孙武，曰：‘始子之言郢未可入，今果如何？’二子对曰：‘楚将子常贪，而唐、蔡皆怨之。王必欲大伐，必得唐、蔡乃可。’阖庐从之，悉兴师，与唐、蔡西伐楚，至于汉水。”

《史记·吴太伯世家》：“越王句践乃以甲兵五千人栖于会稽，使大夫种因吴太宰嚭而行成，请委国为臣妾。吴王将许之，伍子胥谏曰：‘……今吴不如有过之强，而句践大于少康。今不因此而灭之，又将宽之，不亦难乎！且句践为人能辛苦，今不灭，后必悔之。’吴王不听，听太宰嚭，卒许越平，与盟而罢兵去。”

《国语·吴语》：“吴王夫差既许越成，乃大戒师徒，将以伐齐。申胥进谏曰：‘昔天以越赐吴，而王弗受。夫天命有反，今越王句践恐惧而改其谋，舍其愆令，轻其征赋，施民所善，去民所恶，身自约也，裕其众庶，其民殷众，以多甲兵。越之在吴，犹人之有腹心之疾也。夫越王之不忘败吴，于其心也侙然，服士以伺吾间。今王非越是图，而齐、鲁以为忧。……越人必来袭我，王虽悔之，其犹有及乎？’王弗听。十二年，遂伐齐。齐人与战于艾陵，齐师败绩，吴人有功。”

“吴王还自伐齐，乃讯申胥曰：‘昔吾先王体德明圣，达于上帝，譬如农夫作耦，以刈杀四方之蓬蒿，以立名于荆，此则大夫之力也。今大夫老，而又不自安恬逸，而处以念恶，出则罪吾众，挠乱百度，以妖孽吴国。今天降衷于吴，齐师受服。孤岂敢自多，先王之钟鼓，实式灵之。敢告于大夫。’申胥释剑而对曰：‘昔吾先王世有辅弼之臣，以能遂疑计恶，以不陷于大难。今王播弃黎老，而孩童焉比谋……王若不得志于齐，而以觉寤王心，而吴国犹世。吾先君得之也，必有以取之；其亡之也，亦有以弃之。……员请先死。’遂自杀。将死，曰：‘以悬吾目于东门，以见越之入，吴国之亡也。’王愠曰：‘孤不使大夫得有见也。’乃使取申胥之尸，盛以鸱夷，而投之于江。”

《史记·吴太伯世家》：“吴王夫差闻齐景公死而大臣争宠，新君弱，乃兴师北伐齐。子胥谏曰：‘越王句践食不重味，衣不重采，吊死问疾，且欲有所用其觿。此人不死，必为吴患。今越在腹心疾而王不先，而务齐，不亦谬乎！’吴王不听，遂北伐齐，败齐师于艾陵。”

《史记·吴太伯世家》：“越王句践率其觿以朝吴，厚献遗之，吴王喜。唯子胥惧，曰：‘是弃吴也。’谏曰：‘越在腹心，今得志于齐，犹石田，无所用。……'吴王不听，使子胥于齐，子胥属其子于齐鲍氏，还报吴王。吴王闻之，大怒，赐子胥属镂之剑以死。"

《吴越春秋·夫差内传》："吴王乃使太宰嚭为右校司马，王孙骆为左校，及从句践之师伐齐。伍子胥闻之，谏曰：'臣闻兴十万之众，奉师千里，百姓之费，国家之出，日数千金。不念士民之死，而争一日之胜，臣以为危国亡身之甚。且与贼居不知其祸，外复求怨，徼幸他国，犹治救瘑疥而弃心腹之疾，发当死矣。瘑疥，皮肤之疾，不足患也。今齐陵迟千里之外，更历楚赵之界，齐为疾其疥耳；越之为病，乃心腹也。不发则伤，动则有死。愿大王定越而后图齐。臣之言决矣，敢不尽忠！臣今年老，耳目不聪，以狂惑之心，无能益国。窃观金匮第八，其可伤也。'……吴王不听，遂九月使太宰嚭伐齐。"

吴国的政治体制是大夫可参与"谋国事"。吴欲伐楚时，伍子胥、孙武之言"阖庐从之"；吴欲伐齐时伍子胥的进谏"吴王弗听""吴王不听"或"吴王闻之，大怒"。吴王阖闾善于采纳意见，而吴王夫差则拒谏饰非、独断专行，吴国的政治或军事决策取决于吴王的听与不听，可见吴国实行的是军事独裁制。

据所有见诸文献的吴城都是吴国都城和吴国没有完善的职官体系推测，吴国是一个野蛮而落后的军事独裁政权的国家，吴国只有中央职官而没有地方职官，因此吴国的城只有中央职官所在地的"都"而没有地方职官所在地的"邑"。

吴国都城即战争的指挥中心，掠夺性战争成为吴国国家构成的第一要素，吴国社会人群组织是军事化的二元结构，因此吴国没有健全的职官体系和行政建制，吴国只有"都"而没有"邑"，吴国所有见诸文献的城，都是"都城"或"废都"。

《战国策·赵策三》"夫吴干之剑，肉试则断牛马，金试则截盘匜"；《楚辞·九歌·国殇》"操吴戈兮被犀甲"；《吴越春秋·夫差内传》"吴师皆文犀长盾，扁诸之剑，方阵而行"。

由于战争的需要，吴国的青铜兵器的制造炉火纯青、登峰造极，吴王有干将、莫邪、时耗、鱼肠、盘郢、湛泸之剑，吴国军士则有扁诸之剑。

《史记·孙子吴起列传》"孙子武者，齐人也。以兵法见于吴王阖庐。……于是阖庐知孙子能用兵，卒以为将。西破强楚，入郢，北威齐晋，显名诸侯，孙子与有力焉"；《吴越春秋·阖闾内传》"子胥深知王之不定，乃荐孙子于王。

孙子者，名武，吴人也[1]，善为兵法。辟隐深居，世人莫知其能。胥乃明知鉴辩，知孙子可以折冲销敌，乃一旦与吴王论兵，七荐孙子。吴王曰：‘子胥讬言进士，欲以自纳。’而召孙子，问以兵法，每陈一篇，王不知口之称善。其意大悦”。

《孙子兵法》虽不诞生于吴，却在吴国率先得到实践。由于战争的需要，吴国率先在战争中应用了孙子构建的军事思想、军事理论和作战策略、作战方法。

由于战争的需要，吴国出现行数与列数相等的军事方阵。《国语·吴语》“陈士卒百人，以为彻行百行。……十行一嬖大夫……十旌一将军……万人以为方阵”；《吴越春秋·夫差内传》“吴师皆文犀长盾，扁诸之剑，方阵而行”；《孙膑兵法·十阵》“方阵之法，必薄中厚方，居阵在后”。

阵本作陈，两军交战时队伍的战斗队形。《史记·周本纪》“诸侯兵会者车四千乘，陈师牧野”；《左传》成公七年（前584）“乃通吴于晋。……与其射御，教吴乘车，教之战陈”。

方阵是冷兵器时代作战时的野战队形，是步兵的整体作战战术，在战争中以方的阵形进退，变散兵作战为战阵作战。方阵可能最早出现于吴国，吴国方阵的出现略早于公元前4世纪腓力二世所创的马其顿方阵。[2]

与吴国的行政体制相反，越国实行“大夫议政制”。

越王句践善于纳谏。《史记·越王句践世家》：“句践自会稽归七年，拊循其士民，欲用以报吴。大夫逢同谏曰：‘国新流亡，今乃复殷给，缮饰备利，吴必惧，惧则难必至。且鸷鸟之击也，必匿其形。今夫吴兵加齐、晋，怨深于楚、越，名高天下，实害周室，德少而功多，必淫自矜。为越计，莫若结齐、亲楚、附晋，以厚吴。吴之志广，必轻战。是我连其权，三国伐之，越承其弊，可克也。’句践曰：‘善。’”句践听取大夫逢同的建议，“结齐、亲楚、附晋、厚吴”遂成为越国复仇的国策。

---

1. 此处“吴人也”当为“齐人也”之误。

2. 谷霁光《古代战术中的主要阵形——方阵》，《江西社会科学》1982年第1期；杨共乐《罗马征服地中海世界的原因》，《历史教学》1998年第2期；倪学德《〈荷马史诗〉与亚历山大东征》，《历史学习》2009年第9期；彭凯、黄泽碧《论马其顿方阵及其对西方军事理论的重大影响》，《黔南民族师范学院学报》2012年第5期；孙左华《方阵与古希腊民主》，《吕梁学院学报》2016年第1期。

越国还有“问政大夫制”，参与问政的大夫有范蠡、文种、诸稽郢。《吴越春秋·句践归国》：“越王乃召相国范蠡、大夫种、大夫郢问曰：‘孤欲以今日上明堂，临国政，专恩致令，以抚百姓，何日可矣？惟三圣纪纲维持。’范蠡曰：‘今日丙午日也。丙，阳将也。是日吉矣，又因良时，臣愚以为可。无始有终得天下之中。’大夫种曰：‘前车已覆，后车必戒。愿王深察。’范蠡曰：‘夫子故不一二见也。吾王今以丙午复初临政，解救其本，是一宜；夫金制始，而火救其终，是二宜；蓄金之忧，转而及水，是三宜；君臣有差，不失其理，是四宜；王相俱起，天下立矣，是五宜。臣愿急升明堂临政。’越王是日立政，翼翼小心。出不敢奢，入不敢侈。”

越国的行政体制可能实行“五大夫制”，五大夫或为舌庸、苦成、文种、范蠡、皋如。《国语·吴语》：“越王句践乃召五大夫，曰：‘吴为不道，求残吾社稷宗庙，以为平原，不使血食。吾欲与之徼天之衷，唯是车马、兵甲、卒伍既具，无以行之。吾问于王孙包胥，既命孤矣，敢访诸大夫，问战奚以而可？句践愿诸大夫言之，皆以情告，无阿孤，孤将以举大事。’”

“大夫舌庸乃进，对曰：‘审赏则可以战乎？’王曰：‘圣。’”“大夫苦成进，对曰：‘审罚则可以战乎？’王曰：‘猛。’”“大夫种进，对曰：‘审物则可以战乎？’王曰：‘辩。’”“大夫蠡进，对曰：‘审备则可以战乎？’王曰：‘巧。’”“大夫皋如进，对曰：‘审声则可以战乎？’王曰：‘可矣。’”“王乃命有司大令于国曰：‘苟任戎者，皆造于国门之外。’王乃命于国曰：‘国人欲告者来告，告孤不审，将为戮不利，及五日必审之，过五日，道将不行。’”

五大夫或为扶同、范蠡、苦成、浩、句如。《吴越春秋·句践归国》：“越王召五大夫而告之曰：‘昔者越国遁弃宗庙，身为穷虏，耻闻天下，辱流诸侯。今寡人念吴，犹躄者不忘走，盲者不忘视。孤未知策谋，惟大夫诲之。’

扶同曰：‘昔者亡国流民，天下莫不闻知。今欲有计，不宜前露其辞。臣闻击鸟之动，故前俯伏，猛兽将击，必饵毛帖伏；鸷鸟将搏，必卑飞戢翼；圣人将动，必顺辞和众。圣人之谋，不可见其象，不可知其情。临事而伐，故前无剽过之兵，后无伏袭之患。今大王临敌破吴，宜损少辞，无令泄也。臣闻吴王兵强于齐晋，而怨结于楚。大王宜亲于齐，深结于晋，阴固于楚，而厚事于吴。夫吴之志猛，骄而自矜，必轻诸侯而凌邻国。三国决权，还为敌国，必角势交争。越承其弊，因而伐之，可克也。虽五帝之兵无以过此。’

范蠡曰：‘臣闻谋国破敌，动观其符。孟津之会，诸侯曰可，武王辞之。方今吴楚结雠，构怨不解，齐虽不亲，外为其救；晋虽不附，犹效其义。夫内臣谋而决雠其策，邻国通而不绝其援，斯正吴之兴霸，诸侯之上尊。臣闻峻高者隤，叶茂者摧，日中则移，月满则亏，四时不并盛，五行不俱驰，阴阳更唱，气有盛衰。故溢堤之水，不淹其量，熵干之火，不复其炽；水静则无沤瀴之怒，火消则无熹毛之热。今吴乘诸侯之威以号令于天下，不知德薄而恩浅，道狭而怨广，权悬而智衰，力竭而威折，兵挫而军退，士散而众解。臣请按师整兵，待其坏败，随而袭之，兵不血刃，士不旋踵，吴之君臣为虏矣。臣愿大王匿声无见其动，以观其静。’”“大夫苦成曰：‘夫水能浮草木，亦能沉之；地能生万物，亦能杀之；江海能下溪谷，亦能朝之；圣人能从众，亦能使之。今吴承阖闾之军制，子胥之典教，政平未亏，战胜未败。大夫嚭者，狂佞之人，达于策虑，轻于朝事；子胥力于战伐，死于谏议。二人权，必有坏败。愿王虚心自匿，无示谋计，则吴可灭矣。’”“大夫浩曰：‘今吴君骄臣奢，民饱军勇；外有侵境之敌，内有争臣之震，其可攻也。’大夫句如曰：‘天有四时，人有五胜。昔汤武乘四时之利而制夏殷，桓缪据五胜之便而列六国。此乘其时而胜者也。’王曰：‘未有四时之利，五胜之便，愿各就职也。’”

越国实行的也可能是“八大夫制”，八大夫中有曳庸、苦成、文种、范蠡、皋如、扶同、计研等。《吴越春秋·句践伐吴》：“越王乃请八大夫曰：‘昔吴为不道，残我宗庙，夷我社稷以为平原，使不血食。吾欲徼天之中，兵革既具，无所以行之。吾问于申包胥，即已命孤矣，敢告诸大夫如何？’”

“大夫曳庸曰：‘审赏则可战也。审其赏，明其信，无功不及，有功必加，则士卒不怠。’王曰：‘圣哉！’”“大夫苦成曰：‘审罚则可战。审罚则士卒望而畏之，不敢违命。’王曰：‘勇哉！’”“大夫文种曰：‘审物则可战。审物则别是非，是非明察，人莫能惑。’王曰：‘辨哉！’”“大夫范蠡曰：‘审备则可战。审备慎守以待不虞，备设守固，必可应难。’王曰：‘慎哉！’”“大夫皋如曰：‘审声则可战。审于声音，以别清浊。清浊者，谓吾国君名闻于周室，令诸侯不怨于外。’王曰：‘得哉！’”“大夫扶同曰：‘广恩知分则可战。广恩以慱施，知分而不外。’王曰：‘神哉！’”“大夫计研曰：‘候天察地，参应其变则可战。天变地应，人道便利，三者前见则可。’王曰：‘明哉！’”

除越灭吴的姑苏之战外，越王并不率军亲征；越国为伐吴，采用范蠡、文种、计然、诸暨郢的计谋，发展经济，巩固后方。

越国究竟实行的是“五大夫制”“八大夫制”还是“问政大夫制”，今已不可考，但越王善于采纳大夫的建议，集思广益、从善如流，与吴王夫差形成强烈的反差。

越国每有大事必经大夫论政议政，通过集体讨论后决定政治行动或军事行动，表明春秋战国之际的越国实行的是“军事民主制”。

吴越不同的是吴国接纳亡君亡臣或乱臣，而越国基本不接纳亡君亡臣。

《左传》襄公二十八年：“齐庆封好田而耆酒，与庆舍政。则以其内实迁于卢蒲弊氏，易内而饮酒。……庆封归，遇告乱者，丁亥，伐西门，弗克。还伐北门，克之。入，伐内宫，弗克。反，陈于岳，请战，弗许。遂来奔。……既而齐人来让，奔吴。吴句余予之朱方，聚其族焉而居之，富于其旧。”

《左传》昭公元年：“莒展舆立，而夺群公子秩。公子召去疾于齐。秋，齐公子鉏纳去疾，展舆奔吴。”

《左传》昭公二十年：“冬十月，公杀华、向之质而攻之。戊辰，华、向奔陈，华登奔吴。”

《春秋》哀公四年“四年春王二月庚戌，盗杀蔡侯申。蔡公孙辰出奔吴”；《左传》“四年春，蔡昭侯将如吴。……错遂杀之。故逐公孙辰，而杀公孙姓、公孙盱”。

《左传》哀公二十二年：“夏四月，邾隐公自齐奔越，曰：‘吴为无道，执父立子。’越人归之。”

《左传》哀公二十七年：“公欲以越伐鲁，而去三桓。秋八月甲戌，公如公孙有陉氏，因孙于邾，乃遂如越”，《吴越春秋·句践伐吴》：“时鲁哀公患三桓……三桓攻哀公，公奔卫，又奔越。鲁国空虚，国人悲之，来迎哀公，与之俱归。句践忧文种之不图，故不为哀公伐三桓也。”

春秋时期先后奔吴的齐大夫庆封、莒子展舆、宋大司马华费遂之子华登、蔡公孙辰等。齐、莒、宋、蔡或为东夷国家，或为淮夷国家，齐、莒、宋、蔡亡君亡臣或乱臣的奔吴，或许从另一个侧面反映了吴的族属为夷；而邾隐公奔越，越人却归之，鲁哀公奔越，句践却不为哀公伐三桓。

这也许是吴越政治制度的差异所在。

第四节　吴越人物比较

吴越虽地处东南一隅，但春秋战国之际却涌现出一批叱咤风云的人物，吴国的代表性人物有季札、伍子胥和孙武，越国的代表性人物有范蠡、文种和计然。

除季札为吴公子外，伍子胥、孙武、范蠡、文种、计然都是春秋时期的士。《逸周书·太子晋》“人生而重丈夫，谓之胄子；胄子成人能治上官，谓之士”；《白虎通·爵》“士者，事也。……古今辩然否，谓之士”。

春秋时期，“士”逐渐成为低等贵族中知识分子和精神贵族的统称，“士”处于精神领域的高端，“士”站在精神世界的峰巅，管仲即春秋早期“士”的代表，孔子是春秋时期“士”的集大成者，而季札、伍子胥、孙武、范蠡、文种、计然则是吴越最杰出的“士”。

《史记·吴太伯世家》太史公曰“延陵季子之仁心，慕义无穷，见微而知清浊。呜呼，又何其闳览博物君子也”；《墨子·所染》“吴阖闾染于伍员、文义，越勾践染于范蠡、大夫种。……故霸诸侯，功名传于后世”；《越绝书·计倪内经》“乃着其法，治牧江南，七年而禽吴也”。

“士”在吴越的际遇，反映了吴越的“知识分子政策”。

一、吴国的士

（一）季札

吴国的士当首推季札。《公羊》襄公二十九年“吴子使札来聘。吴无君无大夫，此何以有君有大夫？贤季子也。何贤乎季子？让国也”；《谷梁》襄公二十九年“吴子使札来聘。吴其称子何也？善使延陵季子，故进之也。身贤，贤也；使贤，亦贤也。延陵季子之贤，尊君也。其名，成尊于上也”。

季札，又称公子札、延陵季子、延州来季子、季子，寿梦幼子，也是吴国努力学习先进的中原文化、最具儒家思想的士。

季札的事迹除“三让王位”外，值得大书特书的一是观周乐，一是挂剑。

季札观周乐见于《左传》和《史记》。《左传》襄公二十九年：“吴公子札来聘……请观于周乐。使工为之歌《周南》《召南》，曰：‘美哉！始基之矣，犹未也。然勤而不怨矣。’为之歌《邶》《墉》《卫》，曰：‘美哉，渊乎！忧而不困者也。吾闻卫康叔、武公之德如是，是其《卫风》乎？’为之歌《王》，曰：‘美哉！思而不惧，其周之东乎？’为之歌《郑》，曰：‘美哉！其细已甚，民弗堪也，是其先亡乎？’为之歌《齐》，曰：‘美哉！泱泱乎！大风也哉！表东海者，其大公乎！国未可量也。’为之歌《豳》，曰：‘美哉！荡乎！乐而不淫，其周公之东乎？’为之歌《秦》，曰：‘此之谓夏声。夫能夏则大，大之至也，其周之旧乎？’为之歌《魏》，曰：‘美哉！沨沨乎！大而婉，险而易行，以德辅此，则明主也。’为之歌《唐》，曰：‘思深哉！其有陶唐氏之遗民乎？不然，何忧之远也？非令德之后，谁能若是？’为之歌《陈》，曰：‘国无主，其能久乎？’自《郐》以下无讥焉。为之歌《小雅》，曰：‘美哉！思而不贰，怨而不言，其周德之衰乎？犹有先王之遗民焉。’为之歌《大雅》，曰：‘广哉！熙熙乎！曲而有直体，其文王之德乎？’为之歌《颂》，曰：‘至矣哉！直而不倨，曲而不屈，迩而不逼，远而不携，迁而不淫，复而不厌，哀而不愁，乐而不荒，用而不匮，广而不宣，施而不费，取而不贪，处而不底，行而不流，五声和，八风平，节有度，守有序，盛德之所同也。’见舞《象箾》《南钥》者，曰：‘美哉！犹有憾。’见舞《大武》者，曰：‘美哉！周之盛也，其若此乎！’见舞《韶濩》者，曰：‘圣人之弘也，而犹有惭德，圣人之难也。’见舞《大夏》者，曰：‘美哉！勤而不德，非禹其谁能修之？’见舞《韶箾》者，曰：‘德至矣哉！大矣！如天之无不帱也，如地之无不载也，虽甚盛德，其蔑以加于此矣。观止矣！若有他乐，吾不敢请已！’”

《史记·吴太伯世家》：“吴使季札聘于鲁，请观周乐。为歌周南、召南，曰：‘美哉，始基之矣，犹未也。然勤而不怨。’歌邶、墉、鄘，曰：‘美哉，渊乎，忧而不困者也。吾闻鄘康叔、武公之德如是，是其鄘风乎？’歌王，曰：‘美哉，思而不惧，其周之东乎？’歌郑，曰：‘其细已甚，民不堪也，是其先亡乎？’歌齐，曰：‘美哉，泱泱乎大风也哉。表东海者，其太公乎？

国未可量也。’歌豳，曰：‘美哉，荡荡乎，乐而不淫，其周公之东乎？’歌秦，曰：‘此之谓夏声。夫能夏则大，大之至也，其周之旧乎？’歌魏，曰：‘美哉，沨沨乎，大而□，俭而易，行以德辅，此则盟主也。’歌唐，曰：‘思深哉，其有陶唐氏之遗风乎？不然，何忧之远也？非令德之后，谁能若是！’歌陈，曰：‘国无主，其能久乎？’自郐以下，无讥焉。歌小雅，曰：‘美哉，思而不贰，怨而不言，其周德之衰乎？犹有先王之遗民也。’歌大雅，曰：‘广哉，熙熙乎，曲而有直体，其文王之德乎？’歌颂，曰：‘至矣哉，直而不倨，曲而不诎，近而不偪，远而不携，而迁不淫，复而不厌，哀而不愁，乐而不荒，用而不匮，广而不宣，施而不费，取而不贪，处而不底，行而不流。五声和，八风平，节有度，守有序，盛德之所同也。’见舞象箾、南钥者，曰：‘美哉，犹有感。’见舞大武，曰：‘美哉，周之盛也其若此乎？’见舞韶护者，曰：‘圣人之弘也，犹有㥏德，圣人之难也！’见舞大夏，曰：‘美哉，勤而不德！非禹其谁能及之？’见舞招箾，曰：‘德至矣哉，大矣，如天之无不焘也，如地之无不载也，虽甚盛德，无以加矣。观止矣，若有他乐，吾不敢观。’”

季札观周乐时的感叹，生动地反映了春秋时期音乐的精神气质，《左传》《史记》洋洋洒洒的记载，与《礼记·乐记》相辅相成，构成我国春秋时期的十分珍贵的音乐艺术理论。[1]

季札挂剑见于《史记》《新序》。《史记·吴太伯世家》：“季札之初使，北过徐君。徐君好季札剑，口弗敢言。季札心知之，为使上国，未献。还至徐，徐君已死，于是乃解其宝剑，系之徐君頉树而去。从者曰：‘徐君已死，尚谁予乎？’季子曰：‘不然。始吾心已许之，岂以死倍吾心哉！’”

西汉刘向《新序·节士》：“延陵季子将西聘晋，带宝剑以过徐君。徐君观剑，不言而色欲之。延陵季子为有上国之使，未献也，然其心许之矣。使于晋，顾反，则徐君死于楚，于是脱剑致之嗣君。从者止之曰：‘此吴国之宝，非所以赠也。’延陵季子曰：‘吾非赠之也。先日吾来，徐君观吾剑，不言而其

---

1. 杨琦《读〈乐记〉与〈季札观乐〉》，《社会科学研究》1980年第2期；谷云义《季札风、雅、颂评论析义》，《东北师大学报（哲学社会科学）》1984年第3期；曹胜高《由聘礼仪程论季札观乐的性质》，《黄钟（中国·武汉音乐学院学报）》2013年第2期；周群《季札观乐的历史真相及其启迪意义》，《江苏社会科学》2015年第2期。

色欲之，吾为上国之使，未献也。虽然，吾心许之矣。今死而不进，是欺心也。爱剑伪心，廉者不为也。'遂脱剑致之嗣君。嗣君曰：'先君无命，孤不敢受剑。'于是季子以剑带徐君墓即去。徐人嘉而歌之曰：'延陵季子兮不忘故，脱千金之剑兮带丘墓。'"季札守诺重信的儒者风范，在吴国是一个特例。

季札避于延陵，故又称延陵季子。《公羊》襄公二十九年："吴子使札来聘。……僚者，长庶也即之，季子使而反至而君之尔。阖庐曰：'先君之所以不与子国而与弟者，凡为季子故也。将从先君之命与，则国宜之季子者也；如不从先君之命与，则我宜立者也，僚恶得为君乎？'于是使专诸刺僚，而致国乎季子。季子不受曰：'尔弑吾君，吾受尔国，是吾与尔为篡也。尔杀吾兄，吾又杀尔，是父子兄弟相杀，终身无已也。'去之延陵，终身不入吴国"。在经历了吴国宫廷的血雨腥风后，季札最终"去之延陵，终身不入吴国"[1]。

《越绝书·吴地传》："毗陵，故为延陵，吴季子所居。毗陵县南城，故古淹君地也。""毗陵县南城"即淹城，延陵大致在常州一带，包括今常州、武进、丹阳、江阴的一部或全部。

需要辨疑的是《左传》中的"延州来季子"。

《左传》成公七年（前584）"马陵之会，吴入州来"，杜预曰"州来，楚邑，淮南下蔡县是也"；襄公二十六年（前547）"吴于是伐巢、取驾、克棘、入州来"；昭公十三年（前529）"吴灭州来"。

在"吴入州来""吴灭州来"事件发生的同时，季札称为延州来季子，于是出现"延州来"即"延陵州来"之说。

《左传》襄公三十一年（前542）"吴子使屈狐庸聘于晋，通路也。赵文子问焉，曰'延州来季子其果立乎'"，杜预曰"延州来，季札邑也"；昭公二十七年（前515）"吴子……使延州来季子聘于上国，遂聘于晋，以观诸侯"，杜预曰"季子本封延陵，后复封州来，故曰延州来"；哀公十年（前485）"冬，楚子期伐陈。吴延州来季子救陈"。《史记索隐》："州来本为楚邑，吴光伐灭，遂以封季子也。"

1. 陆建方《季札考》，《东南文化》1993年第6期；王青《关于季札研究的若干问题再探》，《齐鲁学刊》2014年第5期。

《晋书·杜预列传》：“杜预，字符凯，京兆杜陵人也。……既立功之后，从容无事，乃耽思经籍，为《春秋左氏经传集解》。”杜预为京兆杜陵人，因不通吴越语言而出现误夺。

《左传》称季札为“延州来季子”，但未出现“延陵季子”；《史记》称季札为“延陵季子”，但未出现“延州来季子”。“延州来季子”与“延陵季子”实为同名异译，俱不误，但杜注将“延州来”释为“季子本封延陵，后复封州来，故曰延州来”，显然是郢书燕说。

杜预曰“州来，楚邑，淮南下蔡县是也”，不谬；然“延州来”为“本封延陵，后复封州来，故曰延州来”，则大谬。

钱穆先生认为“州来本小国，后属楚。鲁成七，吴始争州来。昭二十三年鸡父之战，州来遂为吴有，以封季札，号延州来”；“吴称句吴，越号于越；寿梦、寿越、惠墙伊戾，皆夷言发声。‘陵’、‘来’双声，故发声成‘州来’；‘延州来’即‘延陵’。《左传》三言‘延州来’，不言‘延陵’；《史》《汉》仅言‘延陵’不云‘延州来’，明延州来、延陵是一非二”。[1] 钱穆先生前言“州来遂为吴有，以封季札，号延州来”，而后又言“明延州来、延陵是一非二”，前言后语相互抵牾。

延州来即延陵，延州与延，一缓读，一疾读；来，来母 [l]、之韵 [ə]，陵，来母 [l]、蒸韵 [əŋ]，“之 [ə]、职 [ək]、蒸 [əŋ]”属同一韵类的“阴、入、阳”三声[2]，“之”“蒸”阴阳对转。“延州来”与“延陵”属同名异译，同名异译的现象在吴越地名中屡见不鲜。

（二）伍子胥

伍子胥是忠臣、贤臣、谏臣形象的代表，又是因直言相谏而遭杀身之祸的悲剧人物。《荀子·道臣》“从命而利君谓之顺，从命而不利君谓之谄；逆命而利君谓之忠，逆命而不利君谓之篡……大臣父兄，有能进言于君，用则可，不用则去，谓之谏；有能进言于君，用则可，不用则死，谓之争……

1. 钱穆《史记地名考》，商务印书馆，2004 年。
2. 拟音依王力先生的古韵“十一类、二十九部”，王力《汉语史稿》，中华书局，1980 年。

有大忠者，有次忠者，有下忠者，有国贼者。……若子胥之于夫差，可谓下忠矣”；《庄子·胠箧》“昔者龙逢斩，比干剖，苌弘胣，子胥靡，故四子之贤而身不免乎戮”；《庄子·盗跖》“世之所谓忠臣者，莫若王子比干、伍子胥。子胥沉江，比干剖心，此二子者，世谓忠臣也，然卒为天下笑。自上观之，至于子胥、比干，皆不足贵也”；《庄子·至乐》“故夫子胥争之，以残其形；不争，名亦不成。诚有善无有哉”。

伍子胥，楚人，名员，以功封于申，又称申胥，吴国行人，军事谋略家，著有兵书《伍子胥》[1]。楚平王时因佞臣费无忌进谗言，诏杀其父兄，于是亡吴，伍子胥的伟业是助阖闾登上王位并助阖闾成就霸业。《史记·刺客列传》：“专诸者，吴堂邑人也。伍子胥之亡楚而如吴也，知专诸之能。……乃进专诸于公子光……光既得专诸，善客待之。……吴王僚欲因楚丧，使其二弟公子盖余、属庸将兵围楚之灊，使延陵季子于晋，以观诸侯之变。楚发兵绝吴将盖余、属庸路，吴兵不得还。于是公子光谓专诸曰：‘此时不可失，不求何获！且光真王嗣，当立，季子虽来，不吾废也。’专诸曰：‘王僚可杀也。’……四月丙子。光伏甲士于窟室中，而具酒请王僚。王僚使兵陈自宫至光之家，门户阶陛左右，皆王僚之亲戚也。夹立侍，皆持长铍。酒既酣，公子光详为足疾，入窟室中，使专诸置匕首鱼炙之腹中而进之。既至王前，专诸擘鱼，因以匕首刺王僚，王僚立死。左右亦杀专诸，王人扰乱。公子光出其伏甲以攻王僚之徒，尽灭之，遂自立为王，是为阖闾。”

《春秋》定公四年“冬十有一月庚午，蔡侯以吴子及楚人战于柏举，楚师败绩。楚囊瓦出奔郑。庚辰，吴入郢”；《史记·吴太伯世家》“（阖庐）三年，吴王阖庐与子胥、伯嚭将兵伐楚，拔舒，杀吴亡将二公子。光谋欲入郢，将军孙武曰：‘民劳，未可，待之。’四年，伐楚，取六与灊。五年，伐越，败之。六年，楚使子常囊瓦伐吴。迎而击之，大败楚军于豫章，取楚之居巢而还。九年，吴王阖庐请伍子胥、孙武曰：‘始子之言郢未可入，今果如何？’

1.《汉书·艺文志》：“《五子胥》八篇”。张家山二四七号汉墓竹简整理小组编《张家山汉墓竹简（二四七号墓）》，文物出版社，2001 年；曹锦炎《论张家山汉简〈盖庐〉》，《东南文化》2002 年第 9 期；陈宇《伍子胥兵法破解》，军事科学出版社，2003 年；邵鸿《张家山汉简〈盖庐〉研究》，文物出版社，2007 年。

二子对曰：‘楚将子常贪，而唐、蔡皆怨之。王必欲大伐，必得唐、蔡乃可。’阖庐从之，悉兴师，与唐、蔡西伐楚，至于汉水。楚亦发兵拒吴，夹水陈。吴王阖庐弟夫概欲战，阖庐弗许。夫概曰：‘王已属臣兵，兵以利为上，尚何待焉？’遂以其部五千人袭冒楚，楚兵大败，走。……而吴兵遂入郢”。

清华简《系年》“灵王即世，景平王即位。少师无极谗连尹奢而杀之，其子伍员与伍之鸡逃归吴，伍鸡将吴人以围州来，为长壑而汜之，以败楚师，是鸡父之汜”[1]；清华简《越公其事》“昔吾先王阖闾所以克入郢邦，唯彼鸡父之远荆，天赐中于吴，右我先王”[2]。李守奎先生考“伍之鸡又称伍鸡、鸡父，是伍奢之子，伍员之弟，兄弟二人一起奔吴。在吴王僚时期的州来之战中以水阵奇谋，大败楚师，其水阵被称为‘鸡父之汜’”；“吴入郢邦”与“鸡父远荆”有一定的关系，鸡父是阖闾入郢的必要因素，因伍之鸡早逝，“他的一些事迹湮没无闻了，有些事迹可能叠加在了伍子胥的身上”[3]。

入郢后，伍子胥实施了掘墓鞭尸和妻楚君臣之妻等一系列报复。《左传》定公四年“吴入郢，以班处宫”；《史记·吴太伯世家》“而吴兵遂入郢，子胥、伯嚭鞭平王之尸以报父仇”；《越绝书·吴内传》“阖庐于是使子胥兴师，救蔡而伐楚。楚王已死，子胥将卒六千人，操鞭笞平王之坟，曰：‘昔者吾先君无罪，而子杀之，今此以报子也！’君舍君室，大夫舍大夫室，盖有妻楚王母者”；《吴越春秋·阖闾内传》“吴王入郢，止留。伍胥以不得昭王，乃掘平王之墓，出其尸，鞭之三百……即令阖闾妻昭王夫人，伍胥、孙武、白喜亦妻子常、司马成之妻，以辱楚之君臣也”；《吴越春秋·阖闾内传》“吴王入郢，止留。伍胥以不得昭王，乃掘平王之墓，出其尸，鞭之三百，左足践腹，右手抉其目，诮之曰：‘谁使汝用谗谀之口，杀我父兄，岂不冤哉？’即令阖闾妻昭王夫人，伍胥、孙武、白喜亦妻子常、司马成之妻，以辱楚之君臣也”。

然此等为人所不齿之举，遂遭口诛笔伐。《公羊》定公四年“吴入楚。吴何以不称子？反夷狄也。其反夷狄奈何？君舍于君室，大夫舍于大夫室，

1. 清华大学出土文献研究与保护中心《清华大学藏战国竹简（贰）》，中西书局，2011年。
2. 清华大学出土文献研究与保护中心《清华大学藏战国竹简（柒）》，中西书局，2017年。
3. 李守奎《清华简中的伍之鸡与历史上的鸡父之战》，《中国高校社会科学》2017年第2期；李守奎《〈越公其事〉与句践灭吴的历史事实及故事流传》，《文物》2017年第6期。

盖妻楚王之母也”；《谷梁》定公四年“吴入楚。日入，易无楚也。易无楚者，坏宗庙，徙陈器，挞平王之墓。……何以谓之吴也？狄之也。何谓狄之也？君居其君之寝，而妻其君之妻，大夫居其大夫之寝，而妻其大夫之妻。盖有欲妻楚王之母者。不正乘败人之绩而深为利，居人之国，故反其狄道也”；《越绝书·叙外传记》“问曰：‘子胥妻楚王母，无罪而死于吴。其行如是，何义乎？’曰：‘孔子固贬之矣。贤其复仇，恶其妻楚王母也。……孔子贬之奈何？其报楚也，称子胥妻楚王母，及乎夷狄。贬之，言吴人也”。

《史记·伍子胥列传》：“始伍员与申包胥为交，员之亡也，谓包胥曰：‘我必覆楚。’包胥曰：‘我必存之。’及吴兵入郢，伍子胥求昭王。既不得，乃掘楚平王墓，出其尸，鞭之三百，然后已。申包胥亡于山中，使人谓子胥曰：‘子之报雠，其以甚乎！吾闻之，人众者胜天，天定亦能破人。今子故平王之臣，亲北面而事之，今至于僇死人，此岂其无天道之极乎！’伍子胥曰：‘为我谢申包胥曰，吾日莫途远，吾故倒行而逆施之。’”

掘墓出尸鞭之和妻楚君臣之妻，伍子胥自谓“吾日莫途远，吾故倒行而逆施之”。因日暮途穷而倒行逆施，可能是伍子胥真实写照。

伍子胥因夫差听信谗言而被赐死，故受到吴人的怜悯而为之立祠。《史记·伍子胥列传》：“吴太宰嚭既与子胥有隙，因谗曰：‘子胥为人刚暴，少恩，猜贼，其怨望恐为深祸也。前日王欲伐齐，子胥以为不可，王卒伐之而有大功。子胥耻其计谋不用，乃反怨望。而今王又复伐齐，子胥专愎强谏，沮毁用事，徒幸吴之败以自胜其计谋耳。今王自行，悉国中武力以伐齐，而子胥谏不用，因辍谢，详病不行。王不可不备，此起祸不难。且嚭使人微伺之，其使于齐也，乃属其子于齐之鲍氏，夫为人臣，内不得意，外倚诸侯，自以为先王之谋臣，今不见用，常鞅鞅怨望。原王早图之。’吴王曰：‘微子之言，吾亦疑之。’乃使使赐伍子胥属镂之剑，曰：‘子以此死。’伍子胥仰天叹曰：‘嗟乎！谗臣嚭为乱矣，王乃反诛我。我令若父霸。自若未立时，诸公子争立，我以死争之于先王，几不得立。若既得立，欲分吴国予我，我顾不敢望也。然今若听谀臣言以杀长者。’乃告其舍人曰：‘必树吾墓上以梓，令可以为器；而抉吾眼县吴东门之上，以观越寇之入灭吴也。’乃自刭死。吴王闻之大怒，乃取子胥尸盛以鸱夷革，浮之江中。吴人怜之，为立祠于江上，因命曰胥山。”

伍子胥被赐死的直接原因是托孤于齐。《史记·吴太伯世家》“吴王……

使子胥于齐，子胥属其子于齐鲍氏，还报吴王。吴王闻之，大怒，赐子胥属镂之剑以死”；《史记·越王句践世家》“吴王将伐齐。子胥谏曰：‘未可。……’吴王弗听，遂伐齐，败之艾陵，虏齐高、国以归。……乃使子胥于齐，闻其托子于鲍氏，王乃大怒，曰：‘伍员果欺寡人！’役反，使人赐子胥属镂剑以自杀”；《史记·伍子胥列传》“吴王将北伐齐……（伍子胥）乃属其子于齐鲍牧，而还报吴。吴太宰嚭既与子胥有隙，因谗曰：‘子胥为人刚暴，少恩，猜贼，其怨望恐为深祸也。前日王欲伐齐，子胥以为不可，王卒伐之而有大功。子胥耻其计谋不用，乃反怨望。而今王又复伐齐，子胥专愎强谏，沮毁用事，徒幸吴之败以自胜其计谋耳。今王自行，悉国中武力以伐齐，而子胥谏不用，因辍谢，详病不行。王不可不备，此起祸不难。且嚭使人微伺之，其使于齐也，乃属其子于齐之鲍氏。夫为人臣，内不得意，外倚诸侯，自以为先王之谋臣，今不见用，常鞅鞅怨望。原王早图之。’吴王曰：‘微子之言，吾亦疑之。’乃使使赐伍子胥属镂之剑，曰：‘子以此死’”；《吴越春秋·夫差内传》“吴王闻子胥之怨恨也，乃使人赐属镂之剑。子胥受剑，徒跣褰裳，下堂中庭，仰天呼怨曰：‘吾始为汝父忠臣立吴，设谋破楚，南服劲越，威加诸侯，有霸王之功。今汝不用吾言，反赐我剑。吾今日死，吴宫为墟，庭生蔓草，越人掘汝社稷。安忘我乎？昔前王不欲立汝，我以死争之，卒得汝之愿，公子多怨于我。我徒有功于吴。今乃忘我定国之恩，反赐我死，岂不谬哉！’吴王闻之，大怒，曰：‘汝不忠信，为寡人使齐，讬汝子于齐鲍氏，有我外之心。’急令自裁：‘孤不使汝得有所见。’子胥把剑仰天叹曰：‘自我死后，后世必以我为忠，上配夏殷之世，亦得与龙逄、比干为友。’遂伏剑而死”。

受伍子胥株连的还有大夫被离。《吴越春秋·夫差内传》：“吴王召大夫被离问曰：‘汝常与子胥同心合志，并虑一谋，寡人兴师伐齐，子胥独何言焉？’被离曰：‘子胥欲尽诚于前王，自谓老狂，耳目不聪，不知当世之所行，无益吴国。’……子胥归，谓被离曰：‘吾贯弓接矢于郑楚之界，越渡江淮自致于斯。前王听从吾计，破楚见凌之雠，欲报前王之恩而至于此。吾非自惜，祸将及汝。’被离曰：‘未谏不听，自杀何益？何如亡乎？’子胥曰：‘亡，臣安往？’……吴王乃取子胥尸，盛以鸱夷之器，投之于江中，言曰：‘胥！汝一死之后，何能有知？’即断其头，置高楼上，谓之曰：‘日月炙汝肉，飘风飘汝眼，炎光烧汝骨，鱼鳖食汝肉。汝骨变形灰，有何所见？’乃弃其躯，投之江中。子胥因随流扬波，依潮来往，荡激崩岸。于是吴王谓被离曰：‘汝尝与子胥论寡人之短。’乃髡被离而刑之。”

由于吴王夫差不听伍子胥的逆耳忠言，最终导致吴国灭亡。《左传》哀公二十二年“冬十一月丁卯，越灭吴。请使吴王居甬东，辞曰：‘孤老矣，焉能事君？’乃缢”；《国语·越语》“范蠡不报于王，击鼓兴师以随使者，至于姑苏之宫，不伤越民，遂灭吴”；《史记·吴太伯世家》“（句践）二十三年十一月丁卯，越败吴。越王句践欲迁吴王夫差于甬东，予百家居之。吴王曰：‘孤老矣，不能事君王也。吾悔不用子胥之言，自令陷此。’遂自刭死。越王灭吴，诛太宰嚭，以为不忠，而归”。

《礼记·聘义》：“瑕不掩瑜，瑜不掩瑕，忠也。”伍子胥的一生，是忠臣还是国贼，褒贬不一[1]，但伍子胥入吴途中接连发生的诡异的“饲饭必死”现象，却少有论及。

《吕氏春秋·孟冬纪·异宝》：“五员亡，荆急求之，登太行而望郑曰：‘盖是国也，地险而民多知，其主俗主也，不足与举。’去郑而之许，见许公而问所之。许公不应，东南向而唾。五员载拜受赐曰：‘知所之矣。’因如吴。过于荆，至江上，欲涉，见一丈人，刺小船，方将渔，从而请焉。丈人度之，绝江，问其名族，则不肯告，解其剑以予丈人，曰：‘此千金之剑也，愿献之丈人。’丈人不肯受，曰：‘荆国之法，得五员者，爵执圭，禄万檐，金千镒。昔者子胥过，吾犹不取，今我何以子之千金剑为乎？’五员过于吴，使人求之江上，则不能得也。每食必祭之，祝曰：‘江上之丈人！天地至大矣，至众矣，将奚不有为也？而无以为。为矣而无以为之，名不可得而闻，身不可得而见，其惟江上之丈人乎？’”《史记·伍子胥列传》：“伍胥遂与胜独身步走，几不得脱。追者在后。至江，江上有一渔父乘船，知伍胥之

1. 王重民、王庆菽、向达、周一良、启功、曾毅公等编《敦煌变文集·伍子胥变文》，人民文学出版社，1957 年；冯至《伍子胥》，四川文艺出版社、上海文化生活出版社，1985 年；夏子贤《论伍子胥》，《安庆师院社会科学学报》1998 年第 2 期；陈洪、姚瑶《先秦子书与伍子胥故事》，《徐州师范大学学报（哲学社会科学）》2008 年第 4 期；贾传《伍子胥演义》，知识出版社，2013 年；杨华、冯闻文《伍子胥故事的文本流变和中国古代的价值观》，《长江学术》2013 年第 3 期。

急，乃渡伍胥。伍胥既渡，解其剑曰：'此剑直百金，以与父。'父曰：'楚国之法：得伍胥者赐粟五万石，爵执珪，岂徒百金剑邪！'不受。伍胥未至吴而疾，止中道，乞食。"太史公曰："方子胥窘于江上，道乞食，志岂尝须臾忘郢邪？故隐忍就功名，非烈丈夫孰能致此哉？"

《吕氏春秋》仅记江上丈人渡江不受千金之剑，《史记》仅云伍子胥窘于江上，乞食于道，渔父不受百金之剑。然经过不断演绎，子胥入吴途中发生的事件已达诡异的境地。

《越绝书·荆平王内传》："使者还报荆平王，王知子胥不入也，杀子奢而并杀子尚。子胥闻之，即从横岭上大山，北望齐晋，谓其舍人曰：'去，此邦堂堂，被山带河，其民重移。'于是乃南奔吴。至江上，见渔者，曰：'来，渡我。'渔者知其非常人也，欲往渡之，恐人知之，歌而往过之，曰：'日昭昭，侵以施，与子期甫芦之碕。'子胥即从渔者之芦碕。日入，渔者复歌往，曰：'心中目施，子可渡河，何为不出？'船到即载，入船而伏。半江，而仰谓渔者曰：'子之姓为谁？还，得报子之厚德。'渔者曰：'纵荆邦之贼者，我也；报荆邦之仇者，子也。两而不仁，何相问姓名为？'子胥即解其剑，以与渔者，曰：'吾先人之剑，直百金，请以与子也。'渔者曰：'吾闻荆平王有令曰：得伍子胥者，购之千金。今吾不欲得荆平王之千金，何以百金之剑为？'渔者渡于于斧之津，乃发其箪饭，清其壶浆而食，曰：'亟食而去，毋令追者及子也。'子胥曰：'诺。'子胥食已而去，顾谓渔者曰：'掩尔壶浆，无令之露。'渔者曰：'诺。'子胥行，即覆船，挟匕首自刎而死江水之中，明无泄也。"

《吴越春秋·王僚使公子光传》："（子胥）与胜行去，追者在后，几不得脱。至江，江中有渔父乘船从下方溯水而上。子胥呼之，谓曰：'渔父渡我！'如是者再。渔父欲渡之，适会旁有人窥之，因而歌曰：'日月昭昭乎侵已驰，与子期乎芦之漪。'子胥即止芦之漪。渔父又歌曰：'日已夕兮，予心忧悲；月已驰兮，何不渡为？事寖急兮，当奈何？'子胥入船。渔父知其意也，乃渡之千浔之津。子胥既渡，渔父乃视之有其饥色。乃谓曰：'子俟我此树下，为子取饷。'渔父去后，子胥疑之，乃潜身于深苇之中。有顷，父来，持麦饭、鲍鱼羹、盎浆，求之树下，不见，因歌而呼之曰：'芦中人，芦中人，岂非穷士乎？'如是至再，子胥乃出芦中而应。渔父曰：'吾见子有饥色，为子取饷，子何嫌哉？'子胥曰：'性命属天，今属丈人，岂敢有嫌哉？'

二人饮食毕，欲去，胥乃解百金之剑以与渔者：‘此吾前君之剑，中有七星，价直百金，以此相答。’渔父曰：‘吾闻楚之法令：得伍胥者，赐粟五万石，爵执圭，岂图取百金之剑乎？’遂辞不受。谓子胥曰：‘子急去勿留，且为楚所得。’子胥曰：‘请丈人姓字。’渔父曰：‘今日凶凶，两贼相逢，吾所谓渡楚贼也。两贼相得，得形于默，何用姓字为？子为芦中人，吾为渔丈人，富贵莫相忘也。’子胥曰：‘诺。’既去，诫渔父曰：‘掩子之盎浆，无令其露。’渔父诺。子胥行数步，顾视渔者已覆船自沉于江水之中矣，子胥默然。”

子胥渡江后，《越绝书》称渔者“挟匕首自刎而死江水之中”，《吴越春秋》称渔者“覆船自沉于江水之中”。

《越绝书·荆平王内传》：“子胥遂行。至溧阳界中，见一女子击絮于濑水之中，子胥曰：‘岂可得讬食乎？’女子曰：‘诺。’即发箪饭，清其壶浆而食之。子胥食已而去，谓女子曰：‘掩尔壶浆，毋令之露。’女子曰：‘诺。’子胥行五步，还顾女子，自纵于濑水之中而死。”

《吴越春秋·王僚使公子光传》：“遂行至吴，疾于中道，乞食溧阳。适会女子击绵于濑水之上，筥中有饭。子胥遇之，谓曰：‘夫人可得一餐乎？’女子曰：‘妾独与母居，三十未嫁，饭不可得。’子胥曰：‘夫人赈穷途少饭，亦何嫌哉？’女子知非人，遂许之，发其箪筥，饭其盎浆，长跪而与之。子胥再餐而止。女子曰：‘君有远逝之行，何不饱而餐之？’子胥已餐而去，又谓女子曰：‘掩夫人之壶浆，无令其露。’女子叹曰：‘嗟乎！妾独与母居三十年，自守贞明，不愿从适，何宜馈饭而与丈夫？越亏礼仪，妾不忍也。子行矣。’子胥行，反顾，女子已自投于濑水矣。于乎！贞明执操，其丈夫女哉！”

子胥乞食溧阳，《越绝书》称溧阳女“自纵于濑水之中而死”，《吴越春秋》称“女子已自投于濑水矣。于乎！贞明执操，其丈夫女哉”，《吴越春秋》较《越绝书》又多出“贞明执操”之说，显然《越绝书》和《吴越春秋》对伍子胥的形象进行了重新塑造和改铸，并作画蛇添足的粉饰。

《吴越春秋·阖闾内传》：“（子胥）遂引军击郑，郑定公前杀太子建而困迫子胥。自此，郑定公大惧，乃令国中曰：‘有能还吴军者，吾与分国而治。’渔者之子应募曰：‘臣能还之。不用尺兵斗粮，得一桡而行歌道中，即还矣。’公乃与渔者之子桡。子胥军将至，当道扣桡而歌曰：‘芦中人。’如是再。

子胥闻之，愕然大惊，曰：‘何等谓与语，公为何谁矣？’曰：‘渔父者子。吾国君惧怖，令于国：有能还吴军者，与之分国而治。臣念前人与君相逢于途，今从君乞郑之国。’子胥叹曰：‘悲哉！吾蒙子前人之恩，自致于此。上天苍苍，岂敢忘也？’于是乃释郑国，还军守楚，求昭王所在日急。”

《吴越春秋·阖闾内传》：“子胥等过溧阳濑水之上，乃长太息曰：‘吾尝饥于此，乞食于一女子，女子饲我，遂投水而亡。将欲报以百金，而不知其家。’乃投金水中而去。有顷，一老妪行哭而来，人问曰：‘何哭之悲？’妪曰：‘吾有女子，守居三十不嫁。往年击绵于此，遇一穷途君子而辄饭之，而恐事泄，自投于濑水。今闻伍君来，不得其偿，自伤虚死，是故悲耳。’人曰：‘子胥欲报百金，不知其家，投金水中而去矣。’妪遂取金而归。”

尽管《越绝书》和《吴越春秋》的记载情节生动，跌宕起伏，但其中疑窦颇多，漏洞百出。在交通不便、信息不畅的春秋时期，江中渔父如何得知呼其渡我之人即伍子胥？又如何得知楚之法令“得伍胥者赐粟五万石，爵执珪”？春秋时期是否出现“悬赏令”，于史无征。西汉陆贾《新语·道基》“于是皋陶乃立狱制罪，县赏设罚，异是非，明好恶，检奸邪，消佚乱”；西汉桓宽《盐铁论·除狭》“悬赏以待功，序爵以俟贤”，在大一统的秦汉时期出现“悬赏”当不足且奇，但在诸侯林立的春秋时期，游走于各国之间大有人在，平王杀子胥父兄时，子胥在郑而不在楚，“赐粟五万石，爵执珪”的“悬赏令”是否行之有效，令人生疑？一个江中渔父如此重义轻生，荒诞不经。

若江中渔父生活在楚国境内，因“渡楚贼”而“自刎而死”或“覆船自沉”尚情有可原，那么地处吴国奥区的溧阳女“自纵濑水”或“自投濑水”则更是无稽之谈。《孔丛子·刑论》“夫吴越之俗，男女无别，同厕而浴，民轻相犯。故其刑重而大胜，由无礼也”；《尚书大传》“吴越之俗，男女同川而浴，其刑轻而不胜，由无礼也”。吴地的男女同川而浴，又何来“贞明执操”？

伍子胥性格刚烈暴戾、隐忍猜忌，心胸狭隘、睚眦必报。其父伍奢称之为“员为人刚戾忍詬”。伍子胥有强烈的复仇心理，《史记·伍子胥列传》：“及吴兵入郢，伍子胥求昭王。既不得，乃掘楚平王墓，出其尸，鞭之三百，然后已。”而与伍子胥同为“楚材吴用”的伯嚭称“子胥为人刚暴、少恩、猜贼，其怨望恐为深祸也”。尽管伯嚭有奸臣、佞臣之名，其对伍子胥的评价可能有一定的道理。

伍子胥为复仇，自云“吾倒行而逆施之”，江中渔父和溧阳女不近情理的自尽身亡，根据伍子胥的暴戾多疑的性格，极有可能是杀人灭口，显然《越绝书》和《吴越春秋》为掩盖事实和塑造伍子胥的忠良贤圣的形象而竭尽粉饰之能事。

（三）孙武

孙武又名孙子、孙武子，齐人，吴国将军，著有兵法十三篇传世，山东临沂银雀山、青海大通上孙家寨还先后出土过汉简《孙子兵法》[1]。

孙武见于《史记》《吴越春秋》，主要事迹有向吴王阖闾献兵法十三篇、操练宫娥和伐楚入郢都。

《史记·孙子吴起列传》：“孙子武者，齐人也。以兵法见于吴王阖庐。阖庐曰：‘子之十三篇，吾尽观之矣，可以小试勒兵乎？’对曰：‘可。’阖庐曰：‘可试以妇人乎？’曰：‘可。’于是许之，出宫中美女，得百八十人。孙子分为二队，以王之宠姬二人各为队长，皆令持戟。令之曰：‘汝知而心与左右手背乎？’妇人曰：‘知之。’孙子曰：‘前，则视心；左，视左手；右，视右手；后，即视背。’妇人曰：‘诺。’约束既布，乃设鈇钺，即三令五申之。于是鼓之右，妇人大笑。孙子曰：‘约束不明，申令不熟，将之罪也。’复三令五申而鼓之左，妇人复大笑。孙子曰：‘约束不明，申令不熟，将之罪也；既已明而不如法者，吏士之罪也。’乃欲斩左右队长。吴王从台上观，见且斩爱姬，大骇。趣使使下令曰：‘寡人已知将军能用兵矣。寡人非此二姬，食不甘味，原勿斩也。’孙子曰：‘臣既已受命为将，将在军，君命有所不受。’遂斩队长二人以徇。用其次为队长，于是复鼓之。妇人左右前后跪起，皆中规矩绳墨，无敢出声。于是孙子使使报王曰：‘兵既整齐，王可试下观之，唯王所欲用之，虽赴水火犹可也。’吴王曰：‘将军罢休就舍，寡人不原下观。’孙子曰：‘王徒好其言，不能用其实。’于是阖庐知孙子

1. 银雀山汉墓竹简整理小组《银雀山汉墓竹简：孙子兵法》，文物出版社，1976年；国家文物局古文献研究室、大通上孙家寨汉简整理小组《大通上孙家寨汉简释文》，《文物》1981年第2期。

能用兵，卒以为将。西破强楚，入郢，北威齐晋，显名诸侯，孙子与有力焉。”

《吴越春秋·阖闾内传》：“子胥深知王之不定，乃荐孙子于王。孙子者，名武，吴人也，善为兵法。辟隐深居，世人莫知其能。胥乃明知鉴辩，知孙子可以折冲销敌，乃一旦与吴王论兵，七荐孙子。吴王……而召孙子，问以兵法，每陈一篇，王不知口之称善，其意大悦。”

《史记·吴太伯世家》：“三年……光谋欲入郢，将军孙武曰：‘民劳，未可，待之。’……九年，吴王阖庐请伍子胥、孙武曰：‘始子之言郢未可入，今果如何？’二子对曰：‘楚将子常贪，而唐、蔡皆怨之。王必欲大伐，必得唐、蔡乃可。’阖庐从之，悉兴师，与唐、蔡西伐楚。”

孙武助吴王阖闾伐楚入郢后销声匿迹，是归齐还是匿于山中披阅兵法，不得而知。孙武伐楚的史迹与归属《史记》《吴越春秋》俱不载，据《越绝书·吴地传》“巫门外大冢，吴王客齐孙武冢也……善为兵法”，孙武可能卒于吴。

季札主要活跃于吴王僚时期，阖闾使专诸刺僚后季札“去之延陵，终身不入吴国”；伍子胥主要活跃于吴王阖闾时期，至吴王夫差时期“遂伏剑而死”；吴伐楚后孙武不见于史籍，不知所踪，归属不明。

士在吴国的处境取决于吴王的喜好，“顺之者昌、逆之者不死则亡”，当为士在吴国的真实写照。

二、越国的士

（一）文种与范蠡

文种，又作文仲，楚人，越国大夫；范蠡，又称范伯、范子、鸱夷子皮，楚人，越国大夫；范蠡一说徐人，西汉·刘向《列仙传》：“范蠡，字少伯，徐人也。”

《越绝书·纪策考》“范蠡其始居楚也，生于宛橐，或伍户之虚。其为结僮之时，一痴一醒，时人尽以为狂。然独有圣贤之明，人莫可与语，以内视若盲，反听若聋。大夫种入其县，知有贤者，未睹所在，求邑中，不得其邑人，以为狂夫多贤士，众贱有君子，泛求之焉。得蠡而悦，乃从官属，问治之术。蠡修衣冠，有顷而出。进退揖让，君子之容。终日而语，疾陈霸王之道。志合意同，胡越相从。俱见霸兆出于东南，捐其官位，相要而往臣。

小有所亏，大有所成。捐止于吴。或任子胥，二人以为胥在，无所关其辞。种曰：‘今将安之？’蠡曰：‘彼为我，何邦不可乎？’去吴之越，句践贤之。种躬正内，蠡治出外，内浊不烦，外无不得。臣主同心，遂霸越邦。种善图始，蠡能虑终。越承二贤，邦以安宁。始有灾变，蠡专其明，可谓贤焉，能屈能申”；《越绝书·范伯》“昔者，范蠡其始居楚，曰范伯。自谓衰贱，未尝世禄，故自菲薄。饮食则甘天下之无味，居则安天下之贱位。复被发佯狂，不与于世。谓大夫种曰：‘三王则三皇之苗裔也，五伯乃五帝之末世也。天运历纪，千岁一至。黄帝之元，执辰破巳。霸王之气，见于地户。子胥以是挟弓干吴王。’于是要大夫种入吴。此时冯同相与共戒之，伍子胥在，自与不能关其辞。蠡曰：‘吴越二邦，同气共俗，地户之位，非吴则越。’乃入越。越王常与言尽日。……是时句践失众，栖于会稽之山，更用种、蠡之策，得以存”。

文种与范蠡并称“越国二贤”，在吴越争霸中发挥了重要的作用，为越国举足轻重的人物。

《越绝书·纪策考》“种躬正内，蠡治出外，内浊不烦，外无不得。臣主同心，遂霸越邦。种善图始，蠡能虑终。越承二贤，邦以安宁”；《国语·越语》（范蠡）曰“四封之内，百姓之事，蠡不如种也；四封之外，敌国之制，立断之事，种亦不如蠡也”。

吴、越对文种皆有极高的评价。《吴越春秋·句践入臣外传》“大夫皋如曰：‘臣闻大夫种忠而善虑，民亲其知，士乐为用。今委国一人，其道必守，何顺心弗命群臣？’大夫曳庸曰：‘大夫文种者，国之梁栋，君之爪牙。夫骥不可与匹驰，日月不可并照。君王委国于种，则万纲千纪无不举者’”；《国语·吴语》记载伍子胥曾告诫吴王夫差曰“大夫种勇而善谋，将还玩吴国于股掌之上，以得其志”。

文种为越王句践制定了著名的“伐吴七术”或“伐吴九术”。

“伐吴七术”见于《史记》。《史记·越王句践世家》：“人或谗种且作乱，越王乃赐种剑曰：‘子教寡人伐吴七术，寡人用其三而败吴，其四在子，子为我从先王试之。’种遂自杀。”

“伐吴九术”见于《越绝书》和《吴越春秋》。《越绝书·九术》：“昔者，越王句践问大夫种曰：‘吾欲伐吴，奈何能有功乎？’大夫种对曰：‘伐吴有九术。’王曰：‘何谓九术？’对曰：‘一曰尊天地，事鬼神；二曰重财币，以遗其君；三曰贵籴粟槁，以空其邦；四曰遗之好美，以为劳其志；五曰遗之巧匠，使起宫室高台，尽其财，疲其力；六曰遗其谀臣，使之易伐；七曰强其谏臣，使之自杀；八曰邦家富而备器；九曰坚厉甲兵，以承其弊。故曰九者勿患，戒口勿传，以取天下不难，况于吴乎？'越王曰：'善'"。《吴越春秋·句践阴谋外传》："大夫种曰：'夫欲报怨复雠、破吴灭敌者，有九术，君王察焉？'越王曰：'寡人被辱怀忧，内惭朝臣，外愧诸侯，中心迷惑，精神空虚，虽有九术，安能知之？'……种曰：'一曰尊天事鬼以求其福；二曰重财币以遗其君，多货贿以喜其臣；三曰贵籴粟槁以虚其国，利所欲以疲其民；四曰遗美女以惑其心而乱其谋；五曰遗之巧工良材，使之起宫室以尽其财；六曰遗之谀臣，使之易伐；七曰彊其谏臣，使之自杀；八曰君王国富而备利器；九曰利甲兵以承其弊。凡此九术，君王闭口无传，守之以神，取天下不难，而况于吴乎？'越王曰：'善。'"

文种虽然在灭吴的过程中功不可没，然在灭吴之后却死于句践之手，文种之死是越国大夫中唯一有明确记载的。《史记·越王句践世家》"范蠡遂去，自齐遗大夫种书曰：'蜚鸟尽，良弓藏；狡兔死，走狗烹。越王为人长颈鸟喙，可与共患难、不可与共乐，子何不去？'种见书，称病不朝。人或谗种且作乱，越王乃赐种剑，曰：'子教寡人伐吴七术，寡人用其三而败吴，其四在子，子为我从先王试之。'种遂自杀"；《吴越春秋·句践伐吴》"越王复召相国，谓曰：'子有阴谋兵法，倾敌取国九术之策，今用三已破强吴，其六尚在子，所愿幸以余术，为孤前王于地下谋吴之前人。'于是种仰天叹曰：'嗟乎！吾闻大恩不报，大功不还，其谓斯乎？吾悔不随范蠡之谋，乃为越王所戮。吾不食善言，故哺以人恶。'越王遂赐文种属卢之剑，种得剑又叹曰：'南阳之宰而为越王之擒！'自笑曰：'后百世之末，忠臣必以吾为喻矣。'遂伏剑而死"。

范蠡在灭吴之后急流勇退。《国语·越语》：范蠡"遂乘轻舟以浮于五湖，莫知其所终极"；《史记·越王句践世家》：范蠡"自与其私徒属乘舟浮海以行，终不反"；《吴越春秋·句践伐吴外传》：范蠡"乃乘扁舟，出三江，入五湖，人莫知其所适"。

然而，关于范蠡归宿却扑朔迷离，令人费解。卫聚贤先生曾作范蠡事迹进行过考证，虽罗列了"成功被杀、善终、隐于湖南、隐于东南、隐于山东、至陶为巨富”等说，然对于范蠡的归宿仍扑朔迷离。[1]

范蠡曾随越王句践入臣于吴，返越后与文种、计然共同策划了“灭吴九术”并付诸实施，然在灭吴之时句践欲翦范蠡之心迹已初显端倪。《国语·越语》“范蠡不报于王，击鼓兴师以随使者，至于姑苏之宫，不伤越民，遂灭吴。反至五湖，范蠡辞于王曰：‘君王勉之，臣不复入越国矣。’……王曰：‘所不掩子之恶，扬子之美者，使其身无终没于越国。子听吾言，与子分国。不听吾言，身死，妻子为戮。’范蠡对曰：‘臣闻命矣。君行制，臣行意。’遂乘轻舟以浮于五湖，莫知其所终极”；《史记·越王句践世家》“范蠡事越王句践，既苦身勠力，与句践深谋二十余年，竟灭吴，报会稽之耻。……还反国，范蠡以为大名之下，难以久居，且句践为人可与同患，难与处安，为书辞句践曰：‘臣闻主忧臣劳，主辱臣死。昔者君王辱于会稽，所以不死，为此事也。今既以雪耻，臣请从会稽之诛。’句践曰：‘孤将与子分国而有之。不然，将加诛于子’”，可见在灭吴之后，句践已对范蠡暗藏杀机，然而在这种情况下，范蠡居然“遂乘轻舟以浮于五湖”，不可思议。

句践灭吴之后，越国政坛一片混乱，越国大夫人心惶惶。《吴越春秋·句践伐吴外传》：“自是之后，计研佯狂，大夫曳庸、扶同、皋如之徒，日益疏远，不亲于朝。大夫种内忧不朝。”

在吴越争霸的过程中，吴国的伍子胥和越国的范蠡在其生后都出现了“鸱夷”之名。鸱夷是盛酒的革囊，即橐。《史记集解》应劭曰“取马革为鸱夷。鸱夷，榼形”，西汉杨雄《酒赋》“自用如此，不如鸱夷。鸱夷滑稽，腹大如壶”。

《国语·吴语》：吴王夫差“乃使取申胥之尸，盛以鸱夷，而投之于江”；《史记·伍子胥列传》“吴王……乃取子胥尸盛以鸱夷革，浮之江中”；西汉贾谊《新书·耳痹》“伍子胥……身鸱夷而浮江”；东汉王充《论衡·书虚》“吴王夫差杀伍子胥……乃以鸱夷橐投之于江”。

《史记·越王句践世家》“范蠡浮海出齐，变姓名，自谓鸱夷子皮”；《史记·货殖列传》“范蠡既雪会稽之耻……乃乘扁舟浮于江湖，变名易姓。

1. 卫聚贤《范蠡事迹考》，《说文月刊》1940 年 11 月 1 卷，合订本。

适齐为鸱夷子皮，之陶为朱公”。然其说者有之。[1]

齐都临淄，今淄博；陶在春秋时期先属曹，鲁哀公八年（前 487）宋灭曹。范蠡乘扁舟浮于江湖如何适齐、之陶，《史记》没有交代；已经到了齐国，为何还要自谓“鸱夷子皮”，《史记》也没有交代。《吴越春秋·句践伐吴》：“越王既已诛忠臣，霸于关东，从琅邪，起观台，周七里，以望东海。”越王句践在徙都琅邪之前既已“诛忠臣、霸关东”，司马迁的含混其词显然在刻意隐瞒着一个在西汉时期已无法确认的史实。

《史记索隐》“鸱夷子皮，范蠡自谓也。盖以吴王杀子胥而盛以鸱夷，今蠡自以有罪，故为号也”，因范蠡自称鸱夷子皮、鸱夷子，故后人称范蠡为鸱夷；杜牧《杜秋娘诗》“西子下姑苏，一舸逐鸱夷”，子胥“身鸱夷”，而范蠡“自谓鸱夷子皮”，尤其是《史记索隐》所云“范蠡自以有罪，故号鸱夷子皮”，耐人寻味。

西汉刘向《列仙传》：“范蠡，字少伯，徐人也。事周师太公望，好服桂饮水。为越大夫，佐句践破吴。后乘舟入海，变名姓，适齐，为鸱夷子。更后百余年，见于陶，为陶朱君，财累亿万，号陶朱公。后弃之，兰陵卖药。后人世世识见之。范蠡御桂，心虚志远。受业师望，载潜载惋。龙见越乡，功遂身返。屣脱千金，与道舒卷。”

与《史记》不同的是，《列仙传》云范蠡不是适齐后之陶，而是百余年后才现身于陶，而“后人世世识见之”。既然范蠡的“之陶”为再现于陶，那么范蠡的“适齐”又何尝不可能是再现于齐？

司马迁在记述范蠡事迹时是否受到神仙学说的影响，不得而知；但通过《史记》与《列仙传》的比较，可见至少在西汉时期有关范蠡的记载已出现不同的版本。

汉代是神仙学说盛行的时代，是全社会都崇尚升仙的时代，成仙的标志之一是升天。淮南王刘安因谋反败露自刭，却因其“升天”而列为神仙。《史记·淮南衡山列传》“天子使宗正以符节治王。未至，淮南王安自刭杀”；东汉王充《论

1. 孟祥才《论范蠡》，《烟台大学学报（哲学社会科学版）》1998 年第 1 期；王子今《“千古一陶朱”：范蠡兵战与商战的成功》，《河南科技大学学报（社会科学版）》2008 年第 1 期；杨朝亮、刘俊梅《陶朱公范蠡身份再审视》，《菏泽学院学报》2015 年第 6 期。

衡·道虚》“淮南王（刘安）学道……王遂得道，举家升天，畜产皆仙，犬吠于天上，鸡鸣于云中”；晋代葛洪《神仙传·淮南王》“淮南王安，好神仙之道，海内方士从其游者多矣。……乃取鼎煮药，使王服之，骨肉近三百余人，同日升天；鸡犬舔药器者，亦同飞去”。

再生或再现也是成仙的标志之一，范蠡的“再现”是列为神仙的最重要的理由。

伍子胥在汉代亦与范蠡一样被列为“仙”。

《史记·伍子胥列传》“吴人怜之，为立祠于江上”；东汉王充《论衡·书虚》“吴王夫差杀伍子胥，煮之于镬，乃以鸱夷橐投之于江。……今时会稽丹徒大江、钱唐浙江皆立子胥之庙”。

在汉代因凶死而列为神仙者比比皆是，伍子胥与范蠡同列为“仙”，可能暗喻着伍子胥与范蠡有着相同的令人同情的悲惨结局。

在历史文献中，有关范蠡乘轻舟以浮于五湖的记载见于《国语》《史记》和《吴越春秋》，而有关范蠡流江的记载似乎多于泛舟五湖。

《吕氏春秋·悔过》“故箕子穷于商，范蠡流乎江”；《吕氏春秋·离谓》“范蠡、子胥以此流”；《越绝书·德序》“夫差狂惑，贼杀子胥，句践至贤，种曷为诛？范蠡恐惧，逃于五湖，盖有说乎”；《越绝书·篇叙》“屈原隔界，放于南楚，自沉湘水，蠡所有也”；西汉贾谊《新书·耳痹》“子胥……身鸱夷而浮江。……范蠡负石而归五湖，大夫种系领谢室，渠如处车裂回泉”。

伍子胥“身鸱夷而浮江”，范蠡“负石而归五湖”，尽管文辞晦涩，然字里行间仍透露出范蠡可能与伍子胥命运相同，伍子胥与范蠡的结局反映了春战之际身处蛮夷的国家功臣的悲哀。

与范蠡命运相同的还有西施。

西施因伐吴九术之“遗美女以惑其心而乱其谋”而出现于吴越争霸的舞台。《越绝书·九术》“越乃饰美女西施、郑旦，使大夫种献之于吴王……吴王大悦”；《国语·吴语》“句践请盟：一介嫡女，执箕扫以晐姓于王宫”；《吴越春秋·句践阴谋外传》“乃使相国范蠡进曰：‘越王句践窃有二遗女，越国洿下困迫，不敢稽留，谨使臣蠡献之。大王不以鄙陋寝容，愿纳以供箕帚之用’”。

西施随范蠡同泛五湖的记载，仅见于唐代陆广微《吴地记》引《越绝书》“西施亡吴国后，复归范蠡，同泛五湖而去”，然今传《越绝书》不见。“三吴”之首的《吴地记》中神来之笔、臆造之辞比比皆是，因此《吴地记》所云多不可信。

《墨子·亲士》“是故比干之殪，其抗也；孟贲之杀，其勇也；西施之沈，其美也；吴起之裂，其事也”；北齐《修文殿御览》引《吴越春秋·逸篇》“越浮西施于江，令随鸱夷而终”。

“越浮西施于江，令随鸱夷而终”，不仅道出了西施的最终结局，也道明了范蠡的最终归宿，西施与范蠡同样成为吴越争霸的祭奠和牺牲。[1]

越王句践在灭吴后大肆杀戮功臣是不争的史实，“鸟尽弓藏、兔死狗烹”是流传至今的成语；范蠡偕西施泛舟五湖，更是传为千古佳话。然而在腥风血雨的越王句践时代，西施与范蠡的生活是否如此的诗情画意？是否如此的风流浪漫？值得深思。

因此，范蠡与西施的故事可能只是一个美丽的传说，而非历史的真实。

（二）计然

计然，又作计倪、计研，越国大夫。《范子计然·计然传》“计然者，蔡丘濮上人，姓辛氏，名文子。其先，晋国亡公子也”；《史记集解》徐广曰“计然者，范蠡之师也，名研”。

《史记·货殖列传》：“昔者越王句践困于会稽之上，乃用范蠡、计然。计然曰：‘知斗则修备，时用则知物，二者形则万货之情可得而观已。故岁在金，穰；水，毁；木，饥；火，旱。旱则资舟，水则资车，物之理也。六岁穰，六岁旱，十二岁一大饥。夫粜，二十病农，九十病末。末病则财不出，农病则草不辟矣。上不过八十，下不减三十，则农末俱利，平粜齐物，关市不乏，治国之道也。积著之理，务完物，无息币。以物相贸易，腐败而食之货勿留，无敢居贵。论其有馀不足，则知贵贱。贵上极则反贱，贱下极则反贵。贵出如粪土，贱取如珠玉。财币欲其行如流水。’修之十年，国富，厚赂战士，士赴矢石，如渴得饮，遂报强吴，观兵中国，称号‘五霸’。”

---

1. 胡昭著《吴亡后“西施从范蠡作五湖之游”考辨》，《韶关学院学报（社会科学）》2006年第8期；杨玲《西施其人其事新论》，《求索》2015年第10期；曾甘霖《西施下落考》，《船山学刊》2009年第1期。

计然事迹除《史记·货殖列传》和《越绝书·计倪内经》《越绝书·计倪》两篇专记外，还散见于《吴越春秋》和《论衡》，其后出现的《范子计然》一书，见于《齐民要术》《旧唐书·经籍志》和《新唐书·艺文志》。

关于是否有计然其人，争议较多，主要有“计然即文种”之说[1]。然《史记·越王句践世家》中记载了“大夫种”；《史记·货殖列传》记载了计然；《越绝书》中既记载了大夫种，又记载了计倪；《吴越春秋·句践阴谋外传》中记载了范蠡、文种、句如、计研同时参与越王句践的议政。因此“计然即文种”之说有哗众取宠之嫌。

计然之策又称计然七策，《史记·货殖列传》：“范蠡既雪会稽之耻，乃喟然而叹曰：‘计然之策七，越用其五而得意。既已施于国，吾欲用之家。’”计然强国七策显然不是文种的伐吴九策，但异曲同工。

文种、范蠡、计然俱活跃于越王句践时期，越灭吴后文种“遂自杀”“遂伏剑而死”；而则可能范蠡“负石而归五湖”“越浮西施于江，令随鸱夷而终”；“计研佯狂”，可能躲过一劫。

“兔死狗烹、鸟尽弓藏”，当为士在越国的真实写照。

1. 郑克中《计然为文种辨——兼论文种经济思想的历史地位》，《东岳论丛》1997年第3期；顾农《关于鲁迅辑本〈范子计然〉等五种》，《文献》2000年第4期；孙开泰《计然是人名还是书名？——关于〈史记·货殖列传〉一处断句争论之我见》，《管子学刊》2005年第2期；张连伟《“计然”考辨》，《史学月刊》2012年第8期。

下编　考古篇

第二章　文化来源的比较研究

吴越文化来源的探讨，是进行吴越文化考古学研究的首要。

早在1982年李伯谦先生即指出“吴文化及其渊源的研究，是长江下游地区考古学的重要课题之一。在新中国30年考古工作的基础上，我们通过对宁镇、太湖及其邻近地区新石器文化、青铜文化不同特点及其发展演变关系的研究，并结合有关文献和文字资料，初步推定于宁镇、太湖及其邻近地区的土墩墓和与其同时的遗址为西周——春秋时期的吴文化遗存，主要分布于宁镇、皖南地区的湖熟文化与吴文化关系密切，有继承发展关系，是相当于商代早期吴立国之前的先吴文化，宁镇、皖南地区应是吴文化的发源地。吴文化由宁镇地区扩展到太湖、杭州湾地区约在西周早期，随着吴文化的到来，该地区以上海马桥第四层为代表的及其以后的青铜文化逐步消失，少部分因素为吴文化所吸收，大部分因素被淘汰，马桥第四层类型文化不是吴文化的先驱，而可能是与吴文化关系十分密切的另一支土著文化——越文化的来源之一。……但要得到科学的证明，尚需做大量的工作”[1]。

本研究正是自1982年以来，在吴越考古工作的基础上对吴越文化进行的梳理和再研究。

据历史文献的记载，吴始于周太王之际的“太伯奔吴”，越始于夏少康之际将庶子无余“别封于越”。

然根据考古学研究，皆不尽然。

《史记·周本纪》：“古公卒，季历立，是为公季。……公季卒，子昌立，是为西伯。……西伯崩，太子发立，是为武王。”周太王即古公亶父，其时

1. 李伯谦《吴文化及其渊源初探》，《考古与文物》1982年第3期。

距武王伐纣相隔四世，“太伯奔吴”在商代晚期，其时的考古学文化当属先周文化[1]，然早期吴文化与先周文化大相径庭。

《史记·夏本纪》：“夏后帝启崩，子帝太康立。……太康崩，弟中康立……中康崩，子帝相立。帝相崩，子帝少康立。”少康中兴是有夏一代最重要的事件之一，少康距夏启五世，其庶子无余“别封于越”时当在夏代早期，属早期夏文化[2]，然早期越文化与夏文化亦判若鸿沟。

春秋时期由于征伐、争霸、会盟等各种政治需要，吴、越等蛮夷国家普遍出现“冒荫现象”，将祖先追溯、附会于华夏先祖，以示自身血统的高贵和纯正。

由于吴越在春秋战国之际出现的冒荫现象，误导了吴越文化来源的研究，仅根据历史文献进行吴越文化之源的研究，势必陷入吴越文化来源研究的盲区或误区。

因此，探寻吴越文化来源需通过考古学研究，通过考古学文化的比较研究和吴越文化遗存的比较研究，通过考古学文化遗存与历史文献的相互印证，方可得出比较接近史实的结论。

吴越文化皆属次生文化，来源比较复杂，即吴越文化都不是在其分布区内土生土长的原生文化。

吴文化的主要文化来源是王油坊类型龙山文化，历经南荡文化遗存、点将台文化、湖熟文化，最终形成吴文化；越文化的文化来源是马桥文化，但马桥文化的文化来源极其复杂，其文化来源不是本地的良渚文化，而是来源

1. 苏秉琦《斗鸡台沟东区墓葬》，《陕西考古发掘报告》第一种第一号，1948 年；邹衡《论先周文化》，《夏商周考古论文集》，文物出版社，1980 年；邹衡《再论先周文化》，《夏商周考古学论文集（续集）》，科学出版社，1998 年；尹盛平、任周芳《先周文化的初步研究》，《文物》1984 年第 7 期；刘军社《先周文化研究》，三秦出版社，2003 年；王巍、徐良高《先周文化的考古学探索》，《考古学报》2000 年第 3 期；雷兴山《先周文化探索》，科学出版社，2010 年。

2. 邹衡《关于探讨夏文化的几个问题》，《文物》1979 年第 3 期；田昌五《夏文化探索》，《文物》1981 年第 5 期；李伯谦《关于早期夏文化——从夏商周王朝更迭与考古学文化变迁的关系谈起》，《中原文物》2000 年第 1 期；方燕明《早期夏文化研究中的几个问题》，《中原文物》2001 年第 4 期；李维明《夏文化解析与史实释读》，《考古学研究（五）》，科学出版社，2003 年；魏继印《也谈早期夏文化》，《考古与文物》2011 年第 3 期。

于绵亘在浙闽之间仙霞岭南北的肩头弄类型，肩头弄类型虽然是马桥文化的主要来源，但不是唯一的文化来源。在马桥文化的形成过程中，可能受到来自南方的社山头文化遗存、黄瓜山文化遗存、角山遗存和来自北方的二里头文化、岳石文化、二里冈文化等夏商文化的影响，马桥文化中可能还含有极少量良渚文化孑遗和广富林文化孑遗。

湖熟文化和马桥文化是吴越文化的直接来源，湖熟文化和马桥文化相同的是都没有发现墓葬，是一个十分奇特的文化现象，成为吴越文化形成之前社会形态研究的缺憾。但马桥文化出现城址，是一个值得注意的文化现象，也是马桥文化与湖熟文化社会形态出现差异的表象。

族源是研究探索吴越文化的基础之一，吴越文化来源的研究也为探寻吴越族群的族源提供了契机和相对可信的考古学依据。

第一节　吴文化之源

在吴文化的分布空间，早于吴文化的是湖熟文化。湖熟文化与吴文化的文化遗物有明显的发展、演进和传承关系，因此湖熟文化当为吴文化之源。

在湖熟文化的发布空间，早于湖熟文化的是点将台文化。点将台文化与湖熟文化之间同样有着明显的发展、演进和传承关系，因此吴文化之源还可追溯到点将台文化。

对点将台文化进行的文化因素分析结果表明，点将台文化的构成有三类不同文化来源的文化遗存：一是对本地晚期新石器时代文化的继承；二是途径江淮东部地区的南荡遗存的南下；三是途径江淮东部地区的周邶墩遗存的南下。其中南荡遗存的文化因素在点将台文化中占有较大的比重，对点将台文化有深刻的影响。

因此，吴文化的追根溯源，可上溯到南荡遗存。

一、南荡遗存

南荡文化遗存简称南荡遗存。南荡遗存是分布于江淮东部地区的与王油坊类型龙山文化相类似的文化遗存，南荡遗存是江淮东部的龙山文化末期至夏初的文化遗存。

南荡遗存首先发现于江淮东部的江苏兴化南荡遗址，故将江淮东部与之文化面貌、文化年代、文化性质相同的文化遗存命名为南荡遗存。

（一）典型遗址简介

1. 兴化南荡遗址

南荡遗址的面积达 2 万平方米，在遗址范围内，其文化层的堆积情况不尽相同，有的地方没有文化层，有的地方文化层很薄，仅 5.0 ~ 10.0 厘米，有的地方稍厚，且有文化遗迹。出土的文化遗物主要为陶器，另有少量的石器和骨器。陶器以夹砂灰陶和泥质灰陶为多，其次为黑陶、灰褐陶，红陶的数量极少；陶器纹饰以绳纹为多，其次为弦纹、篮纹、方格纹，另有少量的梯格纹、网状纹、羽状纹、绹索形附加堆纹、刻划纹；陶器有三角形侧扁足罐形鼎、足根有捺窝的柱状足罐形鼎、筒状大袋足甗、高流大袋足鬶、管状流盉、绳纹瓮、高领罐、广口罐、中口罐、侈口平底盆、浅盘圈足豆、圈足盘、高领壶、阔把杯、斜腹碗、敛口钵、器盖等（图二）；此外，还有石锛、石凿、石刀、石镞和骨笄、骨管等。[1]

经碳十四测定，南荡遗址的年代为公元前 1815 ± 69 年和公元前 1907 ± 63 年，因此推测其年代的上限不会超过公元前 2200 年，下限也不致晚于公元前 2000 年，大致在公元前 2000 年前后。

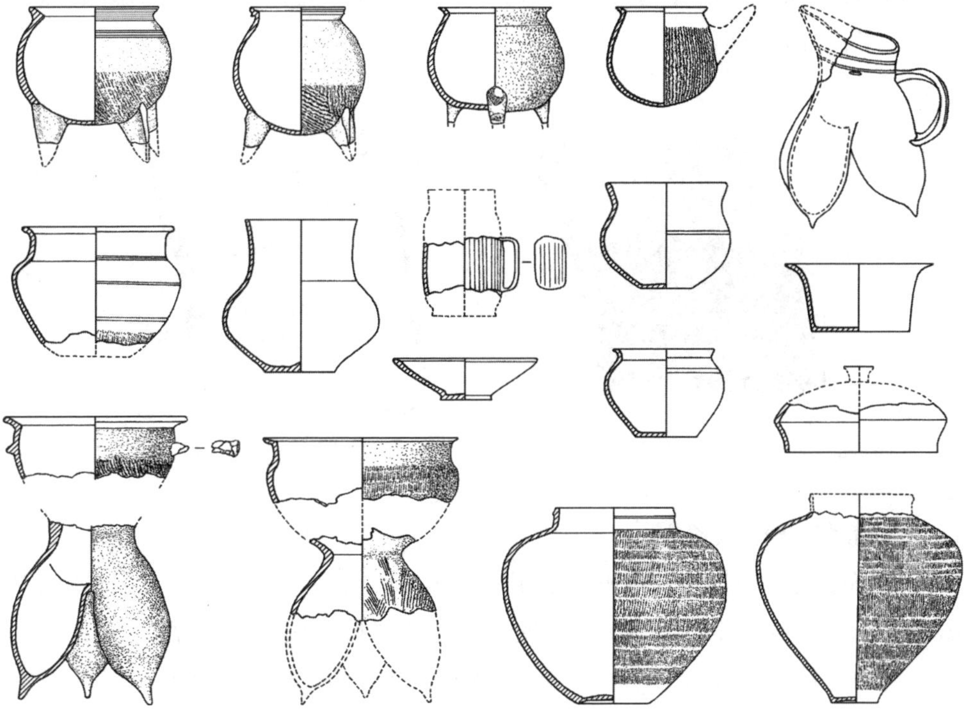

图二　南荡遗址出土的部分文化遗物

1. 南京博物院考古研究所等《江苏兴化戴家舍南荡遗址》，《文物》1995 年第 4 期。

2. 高邮龙虬庄遗址

龙虬庄遗址为江淮东部地区新石器时代的大型聚落遗址，其主要文化遗存为距今 6600 ~ 5000 年的龙虬庄文化。

在遗址的东部发现了呈一小片一小片零星分布的南荡遗存，出土的文化遗物有三角形侧扁足罐形鼎、侈口平底盆、小口绳纹瓮、直口罐、广口罐、直领壶、浅盘高柄豆等陶器残片，皆为夹砂灰陶、泥质灰陶和泥质黑陶，不见红陶；陶器的纹饰主要为篮纹、绳纹及少量方格纹、弦纹、附加堆纹、刻划纹等，其器形、纹饰与南荡遗址出土的同类器完全一致，当属南荡遗存。[1]

虽然龙虬庄遗址出土的南荡遗存文化遗物不多，但出土的一片刻文陶片令人瞩目。

陶片为磨光泥质黑陶盆的口沿，表面乌黑发亮，胎亦呈黑色，烧成火候较高。陶片的内壁有 8 个刻画符号，纵向两行，左行 4 个类似甲骨文，右行 4 个类似动物图形；亦可看做横向 4 排，或自上而下 4 组，每组 2 个刻划符号，左为文字，右为动物图形（图三）。

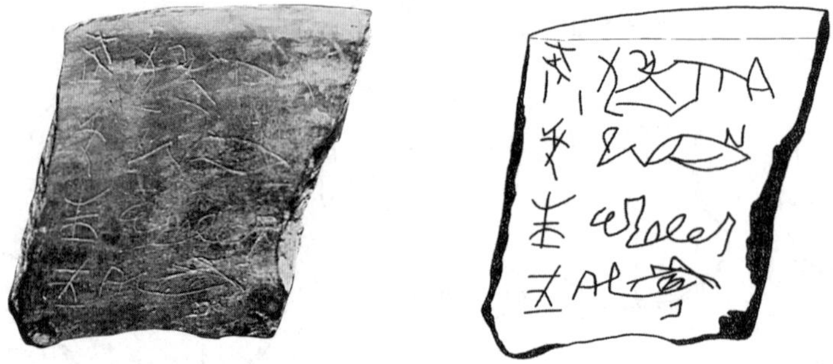

图三 龙虬庄遗址出土的刻文陶片（左：陶片照片，右：陶片摹本）

3. 高邮周邶墩遗址

周邶墩遗址根据地层堆积与文化遗物的特征，可分为三类不同性质的文化遗存，其中第一类与王油坊类型龙山文化相类似，属南荡遗存。

周邶墩第一类文化遗存的文化遗物主要有三角形侧扁足罐形鼎、足根有

1. 龙虬庄遗址考古队《龙虬庄——江淮东部新石器时代遗址发掘报告》，科学出版社，1999 年。

捺窝的柱状足罐形鼎、筒状大袋足甗、弧腹甑、高窄流袋足鬶、篮纹直口弧腹瓮、高领罐、宽把带流罐、子母口直腹平底盒、高柄浅盘豆、宽把杯、垂腹平底盘、碗、钵、方格纹盂、大平钮器盖等陶器（图四）；陶器中绝大多数为夹砂或泥质的灰陶、黑陶，极少量的为红陶；陶器纹饰有绳纹、弦纹、篮纹、方格纹、梯格纹、附加堆纹、刻划纹等。

经碳十四测定，周邶墩第一类文化遗存的年代为公元前 1695 ± 105 年，比南荡遗址略晚，但周邶墩第一类文化遗存与南荡遗址出土的文化遗物基本一致，因此其年代也应大致相当，因此周邶墩第一类文化遗存的年代应为公元前 2000 年或稍后。[1]

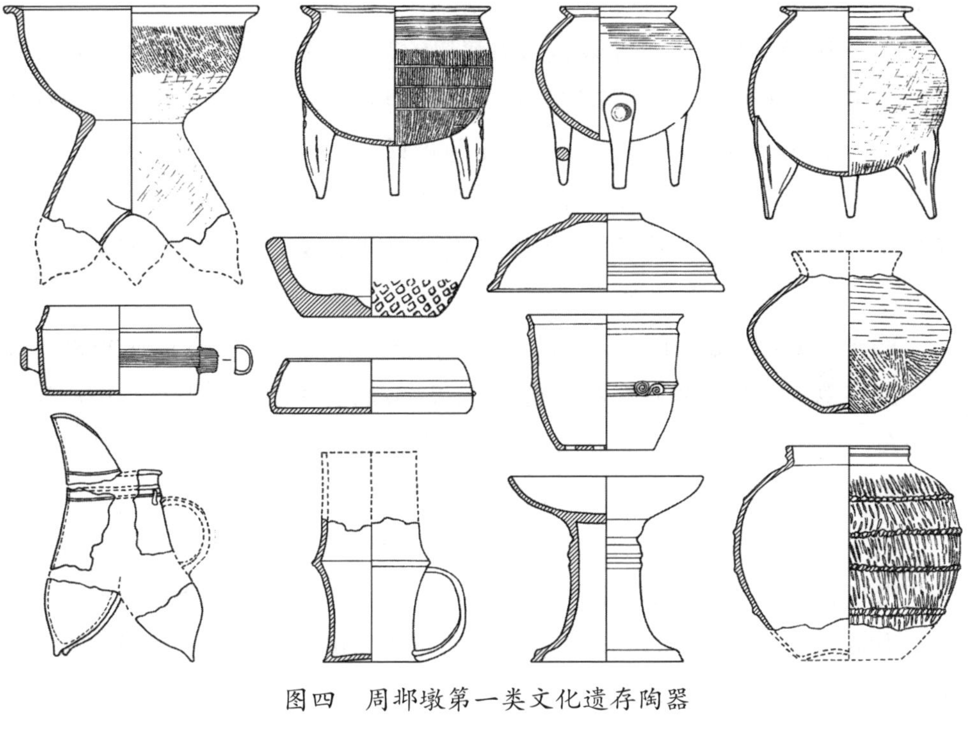

图四　周邶墩第一类文化遗存陶器

1. 南京博物院考古研究所等《江苏高邮周邶墩遗址发掘报告》，《考古学报》1997 年第 4 期。

（二）文化性质分析

江淮东部是介于海岱地区与太湖地区之间的相对独立的地理单元。

江淮东部原为浅海大陆架，燕山运动以来成为苏北凹陷带的一部，第四纪最后一次海侵受海水浸淹而成为浅海湾。由于长江、淮河带来泥沙冲击而形成沙嘴形的三角洲不断东移，海湾逐渐退缩，加之黄海海流不断地回旋和海浪的冲击而形成南北向的沙堤，随着沙堤的不断成长和三角洲的不断延伸，三者逐渐连接，海湾被封闭演变为泻湖后，仍不断受到长江和淮河一部分泥沙的填积，原来的水面被分割成大大小小的湖荡沼泽，而泻湖向外排水的孔道也逐渐发育成网状的大大小小河流。由于泥沙的沉积，原来的海积层逐渐形成陆地，加之泻湖的沉积，最终形成了周高中低浅碟形地貌的江淮东部，即里下河平原。

距今 7000 年以前，受全新世最大海侵的影响，这一地区为文化空白区；距今 7000 ~ 5000 年，江淮东部存在一支相对独立的考古学文化——龙虬庄文化；距今 5000 ~ 4000 年之间，受全新世最高海面的影响，江淮东部出现文化缺环，成为考古学文化的空白区；距今 4000 年前后 ~ 3600 年前后，江淮东部成为文化走廊，其间既有良渚文化的北上，又有王油坊类型龙山文化和岳石文化尹家城类型的南下。

根据南荡遗址和周邶墩遗址的测年，南荡遗存的年代为公元前 2000 年前后。在南荡遗址 2 万多平方米的范围内，浅薄的文化层呈一小片一小片的零星分布，说明南荡遗存在形成的过程中不断地挪移，表明南荡遗址是一处临时性遗址；在龙虬庄遗址中，也发现类似的文化现象。

古环境研究的结果表明，距今 5000 ~ 4000 年前后，江淮东部成为考古学文化的空白区，从文化遗物的特征分析，南荡遗存在江淮东部无渊源可寻，显然不是当地土生土长的考古学文化。通过与龙山时代江淮东部周边诸考古学文化进行考古类型学的比较分析与研究，南荡遗存来源于王油坊类型龙山文化。

南荡遗存在江淮东部的发现和文化性质的确定，揭示了诸多亟待解决的历史问题，归纳起来有以下三点：

（1）南荡遗址、龙虬庄遗址所发现的南荡遗存都属临时性居住遗址，南荡遗存的特征揭示了王油坊类型龙山文化迁徙的轨迹，代表了一种跨地域式的文化迁徙模式。

（2）南荡遗存来源于王油坊类型龙山文化，王油坊类型龙山文化是南荡遗存的源头。

（3）南荡遗存的年代大致在龙山时代末至夏初，这一时期正是建立华夏国家文明的时期，也是中国历史上第一次大分化、大改组、大动荡时期。南荡遗存所表现出的跨地域式的文化迁徙，对于探讨华夏文明的起源有着积极的意义，对于探讨吴文化之源更有着极为重要的意义。

南荡遗存的文化面貌和文化特征与王油坊类型龙山文化晚期（第三期）文化遗物基本特征相同（图五），如鼎为罐形，三角形侧扁足，足根捏有花边，足侧有竖刻划，腹部多饰绳纹；甗方唇，折沿，有的有领，甑部为深腹盆形，束腰，下为筒状大袋足，下接实足尖，甑部饰绳纹或划断绳纹；瓮直口，高领，鼓肩，斜弧腹，底部内凹，领以下饰绳纹，有的腹部还有绹索状附加堆纹等，南荡遗存的文化面貌和文化特征与王油坊类型龙山文化基本一致。[1] 因此，南荡遗址的文化遗存来源于王油坊类型龙山文化，南荡遗存是王油坊类型龙山文化在迁徙过程中的文化遗留。但是，南荡遗存中有些器物表现出比王油坊类型更晚的文化特征，因此，两者之间的有机联系与嬗承关系十分明显。

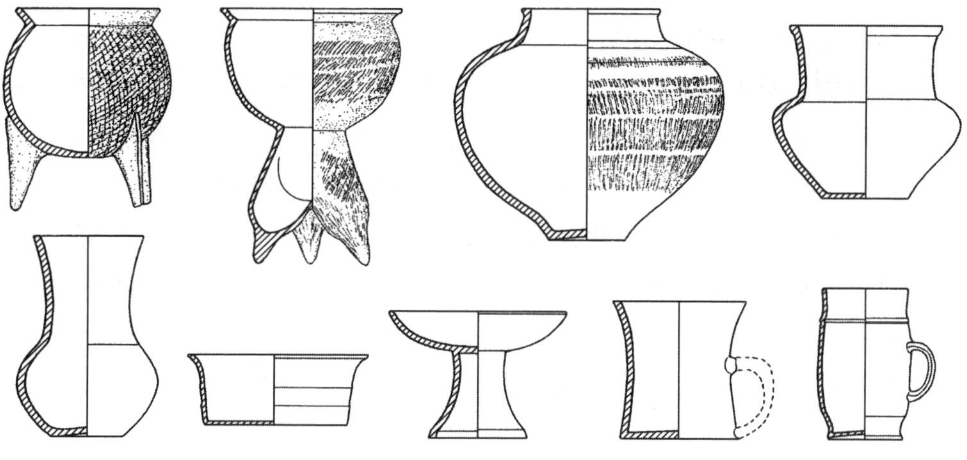

图五　王油坊遗址（上层）出土的部分文化遗物

1. 中国社会科学院考古研究所河南二队等《河南永城王油坊遗址发掘报告》，《考古学集刊》第 5 辑，中国社会科学出版社，1987 年。

王油坊类型龙山文化分布于豫东、皖西北和鲁西南的淮河上游一带，在距今4200年前后，王油坊类型龙山文化在这一地区突然消失，取而代之的是二里头文化和岳石文化[1]；而在距今4000年前后的江淮东部却突然出现了与王油坊类型龙山文化相类似的文化遗存——南荡遗存，两者之间的内在关系值得深思与探究。

考古学研究的结果表明王油坊类型龙山文化的迁徙路线是由豫东、皖西北和鲁西南一带沿淮水向东至黄海之滨，再折向古邗沟，沿古邗沟向南越过长江到达宁镇皖南地区，江淮东部的南荡遗存，可视为王油坊类型龙山文化向宁镇皖南地区迁徙的中桥。

由于王油坊类型龙山文化在江淮东部短暂停留的文化遗存为南荡遗存，而南荡遗存又直接来源于王油坊类型龙山文化，因此吴文化的源头可追溯到王油坊类型龙山文化。

龙山时代是我国的五帝时代[2]，探寻吴文化之源可追寻到五帝时代的历史和古史传说。

（三）古史考察

古史传说是研究上古历史不可或缺的重要文献资料，徐旭生、蒙文通等先生都进行过卓有成效的研究。[3]

王油坊类型龙山文化分布于豫东、皖西北和鲁西南一带，在龙山时代晚期至夏代即进入华夏国家文明前后，豫东、皖西北和鲁西南一带分布着二里头文化和岳石文化。二里头文化和岳石文化都不是王油坊类型的后继文化，从而证明王油坊类型龙山文化在这一地区的突然消失，意味着一种文化的迁徙，也意味着龙山时代末期至夏代初期进入华夏国家文明前后大动荡的政治局面。

徐旭生先生对中国古史传说时代进行研究之后，明确指出有虞氏的活动

1. 李伯谦《论造律台类型》，《文物》1983年第4期；邹衡《论菏泽地区的岳石文化》，《文物与考古论集》，文物出版社，1986年。
2. 严文明《龙山文化和龙山时代》，《文物》1981年第6期。
3. 徐旭生《中国古史的传说时代》，文物出版社，1985年；蒙文通《古史甄微》，巴蜀书社，1999年。

范围在豫东；李伯谦先生在对造律台类型（即王油坊类型）进行研究之后首先指出“史载有虞氏部族由盛而衰的历史与碳十四测定的造律台类型存在的时间基本一致，其与造律台类型的分布范围大体相同，造律台类型确有不少因素是来自原居地东夷族创造的大汶口文化，因此，从年代、分布地域和文化特征分析，造律台类型可能就是传说中的有虞氏文化”；田昌五先生认为“把姚姓有虞氏如实地恢复起来，它只活动于今豫东地区”。[1]

在诸多先生研究的基础上，根据南荡文化遗存的发现，还可对这一文化现象做进一步的分析与研究。[2]

佘太山先生对有虞氏的迁徙进行专门研究后认为“或以为太伯、仲雍其实国于河。……据《左传·襄三年传》：‘春，楚子重伐吴，为简之师。克鸠兹，至于衡山。’……由此可见太伯、仲雍立国之地最初在河东，后来因为其人迁往江南，‘有虞氏’这一名称也就随之南迁了。‘鸠兹’与‘虞氏’亦得视为同名异译，似非偶然”。[3]

王油坊类型在豫东地区的消失和在江淮东部的出现，显然是一种文化迁徙。由于龙山时代是一个分化改组的大动荡时代，亦即华夏国家文明诞生前的阵痛时代，其时不仅在时间范畴上诸考古学文化呈动态发展，在空间范畴上也同样是动态发展的。其发展的轨迹呈现出错综复杂的局面：有考古学文化的发展轨迹为文化的继承，如王湾类型龙山文化──→二里头文化，陶寺类型龙山文化──→二里头文化东下冯类型，后岗类型龙山文化──→漳河型先商文化；有考古学文化出现了文化断层，如龙山文化—‖→岳石文化，良渚文化—‖→马桥文化；同时还出现了文化的跳跃，如王油坊类型龙山文化—⌒→点将台文化，即王油坊类型龙山文化──→南荡遗存──→点将台文化。

中国古史传说时代，即考古学上的龙山时代，也是文明曙光冉冉升起的英雄时代，“一切文化民族都在这个时期经历了自己的英雄时代”[4]，有虞氏部族和夏后氏部族的首领虞舜和夏禹，正是英雄时代的杰出代表。

1. 徐旭生《中国古史的传说时代》，文物出版社，1985 年；李伯谦《论造律台类型》，《文物》1983 年第 4 期；田昌五《中国古代社会发展史论》，齐鲁书社，1992 年。
2. 张敏《南荡遗存的发现及其意义》，《华夏文明的形成与发展》，大象出版社，2003 年。
3. 佘太山《古族新考》之“有虞氏的迁徙”，中华书局，2000 年。
4. 恩格斯《家庭、私有制和国家的起源》，人民出版社，1972 年。

虞舜为五帝之末，夏禹开三王之先，从尧、舜、禹三代权力的更替来看，其实质应为夷代夏、夏代夷，即夏、夷集团之间的倾轧和权力争夺的结果。

《孟子·离娄下》“舜生于诸冯，迁于负夏，卒于鸣条，东夷之人也”；《今本竹书纪年》“帝（舜）居于鸣条”；《史记集解》引郑玄曰“鸣条，南夷地名”，显然虞舜应为东夷之人。

《古本竹书纪年》“益干启位，启杀之”；《韩非子·外储说右下》“古者禹死，将传天下于益，启之人因相与攻益而立启”；《战国策·燕策一》“禹授益，而以启为吏。及老，而以启为不足任天下，传之益也。启与支党攻益而夺天下。是禹名传天下于益，其实令启自取之”。夏、夷之争由于启杀伯益而导致夏王朝的崛起，亦即华夏国家文明的开端。而其后的后羿代夏，也应是夏、夷之争的延续。至于《尚书·尧典》和《史记·五帝本纪》等所载的尧舜禹之间的禅让，早已有人疑之，《荀子·正论》“尧舜禅让，是虚言也，是浅者之传、陋者之说也”；《古本竹书纪年》“舜囚尧于平阳，取之帝位”；《孟子·万章上》“舜践天子位焉，而居尧之宫，逼尧之子，是篡也，非天与也”；《韩非子·说疑》“舜逼尧，禹逼舜，汤放桀，武王伐纣，人臣弑其君而天下誉之”。

尧、舜、禹所处的时代，正是我国历史上一个经过反复争夺而最终确立世袭制的时代，“世袭继承制凡是在最初出现的地方，都是暴力篡夺的结果，而不是人民的自由许可”[1]。有虞氏部族的迁徙，显然是“禹逼舜”的结果，是失败后的大逃亡。

《孟子·尽心上》：“舜视弃天下犹弃敝蹝也，窃负而逃，遵海滨而处，终身忻然，乐而忘天下。”南荡遗址正是公元前2000年前后距海岸线不远的一处湖荡沼泽遗址，与《孟子》所云“遵海滨而处”相吻合。

有虞氏部族的失败和迁徙，标志着我国英雄时代的终结和华夏国家文明的开端。[2]

1. 马克思《摩尔根〈古代社会〉一书摘要》，人民出版社，1978年。
2. 张敏《华夏文明起源的假说》，《东南文化》1990年第4期。

二、点将台文化

点将台文化是以南京江宁点将台遗址命名的考古学文化[1]，是分布于宁镇皖南地区夏时期的考古学文化。

点将台文化遗存发现于20世纪50年代，以往多将点将台文化遗存混淆于湖熟文化之中，直至20世纪80年代末由于丹徒团山遗址的发掘，第一次根据遗址的文化层将其从湖熟文化中分离，第一次确认了宁镇皖南地区也存在着夏时期的考古学文化。[2]

（一）地理概况

宁镇皖南地区以沿江的宁（南京）镇（镇江）芜（芜湖）铜（铜陵）山脉为主体，宁镇皖南地区东至茅山山脉，西抵九华山山脉，南至黄山、天目山山脉，北临长江并延伸至与宁镇山脉一江之隔的蜀岗丘陵一带。

宁镇皖南地区低山丘陵岗地密布，河流湖泊交错，自西而东，有漳河、青弋江、水阳江、姑孰溪、郎川河、秦淮河等河流，蜿蜒穿流于丘陵岗地之间，由南向北注入大江；古丹阳湖、石臼湖、固城湖、南漪湖、玄武湖等大小湖泊，犹如一面面明镜，镶嵌其间。在河流的两岸和湖泊的四周，又形成肥沃的河川小平原和湖岸小平原。由于气候、地貌、土壤、植被诸因素的差异，导致生产方式和生活方式的差异，因而从新石器时代直至青铜时代，宁镇皖南地区与东南的钱塘江太湖地区、西边的赣江鄱阳湖地区在考古学文化上存在着明显的差异，并各自沿着自身的发展轨迹向前演进。

新石器时代的宁镇皖南地区，有丁沙地文化遗存、北阴阳营文化，北阴阳营文化曾为长江下游最发达的考古学文化；由于太湖地区自崧泽文化开始的西进北扩，至良渚文化中晚期，宁镇皖南地区的新石器时代文化已是一派衰落的景象，宁镇皖南地区新石器时代考古学文化的衰亡和毁灭，铸就了太湖地区良渚文化的辉煌。[3]

---

1. 张敏《试论点将台文化》，《东南文化》1989年第3期。
2. 团山考古队《江苏丹徒赵家窑团山遗址》，《东南文化》1989年第1期。
3. 张敏《句容城头山遗址出土的史前玉器及相关问题的讨论》，《东南文化》2001年第6期。

进入夏时期，由于江淮东部南荡遗存的南徙，为宁镇皖南地区的青铜文化的重新崛起注入了新的活力，逐渐形成新的考古学文化——点将台文化。

在南京北阴阳营[1]、安怀村[2]、太岗寺[3]，江宁点将台[4]、昝庙[5]，镇江马迹山[6]，句容城头山[7]、丹徒团山[8]等遗址，经过调查发现的遗址还有句容的三台阁、马鞍山邓家山和当涂釜山等。

根据考古调查的结果得知，点将台文化主要分布于水阳江以东以北的姑孰溪流域、石臼湖和固城湖周围、秦淮河流域以及宁镇山脉一带，大致包括了安徽的马鞍山市、当涂县、芜湖县和江苏的南京市、江宁县、溧水县、高淳县、镇江市、句容县、丹徒县等。[9]

（二）文化特征

点将台文化的文化遗物中，生产工具以石器为主，生活用器以陶器为主，玉器、骨角器、蚌器等少见，青铜器尚未发现。

陶器在文化遗物中数量最多，也最能反映出点将台文化的文化特征。

点将台文化陶器的陶质以夹砂红褐陶为多，泥质红陶、黑陶、灰陶也占一定的比例；陶系中，泥质陶的变化明显大于夹砂陶。

点将台文化陶器的文化构成较为复杂，根据形态特征及风格，可将其分为不同文化来源的三组[10]：

1. 南京博物院《南京市北阴阳营第一、二次的发掘》，《考古学报》1958 年第 1 期；南京博物院《北阴阳营》，文物出版社，1993 年。
2. 南京博物院《南京安怀村古遗址发掘报告》，《考古通讯》1957 年第 5 期。
3. 江苏省文物工作队太岗寺工作组《南京西善桥太岗寺遗址的发掘》,《考古》1962 年第 3 期。
4. 南京博物院《江宁汤山点将台遗址》，《东南文化》1987 年第 3 期。
5. 魏正瑾《昝庙遗址内涵的初步分析》,《江苏省社科联 1981 年年会论文选·考古学分册》,1981 年；魏正瑾《宁镇地区新石器时代文化的特点与分期》，《考古》1983 年第 9 期。
6. 镇江博物馆《镇江市马迹山遗址的发掘》，《文物》1983 年第 11 期；镇江博物馆《江苏镇江马迹山遗址第二次发掘简报》，《东南文化》2015 年第 1 期。
7. 镇江市博物馆《江苏句容城头山遗址试掘简报》，《考古》1985 年第 4 期。
8. 团山考古队《江苏丹徒赵家窑团山遗址》，《东南文化》1989 年第 1 期。
9. 张敏《宁镇地区青铜文化谱系与族属的研究》，《南京博物院建院 60 周年纪念文集》，1993 年。
10. 张敏《宁镇地区青铜文化研究》，《长江流域青铜文化研究》，科学出版社，2002 年。

甲组器的主要器形有三角形侧扁足盆形鼎、侈口罐、敛口罐、深腹盆、浅盘细柄豆、深盘高柄豆、侈口大圈足簋、罐形圈足匜、浅盘高足匜等（图六），纹饰主要有粗凸弦纹、成组的细弦纹、刻划纹、捺窝纹、戳点纹以及少量的刻划梯格纹和拍印小穗纹。

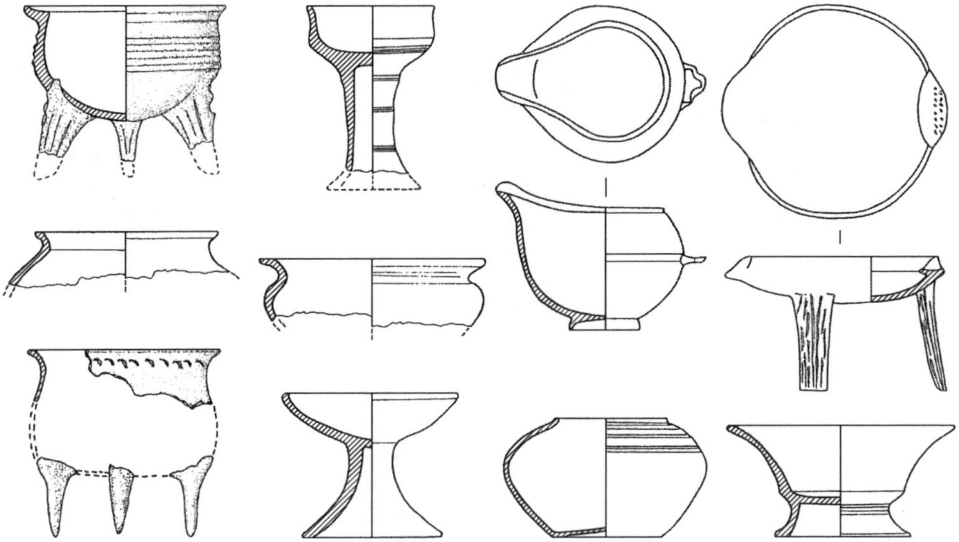

图六　点将台文化甲组陶器

甲组陶器来源于宁镇皖南地区新石器时代文化，陶器的造型有一定的发展演变关系，陶器纹饰常见戳点纹、粗弦纹等，装饰风格也完全一致。

乙组主要器形有足根有捺窝的三角形侧扁足绳纹罐形鼎、筒状大袋足甗、横篮纹高领罐、广口罐、绳纹小口瓮、敛口宽把罐形杯、宽把觚形杯等（图七），纹饰主要有弦纹和拍印的篮纹、绳纹、细弦纹及少量的方格纹。

乙组陶器来源于南荡遗存，陶鼎、陶甗的造型相同，高领广肩的罐、瓮是南荡遗存的常见器物，觚形杯则表现出更晚的发展趋势，常见的绳纹、篮纹和方格纹亦完全相同。

丙组主要器形有三角形侧扁足甗、直壁附耳缸形器、深弧腹平底盆、三足盘、凸棱纹尊、凸棱纹尊形器、凸棱纹折腹杯、碗、蘑菇纽器盖等（图八），纹饰以凸棱为主，有少量的弦纹。

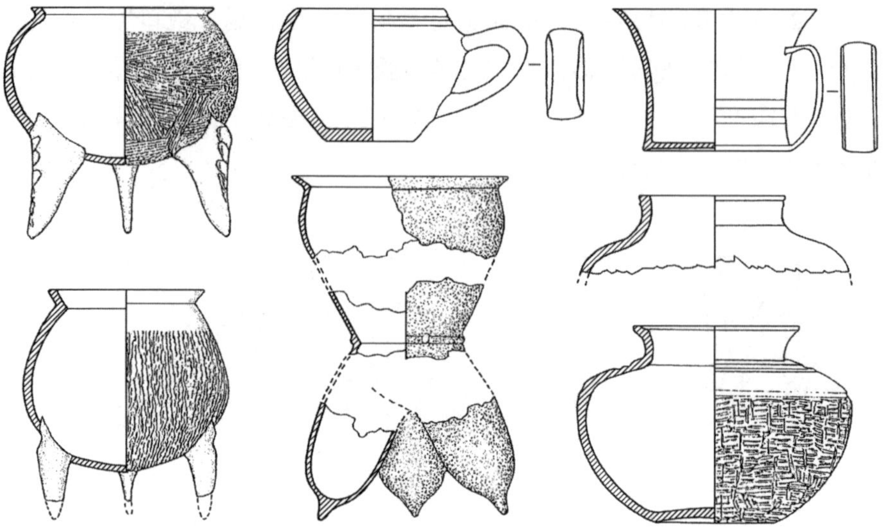

图七　点将台文化乙组陶器

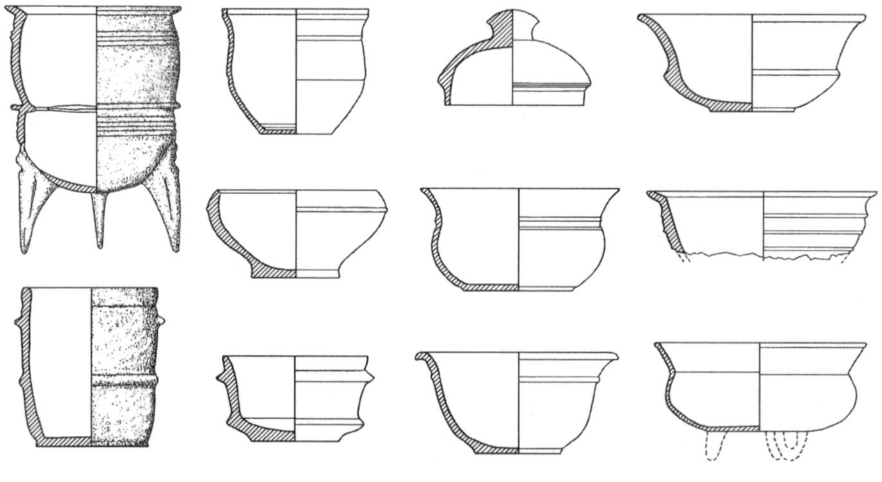

图八　点将台文化丙组陶器

丙组陶器来源于周邶墩第二类文化遗存（图九）。周邶墩第二类文化遗存为岳石文化尹家城类型[1]南下途径江淮东部的文化遗存，但丙组陶器中明显缺乏周邶墩第二类文化遗存常见的陶鬲、鬲形甗、广口罐、中口罐等。

1. 严文明《东夷文化的探索》，《文物》1989年第9期；山东大学历史系考古专业教研室《泗水尹家城》，文物出版社，1990年。

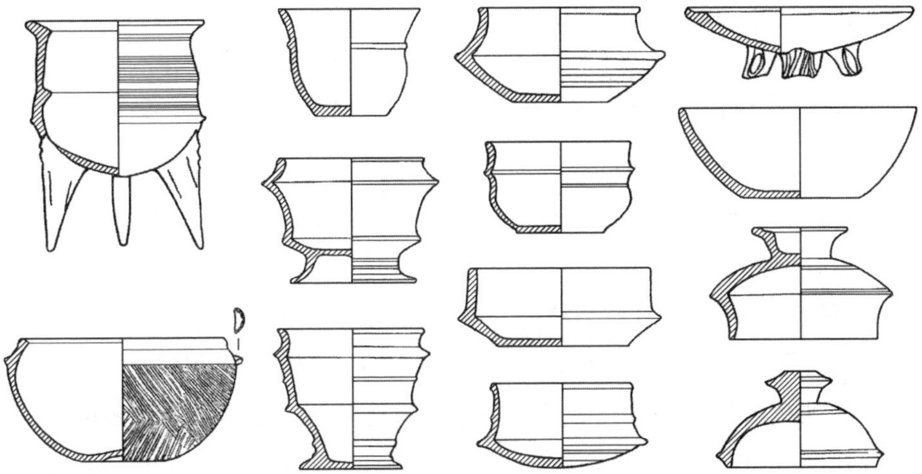

图九　周邶墩第二类文化遗存陶器

三组陶器中，以甲组器的数量为多，其次为乙组器，两者约占十分之九，甲组器和乙组器应为这一阶段陶器群的主体。丙组器数量最少，约占十分之一左右。

点将台文化的特征，在陶器上表现得尤为突出，即三组不同造型风格的陶器的混合，构成了点将台文化独特的文化面貌。[1]

（三）文化年代

点将台文化的相对年代，目前尚无测年数据可资参考。

通过地层叠压关系和器物类型学的比较，点将台文化的相对年代应晚于南荡遗存而早于湖熟文化，南荡遗存的年代为公元前 2000 年前后，湖熟文化第一期的年代为公元前 1600 年前后，据此推测点将台文化的年代应在公元前 2000 ~公元前 1600 年之间。

夏王朝的延续时期一般认为是公元前 21 ~公元前 17 世纪，点将台文化的年代在夏纪年之内，应为宁镇皖南地区夏时期的考古学文化。

虽然在点将台文化遗址中未发现青铜器，但在湖熟文化的最早阶段发现有小件青铜器和青铜炼渣等，说明湖熟文化的青铜冶铸技术已日臻成熟；此外，在江淮地区龙山时期至夏时期古文化遗存中，已发现有小件青铜器，因

1. 张敏《宁镇地区青铜文化研究》，《长江流域青铜文化研究》，科学出版社，2002 年。

此不能排除在今后的考古发掘中出土青铜器的可能。

因此，点将台文化为宁镇皖南地区最晚的新石器时代文化，也有可能为宁镇皖南地区最早的青铜文化。

近年来，在上海松江广富林遗址第三阶段也发现了与王油坊类型龙山文化——南荡遗存相类似的文化遗存，该类文化遗存或称“广富林遗存”[1]，或称“广富林文化”[2]，这表明不仅在宁镇皖南地区，而且在太湖地区也同样存在着类似的文化遗存，这显然是一个新出现的研究课题。

广富林遗存是一个十分复杂的混成文化，在太湖地区也仅仅是昙花一现，广富林遗址在太湖地区仅此一处，既未形成遗址群，也未能与当地的土著文化融合并发展和延续[3]，“被视作王油坊类型或北方龙山时代的典型物品在广富林晚期的出现大多数属于孤品，可以视作对域外文化产品的直接输入。而那些被追溯到北方的更多联系因素，则多表现出似是而非、形似质异”[4]；而在宁镇地区，王油坊类型龙山文化——南荡遗存则成为点将台文化的一个重要的组成部分，并最终发展演进为句吴文化。

（四）古史考察

由于江淮东部南荡遗存的南下，为宁镇皖南地区的青铜文化的重新崛起注入了新的活力，逐渐形成新的考古学文化——点将台文化。因此点将台文化的文化来源可追溯到王油坊类型龙山文化。

王油坊类型龙山文化是有虞氏部族创造的物质文化，有虞氏部族在豫东地区的失败和南迁，不仅标志着我国英雄时代的终结和华夏国家文明的开端，也标志着吴文化的滥觞与发端。

---

1. 海博物馆考古研究部《上海松江区广富林遗址 1999 ~ 2000 年发掘简报》，《考古》2002 年第 10 期；上海博物馆考古研究部《上海松江区广富林遗址 2001 ~ 2005 年发掘简报》，《考古》2008 年第 8 期。

2. 陈杰《广富林文化初论》，《南方文物》2006 年第 4 期；翟杨《广富林遗址广富林文化的分期和年代》，《南方文物》2006 年第 4 期；姚庆、张童心《论广富林文化的起源》，《史志学刊》2015 年第 6 期。

3. 张敏《南荡遗存的发现及其意义》，《华夏文明的形成与发展》，大象出版社，2003 年。

4. 乔梁《关于广富林晚期遗存的思考》，《文物》2014 年第 1 期。

点将台文化与王油坊类型龙山文化的关系为王油坊类型龙山文化——南荡遗存——点将台文化（图一〇）。

图一〇 王油坊类型龙山文化、南荡文化遗存、点将台文化乙组陶器比较图

既然王油坊类型龙山文化为有虞氏部族创造的物质文化，那么有虞氏部族则当为句吴族群之先；宁镇皖南地区的吴文化源于点将台文化，因此点将台文化即句吴文化之源。

根据南荡遗存和点将台文化的分布推测，王油坊类型龙山文化的迁徙路线是沿颍水、涡水、浍水至淮河，再沿淮水向东至海，然后折向古邗沟南下，越过长江到达吴文化分布区——宁镇皖南地区（图一一）。

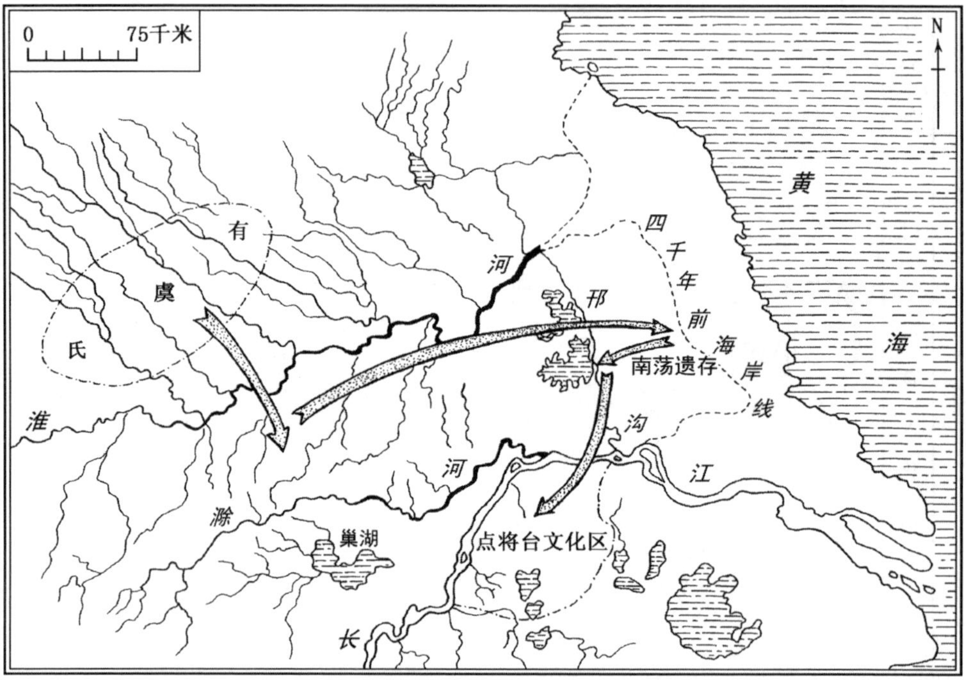

图一一　有虞氏部族迁徙路线示意图

据《史记·吴太伯世家》《吴越春秋》的记载，句吴的发端始于太伯奔吴，然从考古学文化遗存上却难以证实；南荡遗存的发现与点将台文化的确立，为寻求吴文化的起源以及有虞与句吴的渊源关系，提供了新的证据。[1]

《楚辞·天问》："舜服厥弟，终然为害。何肆犬体，而厥身不危败？吴获迄古，南岳是指。孰期去斯，得两男子？缘鹄饰玉，后帝是飨。何承谋夏桀，

1. 张敏、韩明芳《虞舜的南巡狩与句吴的发端》，《南京大学学报（哲学·人文科学·社会科学）》1999年第3期。

终以灭丧？”

王逸《楚辞章句》“两男子谓太伯、仲雍也”，洪兴祖《楚辞补注》沿其说[1]。《天问》所云“吴获迄古”之事，在虞之后、夏之前，即虞夏之际；句吴的发端缘于虞舜二子，由此可知句吴的肇始十分久远。

《史记·五帝本纪》：“舜……南巡狩，崩于苍梧之野。葬于江南九疑，是为零陵。”

苍梧，楚郡，郡治郴，大致包括西汉桂阳、零陵二郡；九疑，山名，别名苍梧。苍梧、九疑均在湘南。今湘南一带龙山时代至夏时期的文化遗存与王油坊类型龙山文化的文化面貌大相径庭，舜南巡狩至苍梧、九疑之说，无法取得考古学支撑。

《尔雅·释山》“霍山为南岳”，郑樵注“即天柱山，潜水所出”；《风俗通·五岳》“南方衡山，一名霍山……庙在庐江灊县”；《史记·孝武本纪》“巡南郡，至江陵而东，登礼灊之天柱山，号曰南岳”。因而舜之南巡狩，应在江淮之间。而湖南衡山汉时亦称南岳，故舜葬于苍梧九疑，疑为衡山对霍山之误夺。[2]

据《天问》所云，吴之肇始与舜巡南岳有关，而不是肇始于太伯、仲雍奔吴，“太伯仲雍奔吴”之事当为虞舜二子降吴的误夺。

刘梦鹏《屈子章句》“吴，舜始封国也。迄古，犹言自古。得，得国。两男子，舜二子义钧、季厘也。原言舜之封国，其来已久，既覆帝位，南巡而崩，让于有夏，而子孙保之，亦未尝遽废远古之祀也。此四句旧以为问太伯仲雍事，非也”[3]；曹耀湘《读骚论世》“今按旧说，此条以为问太伯仲雍事，望文生义，迂回难通。由前后文义推之，则此犹问舜事也。吴、虞古字通用，获，得也，迄古，犹终古也。两男子者，舜之二子也”[4]。

---

1. 洪兴祖《楚辞补注》，中华书局，1983年；游国恩主编《天问纂义》，中华书局，1982年。
2. 邹立昌《古吴钩稽——兼释太伯奔吴与〈天问〉“南岳是止”》，《苏州大学学报（哲学社会科学）》1990年第3期。
3. 刘梦鹏《屈子章句》（清乾隆年间藜青堂刊本），转引自《天问纂义》，中华书局，1982年；张崇琛《一个值得重视的〈楚辞〉注本——读刘梦鹏〈屈子章句〉》，《文献》1982年第2期；庄婷婷、施仲贞《论刘梦鹏〈屈子章句〉之注疏体例》，《广东技术师范学院学报》2016年第9期。
4. 曹耀湘《读骚论世》（北京图书馆藏手抄本），转引自《天问纂义》，中华书局，1982年。

《山海经·大荒南经》"有臷民之国，帝舜生无淫，降臷处"；《山海经·海外南经》"三苗国……臷国在其东"。帝舜子降臷，臷当为吴的早期地望。

《楚辞》与《山海经》所载"吴获迄古"与"帝舜子降臷处"之事，可相互发微、相互印证。

《战国策·魏策一》"昔者三苗之居，左有彭蠡之波，右有洞庭之水"，左彭蠡、右洞庭即赣江、鄱阳湖流域；臷在三苗东，显然指吴文化分布区——宁镇皖南地区。

吴称句吴，虞、吴古音皆疑母 [ŋ]、鱼韵 [ɑ]，虞、吴古音相同 [ŋɑ]；而有与句，皆为发语词，《汉书·地理志》颜师古注"吴言句者，夷语之发声"；夏商时期有有穷氏、有缗氏、有扈氏、有仍氏、有苗氏、有邰氏、有娀氏、有鬲氏、有庳氏、有莘氏等，"有"乃"穷、缗、扈、仍、苗、邰、娀、鬲、庳、莘"之发声。

有虞为部族之名，句吴亦为族名，其后的吴国是"族、国、都"同名，皆名句吴。

部族或民族之名不会因人群的流动而改变。有虞氏部族一迁江淮东部，再徙江南地区，族名也同样不会因部族的迁徙而改变。句吴源于有虞，有虞即句吴，有虞与句吴是不同时期的不同音译。

三、湖熟文化

湖熟文化是以南京江宁湖熟镇命名的考古学文化[1]，湖熟文化遗址的考古发掘[2]和湖熟文化的命名均始于20世纪50年代。

湖熟文化是宁镇皖南地区商时期的考古学文化，湖熟文化发展演进为吴文化，湖熟文化是吴文化的直接来源。

在宁镇皖南地区发现的湖熟文化遗址已有100余处，经考古发掘的有20余处，文化层堆积层次较多、出土文化遗物丰富的典型遗址有南京北阴阳营[3]、

1. 曾昭燏、尹焕章《试论湖熟文化》，《考古学报》1959年第4期。
2. 南京博物院《南京附近考古报告》，上海出版公司，1952年。
3. 南京博物院《南京市北阴阳营第一、二次的发掘》，《考古学报》1958年第1期；南京博物院《北阴阳营》，文物出版社，1993年。

镇江马迹山[1]、句容城头山[2]和白蟒台[3]、丹徒团山[4]、江宁点将台[5]和昝庙[6]、仪征甘草山[7]、金坛上水[8]和新浮[9]、马鞍山五担岗[10]等，众多遗址的发掘为湖熟文化的研究积累了丰富的考古资料，湖熟文化的研究成果也较点将台文化更加丰富多彩。

湖熟文化遗址主要为台型遗址，台型遗址占宁镇皖南地区所发现湖熟文化遗址的90%以上。台型遗址一般高出周围平地3 ~ 5米，也有高达10米以上者。遗址顶部较平坦，呈椭圆形或近似圆形，面积多在7000 ~ 8000平方米，大者可达20000平方米以上。在遗址的附近，往往有一条小河流经遗址，亦常见两条小河环绕遗址；台型遗址的文化层堆积较厚，层次亦多，表明人类在此活动的时间延续较长，一般文化层堆积厚约3米，也有的厚达5米以上。

此外，还有水滨高地类遗址和山脚漫坡类遗址，水滨高地类遗址和山脚漫坡类遗址在宁镇皖南地区为数不多且文化层堆积较薄，也较单纯。

湖熟文化的分布范围比点将台文化的分布范围略有扩大，其北缘已越过长江，伸向蜀岗丘陵一带。

（一）文化面貌

湖熟文化的文化遗物主要为陶器和石器，与点将台文化相比较，湖熟文化新出现的文化遗物或文化现象主要有以下几类：

（1）陶鬲。湖熟文化与点将台文化最大的区别是炊器中出现陶鬲，并迅

1. 镇江博物馆《镇江市马迹山遗址的发掘》，《文物》1983年第11期。
2. 镇江市博物馆《江苏句容城头山遗址试掘简报》，《考古》1985年第4期。
3. 刘建国、刘兴《江苏句容白蟒台遗址的试掘》，《考古与文物》1985年第3期。
4. 团山考古队《江苏丹徒赵家窑团山遗址》，《东南文化》1989年第1期。
5. 南京博物院《江宁汤山点将台遗址》，《东南文化》1987年第3期。
6. 魏正瑾《昝庙遗址内涵的初步分析》，《江苏省社科联1981年年会论文选·考古学分册》，1981年；魏正瑾《宁镇地区新石器时代文化的特点与分期》，《考古》1983年第9期。
7. 江苏省驻仪征化纤公司文物工作队《仪征胥浦甘草山遗址的发掘》，《东南文化》第二辑，1986年。
8. 南京博物院考古研究所《江苏金坛县薛埠镇上水土墩墓群二号墩发掘简报》，《考古》2008年第2期。
9. 南京博物院《江苏金坛市新浮遗址的试掘》，《考古》2008年第10期。
10. 安徽省文物考古研究所等《马鞍山五担岗》，文物出版社，2016年。

速取代陶鼎出现最主要的炊器；受陶鬲的影响，流行于点将台文化的筒状大袋足甗也迅速被甑鬲合体的鬲形甗所取代。陶鬲出现于湖熟文化时期，一直沿用至吴文化时期，陶鬲为湖熟文化和吴文化最主要的炊器，并贯穿湖熟文化和吴文化始终。

（2）卜骨和卜甲。卜骨和卜甲属宗教类遗物，卜骨用牛胛骨，卜甲用龟腹甲，上有钻有灼，有明显的卜兆，然无卜辞。

（3）青铜器。湖熟文化的青铜器有矛、戈、钺、镞、斤、削、钻、钓钩以及青铜块、青铜炼渣等，青铜容器极少。

（4）青瓷器。浙江东苕溪流域青瓷窑址的发现[1]，表明青瓷器的烧制出现在夏代晚期，但在宁镇皖南地区青瓷器出现于湖熟文化时期。

（5）硬陶器。硬陶器的烧制也出现在夏代晚期，在宁镇皖南地区硬陶器出现于湖熟文化时期。

（6）文字符号。湖熟文化的陶器上出现刻划的文字符号，文字符号或在陶器口沿，或在陶器底部。

（二）文化分期

陶器是湖熟文化最主要的文化遗物，也是进行文化分期最主要的依据，因为“陶器较之青铜兵器而言更是消耗性的物品，因而也就更具有断代价值”[2]。

湖熟文化的陶器有夹砂陶、泥质陶和硬陶，其中以红陶为大宗，夹砂红陶和泥质红陶约占出土陶器的80%以上。

陶器以素面为主，占70%以上，饰各种拍印纹饰的陶器近30%，陶器纹饰除延续点将台文化的绳纹、篮纹、弦纹、方格纹、篦纹小穗纹和捺窝、刻划、戳点、附加堆纹外，常见纹饰有梯格纹、云雷纹、折线纹、回纹、羽状纹及少量的贝纹、饕餮纹。

1. 朱建明《浙北东苕溪流域的古代越国瓷业——兼谈早期越国都邑及青瓷的起源》，《南方文物》2009年第2期；郑建明、陈元甫、沈岳明、陈云、朱建明、俞友良《浙江东苕溪中游商代原始瓷窑址群》，《考古》2011年第7期；浙江省文物考古研究所等《东苕溪流域夏商时期原始瓷窑址》，文物出版社，2015年；浙江省文物考古研究所等《东苕溪流域夏商时期原始瓷窑址》，《文物》2016年第8期。
2. 张长寿《关于“湖熟文化”的三点看法》，《东南文化》1990年第5期。

湖熟文化的陶器主要有鬲、甗、鼎、盆、豆、簋、盘、罐、瓮、钵、杯、器盖等，这些器物在不同时期的不同形态，为湖熟文化的分期提供了必要而可靠的依据。根据典型遗址的层位关系，湖熟文化可分为三期（图一二）[1]。

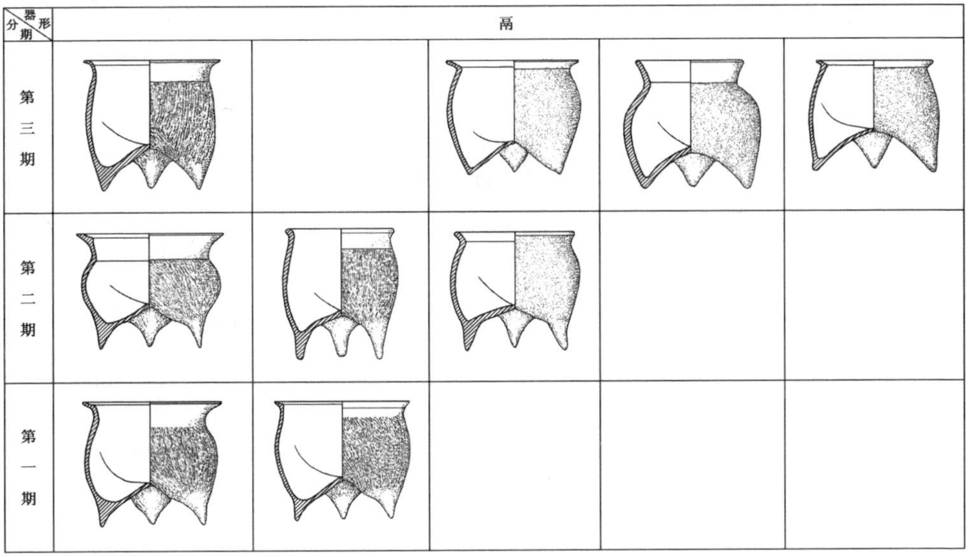

图一二（1）　湖熟文化分期图（一）

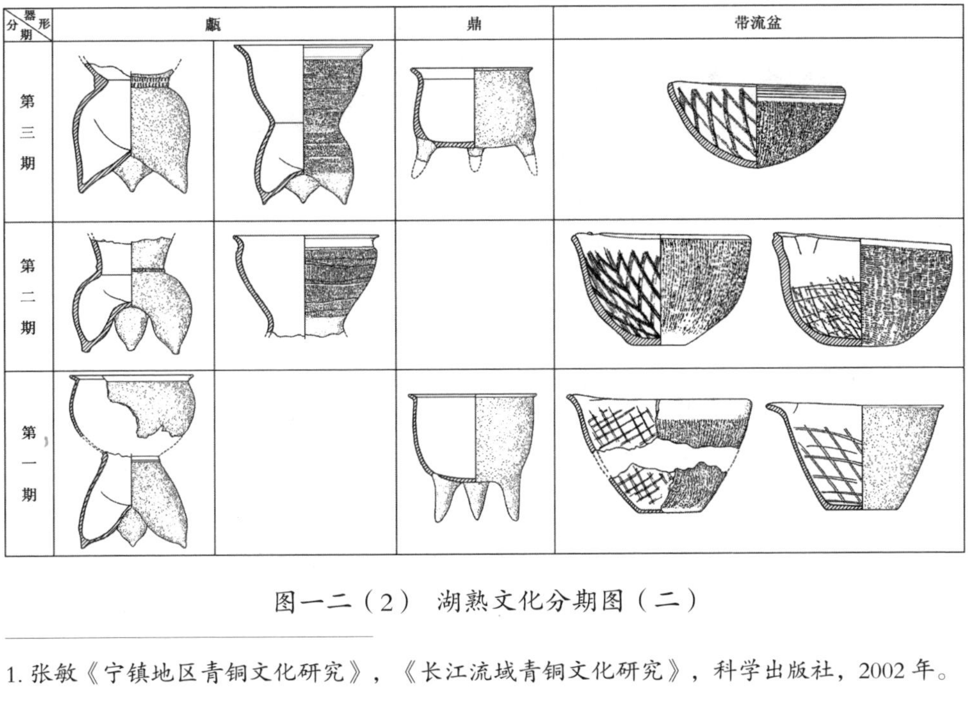

图一二（2）　湖熟文化分期图（二）

1. 张敏《宁镇地区青铜文化研究》，《长江流域青铜文化研究》，科学出版社，2002年。

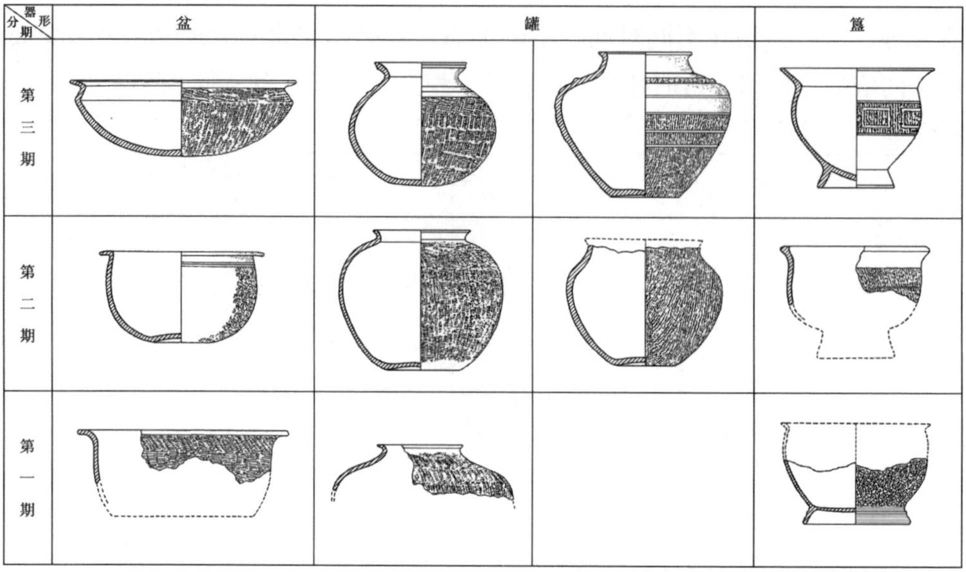

图一二（3） 湖熟文化分期图（三）

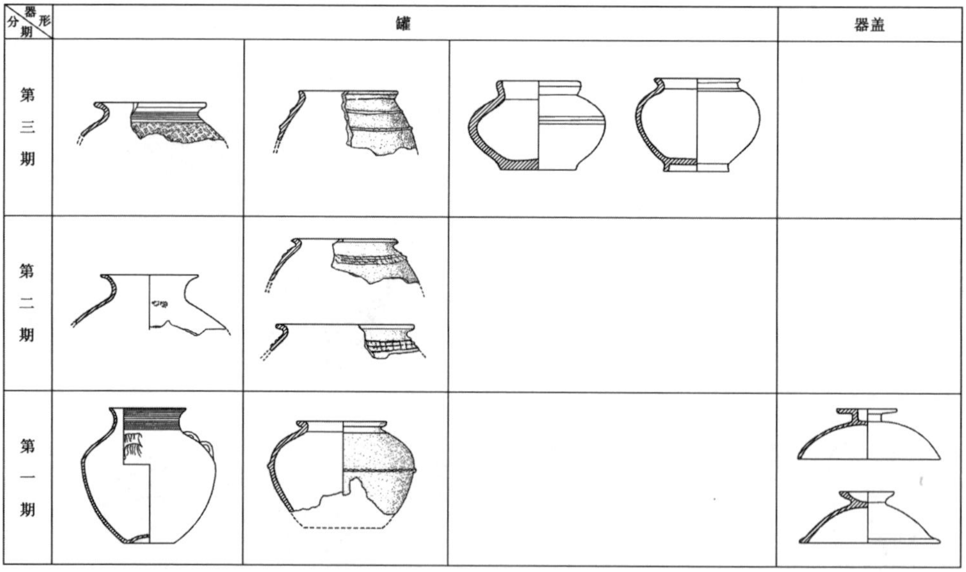

图一二（4） 湖熟文化分期图（四）

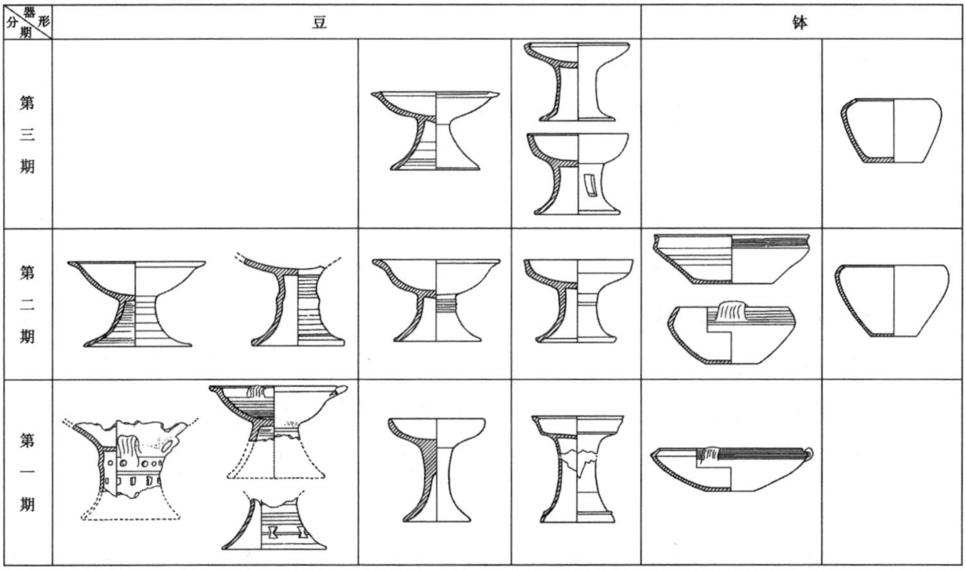

图一二（5）　湖熟文化分期图（五）

根据湖熟文化陶器的分期，各类器物形态演变的大致趋势可归纳为：

鬲，分裆──→弧裆，尖唇──→方唇──→圆唇，袋足──→空足，圆锥状实足尖──→实足尖钝平──→无实足尖；

甗，圆锥状实足尖──→实足尖钝平──→无实足尖，有腰箍──→无腰箍；

鼎，方唇──→圆唇，折沿──→卷沿，深腹──→浅腹；

带流刻槽盆，深腹──→浅腹，小平底──→大平底──→圜底；

盆，直腹──→弧腹──→折腹，凹底──→圜底；

硬陶豆，有耳──→无耳，柄有镂孔──→无镂孔；

泥质陶豆，高柄──→粗直柄，敞口──→敛口；

泥质陶罐，广肩──→圆肩──→溜肩；

夹砂陶罐，圆肩──→溜肩；

硬陶罐，有耳──→无耳，高领──→矮领；

泥质陶钵，深腹──→浅腹，小平底──→平底变大；

硬陶钵，三耳──→独耳或无耳。

（三）文化年代

湖熟文化的测年数据有公元前 1540 ± 90 年、公元前 1295 ± 86 年和公元前 1195 ± 105 年，以测年数据作为参考，结合文化遗物的造型特征，三期的文化年代推测如下：

第一期文化遗物中有不少与点将台文化有明显的承继关系，表明其年代相去不远。新出现的陶鬲，在炊器中所占比例最大，陶鼎则明显减少，而乙组器中的陶鼎已不见，陶鬲呈现出取代陶鼎的趋势；点将台文化的炊器是陶鼎和陶甗，而湖熟文化的则是陶鬲和陶甗，炊器的组合发生质的变化，表明宁镇皖南地区的青铜文化已进入一个新的发展阶段。除陶鬲外，新出现的器形还有带流刻槽盆、硬陶罐、硬陶豆等，而甲组陶器和丙组陶器中的大部分器形和器类均不见。

第一期的筒状大袋足陶甗与点将台文化乙组陶器的甗造型基本相似，唯甑部腹更加圆鼓，显然系从点将台文化乙组器的陶甗发展而来；陶罐、陶豆与点将台文化乙组器的陶罐、陶豆也有明显的嬗承关系。

第一期为宁镇地区青铜文化萌生期与繁荣期之间的过渡期，其延续时间不会太长，年代为公元前 1700 ~公元前 1600 年左右，即夏商之际。

第二期发现的遗址和文化遗物明显增多，标志着宁镇皖南地区的青铜文化已进入繁荣阶段。青铜器的种类和数量增多，并出现少量的青铜容器，表明生产力的发展已达到一个新的水平；卜骨卜甲的流行，反映了意识形态观念发生的变化；青瓷器、硬陶器也是新出现材质；另一个显著变化是陶器上的拍印纹饰明显地增多，滥觞于点将台文化的刻划梯格纹此时已演进为拍印梯格纹，而且在数量上超过了绳纹，成为湖熟文化最具代表性的纹饰，仿青铜器纹饰的饕餮纹、云雷纹也出现在第二期。

第二期陶器的器类与第一期相比无大的变化，陶鬲除沿袭第一期的绳纹鬲之外，出现了素面鬲；陶甗除沿袭第一期的素面甗之外，还出现了绳纹甗。鬲、甗、盆、豆、罐、钵等陶器从器形演变上来看与第一期相衔接，时间上也应相衔接；此外，陶器中有一些造型风格与郑州二里岗遗址出土的商代前期的同类器的造型风格相同或相近，如鬲、甗、罐、盆、带流刻槽盆、缸等，其年代也应相近。

第二期为宁镇地区青铜文化的繁荣期，年代为公元前 1600 ~公元前 1300

年，约相当于二里岗下文化层至殷墟一期。

第三期的文化遗物不丰富，有可能进入一个萧条期。除小件青铜器外，未发现青铜容器。石器中，通体磨光和钻孔者亦明显减少，还出现仅刃部磨光的打制石器。硬陶器的数量也急剧减少，青瓷器几乎不见。陶器上虽有拍印纹饰，然种类不多，且粗率。陶器的器类基本同第二期，陶鬲以素面鬲为主，除分裆鬲之外，出现弧裆鬲。陶鬲、陶甗在袋足下加实足尖的作风已少见，多为空足且无实足尖。凹底的陶盆、陶罐等已不见，多为平底或圜底。

第三期除陶簋明显受到殷墟文化的影响，泥质陶豆有可能受到沣西一带早期西周文化的影响之外，大多具有浓厚的地方特色，表明中原商文化对宁镇地区的影响已逐渐减弱，而土著文化的因素逐渐加强。

第三期的年代为公元前 1300 ~ 公元前 1000 年，约相当于殷墟二期至西周初。

（四）文化构成

湖熟文化的文化构成相对单纯，主要为文化来源的点将台文化，岳石文化因素、殷商文化因素、马桥文化因素在湖熟文化中所占比例极小。

1. 点将台文化因素

点将台文化因素出现于湖熟文化，应为文化的传承，主要出现在湖熟文化的第一期。点将台文化因素主要有大袋足甗、高柄豆等，与点将台文化相同的器物相互之间的发展演变的轨迹十分明显，不仅表明湖熟文化来源于点将台文化，而且表明两者的年代相去不远；而陶鬲的大量出现表明湖熟文化炊器的组合已产生了质的变化。

2. 岳石文化因素

岳石文化因素在湖熟文化中所见不多，也可能为点将台文化的遗留，主要为半月形石刀。

3. 殷商文化因素

殷商文化因素主要表现于湖熟文化第二期，陶器中鬲、甗、罐、盆、研磨钵、缸等与郑州二里岗下层的同类器相同或相近[1]，青铜器中的兵器、容器等也与

1. 河南省文化局文物工作队《郑州二里冈》，科学出版社，1959 年。

商代前期的同类器相同或相似。

湖熟文化第三期，殷商文化因素明显减弱。陶器中除陶簋与殷墟二、三期的相近外[1]，其余的皆与殷墟文化有较大的差异，表明殷商文化对宁镇皖南地区的影响日渐衰减。

4. 马桥文化因素

马桥文化是以上海马桥遗址命名的考古学文化[2]，湖熟文化与马桥文化是长江下游东西相邻的两个考古学文化，但在湖熟文化中，马桥文化因素并不明显，主要为足尖上勾的三足盘。

湖熟文化中，点将台文化因素属嬗承关系，岳石文化因素和马桥文化因素所占比例极小，外来文化因素主要为早期殷商文化。

曾昭燏、尹焕章先生认为“江西清江的赣江平原与沉香溪谷地所发现的遗址，其形状、地理环境、部分遗物特征，也都和‘湖熟文化’相接近”[3]。分布于鄱赣地区吴城文化是以江西清江吴城遗址命名的考古学文化[4]，吴城文化区与湖熟文化区相邻，通过文化遗物的比较，湖熟文化中几乎不见吴城文化因素。

就湖熟文化的文化面貌总体而言，宁镇皖南地区的地方特色是湖熟文化的主流。湖熟文化陶器的组合与殷商文化有一定的差异：二里岗下层常见的斝、爵、觚、甑、大口尊、假腹豆等陶器不见于湖熟文化，湖熟文化的硬陶豆、罐、钵、瓮等器形也不见于中原殷商文化；湖熟文化的青铜容器虽然与殷商文化同类器造型纹饰相似，但器壁较薄，与中原青铜器的厚重有一定的区别；卜骨、卜甲虽然与商文化有密切的联系，但仅有钻、有灼而无凿、无刻辞，与中原的卜骨、卜甲亦有一定的区别；而石斧、锛、刀、凿、镰等石器的形制则与殷商文化差别甚大，中原常见的蚌器在湖熟文化中几乎不见；而有些与殷商

1. 中国社会科学院考古研究所《殷墟发掘报告（1958–1961）》，文物出版社，1987 年。
2. 上海市文物保管委员会《上海马桥遗址第一、二次发掘》，《考古学报》1987 年第 1 期；上海市文物管理委员会《上海市闵行区马桥遗址 1993 ~ 1995 年发掘报告》，《考古学报》1997 年第 2 期；上海市文物管理委员会《马桥——1993 ~ 1997 年发掘报告》，上海书画出版社，2002 年。
4. 曾昭燏、尹焕章《试论湖熟文化》，《考古学报》1959 年第 4 期。
5. 李伯谦《试论吴城文化》，《文物集刊（3）》，文物出版社，1981 年；江西省文物考古研究所等《吴城：1973 ~ 2002 年考古发掘报告》，科学出版社，2005 年。

文化较为密切的陶器，亦大多为经过改造的器形，最典型的是素面鬲。

素面陶鬲出现在湖熟文化第二期，并逐渐在宁镇地区形成最主要的炊器，在此之前仅有绳纹鬲。陶鬲在宁镇皖南地区无渊源可寻，因而极有可能是受到某种外来文化因素的影响而产生的一种突变。素面陶鬲最早出现在山东的龙山文化时期，然两者之间并无直接的联系。湖熟文化的绳纹陶鬲虽来源于中原殷商文化，但已经过改造；而素面陶鬲则有可能是对湖熟文化绳纹陶鬲的改造，部分绳纹鬲与素面鬲的造型十分接近，可视作绳纹鬲与素面鬲之间的过渡形态。

通过比较可以明显地看出，湖熟文化在其发展过程中，曾经受到殷商文化的强烈影响，主要表现为炊器组合的彻底改变；在湖熟文化一至三期中，殷商文化因素主要出现在第二期，之后殷商文化的影响逐渐减弱，而带有浓重地方特色的土著文化因素在逐渐增强。

第二节 越文化之源

在越文化的分布空间，早于越文化的是马桥文化。马桥文化与越文化的文化遗物有明显的发展、演进和传承关系，因此马桥文化当为越文化之源。

越文化的来源，主要有两种不同的学术观点：一是认为越文化来源于太湖流域的新石器时代考古学文化，即马家浜文化——崧泽文化——良渚文化为越文化之源；一是认为越文化来源于马桥文化或来源于马桥文化与肩头弄类型。

在太湖流域，早于马桥文化的是良渚文化，尽管马桥文化与良渚文化的分布空间相同，但良渚文化与马桥文化之间不存在发展演进的嬗承关系，即马桥文化并非良渚文化的后继文化。

因此，在讨论越文化的来源之前，有必要对良渚文化、肩头弄类型和马桥文化逐一进行分析和比较。

一、良渚文化

公元前 3300 ~ 公元前 2300 年的良渚文化，处于我国的古史传说时代，即五帝时代。

良渚文化是龙山时代文明化程度最高的考古学文化，良渚文明是古国时代最辉煌的远古文明。

良渚文化有着巨大的城垣，城垣内有宫殿群和王陵区，城垣外有祭坛和贵族的高台墓地、贵族居住区等大中型聚落和码头、水井，有灌溉系统完备的大型稻田，有工程浩大的巨型防洪水坝，有黑地朱绘的镶玉漆器，更有令人叹为观止的盈千累万的玉制礼器和装饰器，在陶器、玉器和石器上，还发现了具有文字性质的刻画符号。

良渚文化的文明因素丰富多彩，良渚文化的文明化迹象经纬万端。大型工程的复杂性和社会生活的多元性必然导致社会分层的复杂化和社会分工的细致化。良渚文化的都邑城池、宫殿神庙、献祭神坛、权贵陵墓、大型聚落、水利工程、玉制礼器乃至原始文字的发现，表明早在夏王朝之前的中华大地上已出现了早期国家。

苏秉琦先生将古代国家形态的发展分为古国、方国（王国）、帝国三个阶段[1]，良渚文化的社会发展阶段已进入古国文明。良渚文化所处的时代是五帝时代，良渚文化的部族首领无疑是五帝时代最显赫的远古帝王。

徐旭生先生根据对古史传说的研究，划分了华夏、东夷和苗蛮部族集团的空间分布范围。其中将渤海湾以西到钱塘江以北划为东夷民族的分布空间（图一三），东夷集团中较早的氏族“有太皞，有少皞，有蚩尤”[2]。

分布于太湖地区的良渚文化属东夷民族文化区。

图一三　华夏、东夷、苗蛮三大部族集团分布示意图
（采自徐旭生《中国古史的传说时代》）

1. 苏秉琦《中国文明起源新探》，《苏秉琦文集（三）》，文物出版社，2009 年，第 328 页。
2. 徐旭生《中国古史的传说时代》，文物出版社，1985 年。

太湖流域的良渚文化与海岱地区的龙山文化是蚩尤部族和太皞、少皞部族创造的精神文化和物质文化，良渚文化与龙山文化都是以“鼎、豆、壶、杯（觚）、鬶（盉）”为陶礼器的考古学文化（图一四）。

然而，在进入华夏国家文明之际，曾经灿烂辉煌的良渚文化在华夏历史舞台上突然销声匿迹，因为率先进入华夏方国文明的夏王朝并非良渚文化的后继，而太湖地区的马桥文化也非良渚文化的后继，而马桥文化的文明化程度远远落后于良渚文化。且不论以繁荣发达的玉器为象征的礼仪制度突然消失不见，即便是陶器组合也发生巨大的变化。

马桥文化不是良渚文化的后继文化，龙山时代之后诸考古学文化发展演变的格局发生了微妙的变化，某些地域内考古学文化的发展轨迹与龙山时代之前相同，而某些地域内的考古学文化的发展出现了断层，出现文化断层的地区有海岱地区和太湖地区，即从龙山文化到岳石文化和良渚文化到马桥文

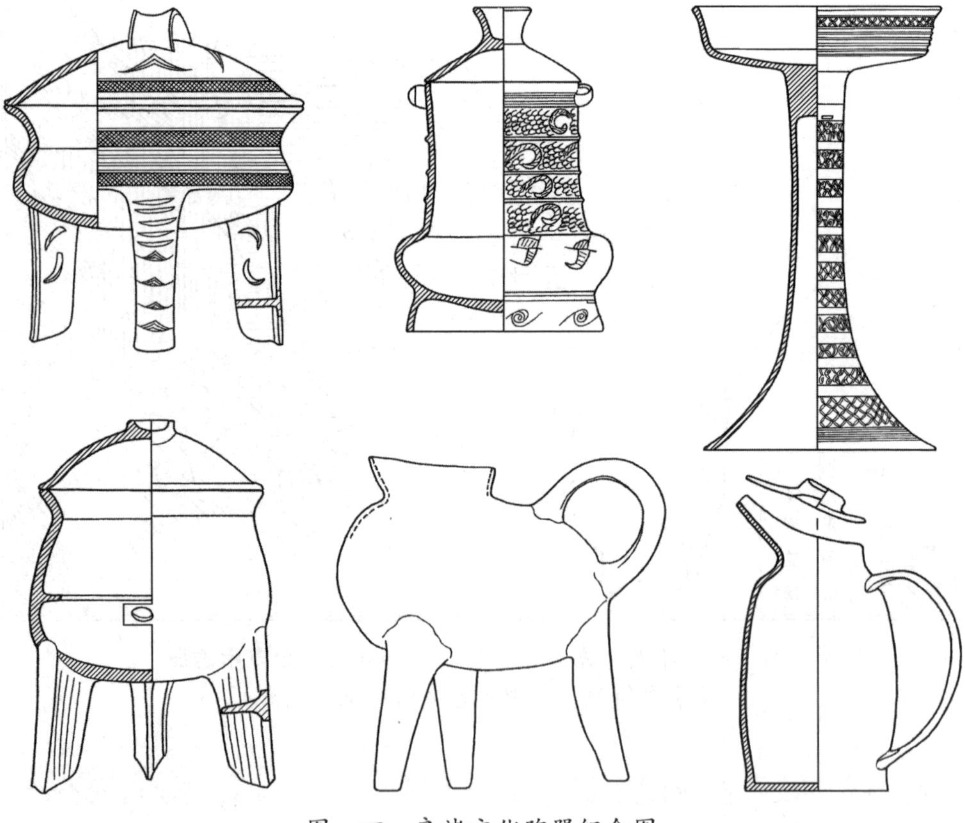

图一四　良渚文化陶器组合图

化之间均出现了文化断层。[1]

俞伟超先生认为在5000～4000年以前我国的文明曙光时代，以东方的龙山文化和东南的良渚文化的光芒最亮，然而一到接近距今4000年之时，情况忽然大变，龙山文化突变为岳石文化，良渚文化也突变为马桥、湖熟等文化。龙山与岳石，良渚与马桥、湖熟，时代虽前后相接，文化面貌却缺乏紧密的承继关系，岳石与马桥诸文化遗址的分布密度、居址的面积，乃至文化本身的生产、生活水平，又皆远远小于或低于龙山、良渚文化。由这两方面变化造成的总印象是，岳石、马桥、湖熟诸文化不是龙山、良渚文化继续向上发展所演变来的，而是因为生活、生产环境发生了巨大变化，族群人口大为减少，文化处于低落时期的遗存，处于文化低落时期的地区，便接受了许多相邻地区文化的影响。大概也正是因为这些原因，岳石、马桥诸文化好像是当地新出现的一种比从前落后的新文化。[2]

太湖流域的新石器时代考古学文化序列为马家浜文化——→崧泽文化——→良渚文化，既然越文化与良渚文化无文化渊源和族源关系，也就无论崧泽文化和马家浜文化。

越文化不可能来源于太湖流域新石器时代考古学文化，即马家浜文化、崧泽文化、良渚文化与越文化均无发展演进的渊源关系。

二、肩头弄类型

肩头弄类型是以浙、闽、赣接壤的浙江江山肩头弄命名的考古学文化类型。牟永抗先生将江山南区的文化遗存分为六个单元，“第一、二、三单元的时代可能均早于商代，其主要分布地为肩头弄，可称作肩头弄期；第四单元的时代约相当于商代，可称为营盘山期”[3]。

肩头弄类型在闽北也有分布，闽北的典型遗址有光泽马岭、武夷山葫芦山、

1. 张敏《华夏文明起源的假说》，《东南文化》1990年第4期。
2. 俞伟超《龙山文化与良渚文化衰变的奥秘》，《纪念城子崖遗址发掘60周年国际学术讨论会文集》，齐鲁书社，1993年。
3. 牟永抗、毛兆廷《江山县南区古遗址、墓葬调查试掘》，《浙江省文物考古所学刊》1981年。

邵武斗米山等[1]，由于福建新石器时代延续到中原地区的青铜时代早期，因此浦城牛鼻山遗址上文化层也可归入肩头弄类型。[2]

分布于浙南闽北的与肩头弄类型相类似的文化遗存有称之为“马岭类型文化”[3]，或建议称之为“葫芦山文化”[4]，马岭遗址、葫芦山遗址出土的文化遗物与肩头弄出土的文化遗物大同小异，不断地变更名称可能会引起不必要的混乱，本研究仍沿用约定俗成的“肩头弄类型”。

肩头弄类型的陶器主要有造型各异的罐，有高领罐、矮领罐、深腹罐、圆腹罐、折腹罐、折肩罐、钵形罐、带把罐等，此外还有大袋足盉、罐形阔把匜、象鼻匜、折腹浅盘粗柄豆、宽把杯等，纹饰流行条形纹、方格纹、席纹等（图一五）。

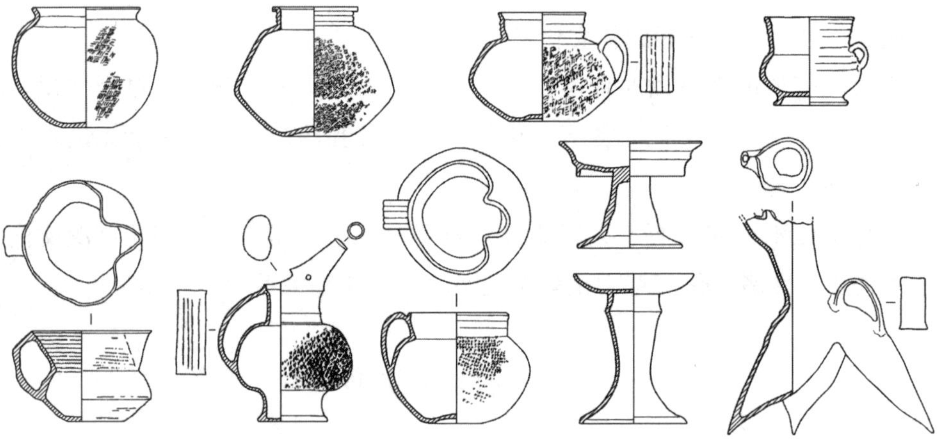

图一五　肩头弄陶器组合图

1. 福建省博物馆等《福建省光泽县古遗址古墓葬的调查和清理》，《考古》1985年第12期；福建博物院等《福建武夷山市葫芦山遗址2014年发掘简报》，《东南文化》2016年第2期；福建省博物馆《邵武斗米山遗址发掘报告》，《福建文博》2001年第2期。

2. 福建省博物馆《福建浦城县牛鼻山新石器时代遗址第一、二次发掘》，《考古学报》1996年第2期。

3. 林公务《光泽古墓葬出土陶器的类型学考察——兼论闽北地区史前文化发展序列》，《福建文博》1990年第2期；林公务《福建境内史前文化的基本特点及区系类型》《福建历史文化与博物馆学研究》，福建教育出版社，1993年；福建博物院《福建考古的回顾与思考》，《考古》2003年第12期。

4. 焦天龙《论马桥文化的起源》，《南方文物》2010年第1期。

在太湖地区，虽然良渚文化之后是马桥文化，尽管马桥文化中含有少量的良渚文化因素，然马桥文化绝不是良渚文化的后继，而是从南方迁来的肩头弄类型文化填补了良渚文化区的空白，进而发展演变为马桥文化。[1]

三、马桥文化

马桥文化是太湖——钱塘江流域夏商时期的考古学文化，马桥文化发展演进为越文化，马桥文化是越文化的直接来源。

马桥遗址发现于 1959 年，1960 年～ 1996 年先后进行过多次考古发掘[2]；由于马桥遗址第四层出土了一大批具有鲜明地域特征的文化遗物，从而命名为马桥文化。

最先提出“马桥文化”命名的是蒋赞初先生。蒋赞初先生详细论述了马桥文化的陶器、石器等文化遗物的特征，并认为其分布范围大致在太湖地区，其年代大体上相当于中原的商代，同时还将马桥文化与长江以南的湖熟文化、吴城文化和中原商文化进行了比较，从而确立了太湖水网地区的以马桥遗址第四层为代表的以几何印纹陶为主的青铜时代文化，并第一次根据考古学文化遗存确立了宁镇山脉和秦淮河为湖熟文化分布区，太湖流域为马桥文化分布区。[3]

其后黄宣佩、孙维昌先生提出了“马桥类型文化”的命名，认为马桥类型文化的分布不仅包括太湖流域，还包括浙北地区；其年代应早于西周而晚于良渚文化，约相当于夏商时代；马桥类型文化的来源，可能是起源于良渚文化而接受南方印纹陶和中原地区文化影响的文化遗存。[4]

宋建先生赞成采用“马桥文化”的命名，认为马桥文化是存在于公元前

1. 张敏《华夏文明起源的假说》，《东南文化》1990 年第 4 期。
2. 上海市文物保管委员会《上海马桥遗址第一、二次发掘》，《考古学报》1978 年第 1 期；上海市文物管理委员会《上海市闵行区马桥遗址 1993 ～ 1995 年发掘报告》，《考古学报》1997 年第 2 期；上海市文物管理委员会《马桥——1993 ～ 1997 年发掘报告》，上海书画出版社，2002 年。
3. 蒋赞初《关于长江下游地区的几何印纹陶问题》,《文物集刊》第三集，文物出版社，1981 年。
4. 黄宣佩、孙维昌《马桥类型文化分析》，《考古与文物》1983 年第 3 期。

二千纪、以太湖地区为分布中心的一种考古学文化，同时还就马桥文化的年代进行了论述，认为马桥文化的上限正值夏末商初，前后历经数百年，与商文化基本相同，只是结束的时间可能要稍晚一些。[1]

李伯谦先生将中国南方地区的几何印纹陶遗存分为宁镇区、太湖区、赣鄱区、湖南区、岭南区、闽台区、粤东闽南区。太湖区分为四期，第一期的年代为夏、商，即马桥文化；其后李伯谦先生又对马桥文化的年代、源流作了进一步的研究，认为马桥文化年代的上限应与良渚文化相去不远，不会晚于二里头文化二期；下限约相当于商代晚期，延续发展了大约六七百年的时间，即马桥文化属夏商时期的考古学文化。[2]

在此之前，浙江亦发现类似的文化遗存，牟永抗先生以最先发掘的淳安进贤高祭台遗址，将其命名为"高祭台类型"，牟永抗先生认为高祭台类型的年代处于良渚文化以后到春秋战国之际，是与古越族有着极其密切关系的一种考古学文化。[3]

高祭台类型的早期遗存与马桥文化的文化特征相一致[4]，晚期遗存又与越文化相一致，因此，"高祭台类型"已分别被马桥文化和越文化所取代。

（一）文化特征

马桥文化的分布范围大致在杭州湾以北的环太湖地区，在太湖周围的大部分地区都发现过马桥文化遗存，重要的遗址有上海马桥、福泉山[5]、亭林[6]、

1. 宋建《"马桥文化"试析》，《江苏省哲学社会科学联合会1981年年会论文选（考古学分册）》，1982年；宋建《马桥文化探源》，《东南文化》1988年第1期。
2. 李伯谦《我国南方几何印纹陶遗存的分区分期及其有关问题》，《北京大学学报（哲学社会科学）》，1981年第1期；李伯谦《马桥文化的源流》，《中国原始文化论集》，文物出版社，1989年。
3. 牟永抗《高祭台类型初析》，《浙江省文物考古研究所学刊》，科学出版社，1993年。
4. 宋建《马桥文化二题》，《上海博物馆集刊（7）》，1996年。
5. 上海市文物保管委员会《青浦福泉山崧泽文化遗存》，《考古学报》1990年第3期；黄宣佩、张明华《上海青浦福泉山遗址》，《东南文化》1987年第1期；上海市文物保管委员会《福泉山——新石器时代遗址发掘报告》，文物出版社，2000年。
6. 孙维昌《上海市金山县查山和亭林遗址试掘》，《南方文物》1997年第3期；上海博物馆考古部《上海金山亭林遗址1988、1990年良渚文化墓葬的发掘》，《考古》2002年第9期。

广富林[1]、汤庙村[2]，浙江杭州水田畈[3]、嘉兴雀幕桥[4]、湖州钱山漾[5]、邱城[6]、昆山[7]，江苏吴江龙南[8]、广福村[9]，吴县郭新河[10]，无锡彭祖墩[11]，江阴花山[12]、佘城[13]等，江山南区第四单元即营盘山期亦可归入马桥文化。

马桥文化最显著的特征之一是在太湖地区首次出现了青瓷器和印纹硬陶器[14]，而小型青铜器的发现表明马桥文化已进入青铜时代。

根据文化遗物分析，太湖东部和西部的马桥文化存着一定的差异，宋建先生将马桥文化分为环太湖地区、浙东北地区和浙闽地区[15]，然浙闽地区的肩头弄类型是否可归入马桥文化，尚有争议，因此将马桥文化分为湖东区和湖西区[16]，可能比较接近事实。

马桥文化的陶器主要有鼎、甗、罐、盆、钵、簋、豆、碗、盘、三足盘、

---

1. 上海博物馆考古研究部《上海松江区广富林遗址 1999 ~ 2000 年发掘简报》，《考古》2002 年第 10 期；上海博物馆考古研究部《上海松江区广富林遗址 2001 ~ 2005 年发掘简报》，《考古》2008 年第 8 期。
2. 黄宣佩、孙维昌《上海市松江县湯庙村古遗址调查》，《考古》1963 年第 1 期；上海市文物保管委员会《上海松江县汤庙村遗址》，《考古》1985 年第 7 期。
3. 浙江省文物管理委员会《杭州水田畈遗址发掘报告》，《考古学报》1960 年第 2 期。
4. 嘉兴市文化局《浙江嘉兴市雀幕桥遗址试掘简报》，《考古》1986 年第 9 期。
5. 浙江省文物管理委员会《吴兴钱山漾遗址第一、二次发掘报告》，《考古学报》1960 年第 2 期；浙江省文物考古研究所等《浙江湖州钱山漾遗址第三次发掘简报》，《文物》2010 年第 7 期；浙江省文物考古研究所等《钱山漾第三、四次发掘报告》，文物出版社，2014 年。
6. 梅福根《江苏吴兴邱城遗址发掘简介》，《考古》1959 年第 9 期。
7. 浙江省文物考古研究所等《昆山》，文物出版社，2006 年。
8. 苏州博物馆等《江苏吴江龙南新石器时代村落遗址第一、二次发掘简报》，《文物》1990 年第 7 期。
9. 苏州博物馆《江苏吴江广福村遗址发掘简报》，《文物》2001 年第 3 期。
10. 苏州博物馆《吴县郭新河遗址发掘简报》，《东南文化》2002 年第 7 期。
11. 南京博物院等《江苏无锡锡山彭祖墩遗址发掘报告》，《考古学报》2006 年第 4 期。
12. 江苏花山遗址联合考古队《江阴花山夏商文化遗址》，《东南文化》2001 年第 9 期。
13. 江苏佘城遗址联合考古队《江阴佘城遗址试掘简报》，《东南文化》2001 年第 9 期。
14. 宋建《马桥文化原始瓷和印纹陶研究》，《文物》2000 年第 3 期。
15. 宋建《马桥文化的分区和类型》，《东南文化》1999 年第 6 期；上海市文物管理委员会《马桥——1993 ~ 1997 年发掘报告》，上海书画出版社，2002 年。
16. 张敏《殷商时期的长江下游》，《"周边"与"中心"：殷墟时期安阳及安阳以外地区的考古发现与研究》，台北中央研究院历史语言研究所，2015 年。

觯、觚、尊、鸭形壶、杯、盉、盂、器盖等（图一六），具有典型地方特色的陶器有舌状或锥状足鼎、鼎式甗、折盘粗柄豆、鸭形壶和觯、觚、尊等酒器。

陶器的器表多有纹饰，夹砂陶器多饰以绳纹、篮纹，泥质陶器多饰以云雷纹、回纹、方格纹、折线纹、弦纹、席纹、叶脉纹、条格纹、鱼纹、鸟纹等，其中云雷纹、鱼纹、鸟纹等与商代青铜器的纹饰无异，硬陶罐的纹饰多为斜单元的云雷纹；在一些陶器的口沿还有类似文字的刻划符号。

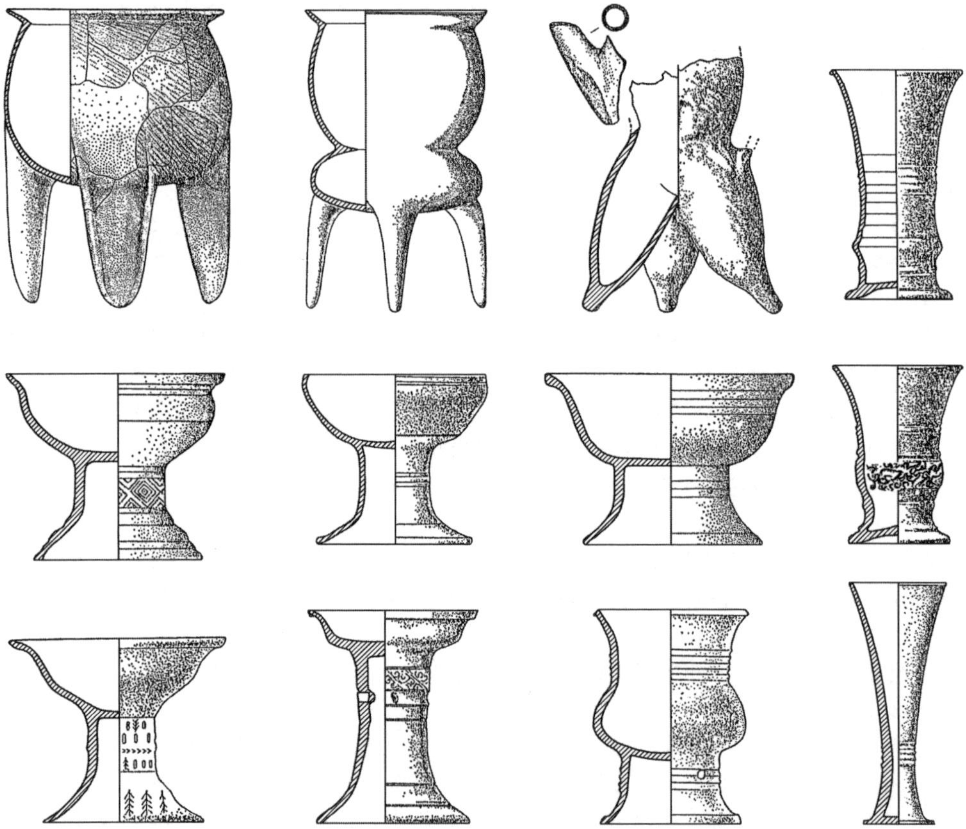

图一六（1） 马桥文化陶器（一）

图一六（2） 马桥文化陶器（二）

除陶器外，还有石器、骨角器和小件青铜器等。

石器主要有斧、钺、戚、戈、矛、镞、锛、凿、刀、锄、镰等，其中兵器是马桥文化最具特征的石器。

骨角器主要有骨镞、骨凿、骨锥、骨镖、骨珠等。

青铜器多为小型器，主要有刀、斤、镞等。

江阴佘城遗址，可能为马桥文化城址。

佘城遗址位于江苏省江阴市云亭镇花山村，佘城遗址的形状大致呈圆角长方形，东、西、南三面城墙保存较好，西城墙被烧香河破坏。佘城南北最长近 800、东西最宽近 500 米，面积约 30 万平方米（图一七）。

佘城出土的文化遗物有陶鼎、釜、鼎式甗、罐、盆、豆、钵、带流刻槽盆、三足盘等以及青铜锛、青铜镞、半月形穿孔石刀等。

佘城遗址出土的陶器，早期带有马桥文化器物特征，晚期又具有很强的

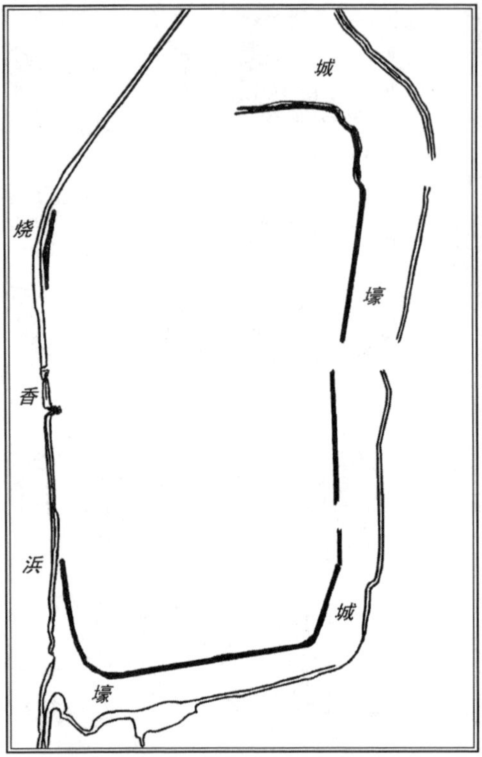

图一七　佘城遗址平面示意图

湖熟文化特征，文化遗物中既不见马桥文化器物中鸭形壶、觚等标志性陶器，也不见湖熟文化以鬲为主的炊器。[1]

江阴地理位置处于长江南北和太湖、宁镇地区交通的十字要冲，因此不难理解当地古文化在发展过程中会受到周边地区文化的影响。佘城早期的文化遗存主要为马桥文化，表明佘城始筑于马桥文化时期；晚期虽然有大量的湖熟文化遗存，但不见湖熟文化的主要炊器陶鬲，因此其文化主体仍为马桥文化。

根据文化遗物的构成分析，马桥文化是其最主要的文化构成，因此将佘城遗址暂归入马桥文化。

夏商时期的城址在长江下游十分罕见，马桥文化城址的发现，对于重新认识马桥文化的社会性质有着重要意义。

（二）文化分期

1993 年 ~ 1997 年，在马桥遗址进行大规模的考古发掘发现了多层叠压的地层关系，为马桥文化的分期奠定了科学而可靠的基础，宋建先生以马桥遗址的地层关系为依据，通过鼎、豆、盆、三足盘、觯、觚、器盖等典型陶器的形制、序列、发展、共存的逻辑关系，对马桥文化进行了编年研究。[2]

马桥文化年代的热释光、碳十四、加速器质谱碳十四测年数据有 20 余个，根据文化遗物的形态研究并参考测年数据，马桥文化的上限为距今 3900 年左

1. 江苏佘城遗址联合考古队《江阴佘城遗址试掘简报》，《东南文化》2001 年第 9 期。
2. 宋建《马桥文化的编年研究》，《长江流域青铜文化研究》，科学出版社，2002 年。

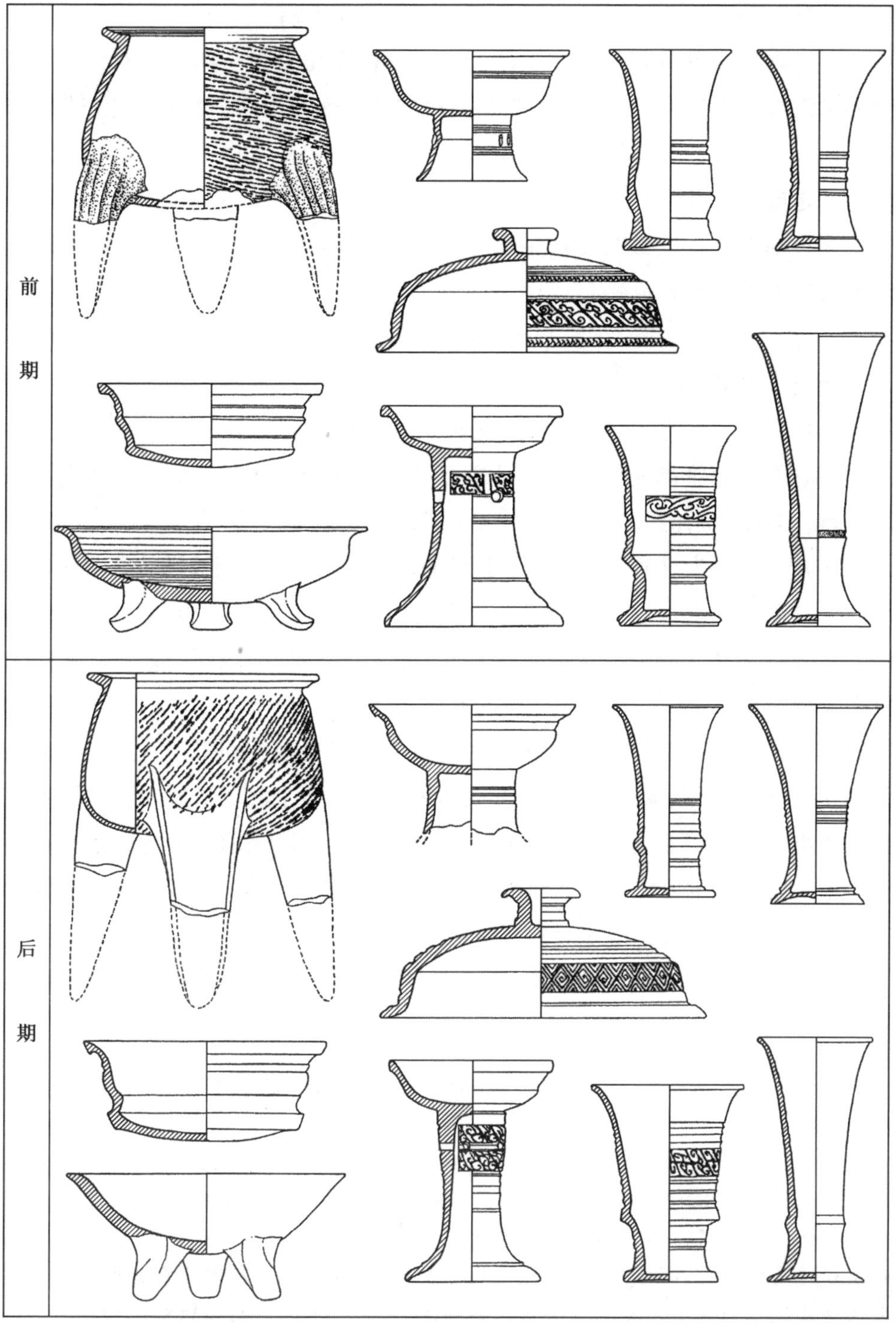

图一八　马桥文化分期图

右，下限为距今3200年左右，前后延续了700年左右。

通过典型陶器分析研究，宋建先生将马桥文化分为三期，早期相当于二里头文化的二期至四期，中期相当于商代前期，晚期相当于殷墟文化早期。[1]

由于马桥文化典型陶器的器物形态变化不甚明显，将马桥文化分为前后两期可能较为恰当。[2]

马桥前期年代大致为夏代中期至殷商早期，后期年代大致为殷商中期至商末周初（图一八）。

（三）文化源流

马桥文化的来源始终是马桥文化研究的热点，而且分歧也较大。

黄宣佩、孙维昌先生认为，马桥类型文化可能是起源于良渚文化而接受南方印纹陶和中原地区文化影响的文化遗存。[3]

宋建先生认为马桥文化的主要来源有两个，一个是太湖地区的良渚文化，另一个是浙南闽北地区以江山肩头弄期第一单元遗存为代表的文化。由于马桥文化与良渚文化的分布区域重叠，先后都住在同一地区同一地点，从这个意义上说，马桥居民应是良渚居民的后继者。[4]

李伯谦先生认为，马桥文化是由良渚文化发展演变而来，良渚文化应该是马桥文化的前驱，是马桥文化形成诸因素的主要来源。马桥文化的形成，除主要继承发展了良渚文化的传统，也还从其他地区汲取了不少先进因素，就作为马桥文化重要特征的几何印纹陶来说，主要应是直接接受了来自江西、福建等印纹陶最早起源地邻近的金衢地区高祭台类型早期文化的影响。[5]

陆建方先生认为马桥文化是由夏商文化、良渚文化、岳石文化和马桥类

---

1. 上海市文物管理委员会《马桥——1993 ~ 1997年发掘报告》，上海书画出版社，2002年。
2. 张敏《殷商时期的长江下游》，《“周边”与“中心”：殷墟时期安阳及安阳以外地区的考古发现与研究》，台北中央研究院历史语言研究所，2015年。
3. 黄宣佩、孙维昌《马桥类型文化分析》，《考古与文物》1983年第3期。
4. 宋建《马桥文化探源》，《东南文化》1988年第1期；宋建《良渚文化向马桥文化演化过程初探》，《上海博物馆集刊（5）》，上海古籍出版社，1990年。
5. 李伯谦《马桥文化的源流》，《中国原始文化论集》，文物出版社，1989年。

型文化及被马桥类型文化改造过的新文化因素这样五种文化因素组成，其中第四组所代表的马桥类型文化因素占领了主导地位。……肩头弄期遗存与马桥类型文化在文化面貌上有着许多共同之处，两者的时代又基本一致，应是同一文化性质的遗存，是一种文化的两个组成部分；由于两者之间还存在一些差异，因此可以将这类文化遗存称之为“马桥—肩头弄文化”，这一文化还可以再分为马桥类型和肩头弄类型。但是，假如肩头弄第一单元的年代早于二、三单元的话，那么它所代表的遗存，应是马桥—肩头弄文化的渊源，同时可以排除良渚文化作为渊源的可能。[1]

杨楠先生也将马桥文化分为马桥类型和肩头弄类型，但在概念的使用与空间范围的划分上与陆建方先生有明显的不同。杨楠先生认为，马桥文化可以分为四类文化因素，第一类是以几何印纹陶等为代表的文化因素，第二类是良渚文化因素，第三类是中原夏商文化因素，第四类是岳石文化因素。在这四类文化因素中，第一类数量最多，分布面也最广，无疑是马桥文化的主导文化因素。因此，马桥类型的主要文化因素应该来源于肩头弄类型，换言之，马桥类型的产生，实际上主要是肩头弄类型向北扩张的结果。[2]

自从提出马桥文化以来，关于马桥文化的来源，大致有以下几种不同的学术观点：

（1）马桥文化来源于良渚文化；

（2）马桥文化来源于良渚文化和肩头弄类型文化；

（3）马桥文化主要来源于良渚文化，含有少量肩头弄类型文化的因素；

（4）马桥文化来源于肩头弄类型文化；

（5）马桥文化的主体来源于肩头弄类型文化，并含有少量良渚、岳石和夏商文化因素。

近年在上海广富林遗址发现了晚于良渚文化、早于马桥文化的“广富林遗存”。广富林遗存的发现，既对马桥文化来源于良渚文化提出了质疑，也为探讨马桥文化的来源提出了新的课题。

广富林遗存的文化年代虽然介于良渚文化与马桥文化之间，但广富林遗

---

1. 陆建方《初论马桥—肩头弄文化》，《东南文化》1990年第1、2合期。
2. 杨楠《江南土墩墓遗存研究》，民族出版社，1998年。

存的文化面貌与马桥文化的文化面貌仍存在较大的差异，广富林遗存也不是马桥文化之源。[1]

马桥文化之源应早于马桥文化，与马桥文化的文化面貌最为接近且年代早于马桥文化的是肩头弄类型，肩头弄类型是马桥文化的主要来源之一。

马桥文化的文化构成比较复杂，在马桥文化的形成和发展的过程中，可能受到同时期考古学文化的影响。马桥文化的构成包括少量来自南方的社山头文化遗存[2]、黄瓜山文化遗存[3]、角山遗存[4]和来自北方的二里头文化、岳石文化、二里冈文化等夏商文化的影响；马桥文化中可能还含有极少量良渚文化孑遗和广富林文化孑遗 。[5]

因此，肩头弄类型虽然是马桥文化的主要来源，但绝不是唯一的文化来源。

马桥文化的去向虽然并不复杂，但在文化的属性上却产生了较大的分歧，看法也不尽一致。

黄宣佩、孙维昌先生认为马桥类型文化是良渚文化接受印纹陶文化和商文化影响的产物，应是越文化的先驱，而湖熟文化是来自中原地区的商周文化，接受了印纹陶等当地土著文化的影响，可能是吴文化的先驱。[6]

宋建先生认为马桥文化经历了几百年之久，大约在西周初年以后，太湖水网地区与宁镇丘陵地区呈现出基本一致的文化面貌，这是一种新的文化，这种新文化是由太湖和宁镇两个地区的两种早期文化融合而成。之后宋建先生对太湖地区晚于马桥遗址第四层的文化遗存进行了分析，在原先提出的“亭

---

1. 焦天龙《论马桥文化的起源》，《南方文物》2010 年第 1 期。
2. 江西省文物考古研究所等《江西广丰社山头遗址发掘》，《东南文化》1993 年第 4 期；江西省文物考古研究所等《江西广丰社山头遗址第三次发掘》，《南方文物》1997 年第 1 期。
3. 福建省博物馆《福建霞浦黄瓜山遗址发掘报告》，《福建文博》1994 年第 1 期；福建博物院《福建霞浦黄瓜山遗址第二次发掘》，《福建文博》2004 年第 3 期。
4. 江西省文物工作队等《江西鹰潭角山窑址试掘简报》，《华夏考古》1990 年第 1 期。
5. 宋建《马桥文化探源》，《东南文化》1988 年第 1 期；李伯谦《马桥文化的源流》，《中国原始文化论论集》，文物出版社，1989 年；陆建方《初论马桥——肩头弄文化》，《东南文化》1990 年第 1、2 合期。
6. 黄宣佩、孙维昌《马桥类型文化分析》，《考古与文物》1983 年第 3 期。

林类型”的基础上，提出了“后马桥文化”的命名，认为后马桥文化的分布区域与马桥文化相同，文化特征十分鲜明，其年代与马桥文化相衔接，大致在商代末期至西周早期。在陶器器形上，后马桥文化的许多器形与马桥文化紧密联系，显然系由马桥文化发展演变而来；马桥文化中的良渚文化、中原夏商文化、岳石文化因素在后马桥文化中已不见，新出现的有中原商周文化因素和宁镇地区湖熟文化因素。因此“后马桥文化”的确立，对探讨环太湖地区人文背景、自然环境的变化具有直接的意义，也是研究吴文化的形成及其区域性差异的基础。[1]

李伯谦先生认为在太湖、杭州湾地区原先马桥文化的典型器在这里基本不见了，反倒与宁镇地区的同期遗存相同，因此，马桥文化发生了分解，大部分因素被淘汰，少部分因素被吴文化所吸收而与之融合形成了一个具有地方特点的和宁镇地区不同的吴文化新类型；与此同时，宁绍和金衢两地区的变化还证明，它们在自己的发展中，除保留较多的传统，也汲取了一些马桥文化的因素，宁绍地区是越文化分布的中心地区，看来马桥文化也应该是越文化的来源之一。[2]

杨楠先生则认为马桥文化的去向，一般认为是“亭林类型”，然亭林类型还不能直接与马桥文化的去向相联系，马桥文化分为马桥与肩头弄两个类型，肩头弄类型即以第一期土墩墓为代表，因此可以认为，土墩墓萌生于马桥文化。土墩墓作为一种文化现象，可以从考古学上找到它的演化轨迹或来龙去脉，进而推断所属国别或族属，从考古学文化分区及其分期的基础上追溯吴、越文化的来源：夏商时期江南地区即黄山——天台山南区与太湖——杭州湾区的土墩墓遗存应是越文化的来源之一，而周代江南地区的土墩墓遗存则可归属于吴、越文化，其中宁镇区的土墩墓遗存基本上应属于吴文化遗存，黄山——天台山南区及太湖——杭州湾区的土墩墓则大体上分属于越国建国及其前后的越人不同分支的文化遗存。[3]

田正标先生在分析了马桥文化与吴越文化的关系后，认为越文化在较大

1. 宋建《马桥文化探源》，《东南文化》1988 年第 1 期。
2. 李伯谦《马桥文化的源流》，《中国原始文化论集》，文物出版社，1989 年。
3. 杨楠《江南土墩墓遗存研究》，民族出版社，1998 年。

的时空范围内与马桥文化属于同一文化体系，越国文化应是在马桥文化的基础上发展而来，部分器物之间的亲缘关系更清楚地表明马桥文化在越文化的形成和发展过程中的重要作用。[1]

董楚平先生论述了越的地理分布与变迁、太湖周围与杭州湾以北地区的新石器文化的序列、越与夏的关系等，认为从马桥文化开始太湖地区进入了越文化的发展阶段。[2]

越文化即越国文化，是越国先民在越国立国至灭国期间内所创造的精神文化和物质文化，囿于传统的认识，多认为越国出现于春秋时期，因此将西周时期的文化遗存或称之为"亭林类型"，或称之为"后马桥文化"；而根据历史文献的梳理，西周早期越国已朝觐周天子，已亮相于中原的政治舞台。

越立国后的考古学文化不宜再使用"亭林类型"或"后马桥文化"，因此本研究统称之为越文化。越文化的年代涵盖了西周时期、春秋时期和战国时期，几乎贯彻周王朝始终。

越文化诞生于马桥文化之后，马桥文化的下限为商末周初，马桥文化与越文化的年代不存在缺环。

综上所述，马桥文化的去向应为太湖地区的周代文化遗存，即越文化。

邹衡先生在《关于探索夏文化的途径》一文中指出："河南龙山文化晚期尽管是二里头文化（即夏文化）最主要的来源，但两者仍然是两个文化，还不能算是一回事。至少可以说，由前者到后者发生了质变。"[3]

同理，尽管湖熟文化和马桥文化是吴文化和越文化的主要来源，但湖熟文化与吴文化是有渊源关系的两个文化，马桥文化与越文化也是有渊源关系的两个文化，湖熟文化和马桥文化并不等同于吴文化和越文化。

文化来源的梳理和厘清，有助于吴越族源的探讨和研究。

---

1. 田正标《关于马桥文化的几个问题》，《纪念浙江省文物考古研究所建所二十周年论文集》，西泠印社，1999 年。
2. 董楚平《吴越文化新探》，浙江人民出版社，1988 年。
3. 邹衡《关于探索夏文化的途径》，《河南文博通讯》1978 年第 1 期。

第三节　吴越族源

文化来源和吴越族源是进行吴越文化比较研究的基础。

文化来源与族源有着密切的关系，文化来源的厘清为吴越族源的考察奠定了坚实的基础。

一、吴的族源

湖熟文化是吴文化的直接来源，由此上溯，吴文化之源可追溯到王油坊类型龙山文化，即王油坊类型龙山文化──→南荡遗存──→点将台文化──→湖熟文化──→吴文化。

以龙山文化为代表的龙山时代是我国古史传说的五帝时期，这一时期已形成了华夏、东夷、苗蛮、百越、匈奴等族群或部族集团。

王油坊类型龙山文化是有虞氏部族创造的物质文化，而吴文化的发端则肇始于有虞氏部族的南迁。

《孟子·离娄下》“舜生于诸冯，迁于负夏，卒于鸣条，东夷之人也”；今本《竹书纪年》“帝（舜）居于鸣条”；《史记集解》引郑玄曰“鸣条，南夷地名”，虞舜应为“东夷之人”，有虞氏部族应属东夷部族集团。

既然吴文化的发端肇始于有虞氏部族的南迁，吴亦属夷，为东夷部族集团中最南端的一个族群。

在西周金文中，常见“南淮夷”，如敔簋铭“南淮夷迁及入伐”；虢仲盨铭“虢仲以王南征，伐南淮夷”；驹父盨铭“命驹父就南诸侯率高父见南淮夷，厥取厥服”；禹鼎铭“隹噩侯驭方率南淮夷东夷，广伐南国东国”；史密簋铭“王令师俗史密曰东夷，欲南夷虎会杞夷舟夷”；竞卣铭“命伐南夷”；宗周钟铭“南夷、东夷俱见”；无簋铭“王征南夷”；翏生盨铭“王征南淮夷……俘戎器，俘金”；仲偁父鼎铭“及仲偁父伐南淮夷，孚金”；兮甲盘铭“王令甲征治四方积，至于南淮夷”；师簋铭“征淮夷……是俘士女牛羊，俘吉金”；㝬钟铭“南夷、东夷具见”；瘨簋铭“南淮夷迁殳”；曾伯簠铭“克狄淮夷，印变汤，金道锡行”。从上述铭文中可以看出南淮夷的地理位置在南方、南淮夷对周时叛时从和伐南淮夷之后“俘吉金”。

南淮夷虽可省称为淮夷，然南淮夷与淮夷并非一指，许多学者认为南淮夷即淮夷[1]，恐不尽然；黄盛璋先生认为穆王之后称淮夷，厉宣之时称南淮夷，是同一族属不同时间的不同称谓[2]，亦恐有失偏颇。

南系方位概念，而不是时间概念；周人以中原为中心，淮水当在其东，《史记·周本纪》“东伐淮夷”，可证淮夷在其东而不在其南；《诗·鲁颂·閟宫》“至于海邦，淮夷蛮貊，及彼南夷，莫不率从”，亦可证淮夷非南淮夷。

淮夷当指淮水下游一带的夷人，而南淮夷则应指宁镇皖南地区的夷人，南指方位，淮系水名，夷指夷人；宁镇皖南地区在其南，其族属为夷，而宁镇皖南地区的主要河流皆名淮水，生活在南方淮水之畔的夷人即南淮夷。

秦淮河，秦改淮水为秦淮。《太平寰宇记·昇州》引《丹阳记》云：“始皇凿方山，其断处为渎，则今淮水经城中入大江，是曰秦淮。”

青弋江和水阳江，《水经注·沔水中》“陵阳县西……龙迎子明上陵阳山，晋咸康四年，改曰广阳县……桑钦曰：淮水出县之东南，北入大江”；《汉书·地理志》“丹阳郡……县十七……陵阳，注曰‘桑钦言淮水出东南，北入大江’”。淮水在其东南，当指青弋江；《元和郡县志·宣州》“陵阳山，在石埭水阳江”，

1. 徐中舒《禹鼎的年代及其相关问题》，《考古学报》1959年第3期；马承源《关于翏生盨和者减钟的几点意见》，《考古》1979年第1期；刘翔《周宣王征南淮夷考》，《人文杂志》1983年第6期；马道阔《安徽省庐江县出土春秋青铜器——兼谈南淮夷文化》，《东南文化》1990年第1–2合期；张懋镕《西周南淮夷称名与军事考》，《人文杂志》1990年第4期；黄德宽《淮夷文化研究的重要发现——驹父盨盖铭文及其史实》，《东南文化》1991年第2期；艾延丁《仲偁父铜器及其相关的问题》，《南都学坛》1991年第3期；康少峰《兮甲盘铭文考释三则》，《宝鸡文理学院学报（社会科学）》2012年第1期；李裕杓《西周时期淮夷名称考论》，《中国历史地理论丛》2015年第3期；赵燕姣《西周时期的淮夷及相关族群》，《东岳论丛》2016年第7期。

2. 黄盛璋《淮夷新考》，《文物研究》第5辑。

又指水阳江，青弋江和水阳江合流后入长江，故青弋江和水阳江皆名淮水。

漳河，《读史方舆纪要 · 宁国府》：“漳水……淮水出吕山南之石窦中，经县南五十里孔镇铺西与漳水合流……又北受籍山诸水及后港水，历县河口受蒲桥河水，为小淮河……后东合于漳淮。”漳河至今仍名小淮河。

伐南淮夷之后，多见俘金、俘吉金的记载，这与宁镇地区盛产青铜也是相吻合的。淮水下游不产铜，而宁镇皖南地区的铜矿蕴藏丰富，南陵大工山、铜陵凤凰山、狮子山一带曾发现规模壮观的西周至春秋时代的矿冶遗址。[1]

《诗 · 鲁颂 · 泮宫》：“憬彼淮夷，来献其琛，元龟象齿，大赂南金。”南金，即出自宁镇皖南地区的铜。

民族有自称和他称。[2] 吴人自号“句吴”，是自称；“南淮夷”则是周人的他称，而他称往往是蔑称。

综上所述，吴文化可追溯到王油坊类型龙山文化，其发展演进历程为王油坊类型龙山文化——南荡文化遗存——点将台文化——湖熟文化——吴文化。

王油坊类型龙山文化属于东夷部族集团，东夷是吴文化的族源；吴在立国后自号句吴，在中原青铜器铭文中称作南淮夷。

二、越的族源

分布于太湖地区的马家浜文化、崧泽文化、良渚文化、广富林遗存都不是越文化的文化来源，因而也不是越文化的族源。

在良渚文化从太湖地区突然消失后，马桥文化填补了良渚文化的地理空间，成为太湖地区夏商时期的考古学文化。

马桥文化主要来源于横亘于浙闽交接部的肩头弄类型，在马桥文化的形

1. 杨立新《安徽沿江地区的古代铜矿》，《文物研究》第 8 辑，黄山书社，1993 年；杨立新《铜陵古代铜业史略》，《文物研究》第 11 辑，黄山书社，1998 年；安徽省文物考古研究所等《安徽南陵县古铜矿采冶遗址调查与试掘》，《考古》2002 年第 2 期。

2. 杨堃《民族学概论》，中国社会科学出版社，1984 年。

成过程中，可能受到夏商文化的影响，同时也有可能受到来自南方的社山头文化遗存、黄瓜山文化遗存的影响。

马桥文化是越文化的直接来源，是毋庸置疑的。

马桥文化的族属，当为越人。越亦称粤、雩、戉，史称百越，百越是生活在中国南方的不同族群的越人的泛称，百越是一个庞大而复杂的群体。

《吕氏春秋·恃君览》："杨汉之南，百越之际……多无君。"高诱注："越有百种。"

《汉书·地理志》"粤地，牵牛、婺女之分野也。今之苍梧、郁林、合浦、交趾、九真、南海、日南、皆粤分也"，颜师古注引臣瓒曰"自交趾至会稽七八千里，百越杂处，各有种姓"。

《逸周书·王会解》："伊殷受命，于是为四方令曰：'臣请正东，符娄、仇州、伊虑、沤深、十蛮、越沤，剪发文身，请令以鱼皮之鞞，乌鲗之酱，鲛瞂利剑为献；正南，瓯邓、桂国、损子、产里、百濮、九菌，请令以珠玑、玳瑁、象齿、文犀、翠羽、菌鹤、短狗为献。'"伊殷所言东方的"符娄、仇州、伊虑、沤深、十蛮、越沤"和南方的"瓯邓、桂国、损子、产里、百濮、九菌"等，可能都是当时百越族群的族名。

吕思勉先生认为"自江陵以东，迄于吴会，皆为此族（越族）居地。更南，则今浙江以南曰于越，瓯江以南曰瓯越，福建地曰闽越，两广、越南地曰南越，秦汉时皆入中国版图"[1]。

会稽即今苏州，吴会亦即苏州。据"自交趾至会稽七八千里""自交趾至会稽"推测，百越的分布范围大致包括苏南东部、上海、浙江、皖南、江西、福建、湖北、湖南、广东、广西、海南、台湾地区以及越南、老挝北部等地。

百越族群中，文化最发达的、文明化程度最高的是于越；于越亦称大越，为百越之首，越国就是西周时期于越族群创建的国家。根据百越族群的分布范围，马桥文化的分布范围即于越族群的分布范围。

黄宣佩、孙维昌先生认为马桥类型文化是良渚文化接受印纹陶文化和商文化影响的产物，应是越文化的先驱，而湖熟文化是来自中原地区的商周文化，

1. 吕思勉《中国民族史》，上海世界书局，1934 年。

接受了印纹陶等当地土著文化的影响，可能是吴文化的先驱。[1]

俞伟超先生认为我国古代有华夏、东夷、苗蛮、百越四大部落集团，至迟从新石器时代起，已随着各部落集团活动区域的自然环境和文化传统的差别，存在着不同的考古学文化区，并有其不同的前进道路，先后有一些部落集团迅速强大起来，建立了早期国家，征服周围的其他部落集团或早期国家，成为历史上所谓的中国最早的几个“统一王朝”，即夏、商、周。长江流域的楚，虽未成为“统一王朝”，也是称霸南方，又是企图征服中原的盟主。夏、商、周、楚所以能取得这种地位，其重要原因在于他们曾在很长时间内，和相邻的另一个强大的部落集团结成联盟。因此，夏、商、周、楚成为中国青铜时代的四大联盟集团。在论述这四大联盟集团的形成时，俞先生将中国青铜文化中所见的各大部落集团或早期国家分为九个大区，东南至南海之滨的百越集团在夏、商时期已进入青铜时代，百越和长江中游的楚结为联盟，楚越联盟与夏夷联盟、商狄联盟和周羌联盟一样，成为中国四大联盟集团之一。[2]

越文化是百越部族集团中的于越族群创造的精神文化和物质文化，而良渚文化为东夷部族集团的蚩尤部族创造的精神文化和物质文化，越文化与良渚文化既无文化渊源，亦无族源关系。

分布于仙霞岭南北的肩头弄类型属百越部族集团，越文化来源于马桥文化，其发展演进关系为肩头弄类型——马桥文化——越文化。

综上所述，马桥文化的分布范围在百越集团的分布范围内，当属越人的文化遗存；在马桥文化时期，百越还是一个十分复杂十分庞大的族群，可能还未形成于越、骆越、南越、闽越、杨越、干越等民族的称谓，但马桥文化作为百越文化中最发达的一支，而且分布地域与后来的于越相一致，因此马桥文化无疑为于越文化之源。

《公羊》定公五年 “于越入吴。于越者何？越者何？于越者，未能以其名通也。越者，能以其名通也”，何休注 “越人自名于越，君子名之曰越。治国有状，能与中国通者，以中国之辞言之曰越；治国无状，不能与中国通者，以其俗辞言之……谓之于越”。

1. 黄宣佩、孙维昌《马桥类型文化分析》，《考古与文物》1983 年第 3 期。
2. 俞伟超《早期中国的四大联盟集团》，《中国历史博物馆馆刊》，文物出版社，1989 年。

于越之“于”与句吴之“句”相同，为越、吴之发声，即发语词。据“越人自名于越，君子名之曰越”，“于越”是于越族群的自称，而“越”则为于越族群的他称。

三、吴越族源比较

吴属东夷部族集团，是东夷部族集团最南端的族群，也是东夷部族集团中唯一伸入江南的族群；越属百越部族集团，是百越部族最北端的族群。

吴远离东夷部族集团的中心，是东夷部族集团中距中原最远的族群；越居于百越部族集团的最北端，是百越部族集团中距中原最近的族群。

《吕氏春秋·知化》“夫吴之与越也，接土邻境，壤交通属，习俗同，言语通”；《越绝书·纪策考》“吴越为邻，同俗并土”。

吴与越相邻，语言、习俗相通或相同，但吴越并不同族。

“民族是人们在历史上形成的一个有共同语言、共同地域、共同经济生活以及表现在共同文化上的共同心理素质的稳定的共向体”[1]，民族共同体是资本主义形成时代的民族特征；用资本主义形成时代的民族特征来论证“吴越同族”是不科学的，因为“吴越同族”往往成为吴越不分的理论基础。

“吴越同族”之说显然混淆了不同时期的民族概念[2]，因为吴越都是族群而非民族。

吴为句吴族，越为于越族，吴越都是族、都、国同名的国家。

民族是一个历史范畴。历史上的民族是由不同种族和不同部落的人们构成，一般泛指历史上处于不同社会发展阶段的各种人们的共同体。

两周时期的吴、越都处于由原始社会向奴隶主社会迅速过渡的发展阶段[3]，吴、越都是族群而不是民族，考古学文化遗存也反映了吴、越分属不同的族群。

吴文化来源于湖熟文化，湖熟文化是以陶鬲为主要炊器的考古学文化；

---

1. 斯大林《马克思主义和民族问题》，《斯大林全集》第二卷，人民出版社，1953 年。
2. 王文清《试论吴越同族》，《江苏省社科联 1981 年年会论文选·考古学分册》，1981 年。
3. 张敏《关于吴文化的几个问题》，《南京博物院集刊（9）》，1986 年。

越文化来源于马桥文化，马桥文化是以陶鼎为主要炊器的考古学文化。两周时期的吴文化继承了湖熟文化的文化传统，以陶鬲为主要炊器；两周时期的越文化继承了马桥文化的文化传统，仍以陶鼎为主要炊器。

湖熟文化区属“鬲文化区”，而马桥文化属“鼎文化区”，“鬲文化”和“鼎文化”也因此成为区分吴文化和越文化的重要标志。

由于吴越相邻，故“习俗同，言语通”，但吴越虽“语言通”，但不是“语言同”，因为吴越语言分属于不同的语系。

越国语言在历史文献中有少量记载。

《说苑·善说》：“鄂君子皙之泛舟于新波之中……榜枻越人，拥楫而歌，歌辞曰：‘滥兮抃草滥予昌枑泽予昌州州□州焉乎秦胥胥缦予乎昭澶秦踰渗惿随河湖。’鄂君子皙曰：‘吾不知越歌，子试为我楚说之。’于是乃召越译，乃楚说之曰：‘今夕何夕兮搴中洲流，今日何日兮得与王子同舟。蒙羞被好兮不訾诟耻，心几顽而不绝兮知得王子。山有木兮木有枝，心说君兮君不知。’于是鄂君子皙乃修袂，行而拥之，举绣被而覆之。鄂君子皙，亲楚王母弟也。”

《越绝书·吴内传》：“越王句践反国六年，皆得士民之众，而欲伐吴。于是乃使之维甲。维甲者，治甲系断。修内矛赤鸡稽繇者也，越人谓入铩也。方舟航买仪尘者，越人往如江也。治须虑者，越人谓船为须虑。亟怒纷纷者，怒貌也，怒至。士击高文者，跃勇士也。习之于夷。夷，海也。宿之于莱。莱，野也。致之于单。单者，堵也。”

《越绝书》所记又称《维甲令》。《维甲令》是越王句践发布的备战伐吴动员令，是一篇用汉字记录古越语的珍贵的语言学文献。

《越绝书·地传》：“姑中山者，越铜官之山也，越人谓之铜姑渎。长二百五十步。去县二十五里。……朱余者，越盐官也。越人谓盐曰余。去县三十五里。”

《越绝书》的正文中显然衍入了“注文”，将“注文”标出，则文通字顺：“越王句践反国六年，皆得士民之众，而欲伐吴，于是乃使之维甲 [维甲者，治甲系断]，修内矛，赤鸡稽繇者也 [越人谓入铩也]，方舟航，买仪尘者 [越人往如江也]，治须虑者 [越人谓船为须虑]。亟怒纷纷者 [怒貌也，怒至]，士击高文者 [跃勇士也]。习之于夷 [夷，海也]，宿之于莱 [莱，野也]，致之于单 [单者，堵也]”；“姑中山者，越铜官之山也 [越人谓之铜姑渎]，长二百五十步。

去县二十五里。……朱余者，越盐官也 [越人谓盐曰余]。去县三十五里”。

越国语言不仅与华夏语言有极大的差异，甚至与地处南方的楚国语言也有极大的差异。据语言学研究，越国语言与华夏语言皆属汉藏语系，但分属不同的语族。华夏语言属汉藏语系的汉语语族，而古越语属壮侗语族中的侗台语族。

吴国语言几乎不见于历史文献，与吴国语言相关的唯一记载见于《左传》。《左传》哀公十二年："大宰嚭说，乃舍卫侯。卫侯归，效夷言。"吴执卫侯，"卫侯归，效夷言"，可见吴国语言在当时称作"夷言"，"夷言"当不同于"越语。"

吴国语言被称作"夷言"，亦从一个侧面反映了吴的族源来自东夷部族集团。

《越绝书 · 吴内传》"越人谓船为须虑"；西汉 · 杨雄《方言》"舟，自关而西谓之船，自关而东或谓之舟，或谓之航；南楚江湘凡船大者谓之舸，小者谓之艖……东南丹阳会稽之间谓艖为欚"。

秦鄣郡治鄣（安吉），西汉改鄣郡为丹阳郡，治宛陵（宣城）；会稽郡治吴（姑苏），丹阳郡为吴故地，会稽郡为越故地，越人谓船为"须虑"，丹阳会稽之间谓船为"欚"。虑，来母鱼韵；欚，来母歌韵。"须虑"与"欚"可能为缓读与疾读之异。

由此可见吴国语言虽称作"夷言"，但其发音与"越语"有相同或相近之处。

第三章　吴越文化的比较研究

考古学文化的命名是一个探讨多年的学术课题[1]，进入国家形态的吴国和越国的文化——吴越文化，系采用国、族命名的考古学文化。

夏鼐先生曾将“夏文化”定义为“夏文化应该是指夏王朝时期夏民族的文化”[2]，“夏文化”的文化内涵包括积年、地域、文化特质等三个组成部分。

根据这一定义，“吴越文化应为吴越立国至灭亡期间吴越族群的文化”，即吴文化涵盖西周至春秋时期吴国境内由吴人族群创造的物质文化和精神文化，越文化涵盖西周至战国中期越国境内由越人族群创造的物质文化和精神文化，因此吴越文化即吴国文化和越国文化，简称吴文化、越文化。

吴越文化属考古学文化的范畴，吴越文化的研究对象是考古学文化遗存及其所表述的礼仪制度、思想观念、风俗习惯、技术构架等。

吴越文化的文化遗存主要有遗址和墓葬，遗址包括聚落遗址、城址、手

---

1. 有关考古学文化命名问题的有夏鼐《关于考古学上文化的定名问题》，《考古》1959 年第 4 期；张忠培《研究考古学文化需要探索的几个问题》，《文物与考古论集》，文物出版社，1986 年；安志敏《关于考古学文化及其命名问题》，《考古》1999 年第 1 期；王仁湘《考古学文化的命名原则与程序问题》，《文物季刊》1999 年第 3 期；有关国族命名的有俞伟超《关于楚文化形成、发展和消亡过程的新认识》，《古史的考古学探索》，文物出版社，2002 年；滕铭予《秦文化：从封国到帝国的考古学观察》，学苑出版社，2002 年；郭妍利《考古学文化与考古学的族文化》，《东南文化》2004 年第 1 期；张永红、刘德一《试论族群认同和国族认同》，《中南民族大学学报（人文社会科学）》2005 年第 2 期；尚友萍《“国族”与“国族文化”辨析》，《文物春秋》2016 年 5-6 期。
2. 夏鼐《谈谈探讨夏文化的几个问题——在〈登封告成遗址发掘现场会〉闭幕式上的讲话》，《河南文博通讯》1978 年第 1 期。

工业遗址等，墓葬包括平民墓葬、贵族墓葬等。

在吴越文化遗存中，又以都城遗址、产业遗址、贵族墓葬为社会形态、经济结构、等级制度的研究重点，即吴越文化比较研究的重点为吴越的城址、矿冶遗址与陶瓷窑址、贵族墓葬。

吴文化与越文化有着不同的族源，有着不同的文化渊源，因而吴文化遗存与越文化遗存的表现形态也不尽相同。

第一节　聚落遗址

聚落即村落，考古学上的聚落泛指人群的聚居地，村落、集镇、都市皆可称聚落，聚落是由共同成员组成的相对独立的地域社会。

聚落考古属社会考古学的范畴。聚落考古是以聚落为对象，研究其具体形态及其所反映的社会形态，进而研究聚落形态的演变所反映的社会形态的发展轨迹。[1]

根据吴越文化的时间范畴，吴始于西周早期，终于春战之际；越始于西周早期，终于战国中期。因此，吴文化遗存的年代为西周至春秋；越文化遗存的年代为西周至战国中期。

根据吴越文化的空间范畴，吴国遗址主要分布于宁镇皖南地区，春秋晚期可达太湖地区；越国遗址主要分布于太湖——钱塘江流域，战国时期可达宁镇皖南和江淮地区，甚至可达淮河以北的苏北鲁南一带。

聚落遗址的分布规律既有自然环境的因素，也有社会环境的因素。西周春秋时期的吴越聚落可能更注重社会环境因素，尤其是吴国的聚落遗址。

一、吴国遗址

吴国聚落遗址的考古资料十分丰富，经考古发掘的有南京北阴阳营[2]、锁

---

1. 严文明《聚落考古与史前社会研究》，《文物》1997 年第 6 期；张忠培《聚落考古初论》，《中原文物》1999 年第 1 期；严文明《关于聚落考古的方法问题》，《中原文物》2010 年第 2 期。
2. 南京博物院《南京市北阴阳营第一、二次的发掘》，《考古学报》1958 年第 1 期；南京博物院《北阴阳营》，文物出版社，1993 年。

金村[1]，丹徒团山[2]、断山墩[3]，丹阳凤凰山[4]、三城巷[5]，句容白蟒台[6]、城头山[7]，镇江左湖[8]，仪征甘草山[9]，江浦蒋城子[10]，繁昌板子矶[11]，马鞍山五担岗[12]等遗址。

西周至春秋早期吴国聚落遗址的分布范围与湖熟文化基本相同，但有商时期文化层（湖熟文化）的遗址，其上层必为西周春秋文化层（吴文化），如句容城头山、丹徒团山等遗址；而有西周春秋文化层（吴文化）的遗址，其下层未必有商时期文化层（湖熟文化），如南京锁金村、丹徒断山墩等遗址。因此西周至春秋早期吴文化遗址的数量较湖熟文化明显增多，分布的密度也较湖熟文化明显增大。

在宁镇皖南地区，吴国聚落遗址主要沿漳河、青弋江、水阳江、姑溪河、慈湖河、秦淮河和长江分布，南京博物院曾沿宁镇山脉和秦淮河流域作了一次考古调查，发现吴国聚落遗址 127 处，连同以往调查发掘的达 152 处；中国国家博物馆和安徽省文物考古研究所在姑溪河（古称姑孰溪）流域进行考古调查，发现吴国聚落遗址 80 余处（图一九）。

春秋中期以后，吴国聚落遗址的分布范围逐渐扩大至长江以南的太湖流域西部和长江以北的滁河流域和古淮扬运河（邗沟）、古通扬运河（盐河）两岸，以及仪（仪征）六（六合）丘陵和扬州的蜀岗一带，甚至在淮河沿岸的盐城、

1. 南京博物院《南京锁金村遗址第一、二次发掘报告》，《考古学报》1957 年第 3 期。
2. 团山考古队《江苏丹徒赵家窑团山遗址》，《东南文化》1989 年第 1 期。
3. 邹厚本、宋建、吴绵吉《丹徒断山墩遗址发掘纪要》，《东南文化》1990 年第 5 期。
4. 凤凰山考古队《江苏丹阳凤凰山遗址发掘报告》，《东南文化》1990 年第 1、2 合期；镇江博物馆等《丹阳凤凰山遗址第二次发掘》，《东南文化》2002 年第 3 期。
5. 三城巷考古队《丹阳市三城巷遗址发掘报告》，《通古达今之路——宁沪高速公路（江苏段）考古发掘报告文集》，东南文化杂志社，1994 年。
6. 刘建国、刘兴《江苏句容白蟒台遗址的试掘》，《考古与文物》1985 年第 3 期。
7. 镇江市博物馆《江苏句容城头山遗址试掘简报》，《考古》1985 年第 4 期。
8. 南京博物院等《江苏镇江左湖遗址发掘简报》，《考古》2000 年第 4 期。
9. 江苏省驻仪征化纤公司文物工作队《仪征胥浦甘草山遗址的发掘》，《东南文化》第二辑，1986 年。
10. 南京市博物馆等《江苏江浦蒋城子遗址》，《东南文化》1990 年第 1–2 期。
11. 安徽省文物考古研究所等《安徽繁昌板子矶周代遗址发掘简报》，《文物》2013 年第 10 期。
12. 安徽省文物考古研究所等《马鞍山五担岗》，文物出版社，2016 年。

图一九　姑溪河流域吴文化聚落遗址分布图

建湖、阜宁等地也发现有吴国聚落遗址。

吴国聚落遗址的特征除数量增多、密度增大之外，另一个显著特征是遗址的规模较小，遗址面积一般为数千平方米，部分遗址甚至不足1000平方米，上万平方米的遗址少见；西周春秋时期文化层的堆积一般不厚，文化遗物大多不丰富，文化遗迹尤其是居住遗迹零乱。

吴国聚落遗址的分布规律是沿河两岸呈团聚型分布，姑溪河如此，秦淮河流域也如此；吴国聚落的平面形态具有强烈的同一性。

吴国聚落遗址可能既是生产单位，也是军事单位；吴国聚落遗址的分布规律具有较强的军事性，类似军事组织的宿营地。

（一）文化面貌

吴文化的文化遗物主要为陶器、青瓷器和石器，此外还有少量的青铜器，陶器和青瓷器为吴文化的主要生活用品。

陶器的陶质有夹砂红褐陶、泥质红陶、灰陶、黑陶、硬陶等，以夹砂红褐陶为多，其次为泥质红陶、泥质灰陶、黑陶和硬陶。

夹砂陶器的纹饰主要有绳纹，泥质陶器的纹饰主要有弦纹、方格纹、席纹，硬陶器的纹饰主要有云雷纹、大席纹、小席纹、羽状纹、复线大回纹、小回纹、复线填线菱形纹、篦纹、折线纹、筛格纹、米字纹、小方格纹等，西周时期常见两种纹饰的组合，春秋时期以单一纹饰为多，而流行于湖熟文化的梯格纹已消失不见，湖熟文化常见的贝纹、饕餮纹等也基本不见。

陶器的器类主要有鬲、甗、鼎、釜、簋、豆、盘、罐、罈、瓮、盆、钵、尊等。

鬲皆夹砂陶，饰绳纹或素面；甗，夹砂陶，多为素面，也有拍印绳纹后再抹去者；鼎，夹砂陶，素面；釜，夹砂陶，素面；豆，泥质陶，浅盘或钵形盘；盘，泥质陶，圈足或三足；盆，泥质陶，素面或拍印纹饰；尊，硬陶或泥质陶，皆有纹饰；罐，泥质陶或硬陶，皆有纹饰，有的有耳；罈，硬陶，形体较长，无耳，皆有纹饰；瓮，硬陶，形体较粗，无耳，皆有纹饰。

陶鬲为吴国聚落遗址最主要的炊器，陶鬲仍为绳纹鬲和素面鬲，大袋足鬲已逐渐演变为空足鬲。吴文化的素面鬲沿袭了湖熟文化的传统，其发展演变规律与湖熟文化一脉相承；绳纹鬲在吴国聚落遗址中出现两个高峰，一是西周早期，可能受到西周早期绳纹鬲的影响，尤其是瘪裆绳纹鬲；二是春秋早期的绳纹弧裆鬲，可能来自于江淮地区的徐舒。

青瓷器主要有豆、碗、盂、钵、罐等，罐的釉下多有划纹或拍印纹，有的肩部有S形堆纹；豆，高圈足和矮圈足；碗，矮圈足或假圈足；盂，深腹或浅腹，有的有盖，常饰S形堆纹。

石器是吴国聚落遗址的主要生产工具，器类主要有双肩石斧、厚体石锛、条形石凿等，石器多打制成形后磨光刃部，通体磨光的石器罕见。

吴国聚落遗址出土的青铜器多为镞、削、钓钩等小件青铜器。

（二）文化分期

陶器是吴文化最主要的文化遗物，也是进行文化分期最主要的依据。

在所发掘的遗址中，锁金村、团山、断山墩、凤凰山、城头山、板子矶、五担岗等遗址的层位关系比较复杂，为吴文化的分期提供了可靠的地层依据。

根据典型遗址的层位关系，对吴文化的遗物进行综合分析，排比出大致的对应关系；根据陶器、青瓷器的器形演变特征，可将吴文化分为四期[1]（图二〇）。

---

1. 张敏《宁镇地区青铜文化研究》，《长江流域青铜文化研究》，科学出版社，2002年。

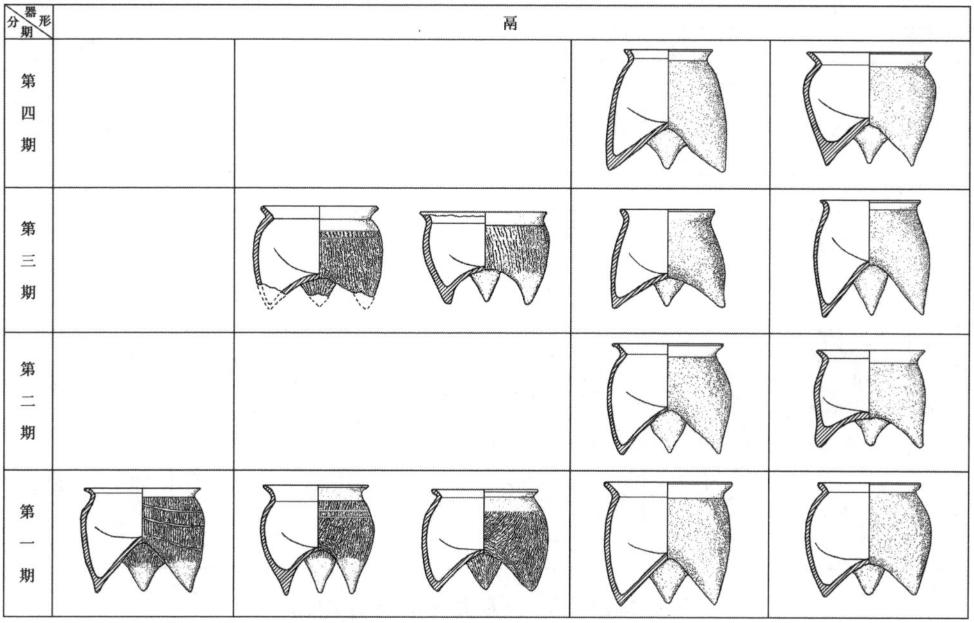

图二〇（1）　吴文化陶器分期图

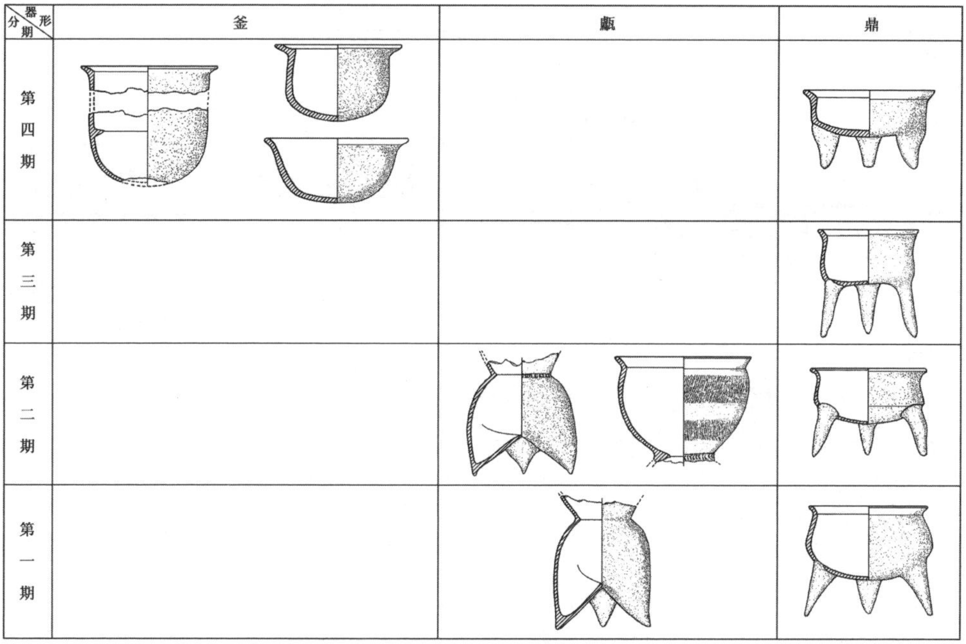

图二〇（2）　吴文化陶器分期图

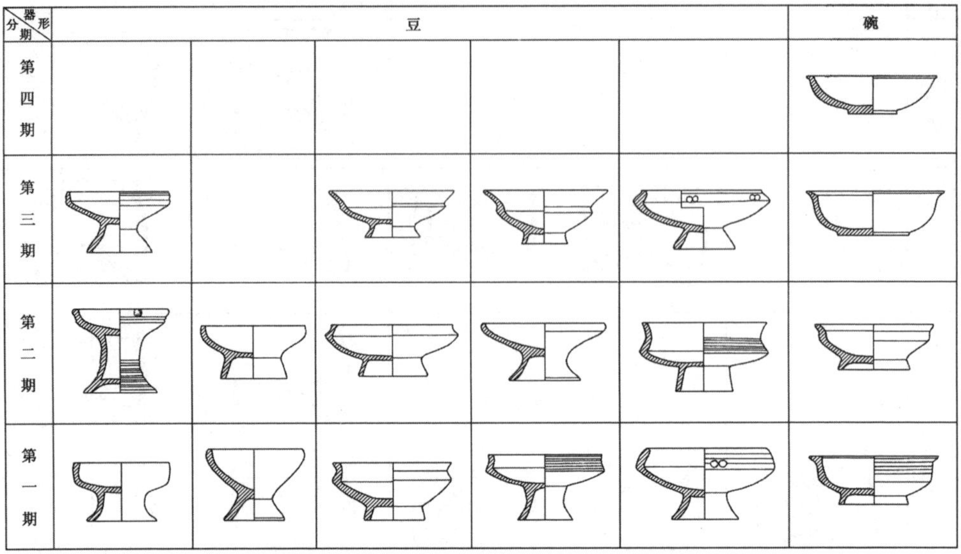

图二〇（3） 吴文化陶器分期图

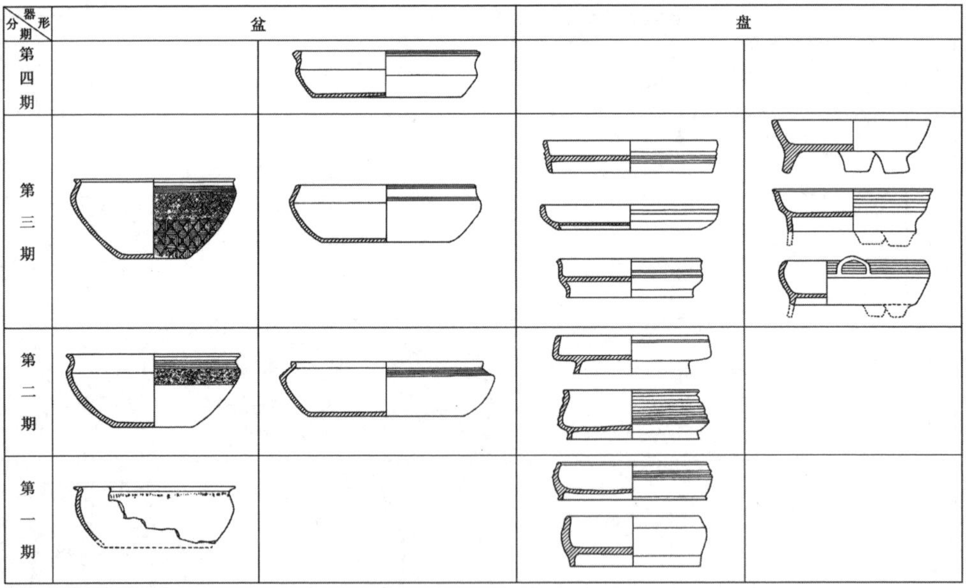

图二〇（4） 吴文化陶器分期图

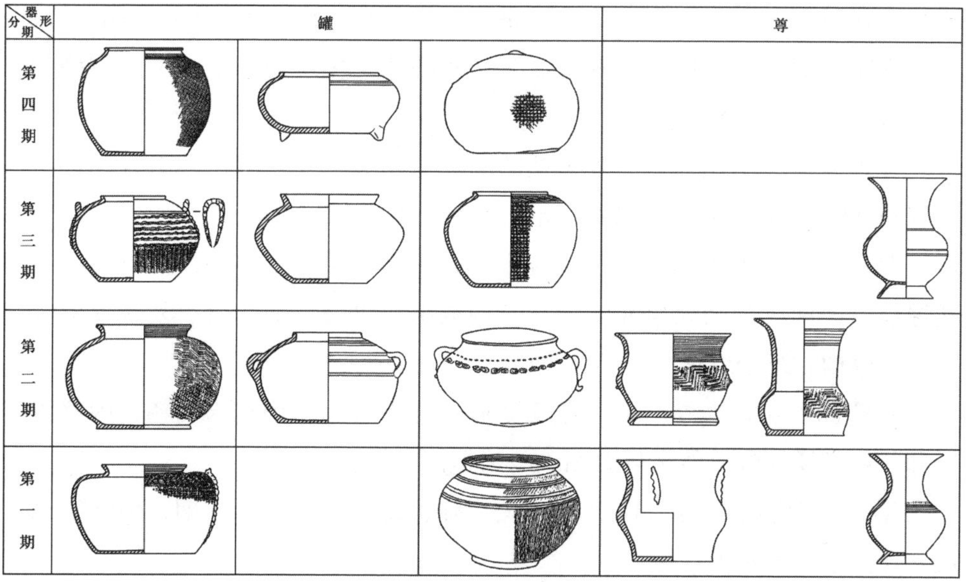

图二〇（5）　吴文化青瓷器、陶器分期图

从分期图中可以看出，四期的器物组合有过两次较大的变化，一是从第三期开始，陶釜基本上取代了陶甗，炊器由鬲、鼎、甗组合演变为鬲、鼎、釜组合；二是从第四期开始陶盘、陶尊等不见，陶豆、青瓷豆均被青瓷碗取代。

典型器物的演变趋势如下：

素面分裆鬲，方唇折沿──→圆唇卷沿，高分裆──→矮分裆──→分裆变宽；

弧裆鬲，矮弧裆──→高弧裆、宽弧裆──→窄弧裆；

鼎，垂腹──→直腹、深腹──→浅腹、圆锥状足──→宽扁足；

硬陶罐，耸肩──→圆肩──→溜肩──→折肩；

盆，鼓肩──→折肩；

青瓷豆，高圈足──→矮圈足。

（三）文化年代

根据文化遗物的时代特征，参考碳十四测定的年代数据，四期的年代推测如下：

第一期为吴文化的萌生器，年代为西周早期，大致相当于西周成王至昭王时期。

文化遗物中，陶鬲、甗、鼎、豆、罐、盆等都沿袭了湖熟文化第三期的特点，新出现了陶圈足盘、尊、大圈足豆等，而湖熟文化中的陶簋、带流刻槽盆、三足盘等均不见于本期。

除绳纹鬲、粗柄豆与西周早期的同类器相似之外，陶器的组合和造型都具有强烈的自身特色，鬲、甗、鼎等夹砂陶多保持素面作风。

陶器纹饰多为拍印纹，以硬陶为多，次为泥质陶，主要纹饰有绳纹、间断绳纹，凹回纹常与大单元的云雷纹构成组合纹饰，羽状纹、复线菱形纹等多与回纹构成组合纹饰。

青瓷和硬陶在太湖——钱塘江流域的历史可以早到夏末商初，因此青瓷器和几何印纹硬陶显然来自太湖——钱塘江流域。

第二期陶器中的鬲、甗、鼎、豆、罐、盆基本沿袭第一期，但绳纹鬲等周文化因素基本不见。

印纹硬陶器的纹饰主要为折线纹与回纹的组合，另外有大席纹与回纹、复线菱形纹与回纹的组合。

本期为吴文化的变革期，年代为西周中期，大致相当于西周周穆王至夷王时期。

第三期的陶器中，鬲、豆、罐、盆与前一期变化不大，新出现了釜和盆形鼎，越向东南，鬲的数量越少，鼎和釜的数量越多，并出现了流行于太湖——钱塘江流域的棘刺纹青瓷鼎。鼎和釜是太湖地区的传统炊具，盆形鼎又称“越式鼎”，表明越文化因素对吴文化的强烈影响，而弧裆绳纹鬲和新出现的鬲式甗形盉当来自江淮地区或受到徐舒文化的影响。

弧裆绳纹鬲在江淮地区多有发现[1]，其特征为绳纹粗疏，形体粗矮。

郑小炉先生称鬲式甗形盉为“甗（鬲）形盉”，认为“青铜甗（鬲）形

---

1. 张敬国、贾庆元《肥东县古城吴大墩遗址试掘简报》，《文物研究》第1辑，黄山书社，1985年；安徽省文物考古研究所《安徽含山大城墩遗址发掘报告》，《考古学集刊》第6辑，中国社会科学出版社，1989年；北京大学考古学系等《安徽安庆市张四墩遗址试掘简报》，《考古》2004年第1期；安徽省文物考古研究所等《庐江大神墩遗址发掘简报》，《江汉考古》2006年第2期；安徽省文物考古研究所《安徽肥西塘岗遗址发掘》，《东南文化》2007年第1期；安徽省文物考古研究所《霍邱堰台——淮河流域周代聚落发掘报告》，科学出版社，2010年。

盉的源头不是单一的，其祖型包含于宁镇地区和安徽南部、东南部和浙江北部等地区部分有明显地方特色的陶器中，是多种器物特征的结合体。而其中最主要的因素仍是源于本地早期的文化中。 而且它们的发生地和中心也是安徽南部地区，主要分布于皖南，部分散布到了周边一些地区[1]；张爱冰先生称鬲式甗形盉为“曲柄盉”，认为曲柄盉来源于群舒，“曲柄盉的盛行与弃用，正与群舒文化发展相始终”[2]。

郑小炉先生在探寻鬲式甗形盉的文化来源时混淆了文化遗物的局部和整体，强调了器物的局部造型而忽略了文化遗物的功能；鬲式甗形盉是群舒的典型器物，并贯穿于群舒文化始终，吴国遗址中出现的少量鬲式甗形盉应来源于群舒，因此鬲式甗形盉的文化来源当以张说为是。

印纹硬陶器的纹饰主要流行席纹与菱形纹，并常与方格纹、回纹构成组合纹饰，篩格纹为新出现的纹饰。

本期为吴文化的发展期，年代为西周晚期至春秋前期，大致相当于西周厉王至东周定王时期，即寿梦称王之前。

第四期的台形遗址发现较少，而城址却普遍出现。陶器中，鬲、鼎仍是主要炊具，新出现的器形为三矮足陶罐；豆、盘等陶器已不见，青瓷豆被青瓷碗所取代。

印纹硬陶器的纹饰较为单调，主要有篩格纹和方格纹，多与菱形纹构成组合纹饰，新出现了麻布纹。

本期为吴文化的繁荣期，年代为春秋后期至战国初年，大致相当于东周简王至元王时期，即吴王寿梦至吴王夫差时期，本期也是吴国迅速崛起、四面扩张从而又急遽走向衰亡的时期。

二、越国遗址

越国聚落遗址发现的不多，经考古发掘的也不多，主要有绍兴袍谷（里

1. 郑小炉《试论青铜甗（鬲）形盉》，《南方文物》2003 年第 3 期。
2. 张爱冰《也谈曲柄盉的年代及其相关问题》，《文物》2014 年第 3 期。

谷社）[1]、壶瓶山[2]、西施山[3]，上海亭林[4]、戚家墩[5]、寺前村[6]，苏州越城[7]、新庄[8]、草鞋山[9]、张陵山[10]、西塘河[11]、澄湖[12]，常熟钱底巷[13]等，越国遗址的考古调查主要集中在苏州一带[14]，比较重要的有吴县张墓村遗址[15]。

（一）分布范围

越文化的遗址分布范围与马桥文化大致相当，主要为太湖钱塘江流域，向南可能扩大至金（华）衢（州）盆地。

分布于太湖——钱塘江流域的西周至战国时期的遗址多为越国遗址，春秋中期后吴国一度扩张到太湖东部，但太湖东部可明确为吴国聚落遗址的不多，因太湖东部的吴越文化遗存往往交织在一起；灭吴后越的势力一度扩张

1. 绍兴县文物保护管理所《浙江绍兴袍谷遗址发掘简报》，《考古》1989年第9期；周燕儿、符杏华《浙江绍兴县里谷社遗址再发掘》，《南方文物》1992年第3期。
2. 浙江省文物考古研究所等《绍兴陶里壶瓶山遗址发掘简报》，《浙江省文物考古研究所学刊》，长征出版社，1997年。
3. 刘侃《绍兴西施山遗址出土文物研究》，《东方博物》2009年第2期。
4. 孙维昌《上海市金山县查山和亭林遗址试掘》，《南方文物》1997年第3期；上海博物馆考古部《上海金山亭林遗址1988、1990年良渚文化墓葬的发掘》，《考古》2002年第9期。
5. 上海市文物保管委员会《上海市金山县戚家墩遺址发掘簡报》,《考古》1973年第1期。
6. 孙维昌《上海青浦寺前村和果园村遗址试掘》，《南方文物》1998年第1期。
7. 南京博物院《江苏越城遗址的发掘》，《考古》1982年第5期。
8. 苏州市博物馆《苏州新庄东周遗址试掘简报》，《考古》1987年第4期。
9. 南波《吴县唯亭公社出土印纹陶、釉陶器物》，《文物》1977年第7期；南京博物院《江苏吴县草鞋山遗址》，《文物资料丛刊》第3辑，文物出版社，1985年。
10. 南京博物院等《江苏吴县张陵东山遗址》，《文物》1986年第10期。
11.《江苏文物综录·遗址·西塘河遗址》，1988年。
12. 丁金龙《苏州澄湖遗址发掘报告》，《苏州文物考古新发现——苏州考古发掘报告专辑（2001-2006）》，古吴轩出版社，2007年。
13. 南京大学历史系考古专业等《江苏常熟钱底巷遗址发掘报告》，《考古学报》1996年第4期。
14. 南京博物院《苏州市和吴县新石器时代遗址调查》，《考古》1961年第3期；姚勤德《江苏吴县南部地区古遗址调查简报》，《考古》1990年第10期。
15. 吴县文物管理委员会《江苏吴县越溪张墓村遗址调查》，《考古》1989年第2期。

到宁镇皖南地区和江淮地区，但除了仪征甘草山遗址[1]发现有越文化遗存外，宁镇皖南地区和江淮地区战国时期的越国聚落遗址十分罕见。

（二）文化分期

越国遗址中，层位关系相对复杂的有壶瓶山、袍谷、戚家墩、越城、新庄、钱底巷等遗址，其中最典型的是贯穿越文化始终的绍兴壶瓶山遗址。

根据以上遗址的层位关系，越文化可分作五期。[2]

第一期，商末至西周初，文化层堆积有亭林遗址第3层、钱底巷遗址和青浦寺前遗址。

炊器有敞口鼎、鼓腹圆锥足鼎、鼎甗合体的鼓腹锥足甗等；食器有浅腹圜底三足盘、浅盘细高柄圈足豆、平底圈足簋、敛口钵、浅腹盘、三足盘等；盛器有敞口或直口罐、小口广肩罐、小口球腹罐、束颈瓮、绹索状耳的罍、带流刻槽盆、杯等。

陶器纹饰有绳纹、菱形云雷纹、回纹、席纹等，纹饰的特征是拍印浅细。

石器有石锛、有段石锛、单面刃石刀、石镞、石矛等。

第二期，西周晚期至春秋早期，文化层堆积有亭林上层、越城上层、壶瓶山遗址第三层等。

炊器有浅腹、扁足或椭圆形足的鼎，出现仿青铜器的方形鼎耳，鼎甗合体的甗消失不见；食器有三足外撇的盘、凸底三矮足盘、斜腹平底鉢、凸棱高圈足豆、矮圈足深腹豆、矮圈足簋、敛口盂、高足杯、青瓷弧腹碗、深盘折腹豆、折肩盂、浅腹碟等；盛器有侈口或直口圆腹席纹罐、高领或矮领罐、敛口鼓腹大平底罐、短颈耸肩或长颈圆肩的罍、小口扁腹小平底的瓿、深腹或折腹大平底盆、敞口瓮、青瓷罐等。

陶器纹饰有绳纹、方格纹、曲折纹、菱形纹、叶脉纹、席纹、回纹、筛格纹、云雷纹等。

石器有石犁、石刀、石锛、石镞等，发现青铜镞等小件青铜器。

---

1. 江苏省驻仪征化纤公司文物工作队《仪征胥浦甘草山遗址的发掘》，《东南文化》第二辑，1986 年。
2. 毛颖、张敏《长江下游的徐舒与吴越》，湖北教育出版社，2005 年。

第三期，春秋早、中期，文化层堆积仅见绍兴壶瓶山第二层。

炊器有夹砂红陶鼎、敞口釜等；食器有高柄或矮圈足豆、直口杯、敞口钵或敛口钵、三矮足盘、鸭嘴形足三足盘、青瓷碗等；盛器有敞口高弧颈罐、卷沿矮颈罐、小直口罐、敞口尊等。

陶器纹饰有席纹、叶脉纹、筛格纹、云雷纹、回纹等。

石器有石刀、石锛，青铜器有钁、凿等。

第四期，春秋晚期至战国早期，文化层堆积有戚家墩下层、亭林上层等。

炊器有盆形浅腹三扁圆足或乳丁足鼎、深腹釜、鼓腹盆形甑等；食器有深腹平底或假圈足杯、高柄豆、卷沿浅腹平底或三足盘、直口折腹盂、浅腹平底鉢，青瓷曲腹碗、直口杯等；盛器有鼓腹或圆肩罐，罐平底或附三乳状小足，有的带宽条形把手，高领球腹或深腹平底罐、浅腹或深腹平底盆、小口深腹罈、高领平底三乳丁足壶、子口浅腹凹底盒、敛口深腹平底匜等。

陶器纹饰有绳纹、筛格纹、席纹、米字纹、麻布纹、叶脉纹、圆圈纹、水波纹、细方格纹、弦纹等。

青铜器有镰、铲、削、镞等。

第五期，战国中晚期，主要有袍谷遗址。

炊器有带鋬直腹圜底三短蹄足鼎或三乳丁足鼎，斜腹带箅甑等；食器有侈口或直口、斜弧腹或折腹的喇叭形圈足豆、敛口弧腹平底碗、弧腹平底钵、直口鼓腹平底三足盂、敛口或子母口斜腹平底钵、弧腹假圈足碗、直口凹底盅等；盛器有平肩或宽斜肩弧腹平底罐，有的罐附三乳足，束颈弧肩、斜弧腹平底鉴或敛口折弧腹平底盆、扁腹提梁三乳足盉、侈口直颈弧肩罈、卷沿弧肩鼓腹罐等。

陶器纹饰有米格纹、细麻布纹、水波纹等。

石器有刀、镰等，青铜器有镞等。

越文化的分期是以绍兴壶瓶山遗址的地层叠压关系为依据的，而吴文化的分期是以历史发展阶段为依据的，因此吴文化分期以及与越文化分期的依据有一定的区别，两者的分期也不可相互对应。

（三）文化特征

区分吴越遗址的标准除根据特定的时间和特定的地域等要素之外，文化内涵也是一项特定的要素。

吴文化的主要炊器为陶鬲，而越文化的主要炊器为陶鼎。吴国遗址不仅有大量的陶鬲和鬲形甗，也有陶鼎；而越国遗址除陶鼎和鼎形甗之外，不见陶鬲。

吴越炊器的差异是显而易见的，陈元甫先生曾对这一文化现象进行过分析："目前已知苏南太湖地区迄今尚未见到陶鬲，作为早期越文化的马桥四层遗存，炊器中未见有鬲出现，浙北地区也几乎不见有鬲。这种有鼎无鬲的格局与宁镇地区盛行鬲的格局是泾渭分明的，它恰与浙东、浙西的文化面貌不谋而合。"[1]

陶鼎是越国遗址最主要的炊器，越国造型独特的鼎又称"越式鼎"。

"越式鼎"的概念是由俞伟超先生首先提出的[2]，其后有学者就"越式鼎"进行过专题研究[3]。

"越式鼎"既有青铜鼎，也有陶鼎和青瓷鼎，越国遗址出土的主要为"越式陶鼎"和"越式青瓷鼎"。

"越式陶鼎"的造型与青铜鼎相似，流行于两周时期百越族群分布的区域内。"越式陶鼎"的主要特征为素面，浅腹盆形，立耳，圜底或圜底近平，三足细高，外撇，主要流行于春秋战国时期；"越式青瓷鼎"扁腹罐形，直口或侈口，三矮足外撇，饰棘刺纹，施青釉，主要流行于春秋早、中期。

三、吴越聚落比较

吴越聚落遗址的差异是显而易见的。

吴国聚落遗址主要沿漳河、青弋江、水阳江、姑溪河、慈湖河、秦淮河和长江两岸呈团聚型分布，分布规律具有较强的军事性，因此吴国聚落遗址

1. 陈元甫《土墩墓与吴越文化》，《东南文化》1992 年第 6 期。
2. 俞伟超《关于楚文化发展的新探索》，《江汉考古》1980 年第 1 期。
3. 彭浩《我国两周时期的越式鼎》，《湖南考古集刊》第 2 辑，岳麓书社，1984 年；何介钧、何纪生《古代越族的青铜文化》，《湖南考古集刊》第 3 辑，岳麓书社，1986 年；叶文宪《越式鼎溯源》，《东南文化》1988 年第 6 期；向桃初《"越式鼎"研究初步》，《古代文明》第 4 卷，文物出版社，2005 年。

可能既是生产单位，也是军事单位。

越国聚落遗址的分布范围虽然广大，但至今尚未进行过系统的区域调查，因此越国聚落遗址的分布规律不明。

经考古发掘的吴国聚落遗址数量较多，出土的文化遗物也较丰富，根据文化遗物的发展演变规律和吴文化的历史发展阶段，吴文化分为四期，基本贯穿了吴文化发生、发展、迅速繁荣和迅速衰亡的全过程。

经考古发掘的越国聚落遗址数量较少，出土的文化遗物也相对贫乏，虽然越文化分期是以绍兴壶瓶山遗址的地层叠压关系为依据，但越文化的分期与越文化的历史发展阶段未必一一对应。

吴文化是以鬲为主要炊器的考古学文化，越文化是以鼎为主要炊器的考古学文化，陶鬲与陶鼎代表了我国两大文化传统的炊器，鬲有着庞大而复杂的谱系[1]，而鼎则演化为国家政权的象征[2]和最重要的礼仪用器[3]。

虽然吴越炊器存在着明显的差异，但吴越的印纹硬陶器、青瓷器却表现出高度的一致性。1989年在进行宁镇地区青铜文化谱系与族属研究时，已意识到“太湖流域和钱塘江一带生产青瓷的历史可以上溯到商代，生产几何印纹硬陶的历史甚至更早。而宁镇地区到目前为止尚未发现一座这一时期的陶窑或瓷窑，因此，宁镇地区的青瓷器和印纹硬陶器显然系来自太湖流域及钱塘江流域”[4]；在其后的研究中，基本沿袭了这一认识[5]。

---

1. 杨晶主编《中国陶鬲谱系研究》，故宫出版社，2014年。
2.《左传》宣公三年：“昔夏之方有德也，远方图物，贡金九牧，铸鼎象物，百物而为之备，使民知神、奸。故民入川泽山林，不逢不若。螭魅罔两，莫能逢之，用能协于上下以承天休。桀有昏德，鼎迁于商，载祀六百。商纣暴虐，鼎迁于周。德之休明，虽小，重也。其建回昏乱，虽大，轻也。天祚明德，有所底止。成王定鼎于郏鄏，卜世三十，卜年七百，天所命也。周德虽衰，天命未改，鼎之轻重，未可问也。”
3. 俞伟超、高明《周代用鼎制度研究（上）》，《北京大学学报（哲学社会科学）》1978年第1期；俞伟超、高明《周代用鼎制度研究（中）》，《北京大学学报（哲学社会科学）》1978年第2期；俞伟超、高明《周代用鼎制度研究（下）》，《北京大学学报（哲学社会科学）》1979年第1期；张闻捷《周代用鼎制度疏证》，《考古学报》2012年第2期。
4. 张敏《宁镇地区青铜文化谱系与族属的研究》，《南京博物院建院60周年纪念文集》，1993年。
5. 张敏《宁镇地区青铜文化研究》，《长江流域青铜文化研究》，科学出版社，2002年。

吴国遗址出土的印纹硬陶器、青瓷器均来自越国，因此越国遗址出土的印纹硬陶器、青瓷器与吴国遗址、墓葬出土的印纹硬陶器、青瓷器的器类、造型、纹饰完全相同，为此，叶文宪先生提出“吴越同器说”，并整理出印纹硬陶器和原始青瓷器的比较图。[1]

“吴越同器”之说虽不无道理，但忽略了吴越炊器存在的差异。

吴国的夹砂陶器、泥质陶器皆产自本地，在吴国遗址中常发现有成片的红烧土堆积，可能为烧制夹砂陶器和泥质陶器小型的土窑遗迹，而在吴国境内，从未发现过烧制印纹硬陶器、青瓷器的窑址，准确的表述应为吴越的印纹硬陶器和青瓷器是相同的。

吴的主要炊器是陶鬲，而越的主要炊器是陶鼎，故“吴越同器”之说恐有失偏颇，因为只有吴越的印纹硬陶器和青瓷器可谓“吴越同器”。

无论是造型纹饰还是坚固耐用，印纹硬陶器和青瓷器的美观性和耐用性显然优于夹砂陶器和泥质陶器。

在吴越周边的楚、徐、舒、宋、齐、鲁、莒、郯等国，虽也发现有印纹硬陶器和青瓷器，但数量极少；而吴国不烧制印纹硬陶器和青瓷器，却举国上下大量使用具有他国文化传统的印纹硬陶器和青瓷器，应为一个特殊的文化现象。

出现这一特殊文化现象的原因是印纹硬陶器和青瓷器的生产已成为越国国家经济的支柱产业，向吴国大量输出印纹硬陶器和青瓷器，当为越国的国家行为，是越国的基本国策，因为越向吴倾销印纹硬陶器和青瓷器可能与换取吴国铜资源的输入有关。

吴越聚落遗址的分布存在差异，吴越的主要炊器分属不同的体系，但吴越聚落遗址出土的印纹硬陶器和青瓷器却表现出高度的一致性。

1. 叶文宪《考古学视野下的吴文化和越文化》之“吴、越几何印纹硬陶器比较表”、“吴、越原始青瓷器比较表”，中国社会科学出版社，2015 年。

第二节　吴越城址

城址是吴越文化比较研究的重要内容。

城的出现是社会发展进入文明的标志之一，由于城内往往集中较多的人口，故《说文·土部》云："城，以盛民也。"

城的基本功能是防御，《墨子·七患》"城者，所以自守也"；《谷梁》隐公七年 "城为保民为之也"。

城由最初的单重逐渐发展为多重，即出现了城、郭之分，《管子·度地》"内为之城，城外为之郭"；《墨子·非攻》"三里之城，七里之郭"。

《周礼·考工记·匠人》"匠人营国。方九里，旁三门。国中九经九纬，经涂九轨。左祖右社，面朝后市……门阿之制，以为都城之制。宫隅之制，以为诸侯之城制"，郑玄注 "宫隅，城隅，谓角浮思也"，孙诒让《周礼正义》引焦循曰"角，即四隅之谓。浮思者，《广雅》《释名》《古今注》皆训为门外之屏。角浮思者，城之四角为屏以障城，高于城二丈，盖城角隐僻，恐奸宄逾越，故加高耳"。

吴越是蛮夷国家，吴越皆筑城，但吴越所筑之城似乎都不合《周礼》；吴越虽都有都城，但吴越都城尤其是吴国都城的性质与功能俱发生了扭曲，因此吴越都城研究不可套用中原都城的模式。吴越城址的选址和形制，既反映了吴越城址的不同性质和不同功能，也表现了吴越筑城的不同心态。

城址的国属和性质是吴越城址研究的第一要义，有争议的吴越城址须进行国属的考证。因此对于吴越城址国属的厘清，首当其冲。

城址是吴越文化研究的重要内容之一，现存的吴越城址多为都城遗址。

都城是国家的政治、军事、经济、文化和交通中心，也是大型建筑基址和大型贵族墓葬分布较为集中的区域。

吴越都城是研究探讨吴越社会形态和吴越兴亡的重要内容之一，也是研究先秦史和我国城市发展史的重要内容之一。

目前发现的吴国城址大多可与历史文献互证，且多为吴国都城；而文献记载的越国古城多十分渺茫，目前发现的越国城址也多与历史文献无征。

一、吴国城址

吴国的疆域主要在长江以南的宁镇皖南地区，吴王阖闾时扩张至太湖西区，吴王夫差时扩张至太湖东区。

《越绝书·军气》“吴故治西江”。水阳、青弋二水均为长江南岸支流，水阳在东、青弋在西，水阳流至芜湖县清水镇汇入青弋江，水阳、青弋又称东江、西江，西江即青弋，青弋、水阳之东为姑孰溪，姑孰与姑苏、句吴古音相同，姑孰溪流域有丰富的周代文化遗存。[1]

青弋江流域为吴国故地，吴故治西江即吴国故都在西江一带；或以为“‘吴故治西江’的‘吴故治’即吴故都（今苏州），‘西江’即今太湖”[2]，恐不确。

见诸《春秋》《左传》和《史记》的吴城有鸠兹、固城、朱方、吴、姑苏、邗；在宁镇皖南地区和太湖地区经考古调查和考古发掘的吴国城址有鸠兹城、葛城、固城、阖闾城、木渎古城以及邗城等。[3]

（一）吴国城址

1. 鸠兹城

鸠兹城位于安徽芜湖县花桥镇北，俗称楚王城。

鸠兹城南临水阳江，一江之隔即当涂的千年古镇——黄池镇。

《左传》襄公三年（前570）“春，楚子重伐吴，为简之师，克鸠兹，至于衡山”，杜预注“鸠兹，吴邑，在丹阳芜湖县东”。

---

1. 中国国家博物馆等《安徽省当涂县姑溪河流域区域系统调查简报》，《东南文化》2014年第5期。

2. 王文清、李冬梅《〈越绝书〉吴、越“故治”及“西江”考释》，《百越文化研究》，厦门大学出版社，2005年。

3. 张敏《吴国都城初探》，《南方文物》2009年第2期。

鸠兹城的城垣保存较好，城依山构筑，东西长380、南北宽310米，城墙高约8.5、墙基宽约1、墙体厚约3～5米，现存东、南、西、北四座城门。

经考古调查，现存鸠兹城为汉代所筑，应为汉代的芜湖县而非春秋时期的鸠兹城。

鸠兹城附近的望马墩遗址曾出土过西周时期的陶簋、陶鬲、陶盆和春秋时期的印纹硬陶罐等，鸠兹城东南的九女墩可能为春秋时期的大型土墩墓。

鸠兹城附近曾出土过西周时期的石斧、陶簋、陶豆、陶鼎足，春秋时期的青铜剑、印纹硬陶罐残片，战国时期的蚁鼻钱以及西汉时期的陶水管、绳文筒瓦残片等，推测西汉芜湖县城是在鸠兹城的基础上重建的。[1]

鸠兹扼中江水道之要冲。

2. 葛城

葛城位于江苏丹阳市珥陵镇，并与珥城、神河头等遗址构成遗址群。

葛城内城呈不太规则的长方形，周长约660余米。内城外有三道城壕，城壕系统较为复杂，目前已确认与葛城同时期的两道城壕，距第一道壕约50～60米为第二道壕，第一道壕宽8.5～13米，第二道壕宽13.5～15米，在第二道壕南面向外引出一条称为“长沟”的古河道。

经考古勘探和发掘，内城有相互叠压且方向不尽一致的三个时期的城墙和四个城门，东西、南北门之间有宽约4米的道路，南北向道路出北门后延伸至城外，越过第二道壕沟；城内的布局因城墙的相互叠压而显得空间较小，未见高土台，仅在城的西北角探明有一块东西长22米，南北宽18米，面积约400平方米的红烧土堆积区，应为主要建筑所在。[2]葛城三期城墙的时代分别为西周早中期、西周晚至春秋早期和春秋中晚期，因此葛城遗址为始筑于西周，沿用至春秋晚期的吴国古城遗址，是目前发现年代最早的吴国城址（图二一）。

---

1. 张敏《鸠兹新证——兼论西周春秋时期吴国都城的性质》，《东南文化》2014年第5期。
2. 镇江博物馆考古队《江苏丹阳葛城遗址勘探试掘简报》，《江汉考古》2009年第3期；南京博物院等《江苏丹阳葛城遗址考古勘探与发掘简报》，《东南文化》2010年第5期。

葛城周边墓葬和窖藏的年代大致可分为三个时期，即西周早期、两周之际和春秋晚期，与葛城三次建城的时期基本对应。

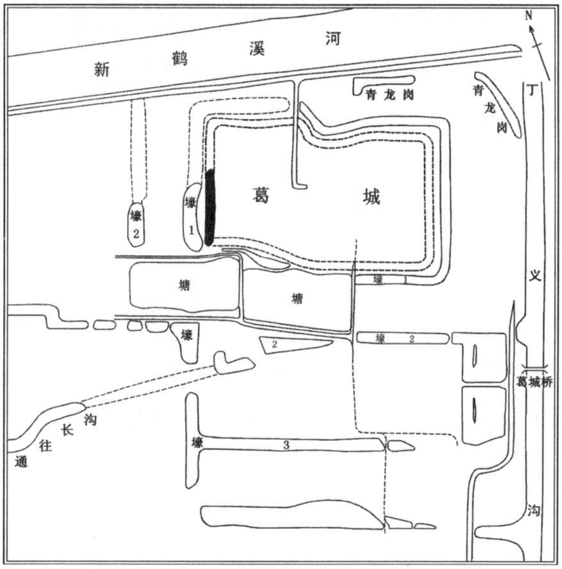

图二一　葛城复原示意图

3. 固城

固城位于江苏高淳县固城镇，也俗称楚王城。

固城南濒胥河（古濑水），胥河向东流入太湖，向西经固城湖可通青弋江。固城的周围群山环抱，西北是浩瀚的固城湖，与鸠兹城一样，固城也扼中江水道之要冲。

《左传》昭公十三年（前 529）：“因群丧职之族，启越大夫常寿过作乱，围固城，克息舟，城而居之。”

固城分为外城和内城。外城东西长约 1450 米，南北宽约 800 米，城垣周长 3915 米，北城垣保存较好，为夯土堆筑，墙基宽 41 米，顶宽 25 米，残高 4 ~ 6 米，城外有护城坡；内城呈长方形，东西长 196 米，南北宽 121 米。城垣的四面均有城门。

固城遗址仅作过考古调查和勘探，固城周围有 140 余座土墩墓，附近有湖熟文化——吴文化遗址分布，在内城内曾出土过西周时期的青铜戈，内城的西部和西北部曾出土过春秋时期的青铜剑、青铜编钟、青铜镞和方格纹、叶脉纹、填线复线回纹等印纹陶片，内城的南部还出土过楚郢爰等。

《景定建康志》引《滕公庙碑》：“楚灵王与吴战，吴军不利，遂陷此城（固城）……伍员奔吴，阖庐用为将军，败楚故城，宫殿烟焰，逾月不灭”[1]，显然是指吴之固城失陷之后又反攻收复固城。

固城的内城中现存高土台，可能为宫殿遗址。

1. 宋·周应合《景定建康志》，南京出版社，2009 年。

固城周边有土墩墓分布，沿固城湖的山顶上有高大的封土，固城湖南面的九龙山顶有特大型封土堆，四周有大型封土堆，当为春秋时期的吴国贵族墓葬群。

4. 阖闾城

阖闾城位于江苏常州雪堰桥镇与无锡胡埭镇之间，东临太湖，北靠仆射山、胥山、虾笼山等。

《越绝书·吴地传》：“阖庐之时，大霸，筑吴［越］城[1]。城中有小城二。徙治胥山。……吴大城，周四十七里二百一十步二尺。陆门八，其二有楼。水门八。南面十里四十二步五尺，西面七里百一十二步三尺，北面八里二百二十六步三尺，东面十一里七十九步一尺。阖庐所造也。吴郭周六十八里六十步。吴小城，周十二里。”

《吴越春秋·阖闾内传》：“子胥乃使相土尝水，象天法地，造筑大城。周回四十七里，陆门八，以象天八风，水门八，以法地八聪。筑小城，周十里，陵门三，不开东面者，欲以绝越明也。”

不知何据的“阖闾城”之名首现于“一正三吴”的《史记正义》：“吴，国号也。……至二十一代孙光，使子胥筑阖闾城都之，今苏州也。”以筑城者之名为城名，古今仅此一例。因“阖闾城”之名已沿用至今，故仍名之。

阖闾城有外城和内城，外城即大城，阖闾大城高出地面的部分现已不存，仅在大城的西南角发现宽约 34 米墙基。根据城壕推测，大城呈长方形，东西长约 2100 米，南北宽约 1400 米，面积约 2.94 平方公里，外有保存完好的城壕。内城分为东、西两小城，两城的东西长约 1300 米，南北宽约 500 米，面积约 0.65 平方公里，城墙高出地面 2 ～ 3 米，墙基宽约 20 米，东城墙和南城墙保存较好，西城墙和北城墙已不存在，内城的南城和西城外的城壕保存较好。东城内发现春秋时期的水井 1 口。西城的北半部有一道东西向的土墙，将西城分为南区和北区，南区内有高台建筑遗迹 5 处，其中西面的 3 号高台建筑基址长约 70 米，宽约 35 米，以 3 号高台为中心，坐西朝东，呈对称分布；北区内有高台建筑遗迹 1 处。西城与东城之间有陆门 1 座，并有长约 10 米的道路；西城的南区与北区之间有陆门 1 座，西城南面发现水门 2 座，水门两侧有成排的

1. 据下文“吴大城、吴郭、吴小城”推之，“筑吴越城”之“越”当为衍文。

木桩。

据考古勘探，阖闾城遗址有马家浜文化、马桥文化、春秋早中期三个时期的文化层堆积，表明阖闾城在建造之前的春秋早中期此地已成为人口密集的聚落；茅山以东在春秋早中期属越，阖闾小城的墙基打破春秋早中期文化层，东小城又被汉代墓葬打破，据此推测阖闾城的年代为春秋中期之后，汉代之前；由于汉代或汉代之前除吴大城、吴小城外，今无锡、常州一带未见筑城的记载，而与春秋战国至西汉时期的吴、云阳（曲阿）、昆陵、无锡等地望不合，因此推测阖闾城遗址即阖闾之时所筑的“吴城”，其年代为春秋晚期。[1]

阖闾城的水系为间江，引间江入阖闾大城和东西小城后，形成城外的环壕和城内的水系，出阖闾大城后流入太湖。

阖闾大城北面有胥山，胥山下有胥山湾，胥山湾在春秋时期为与太湖相通的湖湾（图二二）。

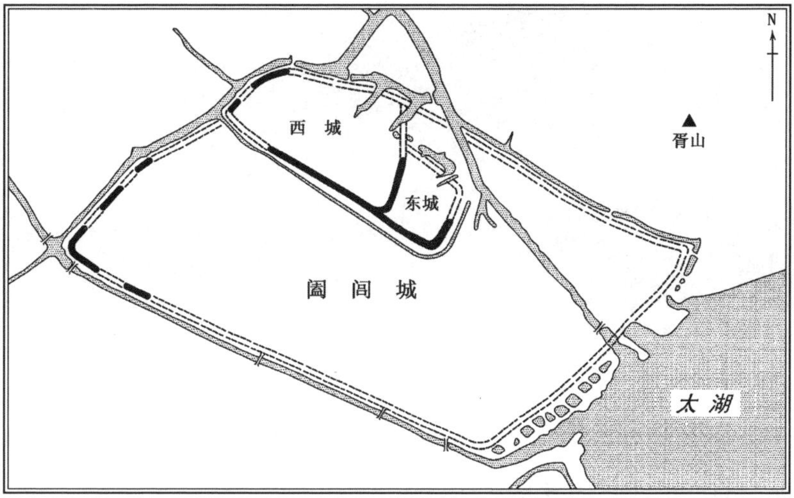

图二二　阖闾城复原示意图

胥山北面是临太湖的龙山山脉。龙山山脉自西南向东北为龙山、鸡笼山、马鞍岭、东湾山、莲花山、青龙山、惠山，总长6850米，支山脉总长4800米，沿太湖的山湾即著名的太湖十八湾。

1. 张敏《阖闾城遗址的考古调查及其保护设想》，《江汉考古》2008年第4期。

龙山山脉、支山脉的山顶和山脊分布着90余座大大小小的石室土墩墓，在龙山发掘的7座石室土墩墓的年代为春秋早中期，与阖闾城遗址第三期文化层堆积的时代相同，为越国墓葬。

龙山山脉的山顶和山脊沿十八湾分布着蜿蜒起伏的石城，现存石城15段，长4393米，石城依山势高下而筑，两面用大石块垒砌，中部填土，宽约1.0 ~ 1.1米，残高约0.4 ~ 0.7米。石城的走势与石室土墩墓相同，在石城与石室土墩墓的交接部，石城叠压在石室土墩墓的封土之上（图二三）。

图二三　龙山石城叠压于石室土墩墓封土

石室土墩墓的年代为春秋早中期，龙山石城的年代应晚于春秋中期，据此推测龙山石城的年代为春秋晚期。

龙山石城为阖闾城的外围屏藩，也可能为《越绝书》所云的“吴郭”。

阖闾城是吴国唯一一座经过精心规划和设计后建筑的城，也可能是唯一一座参考楚国郢都的布局而建筑的城，但阖闾城是一座没有完工的城。

据考古勘探，小城的建造已经完成，西城内的大型建筑台基以3号高台为中心，坐西朝东，呈对称分布，应为宫殿一类的建筑，《越绝书·吴地传》中有“阖庐宫、南城宫、东宫”等，可能为大型建筑的宫名；而大城仅发现环壕并在西城墙和西南角发现城墙的墙基，表明阖闾城沿用时间不长，建造尚未完工即遭废弃。

阖闾筑城当在公元前 506 年之后，阖闾卒于槜李，时在公元前 496 年，筑城仅有时间十年；《越绝书·吴地传》“（阖庐）秋冬治城中，春夏治姑胥之台”，《吴越春秋·阖闾内传》“阖闾出入游卧，秋冬治于城中，春夏治于城外，治姑苏之台。……斯止阖闾之霸时”，据此推测阖闾在公元前 496 年之前已徙治姑苏，更表明筑城时间不足十年。

《春秋》定公十四年（前 496）“五月，于越败吴于槜李。吴子光卒”；《左传》“吴伐越。越子句践御之，陈于槜李”。阖闾伐越于槜李，自姑苏南下即至槜李，而从吴城（阖闾城）至槜李则需绕半个太湖，槜李之战也可作阖闾之时已徙治姑苏的一个旁证。

5. 木渎古城

苏州城的格局基本沿袭宋平江府，苏州城可上推至西汉会稽郡，但今苏州并非春秋时期的姑苏。

《荀子·宥坐》“吴子胥不磔姑苏东门外乎”；《国语·吴语》“今王既变鲧禹之功，而高高下下，以罢民于姑苏”；《国语·越语》“吴王帅其贤良与其重禄，以上姑苏”；《史记·吴太伯世家》“吴师观之，越因伐吴，败之姑苏……吴王悉精兵以伐越，败之夫椒，报姑苏也”。

木渎古城即姑苏城，位于苏州木渎镇、胥口镇的穹隆山一带。

2000 年苏州博物馆在苏州的木渎一带进行考古调查，2001 年苏州博物馆试掘了五峰村古城墙、新华村城墙和金山村古城墙，张照根先生称发现了“大城遗迹、小城遗迹、郭城遗迹、城门遗迹、房屋台基”，认为出土的文化遗物“显具春秋晚期特征”，“这一规模巨大的春秋晚期城址，非一般性城址所能比，我们调查到的口碑资料涉及诸侯争雄、伍子胥营造、城的布局结构和城的攻破等情况，从一个侧面说明城址是吴国晚期的都城”[1]；姚继元、王建华先生据此进行了“定量分析”，认为文献记载的吴大城就是现在新发现的大型城址[2]。

1. 张照根《苏州春秋大型城址的调查与发掘》，《苏州铁道师范学院学报（社会科学）》2002 年第 4 期。

2. 姚继元、王建华《吴都地望及其定量分析》，《苏州科技学院学报（社会科学）》2003 年第 4 期。

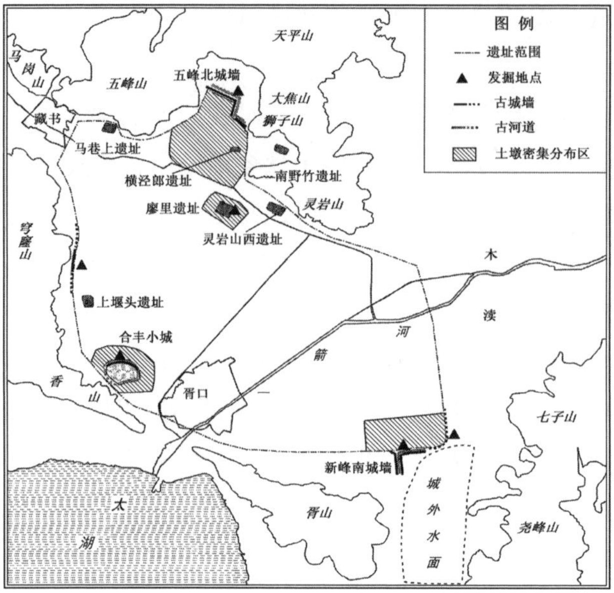

图二四（1） 木渎古城主要遗存分布示意图

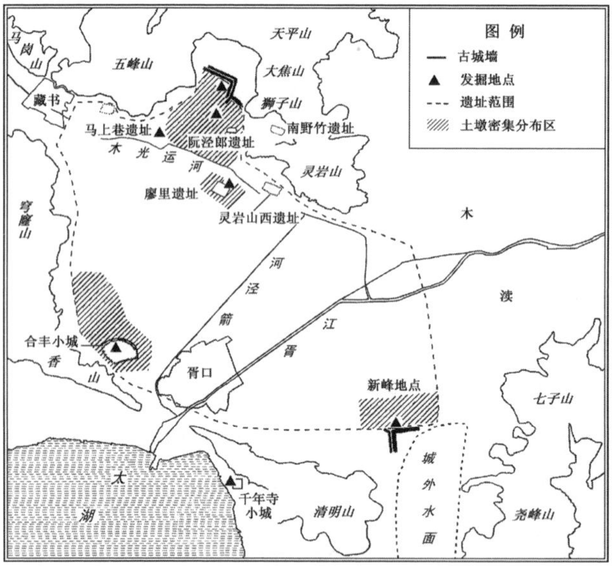

图二四（2） 木渎古城遗存分布示意图

2009~2014 年，中国社会科学院考古研究所与苏州市考古研究所组成苏州古城联合考古队，对木渎古城及其周围地区进行了大规模的区域调查和考古发掘，并先后发表了两篇考古发掘报告[1]，并分别冠以“木渎古城主要遗存分布示意图”和“木渎古城遗存分布示意图”，公布了木渎古城各类文化遗存的分布（图二四）。

《越绝书·吴地传》：“阖庐之时，大霸，筑[吴]越城。城中有小城二。徙治胥山。……吴大城，周四十七里二百一十步二尺。……吴郭周六十八里六十步。吴小城，周十二里。”因《越绝书》中有吴王阖闾“徙治胥山”的记载，于是在第一次的考古发掘报告的“木渎古城主要遗存分布示意图”中将“清明山”改为“胥山”，

1. 中国社会科学院考古研究所等《江苏苏州市木渎春秋城址》，《考古》2011 年第 7 期；中国社会科学院考古研究所等《苏州木渎古城 2011–2014 年考古报告》，《考古学报》2016 年第 2 期。

而在第二次的考古发掘报告的“木渎古城遗存分布示意图”中，不知何故又将“胥山”改成“清明山”。

两次公布的木渎古城遗存分布示意图，基本都是凌乱的各类遗迹现象而不见古城的规模和完整的布局。

第一次的考古发掘报告认为“据文献记载，东周时期吴国曾建都于苏州一带，但一直未获考古发现证据的支持。本次春秋时期大型城址的发现为这一问题的解答提供了重要的考古学线索”。报告依据对考古调查和发掘的城墙、城门等各类遗存的年代、等级和性质的研究及对由各类遗存所构成的聚落群的综合分析，目前可初步认定苏州西南部山区木渎、胥口一带山间盆地内存在一处大型遗址，其性质为“一座春秋晚期具有都邑性质的城址”。

第二次的考古发掘报告认为“木渎古城有可能未构筑完整的城墙，而是在山口处因地制宜地构筑防御设施，利用周边的山体作为天然的城墙，从而构筑起较为完备的防御体系；……木渎古城范围内在西周晚期、春秋早期已有较高等级遗存，在春秋晚期出现了一处大规模的城址，该城址可能一直沿用到西汉晚期。……但在有确切文字资料出土之前，尚难将这座城址与吴国都城等具体对应，然而其为一座具有都邑性质的大型城址则无可疑。”

报告认为木渎古城为一座春秋晚期具有都邑性质的城址，可以理解；但报告将木渎古城年代定为春秋晚期，似乎没有令人信服的考古学证据；而仅“据文献记载，东周时期吴国曾建都于苏州一带”来确定古城的性质，显然是在未认真梳理历史文献的情况下得出的结论，因为除“一正三吴”中的《史记正义》有“至二十一代孙光，使子胥筑阖闾城都之，今苏州也”的记载，先秦两汉史籍中不见“吴国曾建都于苏州”的记载。

6. 天目山古城与佐安城

《管子·小问》“昔者吴干战，未龀不得入军门。国子揤其齿，遂入干国多”，郭沫若先生认为“干国之灭可能在春秋以前，至迟亦当在春秋初年”[1]。干国城址有天目山古城。

天目山古城遗址位于姜堰城区北部，分为内城和外城，有城墙和河道。外城平面略呈椭圆形，东西长170、南北宽160米，面积约25000平方米；内

1. 郭沫若《吴王寿梦之戈》，《奴隶制时代》，科学出版社，1957年。

城墙位于外城内的东北部，西城墙、南城墙与外城相隔离，东侧城墙与内城合一，边长约70米，面积约4000平方米（图二五）。内城的中部偏北发现人工堆筑的台基1座，东西长约15、南北宽约10米。[1]

城址规模虽小，但其内外城结构和水道环绕的特点，明显具有江南水网地区古代城市的风貌。天目山城址沿用的时间为西周早期至两周之际，与邗国存亡的时间相同，因此姜堰天目山古城的国属为干而不是吴。

吴灭干后，亦时称干。清代王先谦《荀子集解·劝学》："吴干先为敌国，后干并于吴，《管子》'吴干战'及《左传》'吴城邗'即其明证。干为吴灭而吴一称干，犹郑为韩灭而韩亦称郑。"

《左传》哀公九年（前486）："秋，吴城邗，沟通江淮。"

邗即干，西周时期的仪征一带为干国的政治中心，1930年仪征破山口西周墓被盗掘，据传曾出土青铜器100余件，大多流失海外，现有10余件存国内博物馆[2]，经考证，破山口西周墓可能为干王之墓。[3]

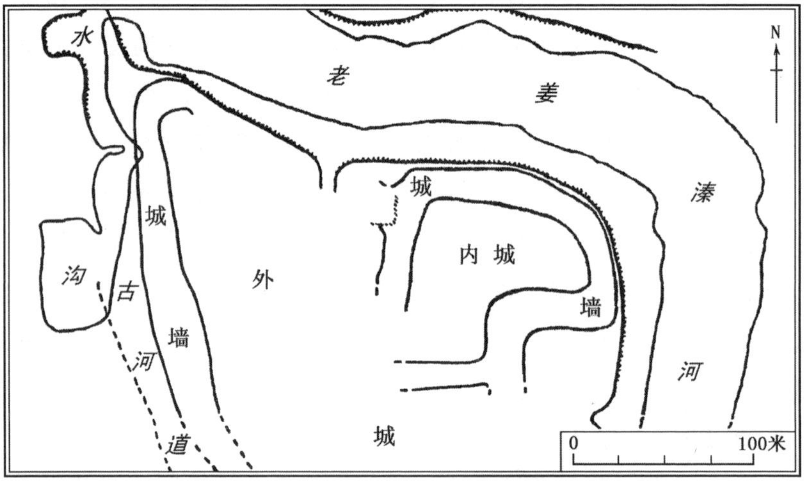

图二五　天目山古城遗址平面图

1. 南京博物院等《江苏姜堰天目山西周城址发掘报告》，《考古学报》2009年第1期。
2. 王志敏、韩益之《介绍江苏仪征过去发现的几件西周青铜器》，《文物参考资料》1956年第12期；尹焕章《仪征破山口探掘出土铜器纪略》，《文物》1960年第4期。
3. 张敏《破山口青铜器三题》，《东南文化》2002年第6期；张敏《吴越贵族墓葬的甄别研究》，《文物》2010年第1期；张敏《吴越贵族墓葬的等级研究》，《李下蹊华——庆祝李伯谦先生八十华诞论文集》，科学出版社，2017年。

仪征胥浦乡佐安村北有一春秋城址，《嘉靖仪征县志》《乾隆仪征县志》《光绪仪征县志》俱云此城为春秋佐安城。

干为吴所灭，吴灭干的时间当在两周之际；在佐安城调查时曾采集到小席纹、小方格纹等印纹陶片，其年代俱为春秋晚期，佐安城与“吴城邗”的时代相当。

《水经注·淮水》：“昔吴将伐齐，北霸中国，自广陵城东南筑邗城，城下掘深沟，谓之韩江，亦曰邗溟沟。”楚广陵城在扬州市西北的蜀岗一带[1]，佐安城在其西南，《水经注》所云“自广陵城东南筑邗城”，东南可能为西南之误，而不是西北之误。

（二）吴国城址疏证

吴国城址虽经考古调查、考古勘探或考古发掘，当仍存在歧义，故对葛城、阖闾城、木渎古城和佐安城作简要疏证。

1. 葛城

葛城不见记载，葛城之名为历代相传。

葛，上古音为见母 [g]，之韵 [ə]，与句吴疾读声同韵近 [gə]—[gɑ]，推测葛城可能为历史文献记载的朱方。

《左传》襄公二十八年（前 548）“齐庆封……奔吴。吴句余予之朱方，聚其族焉而居之，富于其旧”；《史记·吴太伯世家》“王余祭三年，齐相庆封有罪，自齐来奔吴。吴予庆封朱方之县，以为奉邑，以女妻之，富于在齐。……十年，楚灵王会诸侯而以伐吴之朱方，以诛齐庆封”；《左传》昭公四年（前 538）“秋七月，楚子以诸侯伐吴……使屈申围朱方，八月甲申，克之”。

《世本·居篇》：“吴孰哉居藩篱。吴孰姑徙句吴。诸樊徙吴。”宋衷云“孰哉，仲雍字也；孰姑，寿梦也。句吴，太伯始居地名”，张澍稡集补注本：《诗·地理考》引《世本》云“孰姑徙丹徒句吴”。西汉丹徒即吴之朱方。[2]

---

1. 陈达祚、朱江《邗城遗址与邗沟流经区域文化遗存的发现》，《文物》1973 年第 12 期。

2. 张敏《丹徒考》，《文博通讯》1984 年第 6 期，后收入《东方文明之韵》，岭南美术出版社，2000 年。

葛城北面约 30 公里处即丹徒大港至谏壁的沿江山脉，其中烟墩山和荞麦山西周墓出土过西周早期的“宜侯夨墓”“伯簋”和鼎、鬲、簋、鬲、尊、盂、盉、卣、壶、牺尊、盘、兕觥、虬杖、兵器、车马器等青铜器；磨盘墩墓葬出土过两周之际的青铜尊、匜和车马器；北山顶和青龙山大墓出土过春秋晚期的“余昧矛”以及青铜鼎、甗、缶、编钟、编镈、錞于、丁宁、鸠杖的杖首和杖镦、兵器、车马器及石编磬等，并有人殉和人祭；谏壁王家山和粮山一号墓出土过春秋晚期的青铜鼎、甗、盉、罍、匕、虎子、匜、鉴、炉、錞于、丁宁以及兵器、工具等；而葛城附近的丹阳司徒砖瓦厂和访仙四方山也曾发现过西周中晚期窖藏和墓葬，出土过凤纹尊、鼎、方彝、簋、尊、盘、瓿等青铜器。

葛城周边墓葬和窖藏的年代大致可分为三个时期，即西周早期、两周之际和春秋晚期，与葛城三次建城的时期基本对应，葛城可能为朱方城。

2. **阖闾城**

《越绝书·吴地传》：“阖庐之时，大霸，筑[吴]越城。城中有小城二。徙治胥山。……吴大城，周四十七里二百一十步二尺。……吴郭周六十八里六十步。吴小城，周十二里。”

据《越绝书》，阖闾城当名吴城（吴大城、吴小城）；阖闾入郢，时在定公四年（前 506），筑城当在定公四年之后；阖闾城中有小城二，城北有胥山。

阖闾城的年代（春秋晚期）、布局（城中有小城二）、地标（胥山）等俱与《越绝书》相合；唯一不合的是大城的周长，以一尺长 23 厘米计[1]，大城周长不足四十七里的一半，个中缘由尚待研究。

3. **木渎古城**

据《越绝书》《吴越春秋》记载，吴王阖闾筑城，当不早于公元前 510 年，阖闾所筑之城有大城，大城内有两座小城。

木渎古城现存的城墙凌乱不堪，且有西周、春秋、战国、西汉等不同时期的文化遗存。根据木渎古城出土文化遗物推断，古城的年代为西周至春秋晚期，与阖闾筑城的年代不完全吻合；木渎古城的凌乱结构也与“城中有小城二”的布局不合。

《国语·吴语》“越王句践乃率中军泝江以袭吴，入其郛，焚其姑苏，

1. 吴慧《春秋战国时期的度量衡》，《中国经济史研究》1991 年第 4 期。

徙其大舟”；《吕氏春秋·知化》“越报吴，残其国，绝其世，灭其社稷，夷其宗庙”；《越绝书·吴王占梦》“越人入吴邦，伐宗庙，掘社稷也”；《吴越春秋·夫差内传》“越军入吴国，伐宗庙，掘社稷也”“越王闻吴王伐齐……遂入吴国，烧姑胥台，徙其大舟”。木渎古城春秋时期文化遗存的杂乱无章当与越人伐宗庙、掘社稷、烧姑胥台有关。

因此，木渎古城可能原为西周至春秋中期越国地方政权的治所，春秋晚期因吴越争霸而先后成为吴越都城。

4. 佐安城

邗古音干。邗，见母 [g] 寒韵 [an]；佐，端母 [t]，安，寒韵 [an]。见、端旁纽，“佐安”读若“邗”，“邗”与“佐安”，一疾读，一缓读。

佐安城可能为吴王夫差所筑的邗城。[1]

邗虽然不是句吴的音译，但邗与句吴一样，亦同样是以国名都，邗即吴，邗城即吴城，亦即吴国都城。

二、越国城址

虽然见诸历史文献的越国都城有秦余望南、岘里、埤中、山阴、姑苏（会稽）、琅邪等，见诸历史文献的越城有句践小城（山阴城）、山阴大城、阳城里（范蠡城）、北阳里城（大夫种城）、会稽山上城、会稽山北城、苦竹城、固陵城等，但迄今为止没有一处城址可与历史文献相对应。

句章县，秦置，属会稽郡，《汉书·地理志》“会稽郡，秦置。……句章，渠水东入海”。根据慈溪句章故城考古调查与勘探，城址三面环山，与越国古城的选址相同；根据出土的文化遗物分析，句章故城为汉城，可能始建于战国时期。[2]

---

1. 张敏《关于吴文化的几个问题》，《南京博物院集刊（9）》，1986 年。
2. 浙江宁波市文物考古研究所《句章故城考古的主要收获与初步认识》，《南方文物》2012 年第 3 期；宁波市文物考古研究所《句章故城若干问题之探讨》，《东南文化》2013 年第 2 期；宁波市文物考古研究所《句章故城：考古调查与勘探报告》，科学出版社，2014 年。

（一）越国城址

1. 淹城

淹城位于江苏省常州市南的武进湖塘镇南，有三重城墙和三道城河，分为外城、内城和子城，是目前保存最好的西周晚期至春秋中期的古城址。外城的外围还有一道外城郭（图二六）。

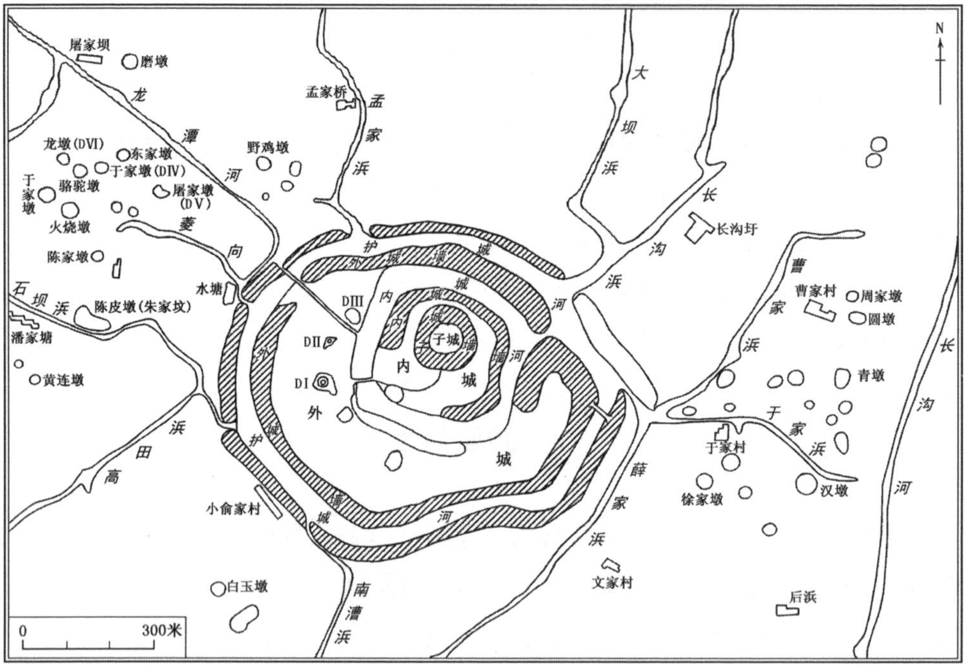

图二六　淹城遗址平面图

淹城遗址的三道城垣均系土筑而成，不挖基槽，也不见版筑与夯筑的痕迹。外城亦称外罗城，平面为不规则的圆形，周长 2580 米，墙体残高 10 米左右，底宽 25 ～ 50 米，城外环绕护城河，河宽 40 ～ 50 米，周长 3000 米左右；内城亦称中城或内罗城，平面呈方形，略偏于外城内的东北，周长 1252 米，城垣的截面为梯形，墙体残高 7 ～ 10.5 米，底宽约 20 米，城外有护城河环绕，河宽约 40 米，周长 1500 米；子城亦称王城，呈圆角方形，位于内城的中部略偏东，周长 457 米，墙体残高 10 ～ 11 米，底宽 7 ～ 10 米，亦有护城河环绕，护城河周长约 500 米，河宽约 40 米。外城之外还有一道外郭，亦称长岗或长土岗，周长约 3500 米。淹城的三道城河均有水道沟通，在子城的南城垣中部、内城的西南角和外城的西北角均有水门可供出入；在其四周还有六条水道与外城河相沟通，并经大通河、古运河流向太湖、滆湖和长江。除水门外，三道城垣还各有一个城门，子城城门在正南，内城城门在西南，外城城门朝西北。子城内发现一些与建筑有关的遗迹，但未见宫殿一类的大型建筑遗迹。

淹城筑城的时间为西周晚期，废弃时间为春秋中期。[1]

历年来在淹城和护城河中出土过大量西周晚期至春秋时期的文化遗物，其中青铜器有青铜鼎、兽首三轮盘、云雷纹匜、牺盉、棘刺纹尊、句鑃、矛、镞、剑等（图二七）；青瓷器有鼎、尊、簋、碗、豆、钵等；硬纹陶器有罐、瓮、瓿、钵等。

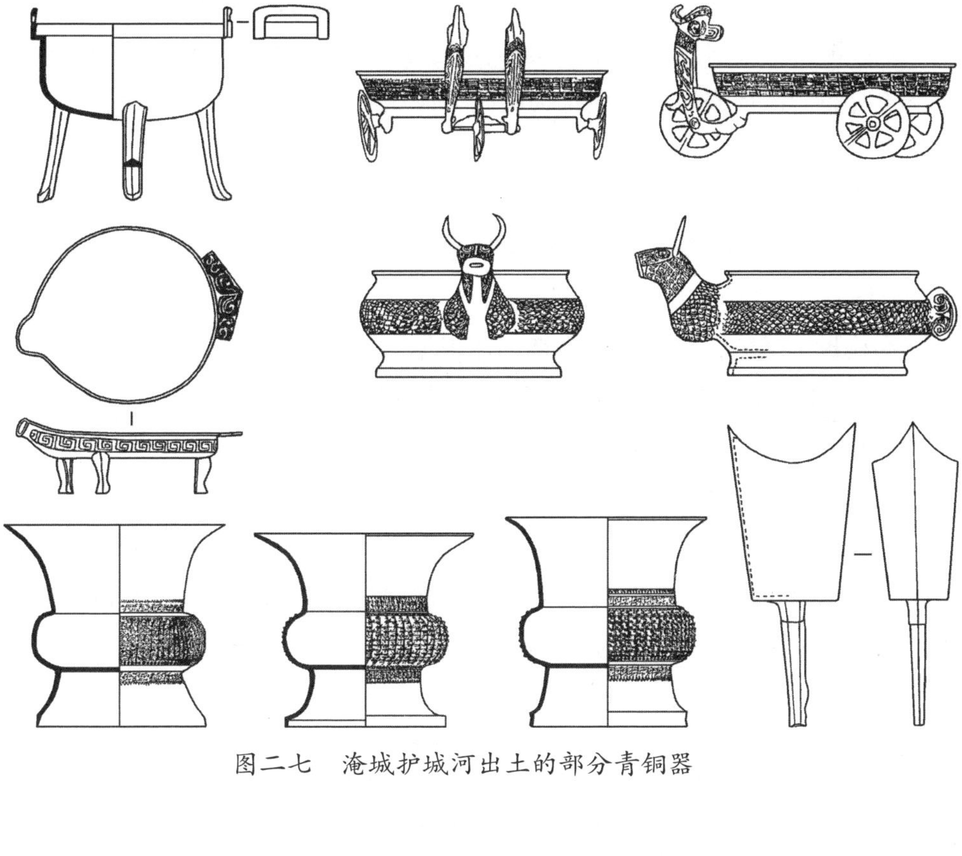

图二七　淹城护城河出土的部分青铜器

1. 南京博物院等《淹城——1958 ~ 2000 年考古发掘报告》，科学出版社，2014 年。

通过考古发掘，淹城的布局、年代已十分明了，但淹城的性质和国属始终悬而未决。

茅山是西周至春秋早期吴越的分界，春秋中期吴不断东渐，春秋晚期吴的疆域已达太湖东部。淹城地处茅山东侧，关于淹城的年代、国属、性质，历来众说纷纭，主要有车广锦先生的“季扎封邑说”、肖梦龙先生的“吴国国都说”、林志方先生的“淹国国都说”和朱国平先生的“小方国说”。[1]

《史记·吴太伯世家》：“季扎封于延陵，故号延陵季子。”

《越绝书·吴地传》：“毗陵，故为延陵，吴季子所居。毗陵县南城，故古淹君地也。东南大冢，淹君子女冢也。去县十八里，吴所葬。毗陵上湖中冢者，延陵季子冢也，去县七十里。上湖通上洲。季子冢古名延陵墟。”

常州古称毗陵，包括今常州、武进、丹阳、江阴的一部或全部。

车广锦先生根据“季扎封于延陵，故号延陵季子”和“毗陵，故为延陵，吴季子所居”，将淹城的国属定为吴国，淹城的性质定为季扎的封邑——延陵邑。

陆建方先生即对“季扎封邑说”提出质疑，认为季札最后所谓的“去之延陵”应该是丹阳延陵，而不是常州古延陵邑治，更不是在淹城[2]；林志方先生也认为“淹城非季札封邑的延陵旧治”[3]。

季札封于延陵，当在春秋晚期；而根据考古发掘，淹城的筑城时间为西周晚期，春秋中期已废弃，显然“季扎封邑说”不足据。

肖梦龙先生根据吴国国都曾经数迁推测，吴国国都初在“宜”，即丹徒大港一带，春秋早中期迁淹城，春秋晚期迁都姑苏。

淹城虽有三道城墙、三道城河，但淹城的范围甚小，子城周长仅457米，面积不足10000平方米，经考古发掘和全面勘探，子城内未发现有宫殿一类的大型建筑遗迹，因此淹城为吴国国都之说，不足据。

---

1. 车广锦《淹城即季札延陵邑考》，《江苏省考古学会1983年考古论文选》，1983年；肖梦龙《吴国的三次迁都试探》，《吴文化研究论文集》，中山大学出版社，1988年；林志方《淹城探谜》，黑龙江人民出版社，2007年；南京博物院等《淹城：1958～2000年考古发掘报告》，科学出版社，2014年。

2. 陆建方《季札考》，《东南文化》1993年第6期。

3. 林志方《淹城遗址探源》，《东方文明之韵》，岭南美术出版社，2000年。

林志方先生根据“毗陵县南城，故古淹君地也。东南大冢，淹君子女冢也。去县十八里，吴所葬”，推测淹即奄，奄国遗民南下至淹城一带，筑淹城为都。

《左传》定公四年“因商奄之民，命以伯禽，而封于少皞之虚”，杜预注“少皞虚，曲阜也，在鲁城内”。在淹城遗址根本不见来自海岱地区的商文化遗存[1]；熊贤品先生则据清华简《系年》，认为淹城非奄族南迁所建[2]。

淹城为淹国国都之说，显然系主观臆测，不足据。

朱国平先生主笔的淹城考古发掘报告中根据“毗陵县南城，故古淹君地也；东南大冢，淹君子女冢也。去县十八里，吴所葬”，认为“所谓淹君可能就是春秋早期左右为吴所灭的小方国君主”。

小方国之说于史无征，也不足据。

根据西周至春秋早期的吴越疆域，淹城在茅山以东，虽属越国地界，但地处吴越交接部，即越国前沿地带，因此淹城是一座具有军事防御性质的小城堡。

淹城护城河出土的青铜器，皆为越器。青铜鼎为典型的越式鼎，三段式棘刺纹青铜尊为典型的越式尊，7 件一套的青铜句鑃为越国独有的乐器，云雷纹匜、兽首三轮盘和牺盉等青铜器也具有浓郁的越国风格。

淹城的废弃时间为春秋中期，此时正是“吴始伐楚，伐巢、伐徐。……蛮夷属于楚者，吴尽取之，是以始大，通吴于上国”之时，淹城的废弃时间与吴“是以始大”相吻合，可能不是偶然现象。

“淹”的上古音为影母，“越”的上古音为匣母，匣母、影母同属喉音，淹城可能为越城的误夺或越城的同名异译。

因此，淹城当为越国在西周晚期至春秋中期设在吴越交界处的军事小城堡，淹城可能毁于吴王寿梦时期吴国的突然强大。

2. 龙山古城

不见历史文献记载的越国城址有安吉龙山古城。

---

1. 高广仁《海岱区的商代文化遗存》，《考古学报》2000 年第 2 期；朱继平《从考古发现谈商代东土的人文地理格局》，《社会科学》2007 年第 11 期。
2. 熊贤品《从清华简〈系年〉看常州武进淹城非奄族南迁所建》，《常州大学学报（社会科学）》2015 年第 3 期。

龙山古城位于安吉中部偏北的丘陵平原区。遗址平面略呈方形，城内东西长600米，南北宽550米，城区面积约33万平方米，包括护城河在内总面积40余万平方米。城墙为平地堆土筑成，保存较好，墙基宽24米，现存残高6米左右，不见槽基及明显的夯层和版筑迹象。环城护城河遗迹明显可辨，宽80至50米不等。古城东有苕溪，西有沙河，水源充足，行舟便捷。城垣构筑坚固，设有护壕，防御功能俱全。古城外分布有八亩墩、九亩墩等大型墓葬。

龙山古城背靠九龙山，面向笔架山，环遗址山水交错，以九龙山为起点，依次有白石山、石角山、李王山、金钟山、苕溪、点灯山、海架山、旗子山、笔架山、南湖、上马山、牛头山、沙河等，滨太湖、扼冲要，山环水抱，形似一处环状的半封闭式的天然屏障。

安吉为秦鄣郡之郡治，根据秦卅六郡的郡治多为诸侯国国都推测，安吉九龙山古城可能为越国都城。[1]

3. 木渎古城

近年在木渎古城进行的考古调查、勘探和发掘[2]，表明木渎古城有西周、春秋、战国、西汉等不同时期的文化遗存。

木渎古城即姑苏。公元前510年至公元前473年之间，姑苏先后为吴越都城，由于吴越互伐，毁城筑城之事频繁；公元前468年至公元前379年，越都琅邪，原都城废弃；公元前397年至公元前222年姑苏虽仍为越都，然其间发生过太子诸咎弑君、楚威王杀无强、邵滑乱越、春申君城故吴墟、王翦降越君等事件，内乱和外患必然导致都城的毁弃和重建，因此木渎古城的杂乱无章可能与越国的内乱外患有关。

《越绝书·吴地传》：“秦始皇帝三十七年，坏诸侯郡县城。”姑苏曾为吴越国都城，自然难逃秦“坏诸侯郡县城”的厄运。

---

1. 程亦胜《早期越国都邑初探——关于古城遗址及龙山墓群的思考》，《东南文化》2006年第1期。
2. 中国社会科学院考古研究所等《江苏苏州市木渎春秋城址》，《考古》2011年第7期；中国社会科学院考古研究所等《苏州木渎古城2011-2014年考古报告》，《考古学报》2016年第2期。

《史记·秦始皇本纪》“二十五年……王翦遂定荆江南地，降越君，置会稽郡”；《后汉书·郡国志》“会稽郡，秦置。本治吴，立郡吴，乃移山阴”。

木渎古城可能原为西周至春秋中期越国地方政权的治所，春秋晚期因吴越争霸而先后成为吴越都城，战国中晚期又成为越国都城；秦“降越君，置会稽郡”时为会稽郡治。

秦会稽郡治吴，亦表明姑苏曾为越国都城。

4. 九龙口古城

越都琅邪，见诸《史记》《越绝书》《竹书纪年》《吴越春秋》等，但琅邪地望却众说纷纭。[1]

钱穆先生认为琅邪在江苏赣榆[2]，张志立、彭云、梁涌先生经过考古调查，认为连云港锦屏山九龙口古城为越都琅邪所在[3]。

连云港境内有较多的吴越文化遗存[4]，早在20世纪60年代初即在锦屏山九龙口发现战国时期的几何印纹陶遗存[5]。

九龙口古城三面环山，面向黄海，朝海的一面有半月形城墙，城内有长约300、宽越150米的高台，马雪芹先生亦认为锦屏山九龙口古城为越徙都琅邪后的都城。[6]

---

1. 项英杰《越都琅琊疏正》，《东方杂志》1944年40卷第6号；钱穆《越徙琅琊考》，《五华》1947年第4期；叶文宪《从太伯奔吴到越徙琅玡的考古学考察》，《铁道师院学报（社会科学）》1987年第3期；林华东《越国迁都琅琊辨》，《中央民族学院学报》1989年第1期；孟文镛《关于琅琊地望诸说》，《绍兴文理学院报（社会科学）》2006年第6期；辛德勇《越王勾践徙都琅邪事析义》，《文史》2010年第1辑；太田麻衣子《越迁都琅邪新考》，《中国柯桥·越文化高峰论坛文集》，浙江人民出版社，2011年；王子今《东海的“琅邪”和南海的“琅邪”》，《文史哲》2012年第1期；任会斌《越迁都琅琊时间初考》，《南方文物》2014年第4期。
2. 钱穆《越徙琅琊考》，《先秦诸子系年》，商务印书馆，2001年。
3. 张志立、彭云、梁涌《越王勾践迁都琅琊考古调查综述》，《中外关系史论文集（14）——新视野下的中外关系史》，甘肃人民出版社，2008年。
4. 周锦屏《连云港境内吴文化遗存的初探》，《东南文化》2003年第3期。
5. 江苏省文物工作队《江苏连云港市九龙口商和战国遗址》，《考古》1962年第3期。
6. 马雪芹《古越国兴衰变迁研究》，齐鲁书社，2008年。

《越绝书·记地传》“句践伐吴，霸关东，从琅邪起观台”，《吴越春秋》句践二十五年“霸于关东，从琅邪起观台，周七里，以望东海”，“从琅邪”当为“徙琅邪”之误。

在与琅邪相关的诸地望中，唯有九龙口古城与历史文献相合，也与越国都城的选址相合。

（二）越国城址的特征

越国城址发现的不多，进行考古发掘的也不多。

根据已发现的越国城址分析，除作为军事小城堡的淹城之外，可能为越国都城的城址都位于三面环山的地理环境之中。

三、吴越城址比较

（一）吴越城址的分布

吴国城址中，鸠兹、葛城（朱方）、固城、阖闾城（吴）、木渎古城（姑苏）和佐安城（邗）皆为吴国都城，其中除葛城的始筑年代为西周早期外，余皆筑于春秋晚期。

吴国城址沿水系分布，主要沿长江、中江水道和太湖分布。

长江是交通吴楚最重要的水道，吴楚之间的鸠兹之战、鹊岸之战、长岸之战均发生在长江沿岸。

中江即长江。《尚书·禹贡》“岷山导江，东别为沱，又东至于澧，过九江，至于东陵，东迤北会于汇；东为中江，入于海”；《汉书·地理志》“芜湖，中江出西南，东至阳羡入海，扬州川”。

中江水道是沟通长江与太湖的重要水道，也是春秋时期吴国通过人工开凿沟通长江与太湖的一条黄金水道。中江水道由皖江芜湖段出青弋江、水阳江，经高淳的固城湖入胥河，再经溧阳的南中河、宜兴的南溪河（荆溪）、西氿、东氿入太湖，其中胥河至南溪河段传为伍子胥开凿，故又称“胥溪运河”[1]。

1. 清·光绪《高淳县志》：“胥河，吴王阖闾伐楚，伍员开之，以通粮道”；冯蔚然《最早的运河是邗沟还是胥溪？》，《上海海运学院学报》1981年第3期。

春秋时期的吴国巧妙地利用古丹阳湖淤塞解体后的天然河流湖泊和调蓄的泄洪水道，开通了太湖与长江之间距离最短、最安全的“黄金水道”。

《史记·河渠书》“（中江）于吴，则通渠三江五湖”[1]，中江水道的开通，沟通了长江和太湖，变长江下江段的逆水行舟为顺水行舟。中江水道对于春秋时期的吴国，是一条重要的军事、经济交通要道，也是春秋时期的吴国最重要的经济命脉。

太湖本是越国境内的湖泊，春秋晚期成为吴越之间最重要的水域，吴越之间的檇李之战、夫椒之战、姑苏之战均发生在太湖沿岸。

石泉先生对长江下游的历史地理进行了梳理考证，认为吴都“决不会在江南的吴县（今苏州市），只能在淮东地区”[2]。

吴国都城曾经数迁是不争的史实，吴都数迁必然有其动因和规律。王晖先生认为西周时期吴都在俎（邳县），诸樊之前都邗（扬州），春秋晚期迁都姑苏。[3]此说似有一定道理，但明显缺乏考古学佐证。

吴国城址主要沿水系分布，沿中江水道分布的城址有鸠兹、固城；沿长江分布的有朱方；沿太湖分布的有吴城（阖闾城）和姑苏（木渎古城）；吴城邗，沟通江淮，也是沿长江和邗沟分布。（图二八）。

吴国城址除姑苏利用越城旧址外，余皆建于无险可依的平地。

吴国城址的选址具有强烈的战略性，吴楚争霸时，吴国的鸠兹和固城扼中江水道；吴越争霸时，吴国的朱方和吴（阖闾城）东移，吴（阖闾城）甚至筑于太湖西岸；北上伐齐时，吴国又筑城于邗，并开凿沟通江淮的邗沟，吴国城址的战略性、进攻性显然大于防御性。

由于战争的原因，越国都城同样历经数迁，但由于越国城址发现较少，

1.《史记·河渠书》：“于吴，则通渠三江五湖。”《史记集解》韦昭曰：“五湖，湖名耳，实一湖，今太湖是也，在吴西南。”《史记索隐》：“三江，按地理志北江从会稽毗陵县北东入海，中江从丹阳芜湖县东北至会稽阳羡县东入海，南江从会稽吴县南东入海，故禹贡有北江、中江也。”

2. 石泉《先秦时期长江下游地区历史地理概说》，《百越研究》第 2 辑，安徽大学出版社，2011 年。

3. 王晖《西周春秋吴都迁徙考》，《历史研究》2000 年第 5 期。

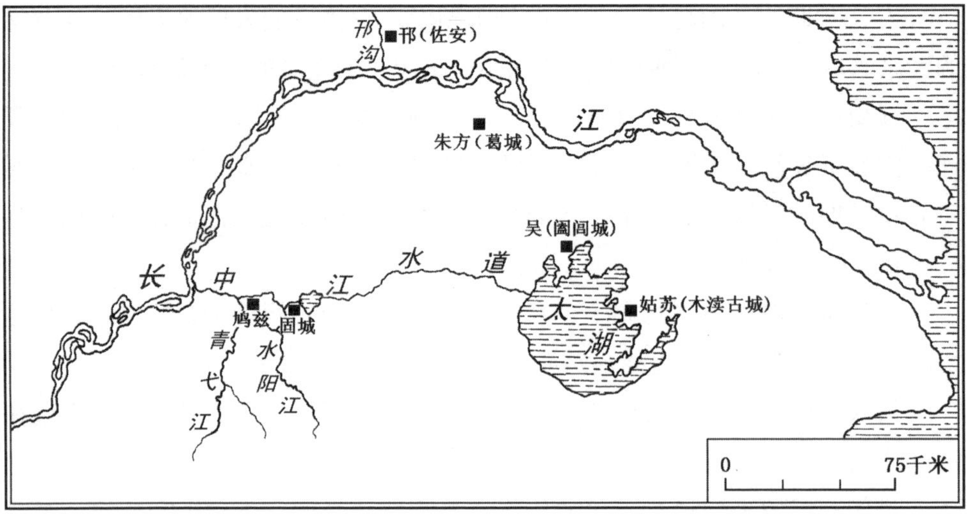

图二八　吴国城址分布示意图

其分布规律很难厘清，周思源先生据历史文献研究了越国都城的选址[1]，但与已发现的越国城址大相径庭。

《水经注·渐江水》："又有秦望山，在州城正南，为众峰之杰，陟境便见。《史记》云秦始皇登之以望南海，自平地以取山顶七里，悬隥孤危，径路险绝。……山南有嶕岘，岘里有大城，越王无余之旧都也。故《吴越春秋》云句践语范蠡曰：先君无余，国在南山之阳，社稷宗庙在湖之南。"据历史文献记载，越城多因山而筑，姑苏初为越城，因山而筑；安吉龙山古城、九龙口古城也因山而筑。而越国城址多三面环山，据险而筑，表现出强烈的军事防御性。

综上所述，吴国城址多分布于开阔的平地，越国城址则分布于三面环山的山间平地；吴国城址多近似长方形，越国城址则多随地形而筑，呈不规则形。

（二）吴越城址的属性

吴国在春秋晚期迅速崛起，而又迅速灭亡。春秋战国之际，吴楚和吴越之间的战争连年不断，吴对楚的战争表现出强烈的报复性和掠夺性。

1. 周思源《越都选址浅析》，《东南文化》1992年第2期。

《左传》“吴入郢，以班处宫”；《谷梁》定公四年（前 506）“吴入楚。日入，易无楚也。易无楚者，坏宗庙，徙陈器，挞平王之墓”。

吴国是族、都、国同名的国家，见诸文献的鸠兹、朱方、固城、吴、姑苏及邗皆为吴国都城，除邗为以所灭之国名都之外，鸠兹、朱方、固城、吴、姑苏皆为句吴的同名异译。

吴国都城与秦都雍城、晋都新田、楚都郢、齐都临淄、鲁都曲阜等上国都城的性质相去甚远，既无“左祖右社，面朝后市”[1] 的城市布局，也不可能出现“张袂成阴，挥汗成雨”[2] 的都市场景。

吴国是军事独裁政权国家，吴国的政体是独裁的军事组织，与之相适应的是先进的兵器制造技术、先进的作战阵形和先进的军事思想，与之相适应的战争模式是御驾亲征、倾巢而出。春秋时期的吴王寿梦、诸樊、余祭、余昧、僚、阖闾和夫差无不披甲操戈南征北战，不断发动野蛮的掠夺性战争，有的甚至战死疆场。滞后的社会结构、落后的生产关系与先进的兵器制造技术构成了矛盾综合体的吴国社会，“不祀而战”成为吴国国家构成的第一要素。

《礼记·缁衣》“国家以宁，都邑以成，庶民以生”；《左传》哀公二年“克敌者，上大夫受县，下大夫受郡”，表明晋国等大国在“都、邑”之外已出现“郡、县”。

吴国没有健全的行政建制，吴国社会人群组织实行的是军事化组织，即军事化的二元结构。吴国只有中央职官而没有地方职官，因此吴国的城只有中央职官所在地的“都”而没有地方职官所在地的“邑”，即吴国只有中央一级建制的“都”而没有二级、三级的地方建制的“邑”和“边邑”，因此吴国的城皆为“都”而没有“邑”。

落后的政治体系和野蛮的“全民皆兵”的军事组织成为吴国的国家形态，与之相适应的是吴国没有完整的职官体系和行政建制，因此吴国只有“都”而没有“邑”，吴国的“都”是战争指挥中心或战争指挥机构所在地的军事

1.《周礼·考工记·匠人》：“匠人营国，方九里，旁三门。国中九经九纬，经涂九轨，左祖右社，面朝后市，市朝一夫。”

2.《晏子春秋·内篇·杂下》：“临淄三百闾，张袂成阴，挥汗成雨，比肩继踵而在，何为无人？”

城堡，而不是国家的政治、经济、文化和交通中心。

吴国都城即军事指挥中心。随着战争的需要或随着战争形势的发展变化，吴国都城在不断地迁徙，因而在今皖南、浙西北和苏南地区留下许多名“句吴”的城。

《左传》襄公二十八年：齐庆封“奔吴，吴句余予之朱方”；《史记·吴太伯世家》“吴予庆封朱方之县”，吴国称“县”者仅此一例。《史记》所云“朱方之县”当为“郡县制”形成后的概念而并非吴国有县一级的建制，朱方不是吴国的县，而是吴国的“废都”。

因此，吴国所有见诸文献的城，都是“都”或“废都”。

越在春秋晚期迅速崛起。《史记·越王句践世家》“允常之时，与吴王阖庐战而相怨伐”；《史记正义》引《舆地志》：允常“拓土始大，称王”；《吴越春秋·越王无余外传》“越之兴霸自元常矣”。

越在春秋战国之际已横兵江淮。《史记·越王句践世家》：“当是时，越兵横行于江淮东，诸侯毕贺，号称霸王。”

吴败越后，大肆毁坏越国都城。《吴越春秋·夫差内传》：（越王）曰：“昔者吴王分其民之众以残吾国，杀败吾民，鄙吾百姓，夷吾宗庙，国为墟棘，身为鱼鳖。”

越灭吴后，同样对吴国都城进行报复性破坏。《吕氏春秋·知化》“越报吴，残其国，绝其世，灭其社稷，夷其宗庙”；《越绝书·陈成恒》“越王句践稽首再拜曰：‘昔者吴王分其人民之众，以残伐吾邦，杀败吾民，屠吾百姓，夷吾宗庙，邦为空棘，身为鱼鳖饵’”；《吴越春秋·夫差内传》“越军入吴国，伐宗庙，掘社稷也”。

越国城址虽有秦余望南、岘里、埤中、山阴、姑苏、琅邪等，但历史文献的记载多含混不清；姑苏虽经过考古发掘，但区分吴越文化遗存尚有一定的困难，龙山古城正在进行考古发掘，但考古发掘资料尚未发表。

越国城址的属性，目前尚无法与吴国城址进行比较研究。

第三节　“官工业”遗址

“官工业”即官府手工业，或称官营手工业。

《周礼·考工记》：“国有六职，百工与居一焉。……知得创物，巧者述之守之，世谓之工。百工之事，皆圣人之作也。烁金以为刃，凝土以为器，作车以行陆，作舟行水，此皆圣人之所作也。……凡攻木之工七，攻金之工六，攻皮之工五，设色之工五，刮摩之工五，抟埴之工二。”

《管子·匡君小匡》：“士农工商四民者，国之石民也，不可使杂处，杂处则其言哤，其事乱。……今夫工群萃而州处，相良材，审其四时，辨其功苦，权节其用，论比计制，断器尚完利。相语以事，相示以功，相陈以巧，相高以知事。旦昔从事于此，以教其子弟。少而习焉，其心安焉，不见异物而迁焉。是故其父兄之教不肃而成，其子弟之学不劳而能。夫是故工之子常为工。”

产业规模大、生产地集中、从业人数多、分工细致化是“官工业”的基本特征。

“官工业”将手工业者和商人集中起来，设官统一管理，由政府提供衣食，按照政府的意志、根据政府的需求进行手工业生产和产品贸易，“官工业”的管理制度即“工商食官制”。

“官工业”属国家产业，产业是社会分工的产物，产业的出现是社会生产力不断发展的必然产物。

吴的“官工业”为矿冶业，吴致力于青铜的开采冶炼，矿冶业成为吴国国家经济的支柱产业；越的“官工业”为陶瓷业，越致力于陶瓷烧造，烧制陶瓷器的窑业成为越国国家经济的支柱产业。

吴越不仅政治制度各异，国家经济的发展模式也各异。

一、矿冶遗址

夏商周时期是我国的青铜时代。青铜不仅是青铜时代的最重要经济资源，也是最重要的战争资源之一。

吴国境内有丰富的铜矿蕴藏。《尚书·禹贡》“淮海惟扬州。……厥贡惟金三品”；《诗·鲁颂·泮水》“憬彼淮夷，来献其琛。元龟象齿，大赂南金”；《周礼·考工记》“燕之角，荆之干，妢胡之笴，吴粤之金锡，此材之美者也”；《史记·李斯列传》“江南金锡不为用，西蜀丹青不为采”；《史记·货殖列传》“夫吴自阖庐、春申、王濞三人招致天下之喜游子弟，东有海盐之饶，章山之铜，三江五湖之利，亦江东一都会也”；《越绝书·记宝剑》“赤堇之山破而出锡，若耶之溪涸而出铜”；《汉书·地理志》“丹扬郡，故鄣郡。属江都。武帝元封二年更名丹扬。属扬州。……有铜官”。

西汉时期的皖南属丹阳郡，丹阳郡“有铜官”，因此“南金”“章山之铜”和“若耶之铜”可能为宁镇皖南地区所产的铜。

越国也有冶铜、铸铜的记载，《越绝书·记地传》“姑中山者，越铜官之山也，越人谓之铜姑渎。……六山者，句践铸铜，铸铜不烁，埋之东阪，其上马箠”，但越国的矿冶遗址和业主遗址至今尚未发现，故越设铜官一事可能在灭吴之后。

郭沫若先生根据历史文献记载，认为青铜冶铸技术从南方的江淮流域输入黄河流域“是比较有更大的可能性，因为古来相传江南是金锡的名产地”[1]，曾昭燏、尹焕章先生根据宁镇地区青铜文化的考古发现并结合历史文献和青铜器铭文，对古代江南的金属冶铸进行了探讨[2]；华觉明先生经考证研究后认为中国在青铜时代有三大“铜都”，安徽南陵、铜陵以大工山为中心的产铜区为三大“铜都”之一[3]；裘士京先生著《江南铜研究》，更是对古代“江南铜”相关的历史文献、考古发现、采冶和铸造技术、铜材的流动方式和“金道锡行”等进行了详尽的考证、研究和论述[4]。

1. 郭沫若《十批判书》，群益出版社，1950 年。
2. 曾昭燏、尹焕章《古代江苏历史上的两个问题》，《江海学刊》1961 年第 12 期。
3. 华觉明《世界冶金史》，科学文献出版社，1985 年。
4. 裘士京《江南铜研究——中国古代青铜铜源的探索》，黄山书社，2004 年。

（一）矿冶遗址

皖南的铜矿资源分布在白垩纪燕山运动时期火山爆发后产生的矽卡岩型地区内，今天的南陵、铜陵、贵池、青阳、繁昌、泾县、当涂、宣城、宁国、歙县、绩溪、祁门等地都有铜矿资源，其中以长江沿岸和“宣南盆地”的“盆边”地带最丰富。它主要集中在东经 117 至 119 度、北纬 31 度的“下扬子坳陷地带”，即南陵、铜陵、贵池、青阳等县内，这些铜矿资源除少数矿体具现代化开采价值外，大部分是含铜品位较高、呈巢状或株状分布的“鸡窝矿体型”，铜矿地表丛生铜草，与铜矿伴生的还有金、银、铅、锡、硫铁、煤、石英等金属和非金属矿床。[1]

目前皖南沿江地区初步考古调查已发现古代铜矿遗址近百处，这一数字显然不能包括皖南古代铜矿遗址的全部，这些古代铜矿遗址主要分布在沿江附近的贵池、青阳、铜陵、南陵、泾县、繁昌等七个市县境内，其中大多集中分布在铜官山、狮子山、凤凰山、工山、铜山等地区，形成若干个中心矿区，一般每个矿区附近有各个时期的遗址一二十处，范围在数十至上百平方公里左右。除去上述中心矿区外，在泾县、青阳、繁昌等地还有不少零星散布的古代铜矿遗址。因此，就古代铜矿分布的范围而言至少在两千平方公里，实际上已构成一个规模巨大的铜矿遗址群[2]，是面积最大、保存最好的古铜矿遗址群。

皖南的矿冶遗址主要集中于南陵的大工山和铜陵的铜官山、狮子山、凤凰山一带，大工山西部与凤凰山相连，因此南陵和铜陵的矿冶遗址当属于皖南铜矿的同一片区。

先后经考古调查和发掘的采矿遗址有南陵破头山、寺冲岭、戴腰山、样山、大庾岭、沙滩脚、上牧冲、井塌、老虎山、马鞍山，铜陵金牛洞、团山、三元、忘迎山、徐冲、胡村、药园山、虎形山、铜井山、包山，贵池六峰山、人形山、铜山牌、安子山、自来山、十人牌、扇子排，繁昌铜山等；冶炼遗址有南陵江木冲、刘家井、西边冲、冷水冲、荷花塘、塌里牧、金塘岭、夏家柏、老鸦冲，铜陵木鱼山、万迎山、金山盛、燕子牧、银坑冲、何家冲、五房、曹山、

1. 刘平生《安徽南陵大工山古代铜矿遗址发现和研究》,《东南文化》1988 年第 12 期。
2. 杨立新《皖南古代铜矿的发现及其历史价值》，《东南文化》1991 年第 2 期。

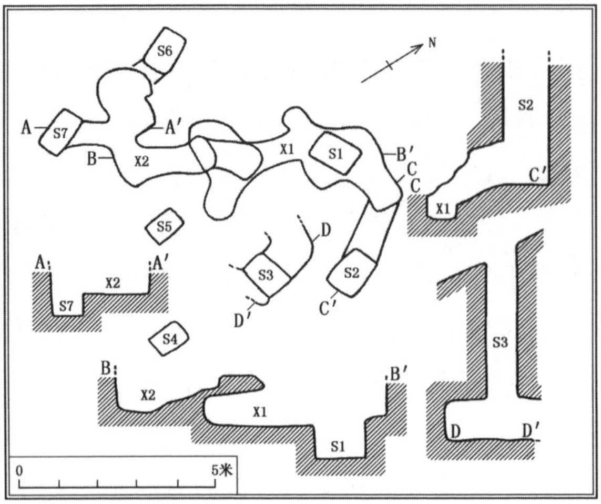

图二九　南陵破头山遗址1号、2号平巷及竖井平、剖面图

罗家村、露采、小冲，繁昌铜山、梨山、峨山，宣城麻姑山，贵池六峰山、大洼、潘桥、桐子山、十人牌、眠冲、穆家畈、枫庄、黑洼、鬼神塘等。[1]

皖南铜矿的开采采用烧爆法，矿井的巷道除有木井架外，还有通风和排水设施，多层的采矿平巷交叉分布，而处于不同水平面上的矿井都是独立开掘，矿井的开拓采用了竖井、平巷、斜井联合开拓法（图二九），井巷支护均采用木质框架式支撑。根据矿井中发现的大小不一、重量悬殊的平衡石分析，当时可能已使用辘轳一类的提升工具从井下垂直向上提升矿石、废石和积水。

皖南铜矿主要采取火法炼铜，根据南陵、贵池、铜陵、繁昌等地出土的先秦时期的铜铁合金——冰铜锭分析，皖南铜矿是我国最早采用硫化铜矿炼铜的地区，根据发现的焙烧窑遗迹推测，早期的脱硫工艺可能是堆烧法；皖南铜矿已采用鼓风炉炼铜，炉炼的种类有竖炉和地炉；炼铜的燃料最初使用木炭，之后可能使用煤为燃料炼铜。[2]

1. 汪景辉《安徽古代铜矿考古调查综述》,《文物研究》第8辑，黄山书社，1993年；刘平生《南陵大工山古代矿冶遗址群江木冲冶炼场调查》，《文物研究》第3辑，黄山书社，1988年；安徽省文物考古研究所等《安徽南陵县古铜矿采冶遗址调查与试掘》，《考古》2002年第2期；张国茂《安徽铜陵地区古矿、冶遗址调查报告》，《东南文化》1988年第6期；安徽省文物考古研究所等《安徽铜陵金牛洞铜矿古采矿遗址清理简报》，《考古》1989年第10期；安徽省文物考古研究所等《安徽铜陵市古代铜矿遗址调查》，《考古》1993年第6期。

2. 张敬国、华觉明《贵池东周铜锭的分析研究——中国始用硫化铜的一个线索》，《自然科学研究》1985年第2期；杨立新《安徽沿江地区的古代铜矿》，《文物研究》第8辑，黄山书社，1993年；杨立新《铜棱古代铜业史略》，《文物研究》第11辑，黄山书社，1998年。

皖南铜矿出土的开采工具有铜凿、铁斧、铁锄、铁锤、铁錾、铁钻、木桶、木楔、石球、平衡石等；与冶炼相关的遗物有炉壁、炼渣、冰铜锭；生活用器主要有夹砂红陶鬲、印纹硬陶罐、青瓷豆、盘、碗和硬陶钵等。

文化遗物中的铁器应为战国、两汉遗物，而夹砂红陶器、印纹硬陶器、青瓷器等都是西周、春秋时期的文化遗物。

根据出土的文化遗物分析，皖南铜矿的采矿、冶炼始于西周，止于唐宋，西周至春秋时期是皖南铜矿大规模开采、冶炼的时期，因此皖南铜矿第一次大规模的采矿、冶炼与吴国的历史相伴，与吴国的建立和灭亡相始终。

（二）冶铸遗址

铜陵师姑墩遗址是一处重要的冶铜遗址，并首次确立了安徽长江沿岸地区较完整的夏商至春秋时期的年代框架，出土的矿石、铜块、铅锭、陶范、炉渣、炉壁和小件铜器等，涉及青铜冶铸的多个环节，为研究皖南铜矿开发以及先秦时期青铜器生产的社会化问题提供了丰富材料。[1]

师姑墩遗址有三个时期的文化遗存，早期遗存的年代相当于二里头文化时期，中期文化遗存的年代相当于商时期，晚期遗存的年代为西周早期至春秋中期。师姑墩遗址晚期遗存出土的陶器有鬲、甗、鼎、盆、豆、罐、鬲式甗形盉、簋、尊、缸、盘、钵、盂、碗、器盖等；青瓷器有豆、罐、盘、碗、盂等；石器有凿、锛、钺、铲、矛、镞、磨石、砾石，其中部分磨石、砾石可能与青铜冶铸相关；铜器有锛、削、镞、矛和容器口沿、足等；与青铜器铸造相关的文化遗物有矿石、铅块、支座、粘有铜锈的炉壁、炉渣、陶范、石范等。

师姑墩遗址早期遗存的堆积中出土了少量炉壁和炉渣，初步证明了皖南青铜冶铸时间可能早到二里头文化时期；西周时期与青铜冶铸有关的遗物增多，基本涵盖了青铜冶铸的各个环节，如原料、冶铸设施、冶铸废物、浇铸工具、成品，其中炉渣可分为冶炼渣和熔炼渣两类，证明师姑墩遗址存在青铜冶炼与铸造，特别是带刻纹的鼎类陶范表明还可铸造工艺较复杂的青铜容器。

---

1. 郁永彬、王开、陈建立、梅建军、宫希成、朔知、徐天进《皖南地区早期冶铜技术研究的新收获》，《考古》2015 年第 5 期。

报告认为“师姑墩遗址发掘材料显示其冶、铸并存，规模较小，或为民营，或为官控的特殊群体，遗址兼生活与冶铸，这就为我们从当时铜陵这个青铜资源重地的基层社会角度来探讨青铜产业的发展提供了难得的材料，也为研究夏商周王朝与东南资源重地的关系提供了准确的年代标尺和社会背景”[1]。

师姑墩遗址早期遗存中发现的炉壁和炉渣，表明吴国冶铸青铜的历史可追溯到夏时期；西周春秋时期大规模地开采、冶炼，表明吴国冶铸进入空前发展的阶段。

西周春秋时期的铜资源不仅是重要的经济资源，更是重要的战争资源。尽管从事青铜冶铸的人群属于基层社会，但青铜冶铸不可能“民营”，而是“官控”，吴国的青铜冶铸属官府手工业，即“官工业”。

（三）牯牛山城

牯牛山城是未见历史文献记载的古城。

牯牛山古城址位于安徽南陵石铺乡，南北长约 900 米，东西宽约 750 米，面积近 70 万平方米，城址四周有古河道环绕，河道宽 20 ~ 30 米。

城内有五个高土台，高台内有大范围的红烧土堆积分布，并有大面积的夯土遗迹；在古城址的西南角和东南角，各有一个面积为 100 余平方米的小土台。城外分布着密集的西周至春秋时期的土墩墓。

高土台的考古发掘出土了陶器、青瓷器、石器和青铜器等文化遗物，文化遗物的年代为西周晚期，其文化面貌既与宁镇地区相同，然又有一定的地方特征[2]。因此，牯牛山古城可能始筑于西周，沿用至春秋。

牯牛山古城地处山地与平原的交界地带，环境优越；周围河网密布，西距流入长江的漳河 2 公里，东距连接长江与太湖的青弋江 10 公里；城内河道

1. 安徽省文物考古研究所《安徽铜陵县师姑墩遗址发掘简报》，《考古》2013 年第 6 期。

2. 杨则东、宫希成《安徽省南陵县古遗迹遥感调查》，《中国地质》1998 年第 10 期；宫希成、杨则东《安徽省南陵县千峰山一带土墩墓及石铺塘西古城遗址遥感调查》，《光电子技术与信息》1998 年第 5 期；刘树人等《安徽南陵县土墩墓及古城遗址遥感调查初步研究》，《华东师范大学学报・环境遥感考古专集》1998 年第 4 期；陆勤毅主编《安徽考古》，安徽文艺出版社，2011 年。

与城外河道有三处出水口相连，使城内、城外的河道互相贯通，并分别与漳河、青弋江沟通，交通便利。

漳河为长江支流，青弋江既为长江支流，又与水阳江、胥河、南中河、南溪河等构成沟通长江、太湖的中江水道。

牯牛山古城扼漳河、青弋江水上交通、运输之要冲，控制着原材料和成品的储藏、输入和输出；城内的高土台当为管理机构的建筑基址；在古城址以西20公里即大工山古铜矿遗址群分布的中心地带，牯牛山古城应与当时大规模的开采铜矿有着密切的关系，当为西周、春秋时期吴国经营铜矿开采、冶炼、铸造的管理中心。

牯牛山古城的出现不仅表明吴国在矿冶密集的地区设施管理机构，也反映了吴国的矿冶业属“官工业”。

大工山一带的矿冶遗址、师姑墩一类的冶铸遗址和采矿、冶炼、铸造的管理机构牯牛山古城，构成了吴国完整的“官工业”体系。

二、陶瓷窑址

瓷器是越人的伟大发明，是越人对华夏文明做出的巨大贡献；中国是瓷器的故乡，瓷器的发明对中华文明的发展历程产生了深远的影响。[1]

硬陶也是越人的伟大发明，几何印纹陶分布于我国南方的广大地区，印纹陶文化成为百越文化的代表[2]。

先秦时期的瓷器被称作“原始瓷器”，是考古器物学上出现的一个怪胎。

“原始瓷”是一个极不科学的命名[3]，《中国陶瓷史》对“原始瓷”的定义也自相矛盾[4]，归纳起来主要有三点：

---

1. 孙天健《原始瓷器的发明及其里程碑意义》，《中国陶瓷》2003年第3期。
2. 李伯谦《我国南方几何印纹陶遗存的分区分期及其有关问题》，《北京大学学报（哲学社会科学）》，1981年第1期；彭适凡《几何印纹陶与古越族》，《民族论坛》1986年第4期；彭适凡《中国南方古代印纹陶》，文物出版社，1987年。
3. 罗宏杰、李家治《试论原始瓷器的定义》，《考古》1998年第7期；李家治《中国科学技术史·陶瓷卷》，科学出版社，1998年。
4. 中国硅酸盐学会《中国陶瓷史》，文物出版社，2004年。

一是命名的科学性。判断是否为陶或瓷的标准主要为胎质，即用黏土烧制的为陶，用瓷土烧制的为瓷。烧制工艺有高低之分，但材质并不存在原始性。显然“原始瓷”的命名混淆了主要矛盾（胎质）和次要矛盾（釉、烧成温度），用烧成温度作为判断瓷器“原始”还是“不原始”的主要标准，显然是不科学的。

二是命名的公平性。任何一种材质的出现都有一个发生、发展的过程，既然陶器没有因烧成温度的高低分为“原始陶”和陶，青铜器也没有因含铜量的多少分为“原始铜”和铜，材质是陶即为陶器，材质是铜即为铜器，材质是玻璃即为料器，材质是铁即为铁器，从未出现异议，而瓷器却设定理化标准分为“原始瓷”和瓷，显然是不公平的。

三是命名的荒唐性。原始瓷的命名是荒唐年代的产物，“原始瓷概念是一个折中的、约定俗成的意见，而不是一个科学的定义”[1]，原始瓷的命名是一个伪命题，用理化标准判别瓷器的原始与否是一门伪科学，即先秦时期的瓷器不管“原始”还是“不原始”都称作原始瓷器，而秦汉以后的瓷器无论“原始”还是“不原始”都称作瓷器。瓷器的“原始”还是“不原始”原本是一个理化概念，将理化概念偷换成时代概念，显然是十分荒唐的。

考古学是一门科学，去伪存真是学科发展的必然历程。对于“原始瓷”的命名，刘秉诚、蒋赞初、宋伯胤、田海峰、魏女、陆明华、王昌燧等诸多专家学者都以各自的方式表述了不同的看法。[2]

科学的命名方法是在“年代＋质地＋器物”，即“商代青瓷罐、西周青瓷尊、春秋青瓷鼎、战国青瓷提梁盉”等。

---

1. 王昌燧、李文静、陈岳《“原始瓷器”概念与青瓷起源再探讨》，《考古》2014 年第 9 期。

2. 刘秉诚《论所谓“原始青瓷”》，《瓷器》1979 年第 2 期；蒋赞初、李蔚然《关于我国早期南方青瓷的发展问题》，《中国古陶瓷论文集》，文物出版社，1982 年；宋伯胤《关于我国瓷器渊源问题的探讨》，《中国古陶瓷论文集》，文物出版社，1982 年；田海峰《试谈商周青铜冶炼和原始青瓷起源的关系》，《景德镇陶瓷》1984 年第 2 期；魏女《“原始瓷器”质疑》，《西部考古》第一辑，三秦出版社，2006 年；陆明华《原始青瓷与青瓷概念思考——兼述德清窑及鸿山考古的收获》，《东方博物》2008 年第 4 期；王昌燧、李文静、陈岳《“原始瓷器”概念与青瓷起源再探讨》，《考古》2014 年第 9 期。

（一）越国窑址

越国窑址在浙江钱塘江以北的杭嘉湖地区和钱塘江以南的宁绍地区都有分布[1]，主要集中于浦阳江流域的萧山[2]和东苕溪流域的德清[3]和湖州[4]，以东苕溪流域的窑址分布最为密集[5]，延续时间最长。

东苕溪属太湖水系，源出东天目山北部平顶山南麓，南流折东与中、北苕溪会合后称东苕溪，至湖州与西苕溪汇合后入太湖，为浙江北部最重要的通航河流。

东苕溪流域的窑址以德清龙山片区和湖州青山片区的分布最为集中，龙山片区有夏商之际至战国时期窑址 145 处，青山片区的商代窑址群有 21 处，除少量烧制印纹硬陶器外，大多纯烧制青瓷器。

东苕溪流域的夏代窑址有湖州瓢山、金龙山、北家山等；商代窑址有德清龙山、湖州瓢山、南山、黄梅山等；西周春秋时期的窑址有德清火烧山；战国时期的窑址有德清亭子桥等。

王屹峰先生对越国窑址、窑区、技术、产品和窑业经济等进行了专门研究[6]，郑建明先生对夏商周时期浙江窑业和原始瓷进行了专门研究[7]，陈元甫先生对

---

1. 阮平尔《浙江古陶瓷的发现与探索》，《东南文化》1989 年第 6 期；陈元甫《浙江出土商周原始瓷概述》,《古越瓷韵——浙江出土商周原始瓷集粹》, 文物出版社，2010 年。
2. 王士伦《浙江萧山进化区古代窑址的发现》，《考古通讯》1957 年第 2 期；浙江省文物考古研究所等《浙江萧山前山窑址发掘简报》，《文物》2005 年第 5 期。
3. 朱建明《浙江德清原始青瓷窑址调查》，《考古》1989 年第 9 期；浙江省文物考古研究所等《德清火烧山——原始瓷窑址发掘报告》，文物出版社，2008 年；浙江省文物考古研究所等《德清亭子桥——战国原始瓷窑址发掘报告》，文物出版社，2011 年。
4. 浙江省文物考古研究所等《浙江湖州南山商代原始瓷窑址发掘简报》，《文物》2012 年第 11 期。
5. 朱建明《浙北东苕溪流域的古代越国瓷业——兼谈早期越国都邑及青瓷的起源》,《南方文物》2009 年第 2 期；浙江省文物考古研究所等《浙江东苕溪中游商代原始瓷窑址群》，《考古》2011 年第 7 期；浙江省文物考古研究所等《东苕溪流域夏商时期原始瓷窑址》，文物出版社，2015 年。
6. 王屹峰《中国南方原始瓷窑业研究》，中国书店，2010 年。
7. 郑建明《夏商周原始瓷略论稿》，文物出版社，2015 年。

浙江地区战国原始瓷生产高度发展的原因进行了分析和探讨[1]。

越国窑址密集，成片区状分布，从夏代开始烧制硬陶器和瓷器，历经商代、西周、春秋、战国，延续不断，根据窑址的分布情况和延续情况，越国陶瓷业已具相当的规模，并形成相对独立的窑区。

龙窑为越国首创。越国窑址在夏商时期已出现雏形龙窑，经过西周时期的发展，到春秋战国之际已出现十分成熟的龙窑，窑体的改进不仅提高陶瓷器的产量，也提高了陶瓷器的质量；从西周春秋时期隔烧的托珠，到春秋战国之际出现直筒形、喇叭形、托盘形窑具，烧制工艺已日臻成熟（图三〇）。

郑建明先生将东苕溪流域窑址的基本特征归纳为“出现时间早、持续时间长，窑址密集、生产规模大，产品种类丰富，产品质量高，龙窑成熟，窑具形态各异，装烧工艺成熟，形成独立窑区”[2]，当恰如其分。

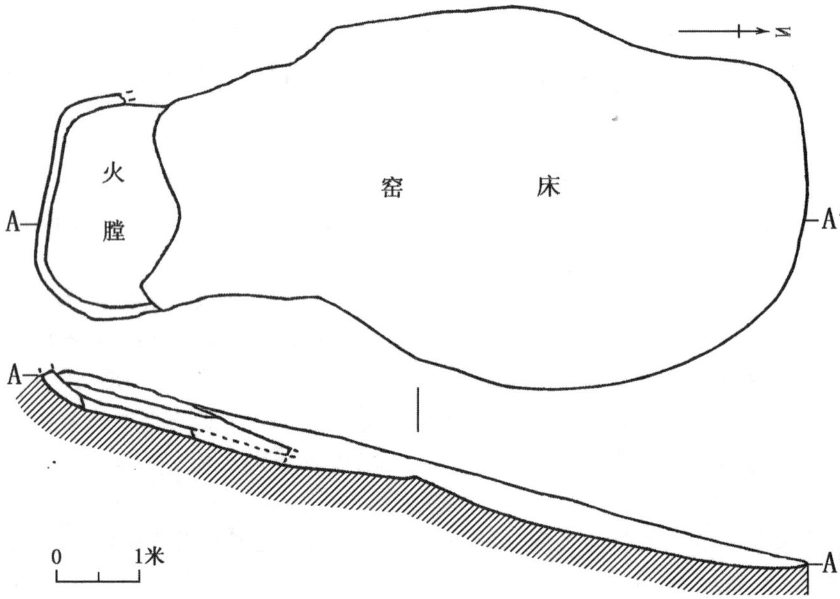

图三〇（1） 德清火烧山一号窑（Y1）平、剖面图（西周）

1. 陈元甫《浙江地区战国原始瓷生产高度发展的原因探析》，《东南文化》2014年第6期。

2. 郑建明《夏商周原始瓷略论稿》，文物出版社，2015年。

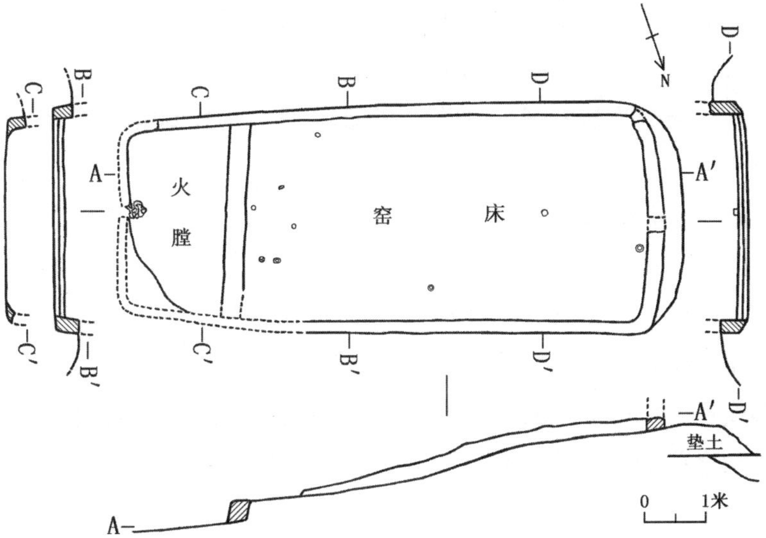

图三〇（2）　德清亭子桥二号窑（Y2）平、剖面图（春战之际）

青瓷器和硬陶器烧制始于夏，商代开始青瓷器和硬陶器的数量明显增多，夏商时期的陶瓷产品主要为日用器皿；西周至春秋战国时期，除烧制罐、瓮、碗、盘、盅等日用器皿外，还烧制鼎、鼎形甗、豆、壶、簋、卣、尊、盉、罍、瓿、鉴、熏、匜、三足盘、提梁壶、提梁盉等仿青铜礼器和甬钟、镈钟、錞于、句鑃、丁宁、悬鼓座等仿青铜乐器，甚至出现戈、矛、镞、斧、锛、镰等仿青铜兵器、工具的陶瓷器。

陶瓷礼乐器往往出土于大型的越国墓葬。德清亭子桥发现专门烧制青瓷礼乐器的窑址，已具备雏形官窑的性质，可能为我国最早的“官窑”。

（二）东苕溪流域遗址群

东苕溪流域尤其是东苕溪中下游地区，是马桥文化时期至西周春秋时期遗址分布最密集的地区，湖州、德清和余杭西南部、长兴东南部的山坡几乎都发现有马桥文化时期至西周春秋时期的文化遗存，表明这一时期人类活动的频繁。

目前经考古调查发现的遗址有 30 余处，并出现邱城[1]、昆山[2]、钱山

1. 梅福根《江苏吴兴邱城遗址发掘简介》，《考古》1959 年第 9 期。
2. 浙江省文物考古研究所等《昆山》，文物出版社，2006 年。

漾[1]等大型聚落遗址；在长兴便山和石狮[2]、湖州堂子山[3]、德清独仓山和南王山[4]，安吉三官[5]等地还发现墓葬群。

在东苕溪流域虽然发现大量的窑址，但窑址仅为烧制陶瓷器的一个环节，因为陶瓷的烧制尤其是瓷器的烧制，是一项复杂的系统工程。

瓷器烧制工艺大致包括瓷土的开采、舂打、淘洗、练泥、拉坯、修坯、成形、晾坯、素烧、施釉、装窑、烧窑、出窑等，还有烧制之前的燃料储备和成器后的包装、运输等，从开采瓷土到烧制成形不仅耗费大量的人力，还需要合理的调度和有效的管理。

众多遗址、墓葬的发现，从一个侧面反映了东苕溪流域陶瓷业的兴旺发达，但陶瓷烧制之前的工艺流程和烧制之后陶瓷器的流向和外销应成为今后的研究重点。

（三）下菰城

下菰城在先秦两汉历史文献中不见记载。

下菰城位于湖州市南10多公里的道场乡窑头村，地处太湖南岸，西北倚和尚山，东北靠金盖山，面向东南，城南有里江，里江向南数十米即东苕溪。

下菰城有内城和外城，平面呈圆角等边三角形，保存基本完好，城墙高约9米，上部宽约5～6、底部宽约30米，外城墙周长1800米，面积约68万平方米；内城位于外城南部偏东处，城墙周长1200米，面积约18万平方米；内城和外城外均有一道宽约30米的护城河（图三一）。

---

1. 浙江省文物管理委员会《吴兴钱山漾遗址第一、二次发掘报告》，《考古学报》1960年第2期；浙江省文物考古研究所等《浙江湖州钱山漾遗址第三次发掘简报》，《文物》2010年第7期；浙江省文物考古研究所等《钱山漾第三、四次发掘报告》，文物出版社，2014年。
2. 浙江省文物考古研究所《浙江长兴县便山土墩墓发掘报告》、浙江省文物考古研究所《浙江长兴县石狮土墩墓发掘简报》，《浙江省文物考古研究所学刊——建所十周年纪念专刊（1980–1990）》，科学出版社，1993年。
3. 湖州市文物保护管理所《浙江湖州堂子山土墩墓发掘报告》，《东方博物》2004年第2期。
4. 浙江省文物考古研究所等《独仓山与南王山》，科学出版社，2007年。
5. 浙江省文物考古研究所《安吉三官土墩墓发掘简报》，《东方博物》2010年第3期。

下菰城原认为是春秋战国时期的城址[1]，或认为是吴国城址，是“吴国加强南部边境地区统治，震慑南邻越国的军事堡垒”[2]；而考古发掘的结果表明下菰城建于商代，出土的文化遗物具有马桥文化特征，是一座马桥文化的城址[3]。

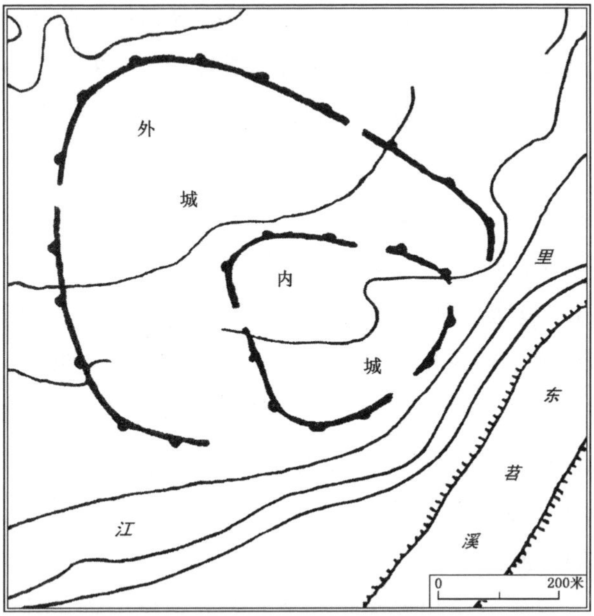

图三一　下菰城遗址平面示意图

下菰城的出现不仅表明早在西周之前越人已在陶瓷业密集的地区设施管理机构，也反映了越国的陶瓷业属官营手工业。

大规模的陶瓷业不仅成为越国最重要的经济支柱，也是越国最重要的“官工业”。

三、吴越“官工业”比较

吴的“官工业”为铜矿采冶，越的“官工业”为陶瓷烧制。

吴越的“官工业”规模巨大，渊源久远，并贯穿吴越文化始终。

吴国有丰富的铜矿资源，越国有丰富的瓷土资源，吴越都因地制宜、扬长避短地发展本国的传统产业。

吴国在矿冶业密集的区域设置管理机构，越国在陶瓷业密集的区域设置管理机构，吴越都筑城设置管理机构，虽然牯牛山古城和下菰城都不见经传，

1. 劳伯敏《从下菰城的兴衰看湖州治址的变迁》，《东南文化》1989 年第 6 期。
2. 邹厚本主编《江苏考古五十年》，南京出版社，2000 年。
3. 郑建明《夏商原始瓷起源的动力因素》，《原始瓷起源研究论文集》，文物出版社，2015 年；陈元甫《湖州下菰城的初步勘探与探索》，《“城市与文明”学术研讨会论文集》，上海古籍出版社，2016 年。

然都位于水道要冲，控制着矿冶业和陶瓷业原料到产品的进出、运输，古城的设立在矿冶业和陶瓷业的规划管理、调度运营等方面发挥着不可替代的作用。

《周礼·地官·丱人》“丱（矿）人掌金玉锡石之地，而为之厉禁以守之。若以时取之，则物其地图而授之，巡其禁令”；《周礼·考工记》“陶人为甗，实二鬴，厚半寸，唇寸。盆实二鬴，厚半寸，唇寸。甑实二鬴，厚半寸，唇寸，七穿。鬲实五觳，厚半寸，唇寸。庾，实二觳，厚半寸，唇寸。旊人为簋，实一觳，崇尺，厚半寸，唇寸。豆实三而成觳，崇尺。凡陶旊之事，髻垦薜暴不入市。器中膊，豆中县，膊崇四尺，方四寸”。

吴国的矿冶业和越国的陶瓷业成为吴国和越国的“官工业”，虽然吴国的矿冶业和越国的陶瓷业未必与《周礼》记载的相同，但吴国的矿冶业和越国的陶瓷业当有“丱人、陶人、旊人”等专业分工，当有类似《周礼》记载的专业标准。

矿冶业和陶瓷业都是庞大的系统工程。铜矿采冶包括找矿、开采和冶炼，涉及矿源、材料、燃料、运输等；陶瓷烧制包括找矿、开采和烧制，同样涉及矿源、材料、燃料、运输等，因此吴国的矿冶业和越国的陶瓷业必然有专业分工，专业分工的细致化必然导致吴越基层社会结构的复杂化。

矿冶业和陶瓷业都具有一定的科技含量，主要涉及物理学和化学。吴国矿冶业和越国陶瓷业的繁荣昌盛，必然催生吴越科技的进步，遗憾的是有关吴越科技除带有神话色彩的干将、欧冶子的铸剑传奇外，不见历史文献的记载。

吴国矿冶业的主要产品是冰铜锭，冰铜锭是铸造青铜器的主要原料。虽然在矿冶业密集的区域发现有铸造业存在，但吴国的铸造业未必在矿冶密集的区域；越国陶瓷业密集区域的主要文化遗存是窑址，陶瓷原料尤其是瓷土的开采究竟在同一区域还是在另外的区域，尚有待研究。

吴国的矿冶产品除用于本国铸造青铜礼器、兵器之外，还流向他国，矿冶业成为吴国最重要的经济支柱，“金道锡行”的途径除向周王朝纳贡之外，“大赂南金”“俘南金”即交换、馈赠、掠夺等可能都是铜资源流动的途径[1]；

1. 裘士京《江南铜材与“金道锡行”初探》，《中国史研究》，1992年第4期；裘士京《江南铜研究——中国古代青铜铜源的探索》，黄山书社，2004年；徐国保《吴文化的根基与文脉》，东南大学出版社，2008年。

越国的陶瓷产品除用于本国的日常生活和随葬外，还大量倾销吴国，青瓷器和印纹硬陶器已渗透到吴国的各个阶层，其数量已远远超过青铜器，成为吴国最主要的生活用器，陶瓷业成为越国最重要的经济支柱。

吴越没有货币，吴越都不使用货币。由于缺乏历史文献的记载，吴越之间贸易的性质、贸易的途径以及铜资源与陶瓷器的等价关系等，已不可考。

吴国有着雄厚的矿冶业，吴国根据本国的国情大力发展兵器制造业，制作精良的青铜剑声闻遐迩，成为吴国兵器的代表。《周礼·考工记》“郑之刀，宋之斤，鲁之削，吴粤之剑，迁乎其地而弗能为良，地气然也”；《战国策·赵策三》“夫吴干之剑，肉试则断牛马，金试则截盘匜”；《荀子·强国》“刑范正，金锡美，工冶巧，火齐得，剖刑而莫邪已。……剥脱之，砥厉之，则劙盘盂、刎牛马，忽然耳”；《楚辞·九歌·国殇》“操吴戈兮披犀甲，车错毂兮短兵接”。

越国有着雄厚的陶瓷业，越国根据本国的国情大力发展陶瓷烧制业，越国的陶瓷烧制虽不见先秦两汉历史文献的记载，但越国贵族墓葬出土的用陶瓷烧制的精美绝伦的仿铜礼乐器，是越人的一大创举。

《周礼·考工记》：“烁金以为刃，凝土以为器。”“烁金以为刃，凝土以为器”，当为吴越“官工业”的真实写照。

铜矿的开采冶炼不是吴国的发明，但吴国是最先冶炼硫化铜的国家，通过焙烧的脱硫工艺是吴国的一大发明；瓷器是越人的伟大发明，是我国物质发展史上一次重大的革命。

就物质发展史而言，吴越都对华夏文明做出了卓越的贡献，从而奠定了吴文化和越文化在延绵 5000 年之久的中华文明史中不可替代的历史地位。

第四节　吴越墓葬

吴越墓葬包括吴越的平民墓葬和贵族墓葬。

贵族是吴越的上层阶级，贵族享有特殊权位和世袭权位，吴越贵族主要为军事贵族和世俗贵族，宗教贵族似乎不见。

西周春秋时期的社会组织是以贵族阶级为骨架的社会架构，贵族有着繁缛的丧葬礼俗[1]，由于文献记载的阙如，吴越贵族的丧葬礼俗今已不可知。

吴越分属不同的族群，吴越有着不同的文化传统，吴越是不同政体的国家，因此贵族当有不同的丧葬礼俗。

吴越的大型墓葬即贵族墓葬，贵族墓葬形体较大，墓葬结构复杂，随葬器物常见青铜器和玉器。

吴越贵族墓葬的比较研究，对于了解吴越的丧葬礼俗、社会结构、等级制度等，有着举足轻重的意义。

平民是吴越的中层阶级，平民即黎民，《尚书·尧典》“百姓昭明，协和万邦。黎民于变时雍”；《史记·夏本纪》“能安民则惠，黎民怀之”。

平民又简称民，《谷梁》成公元年：“古者有四民，有士民，有商民，有农民，有工民。”

《左传》闵公元年：“天子曰兆民，诸侯曰万民。”西周春秋时期的平民是既无贵族身份而又不是奴隶的人，平民是国家社会的基础。

《吕氏春秋·知化》：“夫吴之与越也，接土邻境，壤交通属，习俗同，言语通。”吴越平民虽分属不同的族群，但由于吴越“接土邻境，壤交通属”，

1. 蒲生华《〈左传〉中春秋贵族的葬礼、丧祭礼及其丧葬思想》，《青海师范大学民族师范学院学报》2005 年第 2 期；费发峰《〈左传〉中春秋贵族的丧葬礼仪浅析》，《广东技术师范学院学报》2014 年第 2 期；孙庆伟《最雅的中国——春秋时代的社会与文化》，科学出版社，2015 年；

平民与平民之间必然会混居杂处，从而出现“习俗同，言语通”的现象，因此在吴越平民墓葬上的反映即出现许多共性。

西周春秋时期越的中小型墓葬即平民墓葬，平民墓葬的主要形式为土墩墓和石室土墩墓，平民墓葬的随葬器物主要为陶瓷生活用器，偶见剑、戈等青铜兵器或小玉佩等玉器。

吴越平民墓葬不仅是了解吴越埋葬习俗的重要考古资料，吴越平民墓葬的分布更是区分吴越疆域和考察吴越疆域变化最重要的考古资料。

一、平民墓葬

吴越的平民墓葬有土墩墓和石室土墩墓，土墩墓主要为吴国平民墓葬，石室土墩墓主要为越国平民墓葬，即土墩墓和石室土墩墓“分属两个不同的文化共同体”[1]。

土墩墓与石室土墩墓的外观都呈圆丘状，虽然土墩墓与石室土墩墓的外观相同，但分布范围不同。

土墩墓的分布范围与吴国疆域的变化大致相当，主要分布于宁镇皖南地区，春秋早中期延伸至宁镇皖南地区与太湖地区的交接部，春秋晚期的土墩墓已扩张至太湖奥区；石室土墩墓的分布范围与越国疆域大致相当，主要分布于太湖钱塘江流域，石室土墩墓基本未越过越国疆域，即便越王句践灭吴之后，石室土墩墓的分布范围亦未见改观。

土墩墓的分布范围可达太湖钱塘江流域，而石室土墩墓的分布范围从未越过太湖钱塘江流域。

土墩墓与石室土墩墓虽然外观相同，但墓葬内部的形制结构不同。

土墩墓多葬于封土底部的地面或长方形浅墓穴内，有一墩一墓和一墩多墓之分，有的墓葬有长方形石床或四周有长方形石框，墓葬内部有的还有木构建筑，墓葬平面呈长方形；石室土墩墓在封土内有大石块垒砌的长条形墓室和长条形墓道，墓室上有条形石墓顶，墓室与墓道之间一般有石门和封门石墙，墓葬平面呈长条形。

---

1. 陈元甫《土墩墓与吴越文化》，《东南文化》1992 年第 6 期。

土墩墓为“土木建筑”，石室土墩墓为“土石建筑”。

土墩墓与石室土墩墓不仅内部的形制结构不同，随葬器物也有一定的差异。

土墩墓与石室土墩墓常见的随葬器物有罐、瓮等印纹硬陶器和罐、碗、盅、盂等青瓷器；西周至春秋早期土墩墓的随葬器物中有陶鬲、陶鼎等炊器，春秋中期后有陶鼎、陶釜等炊器；石室土墩墓的随葬器物中基本不见炊器。

土墩墓与石室土墩墓随葬的印纹硬陶器和青瓷器的器形基本相同，与吴文化遗址的情形一样；土墩墓一般随葬炊器，而石室土墩墓不随葬炊器，两者的随葬器物组合存在明显的差异。

土墩墓、石室土墩墓的相似性和差异性，即吴越平民墓葬的相似性和差异性。

（一）土墩墓

土墩墓分布于宁镇皖南地区，主要集中于安徽南陵[1]、繁昌[2]、郎溪[3]和江苏江宁[4]、句容[5]、溧水[6]、高淳[7]、金坛[8]、丹徒[9]、丹阳[10]、溧阳[11]等地，并延伸至茅山以东的武进[12]和宜兴[13]等地。

---

1. 安徽省文物考古研究所《安徽南陵千峰山土墩墓》，《考古》1989年第3期；安徽省文物考古研究所等《安徽南陵龙头山西周土墩墓群发掘简报》，《文物》2013年第10期。
2. 杨鸠霞《安徽省繁昌县平铺土墩墓》，《考古》1990年第2期。
3. 宋永祥《郎溪土墩墓初探》，《宣州文物》第3-4合期，1986年。
4. 南京市博物馆等《南京江宁陶吴春秋时期大型土墩墓发掘简报》，《东南文化》2011年第3期。
5. 镇江市博物馆浮山果园古墓发掘组《江苏句容浮山果园土墩墓》，《考古》1979年第2期；南京博物院《江苏句容县浮山果园西周墓》，《考古》1977年第5期；南京博物院《江苏句容浮山果园土墩墓第二次发掘报告》，《文物资料丛刊》第6辑，文物出版社，1982年；南京博物院考古研究所等《江苏句容及金坛市周代土墩墓》，《考古》2006年第7期；南京博物院《江苏句容寨花头土墩墓D2、D6发掘简报》，《文物》2007年第7期；南京博物院《江苏句容下蜀中心山土墩墓发掘简报》，《东南文化》2011年第3期；镇江博物馆等《江苏句容鹅毛岗土墩墓D2发掘简报》，《东南文化》2012年第4期；镇江博物馆等《江苏句容鹅毛岗1号土墩墓发掘简报》，《江汉考古》2013年第2期。

土墩墓既有分布于山顶或山脊者，也有分布于岗地或平地者，其分布似无规律可循；土墩墓营造方式一般将原地面平整后，挖长方形墓坑掩埋，也有不挖墓坑在墓底铺长方形石床或在墓葬四周围长方形石框（图三二），如丹徒烟墩山 M2、丹徒四脚墩、金坛连山土墩墓等；墓葬一般为一墩一墓，也有一墩多墓，句容寨花头 D2 有墓葬 27 座，其中 M22 为土墩中部的中心墓葬，其余墓葬环四周，头均朝向土墩中心，呈现出向心格局，句容鹅毛岗土墩墓

6. 刘兴、刘建国《溧水凤凰井春秋土墩墓》，《东南文化》1989 年第 4–5 合期；镇江博物馆等《江苏漂水县柘塘、乌山土墩墓清理简报》，《文物资料丛刊》第 6 辑，文物出版社，1982 年；南京市博物馆等《南京溧水大圩东村土墩墓发掘简报》，《东南文化》2013 年第 5 期；南京博物院等《溧水秀才墩土墩墓发掘报告》，《穿越宜溧山地——宁杭高铁江苏段考古发掘报告》，科学出版社，2013 年。

7. 南京博物院《江苏高淳县顾陇、永宁土墩墓发掘简报》，《文物资料丛刊》第 6 辑，文物出版社，1982 年。

8. 南京博物院等《江苏金坛连山土墩墓发掘报告》，《考古学集刊》第 10 辑，地质出版社，1996 年；南京博物院考古研究所《江苏金坛县薛埠镇上水土墩墓群二号墩发掘简报》，《考古》2008 年第 2 期；南京博物院《江苏金坛裕巷土墩墓群一号墩的发掘》，《考古学报》2009 年第 3 期。

9. 江苏省丹徒考古队《江苏丹徒大港土墩墓发掘报告》，《文物》1987 年第 5 期；镇江博物馆《丹徒镇四脚墩西周土墩墓发掘报告》，《东南文化》1989 年第 4–5 合期；南京博物院《江苏丹徒南岗山土墩墓》，《考古学报》1993 年第 2 期；南京博物院等《江苏丹徒横山、华山土墩墓发掘报告》，《文物》2000 年第 9 期；镇江博物馆《江苏丹徒薛家村大墩、边墩土墩墓发掘简报》，《东南文化》2010 年第 3 期。

10. 施玉平、杨再年《丹阳青墩山西周墓》，《东南文化》1991 年第 3–4 合期；泰山土墩墓考古队《丹阳市泰山溢洪河一、二号土墩墓》，《通古达今之路——宁沪高速公路（江苏段）考古发掘报告集》，《东南文化》1994 年增刊第 2 期。

11. 南京博物院等《溧阳天目湖庙山土墩墓发掘报告》，《印记与重塑：镇江博物馆考古报告集（2001–2009）》，江苏大学出版社，2010 年；常州博物馆《溧阳水西土墩墓群发掘简报》，《穿越宜溧山地——宁杭高铁江苏段考古发掘报告》，科学出版社，2013 年。

12. 南京博物院等《淹城——1958 ~ 2000 年考古发掘报告》，科学出版社，2014 年。

13. 南京博物院等《宜兴潢潼土墩墓群发掘报告》，《东南文化》2006 年第 6 期；南京博物院等《宜兴百合村土墩墓群 D1 ~ C4 发掘报告》，《穿越宜溧山地——宁杭高铁江苏段考古发掘报告》，科学出版社，2013 年。

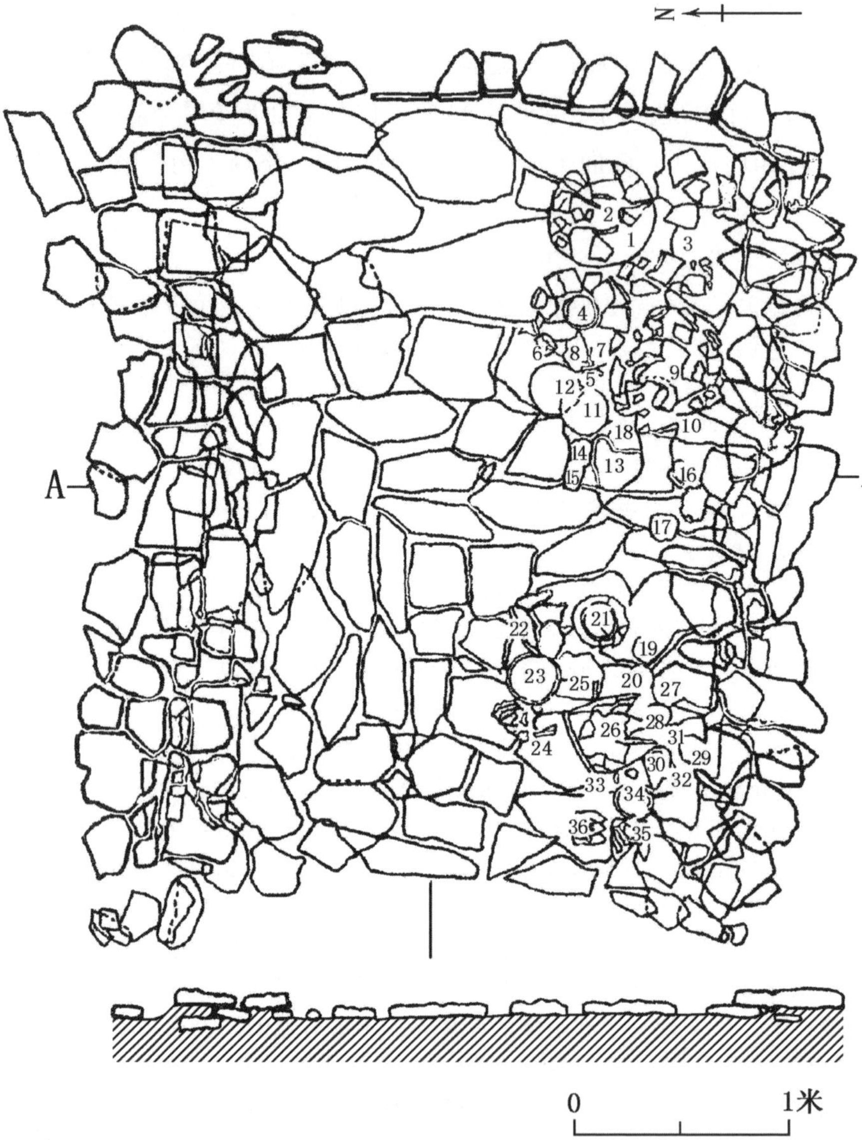

图三二　丹徒烟墩山二号墓平面图

也有类似的现象；土墩墓一般都经多次封土（图三三），在封土与封土之间还有可能用于祭祀的一堆一堆的器物群，如金坛连山、上水、裕巷土墩墓等；有的土墩墓内还有木构建筑，如丹徒华山大笆斗墩、薛家村大墩和江宁陶吴竹连山土墩墓等。

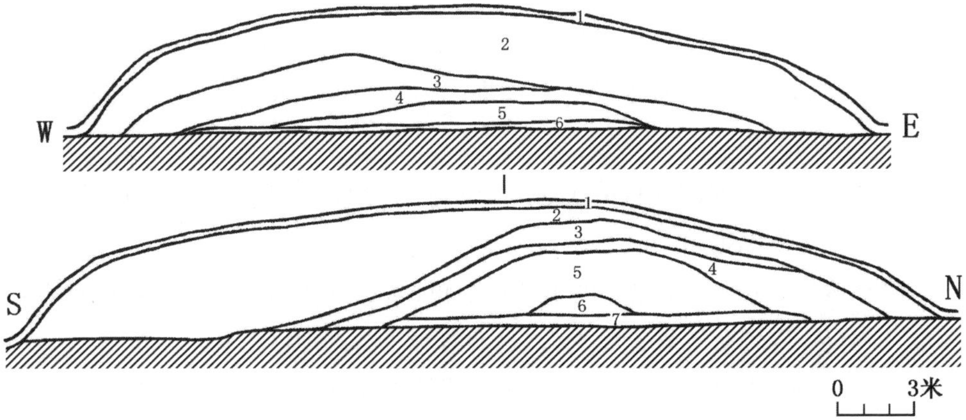

图三三 武进千家墩土墩墓剖面图

土墩墓的随葬器物一般 3 ~ 5 件，多者 10 件以上，少者无随葬器物。

随葬器物主要有夹砂陶器、泥质陶器、硬陶器和青瓷器。夹砂陶器主要有鬲、鼎、釜等，泥质陶器主要有罐、盆、豆等，硬陶器主要有罐、尊、瓮等，青瓷器有罐、豆、碗、盅、盂等，极少量的土墩墓随葬青铜剑、戈等。

邹厚本先生根据句容浮山果园和高淳顾陇、永宁土墩墓中墓葬与墓葬之间的叠压打破关系，对土墩墓进行了分期研究，最先将苏南地区的土墩墓分为西周前期、西周后期、春秋早中期、春秋晚期、春秋战国之际五期[1]，邹厚本先生的土墩墓分期研究，对其后土墩墓的断代和分期研究产生过深远的影响。

之后有刘兴先生根据江南地区的青铜器将江南土墩墓分为五期[2]；杨楠先生对江南的土墩遗存进行了分区、分期研究，将宁镇区的土墩墓分为西周早期、西周中期、西周后期——春秋前期、春秋中期、春秋后期等五期[3]；刘建国先

1. 邹厚本《江苏南部土墩墓》，《文物资料丛刊》第 6 辑，文物出版社，1982 年。
2. 刘兴《东南地区青铜器分期》，《考古与文物》，1985 年第 5 期。
3. 杨楠《江南土墩遗存研究》，民族出版社，1998 年。

生则对江南地区土墩墓作了最为详尽的分期研究[1]，陈元甫先生还对土墩墓一墩多墓的年代进行了探讨[2]。

土墩墓的分期研究虽无可厚非，但都忽略了土墩墓的历史背景和文化背景，因为土墩墓不是一个孤立的文化现象，土墩墓与吴文化遗址交织分布，吴文化遗址不同的层位标志着年代的早晚，因此土墩墓的分期应与遗址的文化分期相互补充、相互印证。根据这一原则，可将土墩墓分为四期：第一期，西周早期；第二期，西周中期；第三期，西周晚期至春秋前期；第四期，春秋后期至战国初年。[3]

土墩墓的延续时间大致从西周早期至春秋晚期，与吴国存亡的时间相当；土墩墓的分布范围也与吴国的疆域大致相当。

春秋晚期，吴国土墩墓一度出现在苏州，如苏州大墩M1随葬器物有陶鬲、陶鼎、陶豆、青瓷碗、青瓷盅等[4]，显然有异于太湖地区的石室土墩墓。

战国早期，越国土墩墓也出现在宁镇皖南地区，如当涂陶庄战国土墩墓的随葬器物有鼎、匜、三足盘等仿铜陶礼器和吊釜、甑等日用陶器，以及印纹硬陶罐、瓮和青瓷瓿、碗、盅等[5]，越灭吴后宁镇皖南地区的土墩墓发生了质的变化。

（二）石室土墩墓

石室土墩墓主要分布于太湖钱塘江流域，江苏的常州、无锡、苏州和浙江湖州、杭州、绍兴等地为石室土墩墓的集中分布地。

石室土墩墓发现于20世纪50年代，关于石室土墩墓的性质曾有过争论，

1. 刘建国《论土墩墓分期》，《东南文化》1989年第4-5合期。
2. 陈元甫《土墩墓一墩多墓年代问题讨论》，《南方文物》2006年第2期。
3. 张敏《宁镇地区青铜文化研究》，《长江流域青铜文化研究》，科学出版社，2002年。
4. 苏州市考古研究所《江苏苏州高新区大墩土墩遗存抢救性考古发掘报告》，《东南文化》2015年第5期。
5. 安徽省文物考古研究所《安徽当涂陶庄战国土墩墓发掘简报》，《文物》2013年第10期。

有烽燧墩说[1]、古战堡说[2]、建筑遗迹说[3]、墓葬说[4]、多元说[5]和性质无法确定说[6]等，目前多认为是墓葬。

石室土墩墓多分布于山地，沿山体的走向分布于山坡、山脊和山顶，依山体的不同呈条状、放射状、叶脉状分布，平面分布形态各异。

经考古发掘的石室土墩墓有浙江萧山柴岭山[7]，上虞凤凰山与白马湖[8]，慈溪彭东和东安[9]，长兴便山和石狮[10]，德清独仓山和南王山[11]，湖州苍山和堂子山[12]，安吉长抗坞和三官[13]，淳安左口[14]，江苏武进腰沿山[15]、城湾山，

1. 朱江《吴县五峰山烽燧墩清理简报》，《考古通讯》1955 年第 4 期。
2. 丘鸿炘《浙江吴兴苍山古战堡试掘》，《考古》1966 年第 5 期。
3. 安吉县文化馆《浙江安吉发掘一座石构建筑》，《考古》1979 年第 2 期；张英霖《试释江南一带的所谓“烽燧墩”》，《苏州大学学报》1986 年第 4 期。
4. 无锡市博物馆《无锡璨山土墩墓》，《考古》1981 年第 2 期；刘建国《论太湖越族石室墓》,《江苏省考古学会第二次年会暨吴文化学术讨论会论文集》,1981 年；林华东《为江浙石室墓正名》，《浙江学刊》1986 年第 5 期。
5. 钱公麟《江南地区石构建筑性质的多元说》，《吴文化研究论文集》，中山大学出版社，1988 年。
6. 张志新、陆永文《太湖地区“石室墓葬”说质疑》，《苏州大学学报（哲学社会科学）》1983 年第 3 期。
7. 杭州市考古文物研究所等《萧山柴岭山土墩墓》，文物出版社，2013 年。
8. 浙江省文物考古研究所等《浙江上虞凤凰山古墓葬发掘报告》，《浙江省文物考古研究所学刊》，科学出版社，1993 年；上虞市文物管理所《上虞白马湖畔石室土墩墓发掘简报》，《东方博物》2008 年第 4 期。
9. 浙江省文物考古研究所《慈溪市彭东、东安土墩墓与土墩石室墓》，《浙江省文物考古研究所学刊——建所十周年专刊（1980–1990）》，科学出版社，1993 年。
10. 浙江省文物考古研究所《浙江长兴县便山土墩墓发掘报告》、浙江省文物考古研究所《浙江长兴县石狮土墩墓发掘简报》，《浙江省文物考古研究所学刊——建所十周年纪念专刊（1980–1990）》，科学出版社，1993 年。
11. 浙江省文物考古研究所等《独仓山与南王山》，科学出版社，2007 年。
12. 丘鸿炘《浙江吴兴苍山古战堡试掘》，《考古》1966 年第 5 期；湖州市文物保护管理所《浙江湖州堂子山土墩墓发掘报告》，《东方博物》2004 年第 2 期。
13. 安吉县文化馆《浙江安吉发掘一座石构建筑》，《考古》1979 年第 2 期；浙江省文物考古研究所《安吉三官土墩墓发掘简报》，《东方博物》2010 年第 3 期。
14. 浙江省文物考古所《浙江淳安左口土墩墓》，《文物》1987 年第 5 期。
15. 常州市博物馆《江苏武进县潘家乡腰沿山土墩石室墓》，《东南文化》1989 年第 4–5 合期。

宜兴洑东山[1]，无锡璨山[2]，江阴大松墩、缴墩、曹家墩[3]，常熟虞山[4]，苏州五峰山、上方山、馒首山、鸡笼山和观音山[5]等。

位于山坡、山脊和山顶的石室土墩墓的内部形制结构基本一致，没有等级高下的区别。一般先将墓底部进行修整后，再用石块垒砌墓室，墓室为长条形石室，分为墓道和墓室两部分，墓道与墓室之间有墓门，墓门有门框和门楣，用块石封门至顶部；墓室内用大石块平面向上铺成墓底，用条形石块封顶；墓道一般不封顶，墓道内用含有碎石块的泥土填堵；有的在石室外有挡土墙或围有大石圈，最后封土呈圆丘状（图三四）。

太湖钱塘江流域的石室土墩墓的形制结构也十分复杂，独仓山与南王山的发掘报告将土墩墓分为石室土墩墓和无石室土墩墓，无石室土墩墓又分为无框无床型、石床型、石框型土墩墓；萧山柴岭山发掘报告将土墩墓分为无石土墩墓、木石土墩墓和石室土墩墓。

石室土墩墓的石室形体硕长，一般通长 10 米左右，常熟虞山 D1 的墓道和墓室通长达 28 米，由墓道、过道、墓室三部分组成（图三五）；萧山柴岭山 D36M1 的墓道和墓室通长达 23.1 米，由墓道、门框、墓室三部分组成。

随葬器物置于墓室内，常见随葬器物有印纹硬陶罐、瓿、罈、瓮、钵，泥质陶罐、盆、钵等和青瓷鼎、簋、尊、罐、豆、碗、盘、盅、盂、器盖等，有的还随葬玉器，如江阴大松墩石室墓随葬玉玦、玉璜、玉镯、玉管、玉珠等，

1. 镇江博物馆《江苏武进、宜兴石室墓》，《文物》1983 年第 11 期。
2. 无锡市博物馆《无锡璨山土墩墓》，《考古》1981 年第 2 期。
3. 陈晶、陈丽华《江苏省江阴县大松墩土墩墓》，《文物》1983 年第 11 期；陈晶、陈丽华：《吴王第八子墓葬考》，《江苏省考古学会第二次年会暨吴文化学术讨论会论文集》，1981 年；周庄土墩墓联合考古队《江苏江阴周庄JZD3 东周土墩墓》，《文物》2010 年第 11 期。
4. 苏州博物馆等《江苏常熟市虞山西岭石室土墩的发掘》，《考古》2001 年 9 期。
5. 朱江《吴县五峰山烽燧墩清理简报》，《考古通讯》1955 年第 4 期；苏州博物馆考古部《江苏苏州上方山六号墩的发掘》，《考古》1987 年第 6 期；苏州市考古研究所《江苏苏州高新区东渚馒首山土墩墓发掘简报》，《东南文化》2013 年第 5 期；苏州市考古研究所《江苏苏州高新区通安镇鸡笼山 D1 石室土墩墓发掘简报》，《东南文化》2014 年第 4 期；苏州市考古研究所《江苏苏州观音山东周石室土墩墓 D1M1 发掘简报》，《东南文化》2015 年第 5 期。

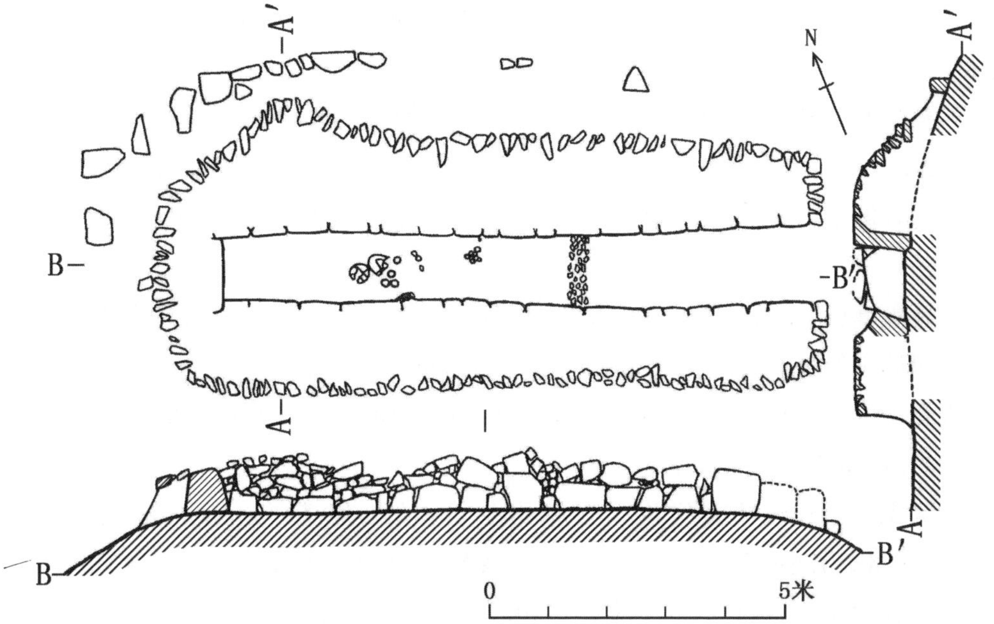

图三四　德清独仓山 D8 平剖面图

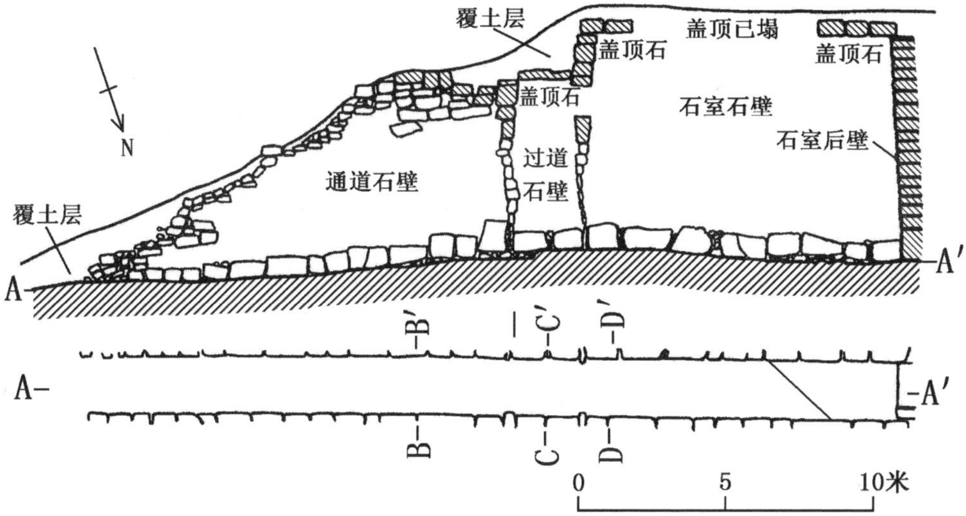

图三五　常熟虞山 D1 平剖面图

苏州鸡笼山石室墓随葬玉玦、玉璜、玉觿等，苏州观音山石室墓随葬玉印、玉带钩、玉珌等。

萧山柴岭山D30M1是太湖钱塘江流域土墩墓中唯一一座大型木室土墩墓，墓葬由石床、白膏泥墓底、枕木、人字形墓室构成，人字形墓室长20.96米，墓室内有棺木。柴岭山D30M1的年代为西周晚期，是年代最早的人字形木构墓室，其墓室形制为春秋时期越王墓的雏形。

常熟虞山D1和萧山柴岭山D36M1等特长形的石室土墩墓和江阴大松墩、苏州鸡笼山等随葬玉器的石室土墩墓皆为石室土墩墓中的特例，其墓主的身份应介于贵族与平民之间，而人字形木构墓室的萧山柴岭山D30M1墓主身份可能为西周时期的越国贵族。

太湖钱塘江流域也有与宁镇皖南地区类似的土墩墓，如屯溪弈棋村西周墓[1]，苏州东渚小山墓地[2]、阳山俞墩土墩墓[3]、大墩土墩墓[4]、真山D33[5]和湖州妙西独山头土墩墓[6]、长兴便山D497[7]、德清独仓山D1、D2[8]、萧山柴岭山D5、D6[9]等。

与宁镇皖南地区类似的土墩墓中，既有太湖钱塘江流域本地的文化传统，

1. 安徽省文物工作队《安徽屯溪土墩墓发掘报告》，《考古学报》1959年第4期；殷涤非《安徽屯溪周墓第二次发掘》，《考古》1990年第3期；李国梁《屯溪土墩墓发掘报告》，安徽人民出版社，2006年。

2. 丁金龙、王霞《苏州东渚小山墓地初步认识》，《苏州博物馆建馆五十周年纪念文集》，文物出版社，2009年。

3. 苏州市考古研究所《苏州阳山俞墩土墩墓发掘简报》《东南文化》2012年第4期。

4. 苏州市考古研究所《江苏苏州高新区大墩土墩遗存抢救性考古发掘报告》，《东南文化》2015年第5期。

5. 苏州市考古研究所《江苏苏州真山土墩墓（D33）发掘简报》，《文物》2016年第5期。

6. 浙江省文物考古研究所等《湖州妙西独山头土墩墓发掘简报》，《东方博物》2010年第3期。

7. 浙江省文物考古研究所《浙江长兴县便山土墩墓发掘报告》，《浙江省文物考古研究所学刊——建所十周年纪念专刊（1980–1990）》，科学出版社，1993年。

8. 浙江省文物考古研究所等《独仓山与南王山》，科学出版社，2007年。

9. 杭州市考古文物研究所等《萧山柴岭山土墩墓》，文物出版社，2013年。

如德清独仓山土墩墓、萧山柴岭山土墩墓等，也有春秋晚期吴入越后的文化遗存，如随葬器物中有陶鬲的苏州大墩土墩墓。

陈元甫先生将石室土墩墓分为九期，第一期，夏至商代早期；第二期，商代中期；第三期，西周早期；第四期，西周晚期；第五期，西周晚期至春秋早期；第六期，春秋早期；第七期，春秋中期；第八期，春秋晚期；第九期，春秋末战国初期。除去早于越国的一、二两期外，西周至战国的石室土墩墓分为七期。[1]

独仓山与南王山的发掘报告将石室土墩墓分为六期：第一期，商末周初；第二期，西周早期；第三期，西周中晚期；第四期，春秋早期；第五期，春秋中期；第六期，春秋晚期。[2]

萧山柴岭山发掘报告将柴岭山石室土墩墓分为八期：第一期，商代中晚期；第二期，西周早期；第三期，西周中期；第四期，西周晚期；第五期，春秋早期；第六期，春秋中期；第七期，春秋晚期；第八期，春秋末至战国初期。[3]

以上分期大同小异，都具有一定的合理性。由于越国遗址发现较少，虽然根据绍兴壶瓶山遗址可进行越文化的文化分期，但这种没有佐证的分期存在一定的盲目性，因此石室土墩墓的分期是目前唯一可参考的时代标尺。

二、贵族墓葬

春秋战国时期，地处长江下游的吴国和越国先后问鼎中原，称霸诸侯，成为活跃于政治舞台的重要力量，因此春秋战国时期吴越贵族墓葬的发掘与研究是吴越考古的重要内容之一。由于多年来未能确立春战时期吴越贵族墓葬的基本要素和区分吴越贵族墓葬的基本标准，因而出现吴越不分的现象。

吴越不分的表现主要有三：一是在江苏境内尤其是苏州境内发掘的贵族

1. 陈元甫《论江浙地区土墩墓的分期》，《纪念浙江省文物考古研究所建所二十周年论文集》，西泠印社，1999 年。
2. 浙江省文物考古研究所等《独仓山与南王山》，科学出版社，2007 年。
3. 杭州市考古文物研究所等《萧山柴岭山土墩墓》，文物出版社，2013 年。

墓葬的国属皆为吴[1]，而在浙江境内发掘的贵族墓葬的国属皆为越；二是江苏境内出土的玉器、青铜器皆称为吴国玉器、吴国青铜器[2]；三是将没有铭文确指的青铜器统称为吴越青铜器[3]。

这一情形的出现，表明吴越文化的研究还停留在对吴越墓葬的感性认识之上。因此，确立吴越贵族墓葬的标准，对以往发掘的吴越贵族墓进行理性的甄别和科学的研究，已成为吴越贵族墓葬研究的重要内容之一。

（一）甄别研究

吴越贵族墓葬的甄别研究是吴越贵族墓葬研究的基础。

贵族墓葬一般墓葬规模较大，常见高大的封土堆、墓坑长度一般大于10米；墓室结构较复杂，有墓道和墓室，有的还有侧室、后室或壁龛；随葬器物常见青铜礼乐器、青铜车马器、青铜兵器、仿青铜器的陶瓷礼乐器以及玉器等。

吴越贵族墓葬在江苏境内主要分布于宁镇皖南地区的丹徒大港至谏壁一带和太湖地区的无锡鹅湖至苏州浒墅关一带；在安徽、浙江境内主要分布于太湖——钱塘江流域的屯溪、绍兴、杭州、长兴和安吉一带。

宁镇皖南地区在镇江以东沿江的大港谏壁一带，先后发掘的大型墓葬有江苏丹徒烟墩山西周墓[4]、荞麦山西周墓[5]、磨盘墩西周墓[6]、粮山春秋墓[7]、北山顶春秋墓[8]、

1. 苏州博物馆《真山东周墓地——吴楚贵族墓地的发掘与研究》，文物出版社，1999年。
2. 姚勤德、龚金元《吴国王室玉器》，上海人民美术出版社，1996年；杨正洪、肖梦龙《镇江出土吴国青铜器》，文物出版社，2008年。
3. 郑小炉《吴越和百越地区周代青铜器研究》，科学出版社，2007年。
4. 江苏省文管会《江苏丹徒烟墩山出土的古代青铜器》，《文物参考资料》1955年第5期；《江苏丹徒烟墩山西周墓及附葬坑出土的小器物补充材料》，《文物参考资料》1956年第1期。
5. 镇江博物馆等《江苏丹徒大港母子墩西周墓发掘简报》，《文物》1984年第5期。
6. 南京博物院等《江苏丹徒磨盘墩周墓发掘简报》，《考古》1985年第11期。
7. 镇江市博物馆《江苏丹徒粮山出土东周铜器》，《考古》1981年第5期。
8. 江苏省丹徒考古队《江苏丹徒北山顶春秋墓发掘报告》，《东南文化》1988年第3-4合期。

王家山春秋墓[1]、青龙山春秋墓[2]和安徽繁昌汤家山西周墓[3]；太湖地区在苏州西北的无锡鹅湖至苏州浒墅关一带，先后发掘的大型墓葬有苏州虎丘千墩坟春秋墓[4]、何山春秋墓[5]、大真山春秋墓[6]和无锡鸿山战国墓葬群[7]等；在钱塘江流域先后发掘的大型墓葬有屯溪弈棋村西周墓[8]、绍兴狮子山战国墓[9]、海盐黄家山战国墓[10]、余杭笆斗山战国墓[11]、绍兴印山越王陵[12]、杭州石塘战国墓[13]、长兴鼻子山战国墓[14]、安吉龙山战国墓[15]等。

春秋战国之际的大型贵族墓葬，墓葬形制保存完好或基本完好的有北山顶春秋墓、青龙山春秋墓、大真山春秋墓、印山越王陵、鸿山邱承墩战国墓、龙山战国墓、鼻子山战国墓。春秋战国之际为吴越争霸时期，由于这一时期吴越疆域相互交织，吴越文化相互渗透，文化面貌错综复杂，因此以这一时期吴越贵族墓葬为重点进行分类研究，客观地建立吴越贵族墓葬的基本要素

---

1. 镇江博物馆《江苏镇江谏壁王家山东周墓》，《文物》1987 年第 12 期。
2. 丹徒考古队《丹徒青龙山春秋大墓及附葬墓发掘简报》，《东方文明之韵——吴文化国际学术研讨会论文集》，岭南美术出版社，2000 年。
3. 安徽省文物工作队等《安徽繁昌出土一批春秋青铜器》，《文物》1982 年第 12 期。
4. 苏州博物馆考古组《苏州虎丘东周墓》，《文物》1981 年第 11 期。
5. 吴县文物管理委员会《江苏吴县何山东周墓》，《文物》1984 年第 5 期。
6. 苏州博物馆《真山东周墓地——吴楚贵族墓地的发掘与研究》，文物出版社，1999 年。
7. 南京博物院等《无锡鸿山越国贵族墓发掘简报》，《文物》2006 年第 1 期；南京博物院等《鸿山越墓发掘报告》，文物出版社，2007 年。
8. 安徽省文物工作队《安徽屯溪土墩墓发掘报告》，《考古学报》1959 年第 4 期；殷涤非《安徽屯溪周墓第二次发掘》，《考古》1990 年第 3 期；李国梁《屯溪土墩墓发掘报告》，安徽人民出版社，2006 年。
9. 浙江省文物管理委员会《绍兴 306 号墓发掘简报》，《文物》1984 年第 1 期。
10. 浙江省文物考古研究所等《浙江海盐出土原始青瓷乐器》，《文物》1985 年第 8 期。
11. 余杭县文物管理委员会《浙江余杭崇贤战国墓》，《东南文化》1989 年第 6 期。
12. 浙江省文物考古研究所等《印山越王陵》，文物出版社，2002 年。
13. 马时雍《杭州的考古》，杭州出版社，2004 年。
14. 浙江省文物考古研究所等《浙江长兴鼻子山越国贵族墓》，《文物》2007 年第 1 期；浙江省文物考古研究所《浙江越墓》，文物出版社，2009 年。
15. 浙江省文物考古研究所等《浙江安吉龙山越国贵族墓》，《南方文物》2008 年第 3 期；浙江省文物考古研究所《浙江越墓》，文物出版社，2009 年。

和甄别标准，进而对西周至战国早期的贵族墓葬进行甄别，对于吴越文化的深入研究有着积极的意义。

1. 墓葬形制

（1）丹徒北山顶春秋墓

北山海拔 81.6 米，墓葬位于临江的北山顶顶部，圆形丘状封土，高 5.5 米，底径 30.75 ~ 32.25 米。墓坑平面呈曲尺形，长方形墓室的一侧有长条形墓道，墓室长 5.8、宽 4.5、深 1.35 ~ 1.45 米，墓道偏在墓室的西北，长 5.8、宽 2.35、深 1.15 ~ 1.25 米，墓向 270° （图三六）。

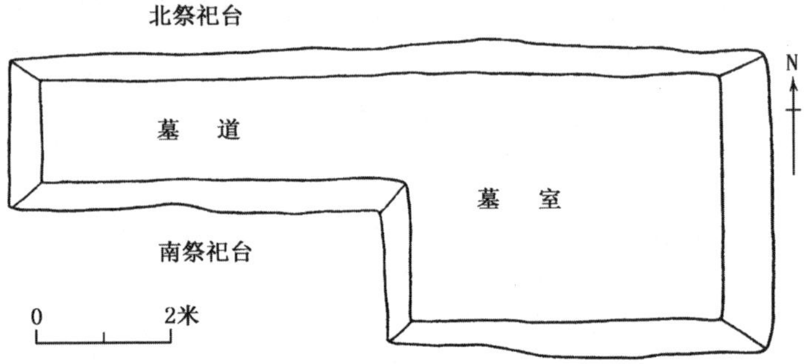

图三六　北山顶春秋墓平面图

（2）丹徒青龙山春秋墓

青龙山海拔 75.9 米，墓葬位于临江的青龙山顶部，圆形丘状封土，高 5.7 米，底径 53.5 ~ 60 米。墓坑平面呈“甲”字形，由长方形墓室和长条形墓道组成，墓室长 12、宽 7、深 5.5 米，墓道长 12.8、宽 4.4 ~ 5.2、深 1.5 ~ 5.0 米，墓向 270° （图三七）。

（3）苏州大真山春秋墓

大真山海拔 76.9 米，墓葬位于大真山的顶部，封土呈东西向长方形馒头

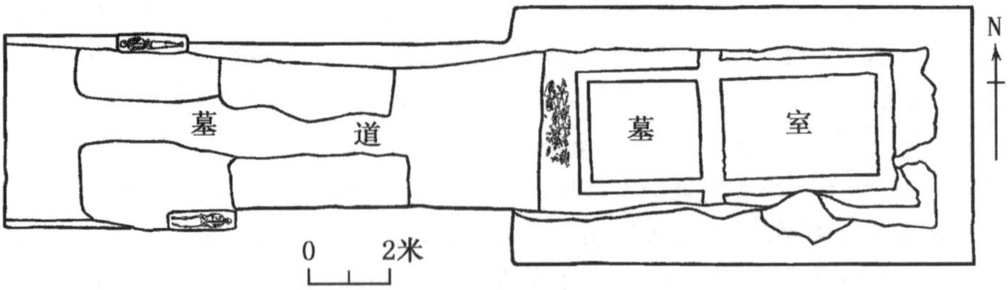

图三七　青龙山春秋墓平面图

状，底径长 70、宽 32 米，自墓底至封土顶部高 8.3 米。墓坑平面呈“甲”字形，墓室平面呈长方形，东西长 13.8、南北宽 8、深 1.8 米，墓室东侧有一条长 3.6、宽 3.0 米的墓道，原报告称墓向 273°，根据墓道的朝向，改为 93°（图三八）。

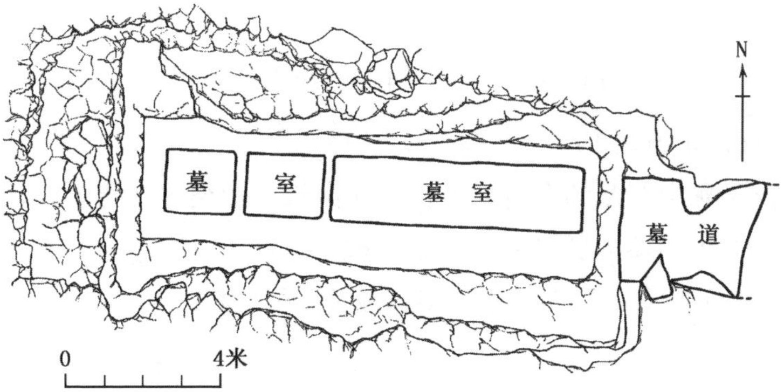

图三八　大真山春秋墓平面图

（4）绍兴印山越王陵

印山海拔 41.7 米，相对高度 20 米，墓葬位于印山顶部，东西向长方形覆斗状封土，东西长 72、南北宽 36、高 9.8 米。墓坑平面呈“甲”字形，墓室长 46、宽 19、深 12.4 米，墓道在墓室东侧，长 54、宽 6.5 ~ 14、深 9.3 米，墓向 90°（图三九）。

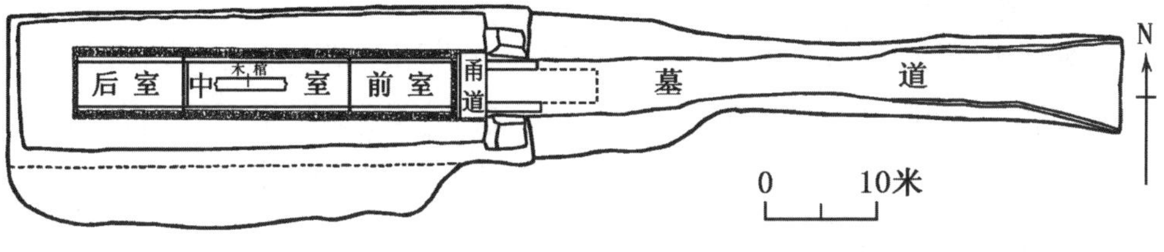

图三九　印山越王陵平面图

（5）无锡鸿山邱承墩战国墓

墓葬位于新石器时代的高土台，东西向长方形覆斗状封土，长 78.6、宽 50.8、高 5.4 米。墓葬平面呈“中”字形，墓坑残长 56.7 米，由墓道、墓室和后室三部分组成，墓道长 21.2、宽 3.65 米；墓室长 23.6、宽 6.3 米；后室长 11.9、宽 3.2 米，坑深 3 米，墓向 110°（图四〇）。

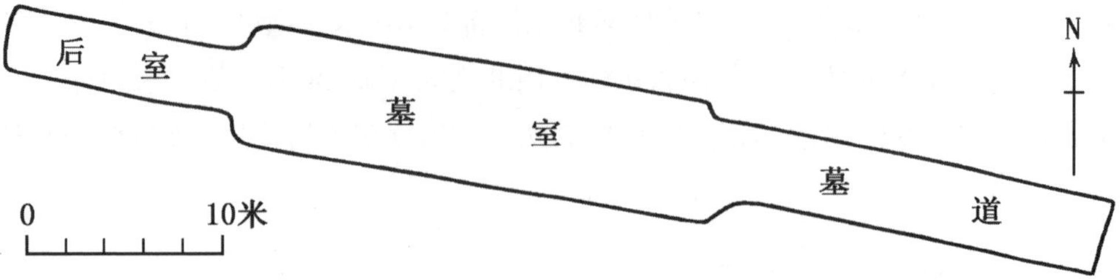

图四〇 鸿山邱承墩战国墓平面图

（6）安吉龙山战国墓

墓葬位于龙山东麓的山脚平地，东西向长方形覆斗状封土，长约 50、宽约 42、高达 8 米。墓坑呈“甲”字形，墓室长 15.4、宽 7.2 ~ 7.6、深 1 ~ 1.5 米，墓室东壁正中有长条形墓道，墓道残长 9.6、宽 3.3 ~ 3.4 米，墓向 105°（图四一）。

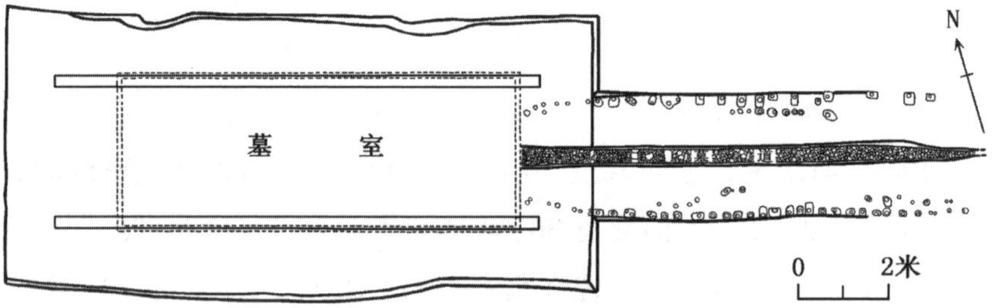

图四一 龙山战国墓平面图

（7）长兴鼻子山战国墓

鼻子山距地表相对高度 10 米，墓葬位于鼻子山顶部，封土呈东西向长方形覆斗状，封土底径东西长 32、南北宽 18、高 3.7 米。墓坑平面呈“甲”字形，墓室长 14.8、宽 5.1 ~ 5.7、深 2.3 米，墓道位于东壁居中，长 7、宽 2.2 ~ 2.6 米，墓向 100°（图四二）。

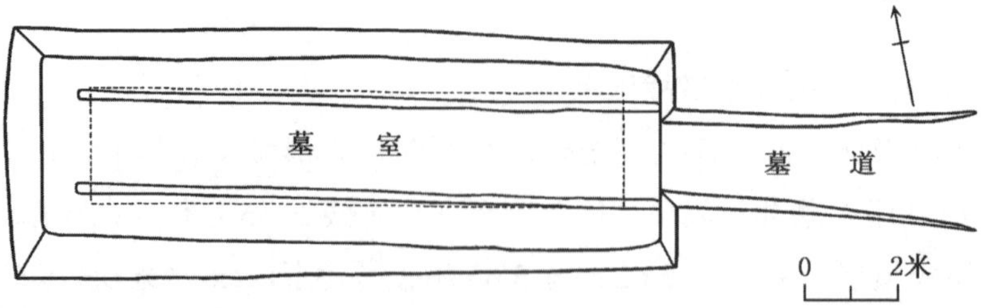

图四二 鼻子山战国墓平面图

吴越贵族墓葬的封土和墓葬形制的基本要素大致包括墓地的选择、封土的形状、墓坑以及墓室、墓道、墓室和墓向的平面形态等，详见表一。

表一　吴越贵族墓的墓葬形制比较表

墓葬	墓地	封土	墓坑	墓室	墓道	墓向
北山顶	有风有水	圆形丘状	曲尺形	长方形	长方形	西（270°）
青龙山	有风有水	圆形丘状	甲字形	长方形	长方形	西（270°）
大真山	有风无水	长方形馒头状	甲字形	长条形	长条形?	东（93°）
印　山	有风无水	长方形覆斗状	甲字形	长条形	长条形	东（90°）
邱承墩	有风无水	长方形覆斗状	中字形	长条形	长条形	东（110°）
龙　山	无风无水	长方形覆斗状	甲字形	长条形	长条形	东（105°）
鼻子山	有风无水	长方形覆斗状	甲字形	长条形	长条形	东（100°）

墓葬形制具有指示性的要素可分为两类：

第一类，墓地的选择讲究风水，封土呈圆形丘状，墓向西。第一类墓葬有北山顶春秋墓和青龙山春秋墓。

第二类，墓地不择风水，封土多呈长方形覆斗状，墓向东。第二类墓葬有印山越王陵、大真山春秋墓、鸿山邱承墩战国墓、龙山战国墓、鼻子山战国墓。

2. 埋葬习俗

埋葬习俗主要表现在有无人殉、人祭或牺牲。

（1）丹徒北山顶春秋墓

墓道南北两侧各有一人祭，北侧人骨架已朽，仅可见残股骨，头向约0°，随葬器物置头部和足部，头部有青铜削一束，足部有青铜三足鉴1件；南侧人骨架也已朽，仅存胫骨和股骨，头向约210°，头部随葬青铜削一束，颈部有水晶珠3颗，根据随葬器物推测，北侧祭祀人可能为男性，南侧祭祀人可能为女性。在墓道的中层还有一殉葬人，骨架保存完好，头向85°，仰身直肢，身长约1.60米，骨架的上下有灰白色丝织物痕迹，原应有丝织物包裹，随葬器物置于足部，有席纹硬陶罐1件、泥质黑陶盆1件、泥质灰陶双耳壶1件、泥质黑陶纺轮2件，人骨经鉴定，为30岁左右的女性。

（2）丹徒青龙山春秋墓

墓道南北两侧各有一殉葬人，仰身直肢，上肢交叉于胸前，头侧向北，经鉴定分别为20岁左右的男女。北侧殉人坑长1.74、宽0.41、骨架长1.6米，头向西，随葬青铜甗1件；南侧殉人坑长1.76、宽0.5米，骨架长1.52米，头向东；墓道与墓室之间有三匹杀殉的马牲，马骨架保存完好。

（3）苏州大真山春秋墓

大真山春秋墓无人殉、人祭，亦无牺牲。

（4）绍兴印山越王陵

印山越王陵无人殉、人祭，亦无牺牲。

（5）无锡鸿山邱承墩战国墓

鸿山邱承墩战国墓无人殉、人祭，亦无牺牲。

（6）安吉龙山战国墓

龙山战国墓无人殉、人祭，亦无牺牲。

（7）长兴鼻子山战国墓

鼻子山战国墓无人殉、人祭，亦无牺牲。

吴越贵族墓葬埋葬习俗的基本要素为人殉、人祭或牺牲，详见表二。

表二　吴越贵族墓埋葬习俗比较表

墓葬	人殉	人祭	牺牲
北山顶	1人（女性）	2人（男性1，女性1）	无
青龙山	2人（男性1，女性1）	无	马（3匹）
大真山	无	无	无
印　山	无	无	无
邱承墩	无	无	无
龙　山	无	无	无
鼻子山	无	无	无

埋葬习俗具有指示性的要素可分为两类：

第一类，有人殉、人祭或牺牲。北山顶春秋墓有人殉和人祭，青龙山春秋墓有人殉和马牲。

第二类，无人殉、人祭，也无牺牲。第二类墓葬有印山越王陵、大真山春秋墓、鸿山邱承墩战国墓、龙山战国墓、鼻子山战国墓。

3. **随葬器物**

（1）丹徒北山顶春秋墓

墓葬早年被盗，据不完全统计，随葬器物主要有青铜器、陶器、石器和水晶器四类。

青铜器有礼乐器、车马器和兵器、工具等。青铜礼乐器 24 件（套），有鼎、勺、盥缶、镈钟、钮钟、丁宁、錞于、悬鼓环、鸠杖的杖首和杖镦，此外还有青铜带环棺钉 4 件；青铜车马器 90 件（套），有盖斗帽、盖弓帽、軎辖、带策軎辖、方扣、厢壁插、铰链、大环、马衔、马镳、小环、节约，此外还有青铜辔饰约 200 件；青铜兵器 29 件（套），有暗纹大矛、矛、小矛、戟、镦和矢；青铜工具 18 件，其中有小刀、削、斧和斤。

石器 13 件，有石编磬 12 件和石质枹头 1 件。

水晶器有水晶珠 3 件。

陶器 4 件，有罐、壶、盆、盖，此外还有数件无法修复的鼎、罐等。

随葬器物中不见青瓷器，仅在墓葬的封土中发现青瓷器盖 3 件。

（2）丹徒青龙山春秋墓

墓葬早年被盗，据不完全统计，随葬器物主要有青铜器、陶器和青瓷器三类。

青铜器有礼乐器、车马器和兵器、工具等。青铜礼乐器 3 件，有甗、鸠杖首和钲；青铜兵器 64 件，有戈、暗纹大矛、矛、剑、小矛、钩、镞、矢和镦；青铜车马器 15 件（套），有马衔、马镳、铃、泡、活页和鸟尾形车饰；青铜工具 3 件，有削和斧。

陶器 61 件，有坛、盆和罐。

青瓷器 2 件，有碗和盅。

（3）苏州大真山春秋墓

墓葬早年被盗，据不完全统计，随葬器物主要有玉器、青瓷器和陶器三类，此外还有天然贝等。

玉器约 20000 余件（枚），可分为葬玉、礼仪用玉和装饰用玉。葬玉有虎形饰、瑗、拱形饰和琀；礼仪用玉有戈、瑗和钩；装饰玉有玛瑙管、玛瑙珠、绿松石珠、水晶珠组成的串饰和牌形、长方形、璜形、拱形、管形玉饰等。

青瓷器 8 件，有盖碗、罐。

陶器 3 件，有瓮、罐等。

（4）绍兴印山越王陵

被盗严重，随葬器物大多无存。据不完全统计，随葬器物主要有青铜器、青瓷器、陶器和玉石器四类。

青铜器 3 件，有铎、锄和凿。

玉石器 31 件（组），有镇（？）、钩、剑、镞、玦、珠、管、长方形和扣形饰以及石环、石矛等。

陶器 5 件，有盆等。

（5）无锡鸿山邱承墩战国墓

墓葬亦早年被盗，然随葬器物保存基本完整。据不完全统计，随葬器物主要有青瓷器、陶器和玉器三类。

青瓷器581件，有立耳浅腹盆形鼎、甗形鼎、兽面鼎、盖豆、小豆、壶、罍、罐、盆、盒、三足盆、盘、三足盘、温酒器、冰酒器、匜、鉴、盉、虎子、吊釜、沥水器、钵、碗、角形器、璧形器、甬钟、镈钟、磬、句鑃、錞于、丁宁、铎、三足缶、悬鼓座、悬铃等仿青铜的礼乐器。

陶器 471 件，有瓮、罐、小罐、盆、角形器、璧形器。

玉器和琉璃器 33 件，可分为葬玉和佩玉，葬玉有覆面、带钩和滑石璧；佩玉有璜形佩、觿形佩、璧形佩、凤形佩、兔形佩、韘形佩、削形佩、剑首、剑格、管形和珠形佩等。

（6）安吉龙山战国墓

墓葬早年被盗，据不完全统计，随葬器物主要有青瓷器、陶器、玉石器三类。

青瓷器 81 件，有兽面鼎、豆、钵、三足盂、杯、器盖和悬铃。

陶器 127 件，有鼎、瓮、坛、小罐、盆、盘、圈足炉、角形器、璧形器、纺轮和悬铃。

玉石器 10 件，有龙形璜、韘形佩、环、小玉饰和绿松石环。

（7）长兴鼻子山战国墓

墓葬未经盗掘，保存完好。随葬器物主要有青瓷器、陶器、玉石器三类。

青瓷器43件，有碗、瓿、小罐、甬钟、镈钟、句鑃、錞于、丁宁、悬铃等仿青铜的礼乐器。

陶器28件，有罐、小罐、三足盘、器盖、角形器、纺轮、磬和悬铃。

玉石器36件（组），有璜形佩、璧形佩、管、带钩、剑首，仿玉的石璜、石瑗，琉璃管、珠、环等。

吴越贵族墓葬的随葬器物，其质地大致可分为青铜器、青瓷器、陶器和玉器四类。因随葬器物的不完整性，仅根据随葬器物的出现频率分为常见、少见、偶见和不见，详见表三。

表三 吴越贵族墓随葬器类比较表

墓葬	青铜器	陶器	青瓷器	玉石器
北山顶	常见	少见	偶见	不见
青龙山	常见	常见	偶见	不见
大真山	不见	偶见	少见	常见
印　山	偶见	少见	不见	常见
邱承墩	不见	常见	常见	常见
龙　山	不见	常见	常见	常见
鼻子山	不见	常见	常见	常见

随葬器物质地具有指示性的要素可分为两类：

第一类，主要随葬青铜器和陶器，偶见青瓷器，不见玉器。第一类墓葬有北山顶春秋墓和青龙山春秋墓。

第二类，主要随葬青瓷器、陶器和玉器，不见或偶见青铜器。第二类墓葬有印山越王陵、大真山春秋墓、邱承墩战国墓、龙山战国墓、鼻子山战国墓。

根据以上春秋战国时期吴越贵族墓葬的随葬器物，其器类可分青铜器、陶瓷器、玉器三大类。

青铜器包括青铜礼器、乐器、车马器、兵器。

青铜礼器有鼎、杖；

青铜乐器主要有钟、镈、錞于、丁宁、句鑃；

青铜车马器有车軎、车辖和马镳、马衔等；

青铜兵器有矛、戈、剑、镞、矢等。

陶瓷器包括生活用器和仿青铜器的陶瓷礼器、乐器。

陶瓷生活用器主要有瓮、坛、罐、豆、碗、盂等；

陶瓷礼器有仿青铜的立耳浅腹盆形鼎、甗形鼎、兽面鼎、匜、鉴、盉、角形器、璧形器等，陶瓷乐器有甬钟、镈钟、磬、句鑃、錞于、丁宁、悬铃等。

玉器主要有璜形佩、环形及璧形的佩玉和覆面等葬玉。

吴越贵族墓随葬器物的基本要素可分为青铜礼乐器、青铜车马器、青铜兵器、陶瓷生活用器、陶瓷礼乐器和玉器，详见表四。

表四　吴越贵族墓随葬器物比较表

墓葬	青铜礼乐器	青铜车马器	青铜兵器	陶瓷生活用器	陶瓷礼乐器	玉器
北山顶	常见	常见	常见	少见	不见	不见
青龙山	常见	常见	常见	常见	不见	不见
大真山	不见	不见	不见	少见	不见	常见
印　山	偶见	不见	不见	少见	不见	常见
邱承墩	不见	不见	不见	常见	常见	常见
龙　山	不见	不见	不见	少见	常见	常见
鼻子山	不见	不见	不见	少见	常见	常见

随葬器物器具有指示性的要素同样可分为两类：

第一类，随葬青铜礼乐器、青铜车马器、青铜兵器和陶瓷生活用器。第一类墓葬有北山顶春秋墓和青龙山春秋墓。

第二类，随葬陶瓷礼乐器、陶瓷生活用器和玉器。第二类墓葬有印山越王陵、大真山春秋墓、邱承墩战国墓、龙山战国墓、鼻子山战国墓。

两类墓葬最大的区别在于一类随葬青铜礼乐器、青铜兵器和青铜车马器，另一类随葬陶瓷礼乐器和玉器。

通过对春秋战国时期的吴越贵族墓葬的分类，墓葬形制具有指示性的要素可归纳为墓葬封土形状、墓坑形态、墓道朝向、有无人殉；随葬器物具有指示性的要素可归纳为青铜礼乐器、车马器，仿青铜的陶瓷礼乐器及玉器。

4. 甄别研究

根据对长江下游吴越贵族墓的分类研究，具有明显指示意义的要素可归纳为两类：

第一类，墓地讲究风水，墓葬的墓向朝西，有人殉或人祭，随葬青铜礼乐器、青铜车马器和青铜兵器，其中最具指示意义的当属墓向朝西、有人殉人祭和随葬青铜车马器。北山顶春秋墓和青龙山春秋墓即属此类墓葬。

第二类，墓地不择风水，墓葬的墓向朝东，无人殉或人祭，随葬陶瓷礼乐器和玉器，其中最具指示意义的当属墓向朝东、无人殉人祭和随葬陶瓷乐器和玉器。印山越王陵、大真山春秋墓、邱承墩战国墓、龙山战国墓、鼻子山战国墓则属此类墓葬。

印山越王陵的发掘对于吴越贵族墓葬的比较研究具有划时代的意义。印山越王陵所具有的指示性要素可视为越国贵族墓葬的基本要素，与之相同者皆为越国贵族墓，而与之不同者则为吴国贵族墓。

分类研究的结果，江浙地区的吴越贵族墓葬可明显地归纳为两类，第一类为吴国贵族墓，第二类为越国贵族墓。

《吴越春秋·阖闾内传》“吴王有女滕玉……乃自杀。阖闾痛之，葬于国西阊门。……乃舞白鹤于吴市中，令万民随而观之，还使男女与鹤俱入羡门，因发机以掩之。杀生以送死，国人非之”；《尸子·广泽》“夫吴越之国，以臣妾为殉，中国闻而非之”。吴越之国“以臣妾为殉”虽为泛称，而“杀生以送死”显然并非虚言。

《左传》成公七年 “巫臣请使于吴，晋侯许之。吴子寿梦说之。乃通吴于晋。以两之一卒适吴，舍偏两之一焉。与其射御，教吴乘车，教之战陈，教之叛楚”；《史记·吴世家》“寿梦二年，楚之亡大夫申公巫臣怨楚将子反而奔晋，自晋使吴，教吴用兵乘车，令其子为吴行人，吴于是始通于中国”；《越绝书·记地传》“夫越性脆而愚，水行而山处，以船为车，以楫为马，往若飘风，去则难从，锐兵任死，越之常性也”。吴乘车射御，而越以舟楫为车马。

《尚书·顾命》：“越玉五重，陈宝，赤刀、大训、弘璧、琬琰，在西序。”越玉在西周时已成为向周王室的贡品，并出现了专名“越玉”，可见治玉佩玉为越人的传统，故越国贵族墓葬中随葬玉器成为普遍现象。

吴越贵族墓葬的规模较大，墓室结构较复杂，是吴越贵族墓葬的共性；吴国贵族墓葬多随葬青铜器，而越国贵族墓葬多随葬陶瓷礼乐器和玉器，是吴越贵族墓葬的异性。

春秋战国时期吴越贵族墓葬基本要素的确立，为重新审视以往在长江下游发掘的吴越贵族墓葬、理性的研究各贵族墓葬的国属，确立了可靠的依据。根据吴越贵族墓葬分类的基本要素，可对长江下游的吴越贵族墓葬进行重新甄别。

西周时期长江下游的吴越贵族墓葬的墓葬形制既有长方形，亦有长条形，似乎尚无定制；然随葬器物中的青铜车马器、仿青铜器的陶瓷礼乐器和璜形和璧形、环形玉佩组成的佩玉等最主要的指示性要素，仍适用于西周时期至战国时期的所有吴越贵族墓葬。

（1）丹徒烟墩山西周墓

墓葬年代为西周早期。因村民挖出一批青铜器后，旋经考古发掘，又出土了青铜礼器、车马器和青瓷豆等，之后经调查和回忆，推测墓葬原应为东西向长方形墓坑[1]。根据随葬鼎、簋、鬲、盉、盘、牺尊、兕觥、虬杖等青铜礼器和軎辖、衔镳、辔饰等青铜车马器以及陶瓷生活用器而不见玉器等要素，烟墩山西周墓应为吴国贵族墓葬；根据随葬的“宜侯夨簋”推测，墓主可能为吴国国君。

（2）丹徒荞麦山西周墓

墓葬年代为西周早期。长方形东西向墓葬，随葬器物有鼎、簋、鬲、尊、壶、卣、牛角形杖等青铜礼器、青铜兵器和軎辖、衔镳等青铜车马器以及陶瓷瓮、罐、豆等，不见玉器。根据随葬青铜礼器、兵器、车马器以及陶瓷生活用器而不见玉器等要素，荞麦山西周墓应为吴国贵族墓葬；根据随葬的“伯簋”推测，墓主也可能为吴国国君。

（3）繁昌汤家山西周墓

墓葬年代为西周晚期。墓葬位于海拔60米的汤家山顶部，墓坑已遭破坏，形制不清。随葬器物有鼎、盉、甗、簋、盘、甬钟等青铜礼乐器和青铜车饰。根据随葬青铜礼器、车器而不见玉器等要素推测，汤家山西周墓应为吴墓。

1. 张敏《宜侯夨簋轶事》，《东南文化》2000年第4期。

（4）丹徒磨盘墩西周墓

墓葬年代为西周晚期。长条形东西向墓坑，随葬器物有尊、匜等青铜礼器，軎辖、衔镳、当卢等青铜车马器和陶瓷瓮、罐、豆等生活用器。根据随葬青铜礼器、车马器以及陶瓷生活用器而不见玉器等要素，磨盘墩西周墓应为吴墓。

（5）镇江谏壁王家山春秋墓

墓葬年代为春秋晚期。残墓，东西向长方形竖穴土坑，根据形制推测，墓向朝西。随葬器物有盉、盘、匜、鉴、舟、錞于、丁宁等青铜礼乐器，矛、戈、戟、剑、镞等青铜兵器，軎辖等青铜车器以及陶瓷生活用器，不见玉器。根据随葬青铜礼乐器、青铜兵器和青铜车马器以及陶瓷生活用器而不见玉器等要素，王家山春秋墓应为吴墓。

（6）丹徒粮山春秋墓

墓葬年代为春秋晚期。出土了青铜鼎 3 件、甗 1 件、罍 1 件、匕 1 件，虽无车马器，也无玉器，粮山春秋墓应为吴墓。

（7）苏州虎丘千墩坟春秋墓

墓葬年代为春秋晚期。出土青铜鼎 2 件，青铜壶、青铜豆、青铜盉、青铜鉴、青铜匜各 1 件和泥质黑陶豆 1 件，随葬器物中有青铜器，但无玉器，千墩坟春秋墓应为吴墓。

（8）吴县何山春秋墓

墓葬年代为春秋晚期。随葬器物为水泥厂取土时挖出，征集的随葬器物有青铜鼎 5 件，青铜簠 2 件，青铜盉、青铜缶、青铜匜、青铜盘各 1 件，青铜戈、青铜矛各 3 件，青铜镞 14 件，青铜軎辖 2 套和小方格纹硬陶罐 1 件、青瓷碗 1 件。

根据随葬青铜礼器、青铜兵器和青铜车马器以及陶瓷生活用器而不见玉器等要素，何山春秋墓应为吴墓。

（9）弈棋村西周墓

计发掘西周时期的墓葬 8 座，8 座墓葬大致可分为西周早期（M1、M3）、西周中期（M2、M4、M5、M6）和西周晚期（M7、M8），其中规格最高的为 M3 和 M1，平面为东西向长方形，随葬器物主要有鼎、簋、盘、尊、壶、卣、五柱形或单孔虡座等青铜礼乐器和鼎、簋、尊、盉等陶瓷礼器，随葬玉石器的器形有璜、环、玦、珠、管等，不见车马器，弈棋村西周墓应属越墓。

（10）绍兴狮子山战国墓

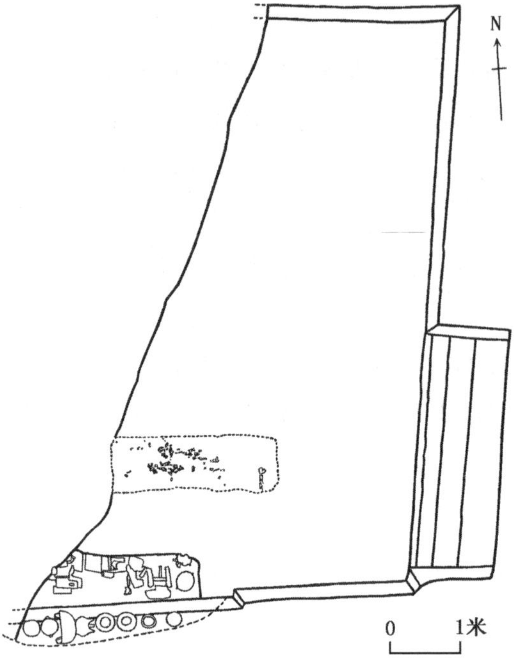

图四三　坡塘战国墓

墓葬年代为战国早期。残墓，长方形墓室，有墓道，墓室残长约5、宽约8米，墓道长1.5、宽3.4米，墓向东。坡塘战国墓出土了鼎、盉、甗、尊、罍、鉴、虡座、伎乐屋等青铜礼乐器和璜形佩、璧形佩、牌饰等玉器，不见青铜车马器。坡塘战国墓的年代为战国早期，有越墓和徐墓两说（图四三）。

（11）海盐黄家山战国墓

墓葬年代为战国早期。出土了鼎、罍、罐、钟、镈、錞于、丁宁、句鑃、悬铃等青瓷礼乐器，应为越墓，而根据出土器物并参考安吉龙山和长兴鼻子山的埋葬情况，已发掘的黄家山战国墓可能不是墓葬，而是墓葬附葬的器物坑。根据附葬坑出土的器物推测，海盐黄家山战国墓的国属应为越。

（12）余杭笆斗山战国墓

墓葬年代为战国早、中期，共清理战国残墓5座，随葬器物主要有鼎、盉、匜、钟、悬铃等陶瓷礼乐器，应为越墓。

（13）杭州石塘战国墓

墓葬年代为战国早期。随葬器物有玉剑鞘和首、格、璏、珌等玉剑饰、龙形璜、云纹璜、龙首觿、璧形佩、环形佩以及有“越王之子”“越王王王”刻文的玉剑格。[1]根据随葬器物主要为玉器而不见车马器等要素，石塘战国墓应为越墓。

根据上述标准，西周时期的丹徒烟墩山、荞麦山、汤家山、磨盘墩和春

1. 李海《杭州古玉》，文物出版社，2003；马时雍《杭州的考古》，杭州出版社，2004年。

秋时期的北山顶、青龙山、王家山、粮山、何山、千敦坟等墓葬皆为吴墓，而西周时期的弈棋村，春秋时期的印山、大真山和战国时期的鸿山、狮子山、黄家山、笆斗山、石塘、龙山、鼻子山等墓葬皆为越墓。

根据以上分析，自西周至战国早期吴越贵族墓葬最具指示性的要素可归纳两类：一类随葬青铜车马器，另一类随葬陶瓷礼乐器和玉器。

随葬青铜车马器的墓葬其国属为吴，而随葬陶瓷礼乐器和玉器的墓葬其国属为越，详见表五。

表五　吴越贵族墓葬指示性要素比较表

墓葬	时代	青铜车马器	陶瓷礼乐器	玉器	国属
烟墩山	西周	有	无	无	吴
荞麦山	西周	有	无	无	吴
汤家山	西周	有	无	无	吴
磨盘墩	西周	有	无	无	吴
粮　山	春秋	无	无	无	吴
北山顶	春秋	有	无	无	吴
青龙山	春秋	有	无	无	吴
王家山	春秋	有	无	无	吴
何　山	春秋	有	无	无	吴
千墩坟	春秋	无	无	无	吴
弈棋村	西周	无	有	有	越
印　山	春秋	无	无	有	越
大真山	春秋	无	无	有	越
坡　塘	战国	无	无	有	越？
石　塘	战国	无	有	有	越
笆斗山	战国	无	有	有	越
黄家山	战国	无	有	有	越
邱承墩	战国	无	有	有	越
龙　山	战国	无	有	有	越
鼻子山	战国	无	有	有	越

在以往的研究中，有认为屯溪西周墓为吴国贵族墓葬[1]，还有认为苏州大真山春秋墓为吴王寿梦之墓[2]，通过比较研究，屯溪西周墓、苏州大真山春秋墓皆为越国贵族墓葬。

归为吴国墓葬的有烟墩山西周墓、荞麦山西周墓、汤家山西周墓、磨盘墩西周墓、粮山春秋墓、北山顶春秋墓、青龙山春秋墓、王家山春秋墓、何山春秋墓；归为越墓的有弈棋村西周墓、印山越王陵、大真山春秋墓、坡塘战国墓、石塘战国墓、笆斗山战国墓、黄家山战国墓、邱承墩战国墓、龙山战国墓、鼻子山战国墓。

吴越贵族墓葬甄别研究的目的是澄清贵族墓葬的国属，为进一步进行吴越贵族墓葬的等级研究奠定基础。

5. 非吴越遗存

在吴越贵族墓葬的甄别过程中，有一些为非吴越墓葬，如仪征破山口西周墓[3]、六合程桥春秋墓[4]；还有一些非吴国遗存，如苏州严山玉器窖藏[5]。

（1）仪征破山口西周墓

仪征破山口西周墓是1930年由乡民盗挖的，出土青铜礼器40余件，兵器100余件，然多流失国外。现存国内的青铜器有凸弦纹鼎、凸弦纹鬲、素面独耳鬲、饕餮纹甗、变体鸟纹尊、云纹尊、凤纹盉、方格纹扁腹罍、鱼龙纹盘、四凤盘、卷云纹铲以及“子作父宝尊”铭文鼎残片等10余件（图四四）。

1. 肖梦龙《试论江南吴国青铜器》，《东南文化》第2辑，1986年；杨宝成《略论西周时期吴国青铜器》，《东南文化》1991年第3期；肖梦龙、林留根《皖南吴国青铜器分期研究》，《青铜文化研究》第1辑，黄山书社，1999年。

2. 苏州博物馆《真山东周墓地——吴楚贵族墓地的发掘与研究》，文物出版社，1999年。

3. 王志敏、韩益之《介绍江苏仪征过去发现的几件西周青铜器》，《文物参考资料》1956年第12期；尹焕章《仪征破山口探掘出土铜器纪略》，《文物》1960年第4期；郭宝钧《商周青铜器群综合研究》，文物出版社，1981年。

4. 江苏省文物管理委员会、南京博物院《江苏六合程桥东周墓》，《考古》1965年第3期；南京博物院《江苏六合程桥二号东周墓》，《考古》1974年第2期；南京市博物馆等《江苏六合程桥三号东周墓》，《东南文化》1991年第1期。

5. 吴县文物管理委员会：《江苏吴县春秋吴国玉器窖藏》，《文物》1988年第11期；姚勤德、龚金元《吴国王室玉器》，上海人民美术出版社，1996年。

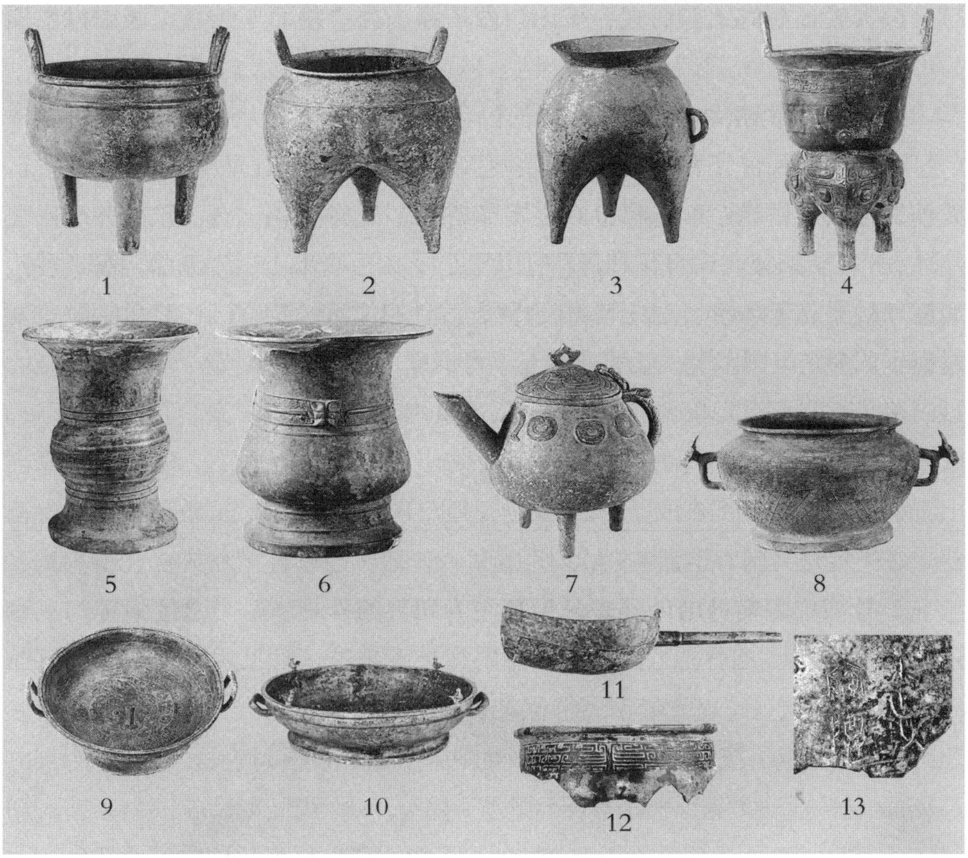

图四四　破山口西周墓出土的部分青铜器

1. 凸弦纹鼎　2. 凸弦纹鬲　3. 素面独耳鬲　4. 饕餮纹甗　5. 变体鸟纹尊　6. 云纹尊　7. 凤纹盉　8. 方格纹扁腹罍　9. 鱼龙纹盘　10. 四凤盘　11. 云纹铲　12. “子作父宝尊”鼎残片　13. 铭文“子作父宝尊”

1959年曾在出土地点进行了清理，证实是一座有土坑的墓葬，出土了青铜戈、矛、斧、钺、镰、镞以及玉饰和陶鬲、罐等残片。根据青铜器和陶器特征分析，破山口墓的年代为西周中期偏晚阶段或晚期偏早阶段。

《管子·小问》：“昔者吴干战，未龀不得入军门，国子摘其齿，遂入干国多。”干国的疆域在今扬州一带。《说文·邑部》：“邗，国也，今属临淮。从邑，干声。”破山口位于长江以北的仪征新城乡的沿江山地，地处扬州与仪征之间，西周时属干国。

春秋之初，吴灭干；西周晚期，干国尚存。根据墓葬规模和随葬青铜器与吴国贵族墓葬的比较研究，破山口西周墓当为干墓而非吴墓，破山口西周墓可能为干王之墓。[1]

（2）六合程桥春秋墓

六合程桥乡曾先后发掘过3座春秋墓。[2]一号墓出土了青铜鼎、蟠螭纹缶、臧孙编钟以及兵器、车马器和工具等50余件，臧孙钟铭文有“攻敔仲终岁之外孙、坪之子臧孙……自作和钟”（图四五）；二号墓出土了青铜鼎、匜、编钟、编镈和兵器、车马器、工具等40余件，编钟铭文有“旨赏……之甬钟”，发掘报告认为是吴国墓葬；三号墓出土了青铜鼎、甗、盘、匜、簠、舟、剑等9件，盘内铭文有“工觑大叔……自作行盘”，簠内铭文有“曾子义行自作饮簠”，匜内铭文有“罗儿……吴王之甥……坪之子……自作盥匜”。程桥春秋墓出土青铜器的铭文有“攻敔”“工觑”，但出现“攻敔”“工觑”铭文的青铜器未必一定是吴国青铜器。

一号墓主为句吴的外孙，三号墓主为句吴的外甥，一号墓主臧孙与三号墓主罗儿皆为坪之子，当为兄弟，亦同为吴王之甥，可见六合程桥春秋墓与

图四五　六合程桥一号墓春秋墓出土的部分青铜器
1. 蟠螭纹缶　2. 臧孙钟

1. 张敏《关于吴文化的几个问题》，《南京博物院集刊（9）》，1986年；张敏《破山口青铜器三题》，《东南文化》2002年第6期。
2. 江苏省文物管理委员会、南京博物院《江苏六合程桥东周墓》，《考古》1965年第3期；南京博物院《江苏六合程桥二号东周墓》，《考古》1974年第2期；南京市博物馆等《江苏六合程桥三号东周墓》，《东南文化》1991年第1期。

吴国有着十分密切的舅甥关系，但无论是“外孙”还是“外甥”，显然都不是吴人。徐伯鸿先生、曹锦炎先生、胡运宏先生对程桥墓的国属都提出各自的看法。[1]

六合原为楚之棠邑，后属吴。《左传》襄公十四年（前559）：“秋，楚子为庸浦之役故，子囊师于棠以伐吴，吴不出而还。子囊殿，以吴为不能而弗儆。吴人自皋舟之隘要而击之，楚人不能相救。吴人败之，获楚公子宜谷。”《左传》昭公二十年（前522）：“棠君尚谓其弟员曰：‘尔适吴，我将归死’”，伍尚为棠邑大夫，此时棠邑仍属楚。《史记·刺客列传》：“专诸者，吴棠邑人也”，棠邑属吴。

春秋晚期的吴国与齐、楚等大国为敌，因此齐、楚、宋、徐、莒、蔡等国皆有获罪的王公贵族、叛臣为求得庇护而奔吴。

《春秋》襄公二十八年“冬，齐庆封来奔”；《左传》“庆封……奔吴。吴句余予之朱方，聚其族焉而居之，富于其旧”；《史记·吴太伯世家》“齐相庆封有罪，自齐来奔吴。吴予庆封朱方之县，以为奉邑，以女妻之，富于在齐”；《史记·吴太伯世家》“王阖庐元年……楚诛伯州犁，其孙伯嚭亡奔吴，吴以为大夫”；《春秋》昭公元年“莒展舆出奔吴”；《左传》昭公二十年：宋“华、向奔陈，华登奔吴”；《左传》哀公四年“蔡公孙辰出奔吴”。

因之，程桥春秋墓的墓主可能为奔吴后得到“以女妻之”待遇的异国王公贵族或亡臣。[2]

（3）苏州严山窖藏

苏州严山玉器窖藏出土玉器400余件，器形有虎形璜、璧形佩、环形佩、觿、牌、管、珠以及与大真山相类似的玛瑙管、绿松石管、水晶管、珠等，发掘报告认为严山窖藏是吴国王室窖藏[3]，钱公麟先生认为严山是吴王墓

---

1. 徐伯鸿《程桥三号春秋墓出土盘匜簠铭文释证》，《东南文化》1991年第1期；曹锦炎《程桥新出铜器考释及相关问题》，《东南文化》1991年第1期；胡运宏《六合程桥春秋三墓述议》，《江南大学学报（人文社会科学）》2006年第1期。

2. 张敏《关于吴文化的几个问题》，《南京博物院集刊（9）》，1986年；张敏《吴越贵族墓葬的甄别研究》，《文物》2010年第1期；张敏《吴越贵族墓葬的等级研究》，《李下蹊华——庆祝李伯谦先生八十华诞论文集》，科学出版社，2017年。

3. 吴县文物管理委员会：《江苏吴县春秋吴国玉器窖藏》，《文物》1988年第11期；姚勤德、龚金元《吴国王室玉器》，上海人民美术出版社，1996年。

葬[1]，张志新先生则认为严山玉器是窖藏，是吴王夫差在越灭吴战争时匆忙之际的埋藏[2]。

根据吴越墓葬的基本特征，吴国贵族没有用玉的传统，西周早期至春秋晚期的贵族墓葬也不见随葬玉器；治玉、用玉为越的传统，因此严山玉器窖藏的国属应属越而非吴，其玉器的造型、纹饰也与大真山春秋墓相似。

玉器纹饰是玉器断代主要的依据之一。玉器纹饰虽然会继续延用，但新出现的玉器纹饰不仅是断代的重要依据，而且成为引领玉器纹饰的潮流。严山与真山玉器的纹饰皆有阴刻或浅浮雕卷云纹、勾连云纹、蟠虺纹等，玉器的纹饰完全相同（图四六）。

春秋晚期新出现的玉器纹饰有相互独立的云纹和相互独立的谷纹，而不是相互交织的卷云纹、勾连云纹、蟠虺纹；战国中期出现蒲纹，战国时期的蒲纹个体较小且凸起，西汉时期蒲纹的个体较大而扁平，已成为玉器断代的基本常识。[3]

卷云纹、勾连云纹、蟠虺纹并存的文化遗存的年代为春秋中期至春秋晚期偏早；卷云纹、勾连云纹、蟠虺纹和云纹、谷纹并存的文化遗存的年代为春秋晚期至战国早期；云纹、谷纹和蒲纹并存的文化遗存的年代为战国中期至西汉早期。根据玉器纹饰的断代标准，文化遗存中出土的玉器中虽以卷云纹、勾连云纹、蟠虺纹为主，但只要出现云纹和谷纹，则表明其年代已进入春秋晚期。

严山出土的玉器中没有一件饰以云纹或谷纹，表明“严山玉器”的年代应早于春秋晚期，与真山春秋墓的年代相当。

---

1. 苏州博物馆：《真山东周墓地——吴楚贵族墓地的发掘与研究》，文物出版社，1999 年；钱公麟：《关于吴县严山春秋玉器窖藏性质的再认识》，《东南文化》1999 年第 2 期；钱公麟：《吴文化研究之我见》，《苏州博物馆建馆五十周年纪念文集》，文物出版社，2009 年。

2. 张志新：《严山玉器窖藏与越国灭吴战争》，《苏州大学学报（哲学社会科学）》2000 年第 7 期。

3. 尤仁德：《古代玉器通论》，紫禁城出版社，2004 年；栾秉璈：《古玉鉴别》，文物出版社，2008 年；山西省文物考古研究所、太原市文物管理委员会：《太原晋国赵卿墓》，文物出版社，1996 年。

确定“严山玉器”为吴国王室玉器的基础是的玉器断代，而通过纹饰的分析，“严山玉器”的年代为春秋中期偏晚或春秋晚期偏早，因此“严山玉器”既不可能是夫差的“吴国王室玉器”，更不可能是“吴王夫差之墓”。

真山春秋墓的年代为春秋中期偏晚或春秋晚期偏早，“严山玉器”的年代与之相同；真山春秋墓出土的最高等级玉器为一对虎形玉璜，“严山玉器”中最高等级的玉器也为一对虎形玉璜，两者的等级也相同。

大真山春秋墓为越国贵族墓葬，因此严山窖藏出土的玉器应为越国贵族玉器而非吴国王室玉器。[1]

图四六　严山窖藏玉器与大真山春秋墓玉器比较图

1. 张敏《吴越贵族墓葬的甄别研究》，《文物》2010 年第 1 期；张敏《吴越贵族墓葬的等级研究》,《李下蹊华——庆祝李伯谦先生八十华诞论文集》,科学出版社，2017 年。

（二）分组研究

西周至春秋早期的吴越疆域相对稳定，大致以茅山山脉、天目山山脉、黄山山脉为界，吴国分布于宁镇皖南地区，越国分布于太湖、钱塘江流域。

春秋中晚期的吴越疆域呈不断变化的态势。

《左传》昭公三十二年（前510）：吴“始用师于越”；《左传》定公四年（前505）：“吴入郢”后，大举伐越，太湖东部自西而东逐渐为沦吴地；《左传》哀公元年（前494）：吴“败越于夫椒……遂入越”，太湖东部皆属吴；《左传》哀公二十二年（前473）：“越灭吴”后“越兵横行于江淮东”，吴地尽属越。

春秋中晚期随着吴越争霸，吴越分野的格局被逐渐打破，吴越疆界“相亚门户”，往返交替，吴越都城多次迁徙，“两邦同城”的姑苏反复易帜，因而吴越贵族墓葬的分布也随着吴越疆域的变更和吴越都城的迁徙而互有交织。因此，春秋战国之际，由于吴越的空间范畴处于不断变化之中，吴越贵族墓葬的分布范围也随之不断变化。

吴国贵族墓葬的时间范畴定为西周至春秋时期，越国贵族墓葬的时间范畴定为西周至战国早期，根据历史文献记载的吴越形势的发展和变化，将吴国贵族墓葬分为两组：

吴国的历史始于武王时期的周章，强盛于春秋中期的寿梦。《史记·吴太伯世家》“寿梦立而吴始益大，称王”；《左传》成公七年（前584）“巫臣请使于吴，晋侯许之。吴子寿梦说之。乃通吴于晋。……吴始伐楚，伐巢、伐徐……吴入州来。……蛮夷属于楚者，吴尽取之，是以始大，通吴于上国”。

“寿梦称王”与“通吴于晋”是吴国历史上最重要的转折点，时在春秋中期，而西周至春秋早期与春秋中晚期吴国贵族墓的墓葬形制、随葬器物均呈现出一定的差异，因此将吴国贵族墓葬分为西周至春秋早期墓葬组和春秋中晚期墓葬组，简称“西周组墓葬”和“春秋组墓葬”。

根据历史文献记载的吴越形势的发展和变化，将越国贵族墓葬分为两组：

越国的历史始于周成王时期，强盛于春秋晚期的允常。《史记·越王句践世家》“允常之时，与吴王阖庐战而相怨伐”；《史记正义》引《舆地志》：允常“拓土始大，称王”；《吴越春秋·越王无余外传》“越之兴霸自元常矣”。

长江下游发现的越国贵族墓葬多集中在西周时期和春秋晚期至战国早期，西周时期和春秋战国时期越国贵族墓葬的墓葬形制、随葬器物存在着较大的差异，因此越国贵族墓葬也可分为西周墓葬组和春秋至战国墓葬组，简称“西周组墓葬”和“春战组墓葬”。

1. 西周组吴国墓葬

西周至春秋早期代表性的吴国贵族墓葬有江苏丹徒烟墩山、荞麦山和磨盘墩，丹阳四方山[1]，溧水乌山[2]、宽广墩[3]、段西村[4]，高淳下大路[5]，安徽繁昌汤家山和孙村[6]，铜陵谢垅[7]，芜湖韩墩[8]，郎溪十字铺[9]，宣城正兴村[10]，青阳汪村[11]等。

西周至春秋早期的贵族墓葬的基本要素有墓地位置、墓坑形制和随葬器物。

（1）墓地位置

吴国贵族墓葬位于沿江高山之巅的有烟墩山（海拔 51 米）、荞麦山（海拔 69.5 米）、汤家山（海拔约 70 米）；位于沿江低山顶部的有磨盘墩（海拔 15 米）；位于海拔 5 ~ 10 米的低山丘陵地带的有四方山、乌山 M1、乌山 M2、宽广墩、段西村、下大路、十字铺、韩墩、正兴村、谢垅、孙村、汪村。

根据墓葬的地理位置，将吴国贵族墓葬的墓地分为三个等级：第一等级

1. 杨正宏、肖梦龙《镇江出土吴国青铜器》，文物出版社，2008 年。
2. 镇江博物馆等《江苏溧水发现西周墓》，《考古》1976 年第 4 期；镇江博物馆等《江苏溧水乌山 2 号墓清理报告》，《文物资料丛刊》第 2 辑，文物出版社，1978 年。
3. 镇江博物馆等《江苏溧水宽广墩出土器物》，《文物》1985 年第 12 期；邹厚本《宁镇地区出土青铜容器的初步认识》，《中国考古学会第四次年会论文集》，文物出版社，1985 年。
4. 杨正宏、肖梦龙《镇江出土吴国青铜器》，文物出版社，2008 年。
5. 杨正宏、肖梦龙《镇江出土吴国青铜器》，文物出版社，2008 年。
6. 安徽大学、安徽省文物考古研究所《皖南商周青铜器》，文物出版社，2006 年。
7. 安徽大学、安徽省文物考古研究所《皖南商周青铜器》，文物出版社，2006 年；张爱冰《铜陵谢垅出土青铜器的年代及其相关问题》，《东南文化》2009 年第 6 期。
8. 安徽大学、安徽省文物考古研究所《皖南商周青铜器》，文物出版社，2006 年。
9. 安徽大学、安徽省文物考古研究所《皖南商周青铜器》，文物出版社，2006 年。
10. 安徽大学、安徽省文物考古研究所《皖南商周青铜器》，文物出版社，2006 年。
11. 石谷风《青阳出土的西周晚期铜器》，《安徽文博》1983 年第 3 辑；安徽大学、安徽省文物考古研究所《皖南商周青铜器》，文物出版社，2006 年。

有烟墩山、荞麦山、汤家山，墓葬位于沿江的高山之巅；第二等级有磨盘墩，墓葬位于沿江的低山顶部；第三等级有四方山、乌山、宽广墩、段西村、下大路、十字铺、韩墩、正兴村、谢垅、孙村、汪村等，墓葬皆位于低山丘陵地带。

墓地位置是区分墓葬等级的基本要素，也是进行吴越贵族墓葬等级研究的指示性的要素之一。不同的埋葬位置反映了墓葬的不同等级，即烟墩山、荞麦山、汤家山为第一等级，磨盘墩为第二等级，四方山、乌山、宽广墩、段西村、下大路、十字铺、韩墩、正兴村、谢垅、孙村、汪村为第三等级，详见表六。

表六　西周组墓葬墓地位置一览表

墓地位置 / 墓葬	沿江高山山巅	沿江低山顶部	低山丘陵地带	等级
烟墩山	√			一
荞麦山	√			一
汤家山	√			一
磨盘墩		√		二
汪　村			√	三
四方山			√	三
乌　山			√	三
宽广墩			√	三
段西村			√	三
下大路			√	三
十字铺			√	三
韩　墩			√	三
正兴村			√	三
谢　垅			√	三
孙　村			√	三

（2）墓葬规模

西周至春秋早期的吴国贵族墓葬由于大多被盗或被挖出青铜器后进行收缴，发表的考古发掘资料多不完整，有关墓葬形制的资料相对匮乏，因而墓葬封土情况大多不明，墓葬规模大多不清，有墓坑资料的仅见于荞麦山、乌山 M2 和磨盘墩。

荞麦山墓坑情况不明，墓底由 30 ~ 40 厘米见方的石块砌成长方形墓底边框，墓底边框长 6.1、宽 3.2 米。

乌山 M2 墓坑情况不明，墓底由大小不等的石块砌成长方形“石床”，石床长 4.8、宽 1.3 米。

磨盘墩为长方形墓坑，长 4.6、宽 1.1 米。

根据墓坑、墓底尺寸，有明确资料的墓葬可分为两个等级：第一等级有荞麦山，坑（底）长 6 米以上，宽 3 米以上；第二等级有乌山 M2、磨盘墩，坑（底）长 4 ~ 5 米，宽 1 米以上。

墓坑规模虽为吴国贵族墓葬等级研究的基本要素之一，但由于受考古资料的局限，墓坑规模大多不明，缺乏统计学的意义，因此在吴国贵族墓葬等级研究中暂不作为等级划分的基本要素。

（3）随葬器物

吴国贵族墓葬的随葬器物不见玉器，除青铜器之外，还随葬印纹陶器和青瓷器，印纹陶器多为罐、坛、瓮等，青瓷器多为罐、碗、盅、盂等，且与中小型墓葬随葬的同类器物无明显的差异，在吴国贵族墓葬等级的比较研究中缺乏意义，因此以青铜器作为吴国贵族墓葬等级比较的研究对象。

西周至春秋早期随葬青铜礼器的吴国贵族墓葬中，大多是被盗后进行考古清理或被挖出青铜器后进行收缴，虽然青铜礼乐器、兵器、车马器的资料不完整，但仍可进行分类比较。

丹徒烟墩山西周墓出土的青铜器有立耳柱足兽面纹鼎、鸟耳素面鼎、虎耳素面鼎、方环耳素面鼎、凸弦纹鬲、“宜侯夨簋”、勾连纹簋、双耳夔龙纹大盘、素面盘、兽首盖纽夔纹盉、羊尊、“角状器”、“鐏”等 18 件以及矛、镞等兵器和镳、衔、辔饰等车马器 100 余件（图四七）。

角状青铜器原报告称之为“角形器”，《诗·鲁颂·泮水》“角弓其觩”，郑玄笺 “角弓觩然”，“觩”同“斛”，角上方弯曲貌；《诗·小雅·桑扈》

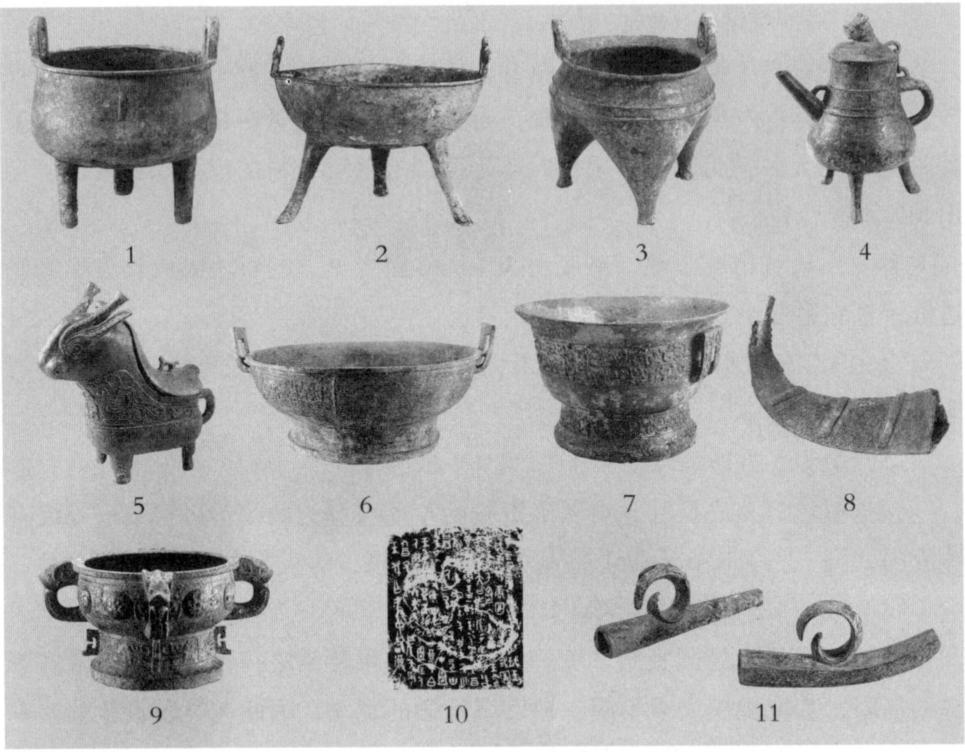

图四七　烟墩山西周墓随葬的部分青铜器

1. 兽面纹鼎　2. 鸟耳素面鼎　3. 凸弦纹鬲　4. 兽首盖纽夔纹三足盉　5. 羊尊　6. 夔龙纹盘　7. 夔龙纹簋　8. 兕觥　9. 宜侯夨簋　10. 宜侯夨簋铭文拓片　11. 虬杖（杖首与杖镦）

《诗·周颂·丝衣》有“兕觥其觩”，据此，“角形器”应名“兕觥”；而器形特殊的管状青铜器原报告称之为“鐏”，应为“虬杖”的杖首和杖镦。[1]

烟墩山墓是村民挖出青铜器后进行考古清理的，因此随葬器物可能略有散失。

“宜侯夨簋”为康王器，烟墩山墓的年代应略晚于康王，大致在康、昭之际，因此墓葬的年代为西周早期偏晚阶段。

丹徒莽麦山西周墓出土的青铜器有变体鸟纹鼎、雷纹鼎、雷纹鬲、“伯簋”、兽耳饕餮纹簋、鸭形尊、勾连纹尊、鸟形盖纽连珠纹提梁卣、飞鸟盖双耳勾

1. 南京博物院《南京博物院珍藏系列：青铜器》，上海古籍出版社，1998 年。

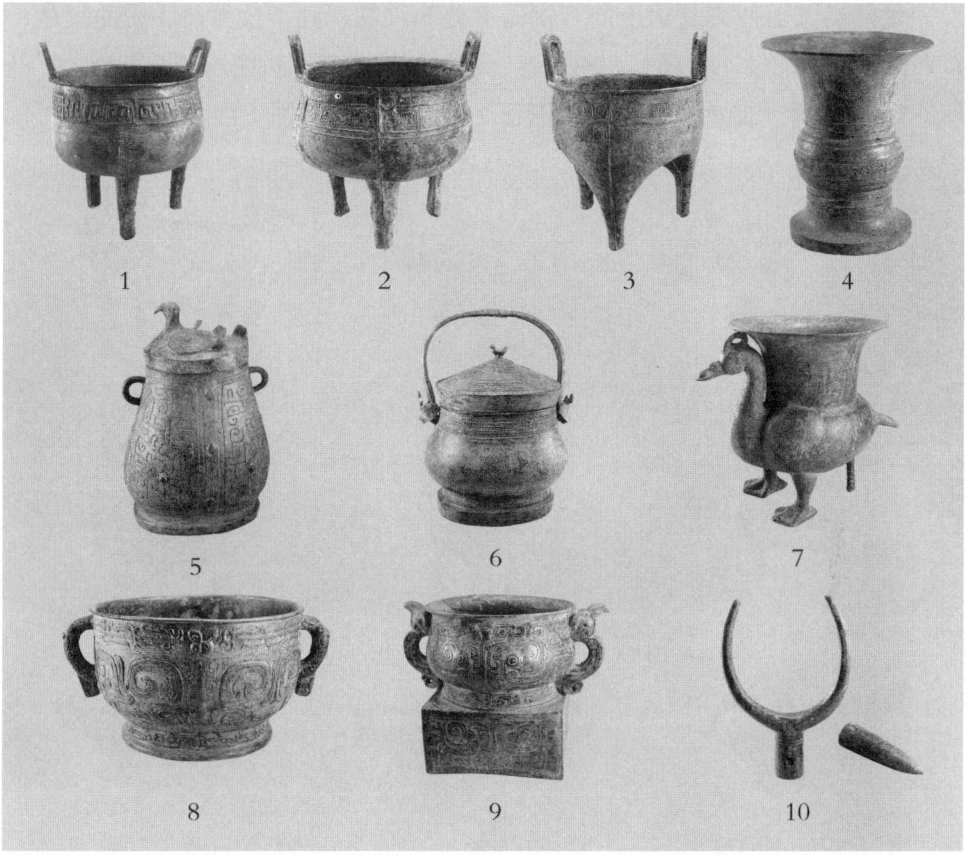

图四八　荞麦山西周墓随葬的部分青铜器

1.变体鸟纹鼎　2.雷纹鼎　3.雷纹鬲　4.勾连纹尊　5.飞鸟盖双耳勾连纹壶　6.鸟形盖纽连珠纹提梁卣　7.鸭形尊　8.兽耳饕餮纹簋　9.伯簋与铭文拓片　10.角杖(杖首与杖镦)

连纹壶等9件，青铜“叉”、镦1套（图四八），兵器有矛、镞120余件，车马器有軎、辖1套，马镳、马衔2套以及车饰、辔饰等。

器形特殊的带銎的叉形器原报告称“青铜叉”，应为“角杖”的杖首，根据杖首与杖镦的出土位置，角杖通长2.28米。

荞麦山墓是在村民挖出青铜器后进行清理的，考古资料相对完整，随葬器物或有流失。

“伯簋”为昭王器，荞麦山墓的年代应略晚于昭王，因此荞麦山墓的年代可定为西周早期偏晚阶段。

繁昌汤家山西周墓出土的青铜器有兽面纹甗、乳丁纹方鼎、窃曲纹鼎、重环纹鼎、窃曲纹小口鼎、龙纽盖盉、蟠螭纹扁腹簋、鱼龙纹盘、甬钟、“鸟形饰”等13件（图四九）以及青铜矛2件和青铜车马饰1件。

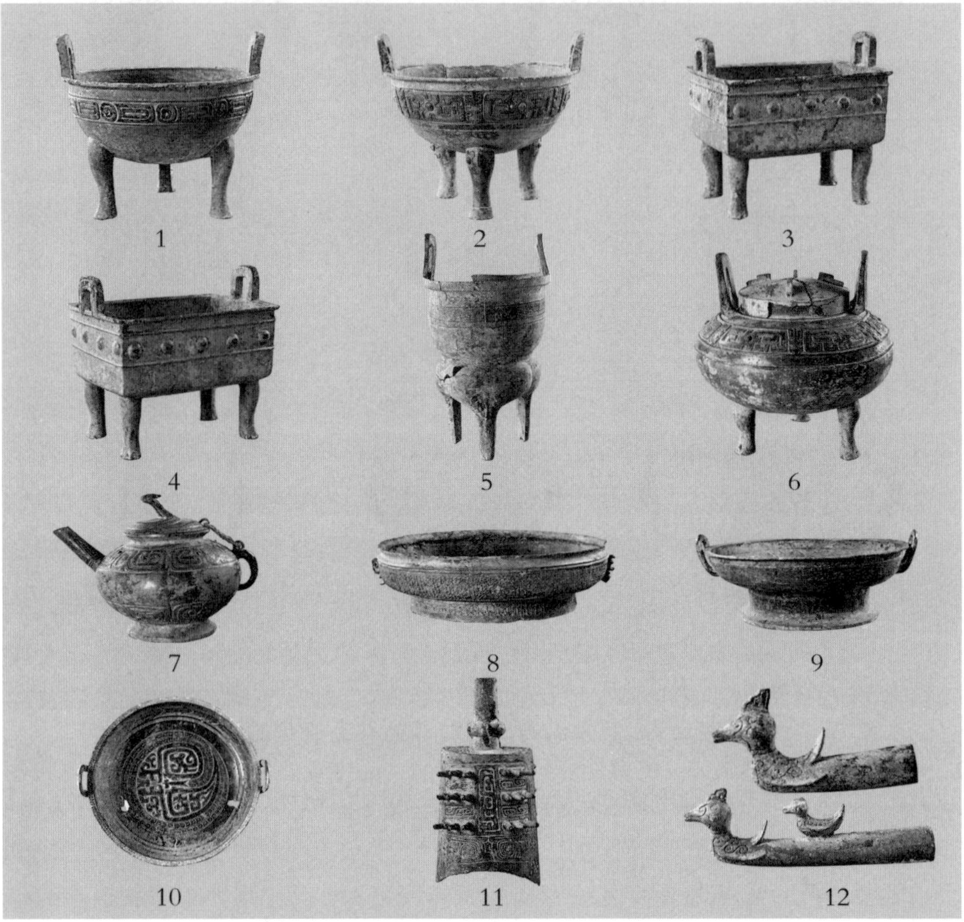

图四九 汤家山西周墓随葬的部分青铜器

1.重环纹鼎 2.窃曲纹鼎 3.4.乳丁纹方鼎 5.兽面纹甗 6.窃曲纹小口鼎 7.龙纽盖盉 8.蟠螭纹扁腹簋 9.10.鱼龙纹盘 11.甬钟 12.13.鸠杖（杖首）

汤家山墓是村民挖出青铜器之后进行收缴，随葬器物可能散失较多。

汤家山土的一端有飞鸟的管状青铜器原称之为“鸟形饰”，其銎径与烟墩山“虬杖”、荞麦山“角杖”相似，汤家山土的“杖”应名“鸠杖”，2件“鸟形饰”均为鸠杖的杖首。

汤家山墓的年代原报告定为春秋时期，根据出土青铜器的比较研究，应为西周中期偏晚阶段或西周晚期偏早阶段。[1]

青阳汪村西周墓出土的青铜器有窃曲纹鼎、窃曲纹小口罐形鼎、瓦楞纹龙耳尊、牺鼎、鱼龙纹盘、编钟等10件（图五〇）以及戈、矛等兵器。[2]

图五〇　汪村西周墓随葬的部分青铜器

1. 窃曲纹鼎　2. 窃曲纹小口鼎　3. 牺鼎　4. 龙耳尊　5. 鱼龙纹盘

汪村墓的青铜器是村民挖出后收缴的，资料当有所散失。

汪村墓西周墓原认为是窖藏，但南方土地大多卑湿低下，不宜窖藏青铜器，根据器物组合应为墓葬，墓葬的年代为西周晚期。

丹阳四方山西周墓出土青铜器有变体夔纹连珠纹盘、变体饕餮纹尊、变

1. 张爱冰、陆勤毅《繁昌汤家山出土青铜器的年代及其相关问题》，《文物》2010年第12期；张爱冰《皖南沿长江地区周代铜器研究》，《考古学报》2013年第4期。

2. 宫希成《皖南商周青铜器的发现与研究》，安徽大学、安徽省文物考古研究所《皖南商周青铜器》第1页，文物出版社，2006年；张爱冰《安徽青阳汪村出土青铜器的年代及其相关问题》，《东南文化》2011年第4期。

图五一　四方山西周墓随葬的部分青铜器

1. 变体夔纹连珠纹盘　2. 变体饕餮纹尊　3. 变体夔纹乳丁纹方彝

体夔纹乳丁纹方彝等 3 件和素面小銮铃等辔饰（图五一）。

四方山墓的青铜器是在出土后收缴的，青铜器或有缺失。

四方山墓的年代为西周中期偏早阶段。

溧水宽广墩西周墓出土的青铜器有细鳞纹簋、勾连纹扁腹簋、夔纹匜，变体夔纹匜等（图五二）。

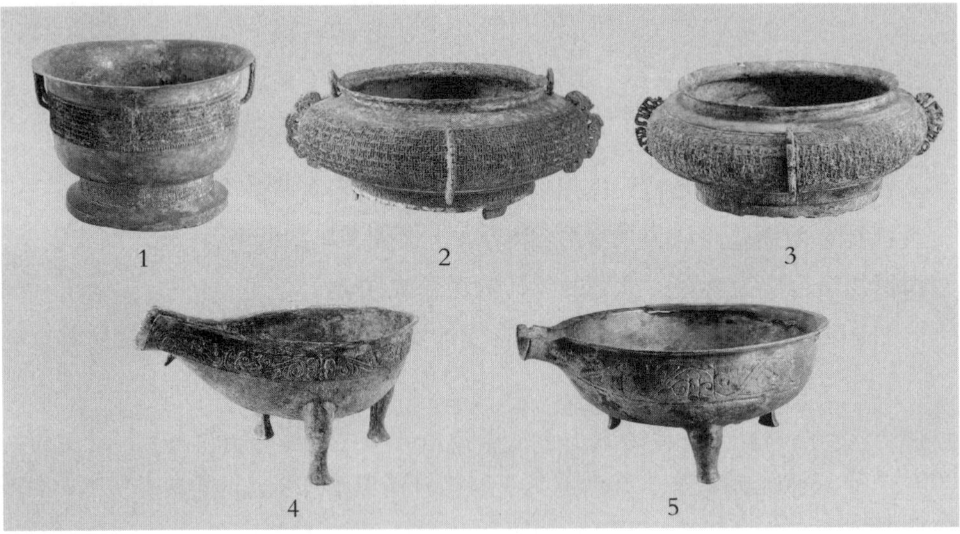

图五二　宽广墩西周墓随葬的部分青铜器

1. 细鳞纹簋　2. 勾连纹扁腹三足簋　3. 勾连纹扁腹簋　4. 夔纹三足匜　5. 变体夔纹三足匜

宽广墩墓是村民挖出青铜器后进行收缴和清理的，考古资料不全，青铜器数量不明。

宽广墩墓的年代为西周晚期偏晚阶段。

繁昌孙村西周墓出土的青铜器有窃曲纹鼎、凸弦纹鼎、窃曲纹匜等4件（图五三）以及戈、矛等兵器。

图五三　孙村西周墓随葬的部分青铜器

1.2.窃曲纹鼎　3.凸弦纹鼎　4.窃曲纹三足匜

孙村墓的青铜器是村民挖出后收缴的，资料应有所散失。

孙村墓的年代为西周晚期。

溧水乌山清理的2座墓葬，编号为乌山M1和乌山M2。M1出土的青铜器有变体夔纹鼎1件（图五四，1），M2出土的青铜器有云纹方鼎、变体夔纹连珠纹盘、弦纹连珠纹兽首提梁卣等3件（图五四，2–4），戈1件。

乌山2座墓葬的考古资料相对完整。

乌山墓的年代均为西周中期偏晚阶段。

图五四　乌山西周墓随葬的青铜器

1.变体夔纹鼎　2.云纹方鼎　3.弦纹连珠纹提梁卣　4.变体夔纹连珠纹盘（1，M1出土；2–4，M2出土）

芜湖韩墩西周墓出土的青铜器有窃曲纹鼎、窃曲纹三足匜各1件（图五五）。

韩墩墓的青铜器是村民挖出后收缴的，青铜器有所缺失，资料也不完整。

韩墩墓的年代为西周晚期。

图五五　韩墩西周墓随葬的部分青铜器
1.窃曲纹鼎　2.窃曲纹三足匜

郎溪十字铺西周墓出土的青铜器有立耳变体夔纹鼎、附耳变体夔纹鼎、镂孔扁腹簋形器各1件（图五六）。

十字铺西周墓没有相关的发掘资料，出土的青铜器可能有所缺失。

十字铺西周墓的年代为西周晚期至春秋早期。

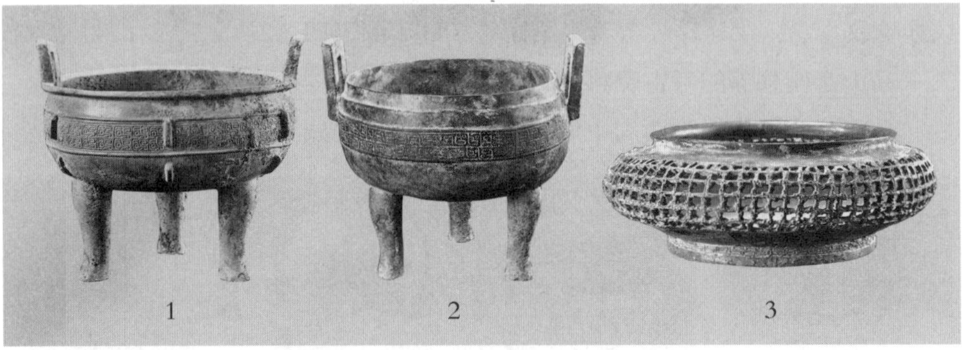

图五六　十字铺西周墓随葬的部分青铜器
1.立耳变体夔纹鼎　2.附耳变体夔纹鼎　3.镂孔扁腹簋形器

宣城正兴村西周墓出土的青铜器有重环纹青铜鼎、弦纹青铜鼎、圆饼纹青铜鬲、夔龙纹青铜甬钟各1件（图五七）。

正兴村墓的青铜器是收缴的，资料当有所散失，出土的青铜器可能也有

图五七　正兴村西周墓随葬的部分青铜器
1.重环纹鼎　2.弦纹鼎　3.圆饼纹鬲　4.夔龙纹甬钟

所流失。

正兴村墓的年代为西周晚期。

溧水段西村西周墓出土的青铜器有窃曲纹鼎、连珠纹尊各1件（图五八）。

段西村墓的青铜器是村民挖出后收缴的，资料当有所散失。

段西村墓的年代为西周晚期。

图五八　段西村西周墓随葬的部分青铜器
1.窃曲纹鼎　2.连珠纹尊

高淳下大路西周墓出土的青铜器有窃曲纹鼎、勾连纹尊各1件（图五九），兵器有戈1件。

下大路墓的青铜器是村民挖出后收缴的，资料也当有所散失。

下大路墓的年代为西周晚期。

铜陵谢垅西周墓出土的青铜器有重环纹球腹鼎、夔纹平盖鼎、凸弦纹甗、曲柄盉、夔纹三足匜等5件（图六〇）。

图五九　下大路西周墓随葬的部分青铜器

1. 窃曲纹鼎　2. 勾连纹尊

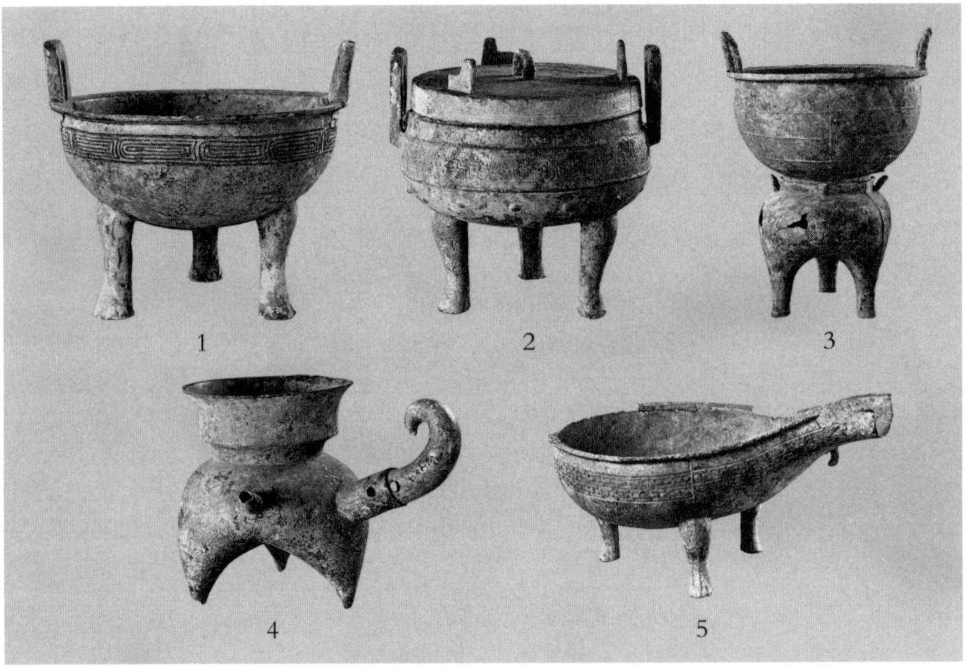

图六〇　谢垅西周墓随葬的部分青铜器

1. 重环纹鼎　2. 夔纹平盖鼎　3. 凸弦纹甗　4. 曲柄盉　5. 夔纹三足匜

谢垅墓的清理者认为是窖藏，根据青铜器组合应为墓葬，谢垅墓的年代为西周晚期至春秋早期。

丹徒磨盘墩西周墓出土的青铜器有云雷纹独耳尊、夔纹三足匜各 1 件（图六一），马冠、当卢、马衔、马镳等马器和车饰、辔饰等车器 100 余件。

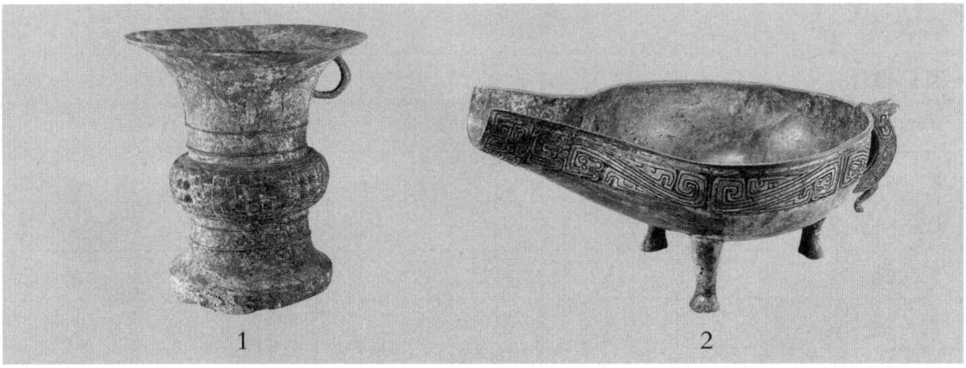

图六一　磨盘墩西周墓随葬的部分青铜器
1.云雷纹独耳尊　2.夔龙纹三足匜

磨盘墩墓未经盗掘和扰动，是吴国贵族墓葬中考古资料最为完整的，墓葬的年代为西周晚期。

西周组墓葬墓地位置、墓坑形制、随葬器物三个基本要素中，以随葬器物的分类最为细致，青铜器是区分吴国贵族墓葬等级的基本要素，是进行吴国贵族墓葬等级研究具有指示意义的要素，不同组合的青铜器反映了墓葬的不同等级。

根据青铜器的分类与组合，西周组墓葬可分为四个等级：烟墩山、荞麦山、汤家山为第一等级；汪村、四方山、磨盘墩为第二等级，宽广墩也可列为第二等级；孙村、正兴村、乌山 M2、下大路、谢垅为第三等级；十字铺、韩墩、乌山 M1、段西村为第四等级，详见表七。

表七　西周组墓葬随葬青铜器一览表

青铜器 / 墓葬	礼器													杖		乐器	车马器	兵器	等级
	鼎	鬲	簋	甗	尊	牺尊	卣	壶	盉	盘	匜	彝	兕觥	首	镦				
烟墩山	5	1	2			2			2	2			2	√	√		√	√	一
荞麦山	2	1	2		1	1	1	1						√	√		√	√	一
汤家山	6		1	1					1	1				√		√	√	√	一
汪　村	2				2	1				1						√		√	二
四方山						1				1		1					√		二

磨盘墩						1					1						√		二
宽广墩			3								2								二
正兴村	2	1														√			三
孙　村	3										1							√	三
乌山 M2	2						1			1								√	三
下大路	1					1												√	三
谢　垅	2			1					1		1							?	三
十字铺	2		1																四
韩　墩	1										1								四
乌山 M1	1																		四
段西村	1				1														四

（4）墓葬等级

西周组墓葬的随葬器物不尽完整，考古资料也有缺失，但青铜器的器类与组合具有一定的代表性，根据青铜器的器类与组合可进行分析和比较。

根据随葬青铜器的器类与组合，可将西周组吴国贵族墓葬分为四个等级。

墓葬等级的比较方法是将第一等级的墓葬与第二、第三、第四等级墓葬随葬的青铜器进行比较，以不见于第二、第三、第四等级墓葬的青铜器作为区别于第二、第三、第四等级墓葬的指示性要素；再以第二、第三、第四等级墓葬随葬的青铜器进行比较，以不见于第三、第四等级墓葬的青铜器作为区别于第三、第四等级墓葬的指示性要素；最后以第三等级与第四等级墓葬随葬的青铜器进行比较，以不见于第四等级墓葬的青铜器作为区别于第四等级墓葬的指示性要素。

第一等级的墓葬有烟墩山墓、荞麦山墓和汤家山墓，除随葬有 10 件左右的青铜礼器、兵器、车马器之外，还随葬虬杖、角杖、鸠杖的青铜杖首和杖镦。

西周至春秋早期的吴国贵族墓葬并未出现严格的用鼎制度，在第一等级墓葬中，烟墩山墓为“五鼎二簋”，荞麦山墓为“二鼎二簋”，汤家山墓为“六鼎一簋”，吴国贵族墓葬随葬的青铜鼎造型各异且大小殊异，因此以“用鼎制度”进行吴国贵族墓葬的等级研究，往往会陷入研究的误区和盲区；至于第二、第三、第四等级墓葬的用鼎制度，似乎更无规律可循。

若以青铜礼器的器类和数量进行比较，虽因考古资料的不完整而出现统计学的误差，但仍以第一等级墓葬的随葬器物最为丰富：烟墩山墓随葬青铜礼器16件，荞麦山墓随葬青铜礼器9件，汤家山墓随葬青铜礼器10件，青铜器的器类除炊器、食器、酒器、水器外，还有一些造型别致、纹饰精美的青铜器，如烟墩山墓随葬的“宜侯夨簋”、青铜羊尊、兽首盖纽夔纹盉和兕觥；荞麦山墓随葬的“伯簋”、青铜鸭形尊、鸟形盖纽提梁卣、飞鸟盖双耳勾连纹壶；汤家山墓随葬青铜窃曲纹小口鼎、龙纽盖盉、鱼龙纹盘等。

第一等级墓葬为西周至春秋早期吴国最高等级的墓葬。在四个等级的墓葬中，青铜杖首和杖镦仅见于第一等级墓葬的随葬器物中，而不见于第二、第三、第四等级的墓葬，因此青铜杖首、杖镦是第一等级墓葬所独有的要素，“杖”为区别于其他墓葬的非共同或非共有的要素，即划分第一等级墓葬的指示性要素。

烟墩山西周墓出土有“宜侯夨簋”，关于“宜侯夨簋”铭文的考释，众说纷纭[1]，唐兰先生认为“夨”即“周章”[2]。根据“宜侯夨簋”铭文，烟墩山西周墓的墓主可能为吴国第一代国君周章。

1. 先后对宜侯夨簋铭文进行考释和研究的有郭沫若《夨簋铭文考释》，《考古学报》1956年第1期；陈邦福《夨簋考释》，《文物参考资料》1955年第5期；岑仲勉《西周社会制度问题》，新知识出版社，1956年；谭戒甫《周初夨器铭文综合研究》，《武汉大学学报（人文科学）》1956年第1期；陈梦家《西周铜器断代》，《考古学报》第九册，1955年；陈直《考古论丛》，《西北大学学报》1957年第1期；白川静《金文通释》第10辑，《白鹤美术馆志》，1965年；黄盛璋《铜器铭文宜、虞、夨的地望及其与吴国的关系》，《考古学报》1983年第3期；张亚初《解放后出土的若干西周铜器铭文补释》，《出土文献研究》，文物出版社，1985年；刘启益《西周康王时期铜器的初步清理》，《出土文献研究》，文物出版社，1985年；李学勤《宜侯夨簋与吴国》，《文物》1985年第7期；刘建国《宜侯夨簋与吴国关系新探》，《东南文化》1988年第2期；董楚平《吴越徐舒金文集释》，浙江古籍出版社，1992年；王永波《宜侯夨簋及其相关的历史问题》，《中原文物》1999年第4期；胡进驻《夨国、虞国与吴国史迹略考》，《华夏考古》2003年第3期；曹定云《古文“夏”字再考——兼论夏夨、宜侯夨、乍册夨为一人》，《考古学研究（五）》，科学出版社，2003年；于薇《西周封国徙封的文献举证——以宜侯夨簋铭文等四篇文献为中心》，《中国历史地理论丛》2013年第1期。

2. 唐兰《宜侯夨簋考释》，《考古学报》1956年第2期。

荞麦山西周墓出土的“伯簋”器内底部有铭文“伯作宝尊彝”，根据墓葬的年代，吴国贵族墓葬在大港至谏壁沿江山脉愈向东时代愈早、愈向西时代愈晚的排葬规律和“伯簋”铭文，荞麦山西周墓的墓主可能为周章之子，即吴国第二代国君熊遂。[1]

汤家山西周墓虽未出土带有铭文的青铜器，但青铜器的数量与烟墩山西周墓、荞麦山西周墓近似，青铜器的器类与烟墩山西周墓、荞麦山西周墓相当，而汤家山墓随葬的青铜鸠杖与烟墩山墓随葬的虬杖、荞麦山墓随葬的角杖同属划分吴国第一等级贵族墓葬的具有指示性意义的器物，因此第一等级的烟墩山西周墓、荞麦山西周墓和汤家山西周墓应为吴国最高等级的贵族墓葬，即吴国君王墓葬。

第二等级墓葬有汪村墓、四方山墓、磨盘墩墓，随葬器物除青铜礼器之外，还有青铜车马器或青铜乐器。

第二等级墓葬也随葬一些不见于第三、第四等级墓葬的造型别致、纹饰精美的青铜器，如汪村墓随葬的青铜双龙耳尊、牺尊，四方山墓随葬的青铜方彝，磨盘墩墓随葬的青铜独耳尊等。

除造型别致的青铜器外，第二等级墓葬随葬的青铜车马器和青铜乐器不见于第三、第四等级墓葬，因此青铜车马器和青铜乐器为第二等级墓葬与第三、第四等级墓葬的非共同或非共有的要素，青铜车马器和青铜乐器为划分第二等级墓葬的指示性要素。

汪村西周墓随葬的青铜器有牺鼎、龙耳尊、鱼龙纹盘，还有编钟和戈、矛等兵器。

四方山西周墓随葬的青铜器有方彝、饕餮纹尊，还有马器小銮铃等辔饰。

磨盘墩西周墓随葬的青铜器有独耳尊、夔龙纹匜，还有马冠、当卢、马衔、马镳等马具和车饰、辔饰等车器。

西周时期的吴国尚未出现严格的职官制度，因此西周组第二等级吴国贵族墓葬的墓主身份似乎难以用吴国的职官表述，但第二等级吴国贵族墓葬的身份低于吴王，或为王室的成员，或为宫廷的文臣或领军的武将，即上等贵

1.《史记·吴太伯史家》：“是时周武王克殷，求太伯、仲雍之后，得周章，周章已君吴，因而封之。……周章卒，子熊遂立。”

族的墓葬。

第三等级的墓葬有孙村墓、乌山 M2、下大路墓，除有 1 ～ 5 件的青铜礼器之外，有的还有青铜兵器。

第三等级墓葬与第四等级墓葬比较，青铜戈、矛等兵器不见于第四等级墓葬，因此青铜兵器为第三与第四等级墓葬的非共同或非共有的要素，青铜兵器为划分第三等级墓葬的指示性要素。

谢垅墓的青铜器为出土后收缴，或有缺失，虽不见青铜戈、矛、镞等兵器，但出土青铜器多达 5 件，因此暂列为第三等级。

西周组第三等级的吴国贵族墓葬墓主的身份应为带兵的武将，即中等贵族的墓葬。

西周组第四等级的吴国贵族墓葬有十字铺西周墓、韩墩西周墓、段西村西周墓和乌山 M1，随葬青铜器多为一鼎一尊或一鼎一匜，即随葬 1 ～ 2 件青铜礼器，不见青铜兵器，也不见青铜车马器和乐器，更不见青铜杖首和杖镦。

西周组第四等级的吴国贵族墓葬墓主的身份为低级官吏，即吴国的下等贵族。

（5）青铜器构成

西周时期吴国青铜器的构成研究已取得卓有成效的进展，一是将吴国青铜器分为中原型或仿中原型、地方化的中原型、地方型、南方型等四种类型[1]；二是将吴国青铜器分为中原型、融合型、土著型等三个类型[2]。以上研究可谓大同小异、殊途同归，因为都偏重了与中原青铜器的比较而忽略了与周边国家的比较。

西周初期，吴国国君周章受武王的分封，与西周王朝自然有密切的关系。但在西周时期，吴国在长江以南的周边国家有楚国和越国，长江以北有干国、徐国、巢国和群舒等周边国家，吴国与周边国家同样有着密切的关系。

---

1. 邹厚本《宁镇地区出土周代容器的初步认识》，《中国考古学会第四次年会论文集》，文物出版社，1985 年；《江苏考古五十年》，南京出版社，2000 年。
2. 肖梦龙《试论江南吴国青铜器》，《东南文化》第 2 辑，1986 年；肖梦龙《吴国青铜器研究》，《吴国青铜器综合研究》，科学出版社，2004 年。

根据对吴国贵族墓葬出土青铜器的梳理，西周时期的楚越对吴国的影响不大，楚越青铜器基本不见。

西周时期的吴国青铜器按不同来源可分为四个部分，即西周时期的吴国贵族墓葬出土的青铜器由四个部分构成，青铜器构成研究的基本方法采用了“文化因素分析法”。[1]

第一构成部分为宗周青铜器，简称“宗周器”。

宗周器为西周王朝予以吴国的分封赏赐之器，如烟墩山西周墓出土的“宜侯夨簋”和荞麦山西周墓出土的“伯簋”；有的虽无铭文，但青铜器的质地、造型、纹饰与宗周器相同，也当视作宗周器，如烟墩山西周墓出土的兽首盖纽夔纹盉和荞麦山西周墓出土的鸭形尊等。

在吴国贵族墓葬中，宗周器出现在武、成、康、昭时期，反映了西周早期周王朝加强对南方吴国的控制，《左传》僖公四年“昭王南征而不复”，昭王之后的吴国几乎不见宗周器，反映了昭王之后的周王朝对南方国家的掌控已逐渐衰微。

宗周器仅出现于第一等级的吴国贵族墓葬。

第二构成部分为吴国青铜器，简称“吴器”。

西周时期，吴器为吴国青铜器的主流，不仅数量众多，而且器类复杂。根据吴器的造型、纹饰，又可分为甲、乙、丙三组：

甲组器为吴国特有的青铜器，如烟墩山西周墓出土的兕觥、虬杖的杖首和杖镦，荞麦山西周墓出土的角杖的杖首和杖镦，汤家山西周墓出土的鸠杖的杖首等。

甲组器出现于第一等级的吴国贵族墓葬。

乙组器的器形同中原青铜器，但在钮、耳、鋬等附件或青铜器纹饰上融入吴国文化元素，如烟墩山西周墓出土的勾连纹簋、羊尊，荞麦山西周墓出土的飞鸟盖双耳勾连纹壶、鸟形盖纽连珠纹提梁卣、勾连纹尊，汪村西周墓出土的瓦楞纹龙耳尊，十字铺西周墓出土的立耳变体夔纹鼎等。

乙组器出现于第一等级、第二等级的吴国贵族墓葬。

1. 张敏《长江下游西周青铜器构成研究》，《宝鸡文理学院学报（社会科学）》2016 年第 6 期。

丙组器的器形虽同中原青铜器，但器形与纹饰都进行了改造，如荞麦山西周墓出土的兽耳饕餮纹簋，汤家山西周墓出土的蟠螭纹扁腹簋，四方山西周墓出土的变体饕餮纹尊、变体夔纹乳丁纹方彝，宽广墩西周墓出土的细鳞纹簋、勾连纹扁腹簋，正兴村西周墓出土的夔龙纹甬钟等。

丙组器在第一至第四等级的吴国贵族墓葬中都有出现。

第三构成部分为干国青铜器或具有干文化因素的青铜器，简称“干器”。

确定干器的标准主要根据仪征破山口西周墓、天目山干国古城遗址和江淮地区零星出土的青铜器。干国青铜器有素面、凸弦纹、独耳等装饰特征，特殊的器形有凤纹盉、方格纹扁腹罍，特殊纹饰有鱼龙纹等。通过比较，吴国贵族墓葬出土的青铜器中，属干国青铜器或具有干风格的青铜器有汤家山西周墓出土的龙纽盖盉、鱼龙纹盘，孙村西周墓出土的弦纹鼎，磨盘墩西周墓出土的云雷纹独耳尊等。

干器主要出现于第一等级、第二等级的吴国贵族墓葬。

第四构成部分为徐、群舒等江淮国家的青铜器或具有徐舒文化因素的青铜器，简称“徐舒器”。

西周时期的徐国是唯一可以与宗周抗衡的东方大国，《后汉书·东夷传》：“后徐夷僭号，乃率九夷以伐宗周，西至河上。”

舒为皋陶之后，史称群舒，《左传》文公十二年“群舒叛楚”；《春秋》僖公三年“徐人取舒”，可知徐、舒已不是一指。群舒包括舒、舒鸠、舒庸、舒龚、舒龙、舒蓼、舒鲍、英、六、蓼、桐、宗、巢等小国。

在江淮地区至今未发现西周时期徐国贵族墓葬，也未发现西周时期群舒贵族墓葬，因此缺乏可资比较的西周时期的徐舒青铜器，确定徐舒器的标准主要根据春秋时期徐舒青铜器特征和徐舒特有的青铜器推定。

吴国贵族墓葬出土的青铜器中，徐舒器有汤家山西周墓出土的窃曲纹小口鼎，汪村西周墓出土的窃曲纹小口鼎、牺鼎，谢垅西周墓出土的曲柄盉、平盖鼎，十字铺西周墓出土的附耳夔纹鼎等。

徐舒器主要出现于第一等级、第二等级、第三等级的吴国贵族墓葬。

西周组吴国贵族墓葬随葬青铜器的构成，详见表八。

表八　西周组吴国贵族墓葬的青铜器构成一览表

青铜器构成	宗周器		
	吴器	甲组器	
		乙组器	
		丙组器	
	干器		
	徐舒器		

2. 西周组越国墓葬

西周时期的越国贵族墓葬仅有安徽屯溪弈棋村的 8 座墓葬。[1]

弈棋村西周墓有学者认为是吴国贵族墓葬[2]，刘兴先生认为屯溪土墩墓与太伯奔吴相关，但注意到丹徒烟墩山、荞麦山两个墓中都共同有铜鬲出土，而在屯溪没有发现[3]。

屯溪位于黄山山脉以南，属新安江—钱塘江水系，太湖流域和钱塘江流域皆属越国的分布范围，屯溪西周墓当属越国贵族墓葬；鬲不仅是吴国的主要炊器，而且是吴国的文化传统。弈棋村发掘的 8 座墓葬均不见青铜鬲或陶鬲，显然属越墓。

屯溪弈棋村发掘的 8 座墓葬是目前唯一一组西周时期的越国贵族墓葬，为研究西周时期越国贵族墓葬的等级提供了极为珍贵的考古资料。

（1）墓地位置

弈棋村的 8 座墓葬都位于弈棋村岗坡附近，M3 位于岗坡南缘，M1 位于东南的平地，M5 位于 M3 西北的平地，M4 位于 M3 西北岗坡南端的边缘，M6 位于 M5 南面的平地，M7 位于 M5 西南的平地，M8 位于 M5 西南的平地，M2 位于 M1 东北岗坡的顶端。

弈棋村墓葬的墓地位置既有位于岗坡的边缘，也有位于平地。

因此，西周时期越国贵族墓葬墓地位置似无埋葬规律可循，也不存在等级比较的意义。

（2）墓葬规模

弈棋村发掘的 8 座西周墓都有封土，其中 M2、M6、M7 为残墓。

---

1. 安徽省文物工作队《安徽屯溪土墩墓发掘报告》，《考古学报》1959 年第 4 期；殷涤非《安徽屯溪周墓第二次发掘》，《考古》1990 年第 3 期；李国梁《屯溪土墩墓发掘报告》，安徽人民出版社，2006 年。
2. 李学勤《从新出青铜器看长江下游文化的发展》，《文物》1980 年第 8 期；肖梦龙《试论江南吴国青铜器》，《东南文化》第 2 辑，1986 年；杨宝成《略论西周时期吴国青铜器》，《东南文化》1991 年第 3 期；肖梦龙、林留根《皖南吴国青铜器分期研究》，《青铜文化研究》第 1 辑，黄山书社，1999 年。
3. 刘兴《江苏丹徒、安徽屯溪两地西周墓试析——兼谈周人南奔》，《江汉考古》1987 年第 2 期。

弈棋村 M1 的封土呈圆丘形，直径 33.1 米，高 1.75 米；弈棋村 M3 的封土呈椭圆形，东西长 33、南北宽 26 米，高 3 米；弈棋村 M4 的封土呈椭圆形，长 16.5、宽 6.4 米；弈棋村 M5 的封土呈圆丘形，直径约 15 米，高 2.8 米；弈棋村 M8 的封土呈圆丘形，直径约 19 米。

由于墓葬在考古工作中都没有发现墓坑，因此墓葬的规模仅可依照墓底大小或随葬器物置放的范围进行推测。

屯溪弈棋村 M1 的墓底有鹅卵石铺成的石床，石床呈长方形，东西最长处 8.8、南北最宽处 4.4 米；屯溪弈棋村 M3 墓底无石床，随葬器物的分布范围东西长约 9、南北宽约 6 米；屯溪弈棋村 M4 的墓底残长约 6.7、残宽约 3.7 米；弈棋村 M5 的墓底有鹅卵石铺成的石床，石床呈长方形，东西长 8.8、宽 4 米；屯溪弈棋村 M8 的墓底略高，呈长方形，长 10.3、宽 7.4 米。

尽管屯溪弈棋村 8 座墓葬的墓底大小或随葬器物的范围有大小之分，但因为都没有发现墓坑而缺乏科学性，因此屯溪弈棋村西周墓的墓葬规模也同样缺乏进行等级比较的意义。

（3）随葬器物

在进行屯溪西周墓随葬器物的研究之前，首先需根据《屯溪土墩墓发掘报告》公布的资料，简要地进行文物定名的考证与墓葬年代的分析。

《屯溪土墩墓发掘报告》中随葬器物的定名十分混乱，如“五柱形器 2 件……按此器，诸家著录未见，用途不明，实为不知名器”，前云“五柱形器”，后又云“实为不知名器”，如此等等，令人费解。

在对随葬器物一一进行梳理之后，将弈棋村 M3 随葬的青铜附耳方鼎改称为“炙炉”，龙耳带盖“盒”改称为“带盖簋”，编织纹和斜方格乳丁纹“方鉴”改称为“方簋”，镂空云纹腹壁的“圆盘”改称为“承盘”，饰龙蛇纹的青铜“单柱器”应为插杆后悬挂鼓、錞于一类乐器的非乐器类音乐文物“单柱插座”，而孔径 3 厘米左右的“可套入圆柱状物”的“车饰”改称为戈、矛等长兵柲端的“镦”，“五柱器”应为木虡柱的青铜底座，改称“虡座”。

《屯溪土墩墓发掘报告》认为“屯溪八墓的时间先后，大致可按 M3——→ M1——→ M5——→ M4——→ M6——→ M7——→ M8——→ M2 的顺序排列……屯溪八墓的时代，我们认为是春秋早期到战国晚期”。

《屯溪土墩墓发掘报告》不仅墓葬的年代有误，而且墓葬年代的排序也有误。根据屯溪 8 座墓葬随葬的青铜器、印纹硬陶器、青瓷器与吴越青铜器、印纹硬陶器、青瓷器的比较研究，将屯溪弈棋村西周墓的年代进行了改定：8 座墓葬皆为西周墓，其中 M1、M3 为西周早期，M2、M4、M5、M6 为西周中期，M7、M8 为西周晚期。

屯溪弈棋村西周墓中，M1、M3、M5、M8 墓葬保存较完整，考古资料也相对完整；M2、M4、M6、M7 虽为残墓，但也出土了一些随葬器物，因此仍可对屯溪弈棋村 8 座西周墓随葬的青铜器进行比较。

弈棋村 M3 随葬的青铜器有立耳扁柱足涡纹龙纹鼎、立耳素面鼎、立耳凸弦纹小鼎、凤纹方鼎、附耳长方形炙炉、龙耳编织纹扁腹簋、附耳细弦纹扁腹簋、云纹扁腹簋、竖线纹扁腹簋、龙耳瓦楞纹连珠纹变体鸟纹带盖簋、龙耳弦纹带盖簋、编织纹方簋、斜方格乳丁纹方簋、“公卣”、凤鸟纹蝉纹提梁卣、龙纹牺尊、盘龙钮龙形鋬夔纹盉、变体凤鸟纹盘、镂空云纹及龙纹承盘、凸弦纹方盘、弦纹壶等 26 件，龙蛇纹单柱插座 2 件，身饰云纹、格有镶嵌的青铜剑 2 件以及饰勾连纹、三角纹的青铜镦等兵器和青铜斧、削等工具（图六二）。

弈棋村 M1 随葬的青铜器有立耳扁柱足涡纹云纹鼎、立耳扁柱足云纹鼎、立耳撇足夔纹鼎、龙耳素面扁腹簋、龙耳斜方格乳丁纹扁腹簋、“父乙尊”、棘刺勾连纹尊、凤纹提梁卣、棘刺勾连纹提梁卣、变体鸟纹盘、勾连纹侈口钵形浅腹盂等 13 件、勾连纹虡座 2 件（图六三）。

弈棋村 M4 随葬的青铜器有棘刺勾连纹尊 1 件（图六四，1）以及青铜剑、戈、矛等兵器和青铜斧、削等工具。

弈棋村 M5 随葬的青铜器有棘刺勾连纹尊 1 件、竖条纹敛口钵形盂 1 件（图六四，2、3）以及青铜斧、削等工具。

弈棋村 M6 随葬的青铜器有连珠纹尊 1 件（图六四，4）。

弈棋村 M2 随葬的青铜器有棘刺勾连纹尊、勾连纹簋各 1 件。

弈棋村 M7 为残墓，随葬有青铜剑、戈、矛、镞等兵器和青铜斧等工具。

弈棋村 M8 随葬的青铜器有青铜剑 1 件。

根据随葬青铜器的器类与组合，可将西周组越国贵族墓葬分为四个等级：弈棋村 M3 为第一等级；弈棋村 M1 为第二等级；弈棋村 M2、M4、M5、M6 为第三等级；弈棋村 M7、M8 为第四等级，详见表九。

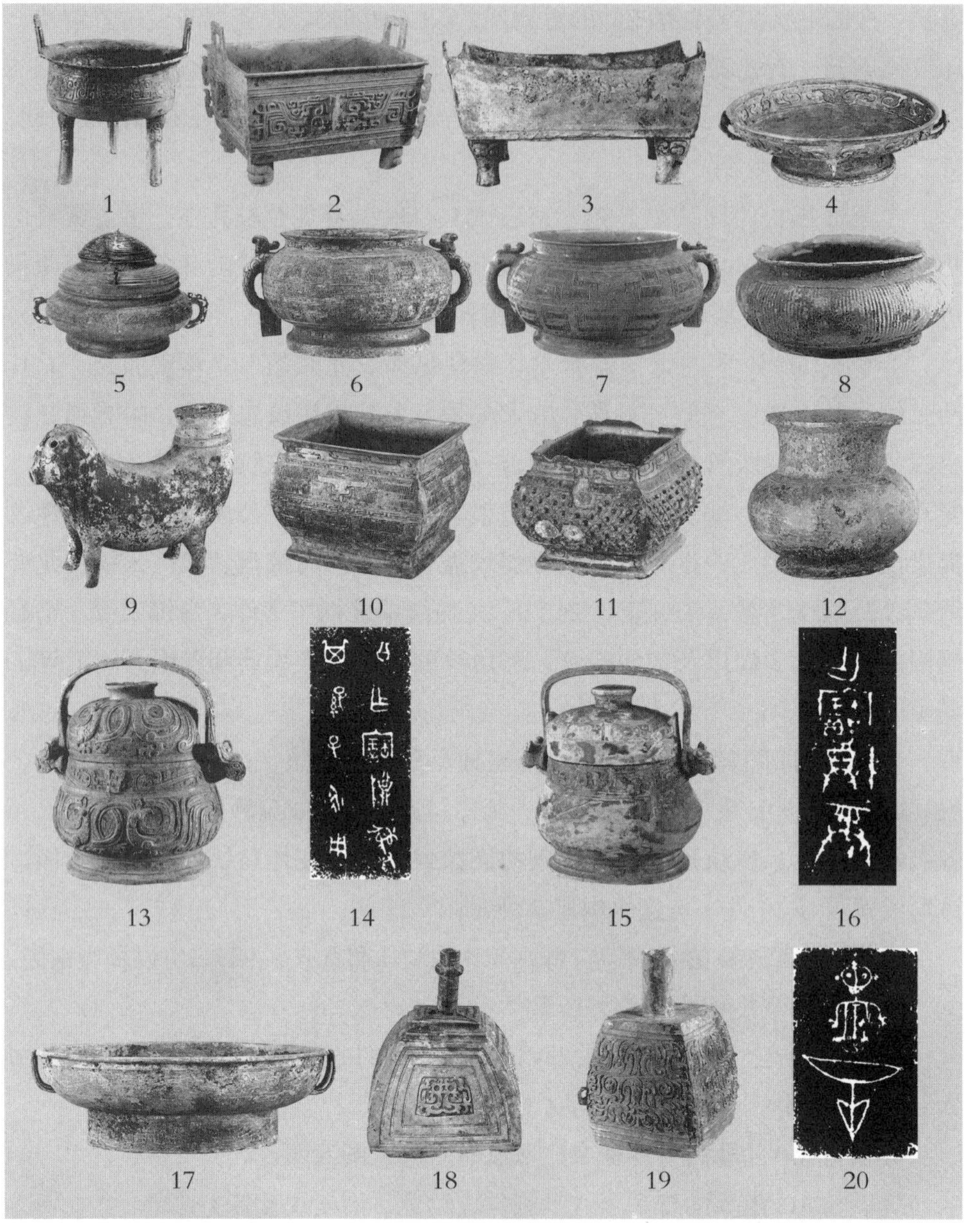

图六二　弈棋村M3随葬的部分青铜器

1. 立耳扁柱足涡纹龙纹鼎　2. 凤纹方鼎　3. 附耳长方形炙炉　4. 镂空云纹龙纹承盘　5. 变体鸟纹带盖簋　6.7. 龙耳编织纹扁腹簋　8. 竖线纹扁腹簋　9. 龙纹牺尊　10. 编织纹方簋　11. 斜方格乳丁纹方簋　12. 弦纹壶　13. 夔纹凤纹提梁卣　14. 夔纹凤纹提梁卣铭文拓片　15. 凤鸟纹蝉纹提梁卣　16. 凤鸟纹蝉纹提梁卣铭文拓片　17. 变体凤鸟纹盘　18.19. 龙蛇纹单柱插座　20. 云纹扁腹簋铭文拓片

图六三　弈棋村 M1 随葬的部分青铜器

1. 立耳扁柱足涡纹云纹鼎　2. 立耳撇足夔纹鼎　3. 龙耳斜方格乳丁纹扁腹簋　4. 饕餮纹“父乙尊”　5. 父乙尊铭文拓片　6. 棘刺勾连纹尊　7. 棘刺勾连纹提梁卣　8. 凤纹提梁卣　9. 变体鸟纹盘　10. 勾连纹盂　11. 勾连纹虡柱底座

图六四　弈棋村 M4、M5、M6 随葬的部分青铜器

1. 勾连纹尊　2. 勾连纹尊　3. 竖条纹敛口钵形盂　4. 连珠纹纹尊（1. 弈棋村 M4 出土；2.3. 弈棋村 M5 出土；4. 弈棋村 M6 出土）

表九 西周时期越国贵族墓葬随葬青铜器一览表

青铜器 墓葬	礼器											兵器	音乐文物	等级
	鼎	簋	尊	牺尊	卣	盘	盉	盂	壶	炙炉	承盘			
弈棋村 M3	5	10		1	2	4	1		1	1	1	√	√	一
弈棋村 M1	4	2	2		2	2		1					√	二
弈棋村 M2		1	1											三
弈棋村 M4			1									√		三
弈棋村 M5			1					1						三
弈棋村 M6			1											三
弈棋村 M7												√		四
弈棋村 M8												√		四

（4）墓葬等级

西周组墓葬青铜器的器类与组合具有一定的代表性，根据随葬青铜器的器类与组合，可将西周组越国贵族墓葬分为四个等级。

第一等级的墓葬有屯溪弈棋村 M3。

弈棋村 M3 除随葬的青铜礼器有鼎、簋、卣、牺尊、盉、盘、壶等 26 件外，还随葬非乐器类音乐文物和有云纹青铜剑等，其中不见于第二等级墓葬的造型特殊或纹饰精美的青铜炙炉、镂空云纹承盘、盘龙钮龙形鋬夔纹盉、牺尊和云纹青铜剑等均不见于弈棋村 M1，因此炙炉、承盘、盉、牺尊和青铜剑为区别于第二等级墓葬的指示性要素，弈棋村 M3 应为西周时期第一等级的越国贵族墓葬。

弈棋村 M3 随葬的青铜礼器多达 26 件，在长江下游西周时期的贵族墓葬中首屈一指，随葬器物中不乏制作精美的青铜器，如凤纹方鼎、斜方格乳丁纹方簋、龙耳变体鸟纹带盖簋、镶嵌青铜剑等，还有一些具有特殊用途的青铜器，如龙纹牺尊、炙炉、承盘等，无不表现出墓主的至高无上，而“公卣”铭文作“公作宝尊彝”，更暗示着墓主的身份可能为“公”。

与西周时期吴国第一等级的墓葬相比较，弈棋村M3随葬器物的数量甚至超过烟墩山、荞麦山和汤家山西周墓，烟墩山、荞麦山和汤家山西周墓，吴国第一等级的墓葬可能为吴国国君墓葬，因此第一等级越国贵族墓葬即弈棋村M3墓主的身份应为越国国君。

第二等级墓葬有屯溪弈棋村M1。

弈棋村M1随葬的青铜礼器有鼎、簋、尊、卣、盘、盂等13件，弈棋村M1虽然也随葬非乐器类音乐文物，但青铜礼器的器类和数量明显少于弈棋村M3。弈棋村M1随葬的青铜虡座、卣、盘等不见于第三等级墓葬，因此青铜虡座、卣、盘等可视作区别于第三等级墓葬的指示性要素，弈棋村M1应为西周时期第二等级的越国贵族墓葬。

弈棋村M1除随葬青铜礼器外，还随葬非乐器类音乐文物虡座，此外，随葬的饕餮纹尊有铭文“父乙”和一个“族徽”，但缺少弈棋村M3随葬的造型特殊或纹饰精美的青铜炙炉、镂空云纹承盘、盘龙钮龙形鋬夔纹盉、牺尊和云纹青铜剑，因此弈棋村M1墓主的身份可能为越国国君，也有可能为越国的王室或权臣。

第三等级的墓葬有屯溪弈棋村M2、M4、M5、M6。

弈棋村M2、M4、M5、M6都随葬1件青铜尊，M2、M5还各有1件青铜簋和青铜盂，M4还有3件青铜兵器，但都不见青铜鼎、卣、盘等，更不见非乐器类音乐文物，因此弈棋村M2、M4、M5、M6为第三等级的越国贵族墓葬。

弈棋村M2、M4、M5、M6，4座墓葬都随葬青铜尊1件，M2和M5还各有1件青铜簋、青铜盂，M4还有青铜剑、戈、矛各1件，因此弈棋村M2、M4、M5、M6墓主的身份应为越国下级官吏或中下级将官。

第四等级墓葬有屯溪弈棋村M7、M8，仅随葬数件青铜兵器，不见青铜礼器，更不见非乐器类音乐文物，因此弈棋村M7、M8应为第四等级的越国贵族墓葬，墓主的身份应为越国下级武官。

（5）青铜器构成

西周时期越国青铜器即屯溪青铜器的研究主要集中于青铜器合金成分的分析和器形、纹饰的研究，而越国青铜器的构成研究又多置于吴国青铜器或宁镇皖南地区青铜器的研究之中。[1]

根据对屯溪弈棋村西周墓出土的越国青铜器梳理和分析，可将西周时期的越国青铜器按不同来源分为两个部分，即弈棋村西周墓出土的越国青铜由两个部分构成[2]。

第一构成部分为宗周青铜器，简称“宗周器”。

宗周器为西周王朝予以越国的分封赏赐之器，如弈棋村 M3 出土的“公卣”和器底有“族徽”云纹扁腹簋，M1 出土的“父乙尊”等。

在越国贵族墓葬中，宗周器出现在西周早期，反映了西周早期周王朝加强对南方越国的控制或越与宗周有着密切的关系，亦从一个侧面证实了“（成）王崩”，“于越来宾”并非虚言。

西周中期之后的越国几乎不见宗周器，反映了西周中期之后周王朝对南方国家的掌控逐渐衰微，与吴国贵族墓葬出现宗周器的情形完全一致。

宗周器仅出现于第一、第二等级的越国贵族墓葬。

第二构成部分为越国青铜器，简称“越器”。

越器为越国青铜器的主流，不仅数量众多，而且器类复杂。根据越器的造型、纹饰，可分为甲、乙、丙三组：

甲组器为越国特有的青铜器，如弈棋村 M1 出土的浅盆形三足外撇的越式鼎、勾连纹侈口钵形浅腹盂和非乐器类音乐文物五柱形插座等，弈棋村 M3 出土的四角上翘的炙炉、镂空承盘、龙纹牺尊、编织纹方簋、斜方格乳丁纹方簋、越式青铜剑和非乐器类音乐文物单孔插座等。

甲组器主要出现于第一、第二等级的越国贵族墓葬。

乙组器的器形同中原青铜器，但在钮、耳、鋬等附件或青铜器纹饰上融入越文化元素，如弈棋村 M3 出土的立耳扁柱足涡纹龙纹鼎、凤纹方鼎、有“作宝尊彝”铭文的凤鸟纹提梁卣、盘龙钮龙形鋬夔纹盉、变体鸟纹盘和弈棋村

1. 肖梦龙《吴国青铜器研究》，《吴国青铜器综合研究》，科学出版社，2004 年；邹厚本《宁镇地区出土周代容器的初步认识》,《中国考古学会第四次年会论文集》，文物出版社，1985 年。

2. 张敏《长江下游西周青铜器构成研究》，《宝鸡文理学院学报（社会科学）》2016 年第 6 期。

M1出土的立耳扁柱足涡纹云纹鼎、龙耳斜方格乳丁纹扁腹簋、龙耳素面扁腹簋等。

乙组器出现于第一、第二等级的越国贵族墓葬。

丙组器的器形虽同中原青铜器，但器形与纹饰都进行了改造，如弈棋村M3出土的龙耳弦纹带盖簋、竖线纹扁腹簋，弈棋村M1出土的棘刺勾连纹提梁卣、棘刺勾连纹尊，弈棋村M5出土的竖条纹敛口钵形盂等。

西周时期的吴国贵族墓葬随葬青铜器的构成中，不见越器；反观西周时期的越国贵族墓葬随葬青铜器的构成中，也不见吴器，可见在西周时期吴越处于平衡发展阶段，相互之间几乎不存在文化交流，相互之间的影响微乎其微。

西周组越国贵族墓葬随葬青铜器的构成，详见表一〇。

表一〇 西周组越国贵族墓葬的青铜器构成一览表

<table>
<tr><td rowspan="3">青铜器构成</td><td colspan="2">宗周器</td><td></td></tr>
<tr><td rowspan="2">越器</td><td>甲组器</td><td></td></tr>
<tr><td>乙组器</td><td></td></tr>
</table>

青铜器构成	越器	丙组器	

由于屯溪西周墓的国属和族属以往多有歧义，除上述屯溪西周墓的国属有吴国说和越国说之外，关于墓葬的族属还有越族说[1]、干越说[2]以及吴越不分的吴越说[3]等。

在新石器时代末期，我国已形成了华夏、东夷、苗蛮、百越等族群，百越是分布于秦岭淮河以南广大地区古代越人及与之有关族群的总称，“自交趾至会稽七八千里，百越杂处，各有种姓”[4]，因此越族是一个庞大的族群。

西周时期的干国分布于以扬州为中心的江淮东部，吴灭干后，干人向西南迁徙，融入黄山以北皖南地区后，史称“吴干”或“干吴”；融入赣江鄱阳湖地区后，史称“干越”或“赣越”。

见诸文献记载的春秋战国时期的百越有于越、杨越、荆越、蛮越、瓯越、且瓯、东越、西瓯、越区、区吴、闽越、骆越、干越、南越、越章、越常等[5]，百越民族中文化最发达的是于越，越国即于越建立的国家。

安徽屯溪与浙江绍兴同处新安江——钱塘江流域，春秋战国时期同属越文化区。越国政治中心的迁徙有自西而东、自南而北的趋势[6]，屯溪与绍兴应为越国不同时期的政治中心。

因此，屯溪西周墓的国属为越国，族属为于越。

---

1. 刘建国《论江南周代青铜文化》，《东南文化》1994 年第 3 期；李国梁《屯溪土墩墓发掘报告》第 107 页，安徽人民出版社，2006 年。
2. 刘玉堂《论屯溪周墓的族属》，《江汉考古》1986 年增刊（二）。
3. 马承源《吴越文化青铜器的研究——兼论大洋洲出土的青铜器》，《吴越地区青铜器研究论文集》，香港两木出版社，1997 年。
4.《汉书·地理志》颜师古注引臣瓒曰。
5. 参见《逸周书·王会解》、《路史·后记八·疏仡记》。
6. 张敏《越史小考》，《蒋赞初先生八秩华诞颂寿纪念论文集》第 181 页，学苑出版社，2009 年。

3. 春秋组吴国墓葬

春秋中晚期代表性的贵族墓葬有丹徒北山顶[1]、青龙山[2]，镇江谏壁王家山[3]、粮山[4]，苏州虎丘千墩坟[5]、吴县何山[6]，芜湖柳春园[7]等。

（1）墓地位置

春秋中晚期的吴国贵族墓葬位于沿江高山之巅的有北山顶墓（海拔 81.6 米）、青龙山墓（海拔 75.9 米）；位于沿江低山的有王家山墓（海拔 30 米）；位于海拔 5 ~ 10 米的低山丘陵地带的有粮山墓 M1、虎丘千墩坟墓和柳春园墓。

根据墓葬的地理位置，将吴国贵族墓葬的墓地分为三个等级：第一等级有北山顶和青龙山，墓葬位于沿江的高山之巅；第二等级有王家山，墓葬位于沿江的低山顶部；第三等级有粮山、千墩坟和柳春园，墓葬位于低山丘陵。

不同的埋葬位置反映了墓葬的不同等级，第一等级有北山顶、青龙山墓；第二等级有王家山；第三等级有粮山春秋墓、柳春园、千墩坟，详见表一一。

表一一　春秋组墓葬墓地位置一览表

墓地位置 / 墓葬	沿江高山山巅	沿江低山顶部	低山丘陵地带	等级
北山顶	√			一
青龙山	√			一
王家山		√		二
粮　山			√	三
千墩坟			√	三
柳春园			√	三

1. 江苏省丹徒考古队《江苏丹徒北山顶春秋墓发掘报告》，《东南文化》1988 年第 3-4 合期。
2. 丹徒考古队《丹徒青龙山春秋大墓及附葬墓发掘简报》，《东方文明之韵——吴文化国际学术研讨会论文集》，岭南美术出版社，2000 年。
3. 镇江博物馆《江苏镇江谏壁王家山东周墓》，《文物》1987 年第 12 期。
4. 镇江博物馆《江苏丹徒出土东周铜器》，《考古》1981 年第 11 期。
5. 苏州博物馆《苏州虎丘东周墓》，《文物》1981 年第 11 期；苏州博物馆《苏州博物馆藏出土文物》，文物出版社，2009 年。
6. 吴县文物管理委员会《江苏吴县何山东周墓》，《文物》1984 年第 5 期。
7. 安徽大学、安徽省文物考古研究所《皖南商周青铜器》，文物出版社，2006 年。

（2）墓葬规模

春秋中晚期的吴国贵族墓葬由于大多被盗或被挖出青铜器后进行收缴，发表的考古发掘资料多不完整，有关墓葬形制的资料相对匮乏，因而墓坑不清，规模不明，有完整考古资料的仅见于丹徒北山顶、青龙山、王家山和苏州虎丘千墩坟。

北山顶春秋墓圆形丘状封土，高 5.5 米，底径 30.75 ～ 32.25 米；墓坑平面呈曲尺形，墓室长 5.8、宽 4.5 米，墓道长 5.8、宽 2.35 米，深 1.35 ～ 1.45 米。

北山顶春秋墓的墓道内有人殉，墓道两侧有男女人祭。

青龙山春秋墓圆形丘状封土，高 5.7 米，底径 53.5 ～ 60 米；墓坑平面呈“甲”字形，墓室长 12、宽 7 米，墓道长 12.8、宽 4.4 ～ 5.2 米，深 1.5 ～ 5.5 米。

青龙山春秋墓的墓道中有男女人殉和马牲。

王家山春秋墓因施工发现青铜器后进行清理。长方形墓坑已残，宽约 3、残长 6、深约 6 米。

虎丘千墩坟春秋墓圆形丘状封土，高 3 米，是村民发现后进行清理，长方形竖穴土坑，长 2.35、宽 1.44、深 2.8 米。

此外，粮山春秋墓、柳春园等墓葬皆为出土青铜器后征集或收缴，墓葬情况不明。

根据墓葬规模，可将春秋中晚期吴国贵族墓葬分为三个等级：第一等级墓葬有北山顶墓和青龙山墓，封土高大，长方形墓坑并有墓道，墓坑总长 10 米以上，宽 5 米左右；第二等级墓葬有王家山墓，封土已因施工破坏，长方形墓坑，残长 6 米，宽 3 米；第三等级墓葬有虎丘千墩坟墓，封土低矮，长方形墓坑，长 2 ～ 3 米左右，宽 1 ～ 2 米左右。

不同规模的墓葬反映了墓葬的不同等级。根据墓葬规模，北山顶墓、青龙山墓为第一等级的墓葬，王家山墓为第二等级，千墩坟墓为第三等级，详见表一二。

表一二　春秋组墓葬规模一览表（单位：米）

墓葬	封土		墓室		墓道		等级
	直径	高	长	宽	长	宽	
北山顶	30.75~32.25	5.5	5.8	4.5	5.8	2.35	一
青龙山	53.5~60	5.7	12	7	12.8	4.4~5.2	一
王家山	?	?	≥ 6	3			二
千墩坟	?	＞ 3	2.35	1.44			三

（3）随葬器物

春秋中晚期随葬青铜礼器的大型吴国贵族墓葬大多早年被盗，中小型墓葬也多为挖出青铜器后进行的考古清理，因此青铜礼乐器、兵器、车马器的组合情况明，器类数量不清。

北山顶春秋墓、青龙山春秋墓等大型吴国贵族墓葬皆早年被盗，尽管春秋中晚期吴国贵族墓葬随葬器物的资料不完整，但仍可进行分类比较。

丹徒北山顶春秋墓出土的青铜器有云纹鼎、夔纹鼎、“甚六鼎”、勺、蟠螭纹缶、蟠螭纹鉴、“甚六编钟”、虎钮錞于、丁宁（钲）、跪坐人形饰悬鼓环等 24 件，车器有盖弓帽、盖斗帽、軎辖、带钩方策、合页、厢壁插、大环等 40 余件，马器有马衔、马镳及小环、节约等辔饰 400 余件，兵器有菱形暗纹大矛“余昧矛”、戟、矛、镞矢、镦等 20 余件，工具有斧、斤、削等 20 余件，石编磬一套 12 件、石桴头 1 件。此外还有鸠杖 1 件，杖已朽，仅存青铜杖首和杖镦，全长 229. 4 厘米（图六五）。

虽然北山顶墓考古资料完整，但由于墓葬早年遭严重盗掘，墓室盗掘一空，因此青铜器的器类和数量不明。

北山顶墓的年代为春秋晚期。

丹徒青龙山春秋墓早年被盗，随葬的青铜器大多不存，仅有青铜云雷纹甗（图六六，1）、鸠杖首、铎各 1 件，兵器有菱形暗纹大矛、剑、戈、矛、小矛、钩、镞、矢、镦等 60 余件，车马器有马衔、马镳、銮铃、泡、合页、鸟尾形车饰 10 余件，工具有削、斧等。

青龙山与北山顶相邻，位于大港与谏壁之间的沿江山脉，青龙山春秋墓

图六五 北山顶春秋墓随葬的部分青铜器

1. 云纹鼎 2. 甚六鼎 3. 甚六鼎盖 4. 甚六鼎盖内铭文拓片 5. 6. 蟠螭纹缶 7. 蟠螭纹缶盖 8. 蟠螭纹缶铭文拓片 9. 甚六镈钟 10. 甚六镈钟铭文拓片 11. 甚六钮钟 12. 甚六钮钟铭文拓片 13. 虎钮錞于 14. 丁宁 15. 悬鼓环 16. 菱形暗纹大矛 17. 鸠杖杖首 18. 鸠杖杖镦

图六六　青龙山春秋墓、王家山春秋墓随葬的部分青铜器

1. 云雷纹甗　2. 炉盘鼎　3. 兽首流蟠螭纹提梁盉　4. 虎子　5. 人面纹虎钮錞于　6. 刻纹匜　7. 刻纹盘　8. 刻纹盘内壁（1. 青龙山春秋墓出土；2–8. 王家山春秋墓出土）

的考古资料完整，但由于盗掘严重，随葬青铜器的器类和数量不明。

青龙山墓的年代为春秋晚期。

镇江谏壁王家山春秋墓由于施工破坏，清理时已为残墓，出土青铜器有炉盘鼎、云雷纹甗、兽首流蟠螭纹盉、罍、勺、虎子、刻纹匜、刻纹盘、人面纹虎钮錞于、丁宁（钲）等 12 件（图六六，2–8），戈、矛、剑、镞、镦等兵器，軎、辖、盖弓帽等车器以及锯、镰、锛、凿、削等工具。

王家山墓虽经考古发掘和清理，但由于是残墓，资料缺乏完整性。

王家山墓的年代为春秋晚期。

镇江谏壁粮山春秋墓位于粮山脚下，出土的青铜器有蟠螭纹带盖鼎、素面盆形鼎、带流凸弦纹甗、绳索纹蟠虺纹罍等 5 件（图六七）。

由于粮山春秋墓是施工时发现青铜器后征集清理，资料缺乏完整性。

粮山墓的年代为春秋晚期。

镇江谏壁与丹徒大港镇相邻，谏壁王家山、粮山与丹徒北山、青龙山同处于大港与谏壁之间的沿江山脉。

图六七　粮山春秋墓随葬的部分青铜器

1. 蟠螭纹鼎　2. 素面盆形鼎　3. 带流凸弦纹甗　4. 绳索纹蟠虺纹罍

芜湖柳春园春秋墓出土的青铜器有牺鼎、曲柄盉各 1 件（图六八）。

柳春园墓是柳春园小区建设施工发现后收缴的，缺乏基本的考古资料。

柳春园墓的年代为春秋早期偏晚阶段或春秋中期偏早阶段。

图六八　柳春园春秋墓随葬的部分青铜器

1. 牺鼎　2. 曲柄盉

苏州虎丘千墩坟春秋墓出土的青铜器有蟠螭纹带盖鼎、蟠螭纹缶、兽首流蟠螭纹盉、素面平底匜、素面平底鉴、素面盖豆等 7 件（图六九）。

虎丘千墩坟墓是村民发现后进行清理，考古资料基本完整。

虎丘千墩坟墓的年代为春秋末期。

吴县何山春秋墓征集的出土青铜器有蟠螭纹带盖鼎 3 件、素面盆形鼎 2 件、蟠螭纹簠 2 件、蟠螭纹罍 1 件、蟠螭纹平底匜 1 件、平底盘 1 件、兽首提梁盉 1 件，盉肩部有铭文“楚叔之孙途为之盉”，此外还有青铜蟠螭纹軎辖一套 2 件和青铜戈、青铜矛、青铜镞等（图七〇）。

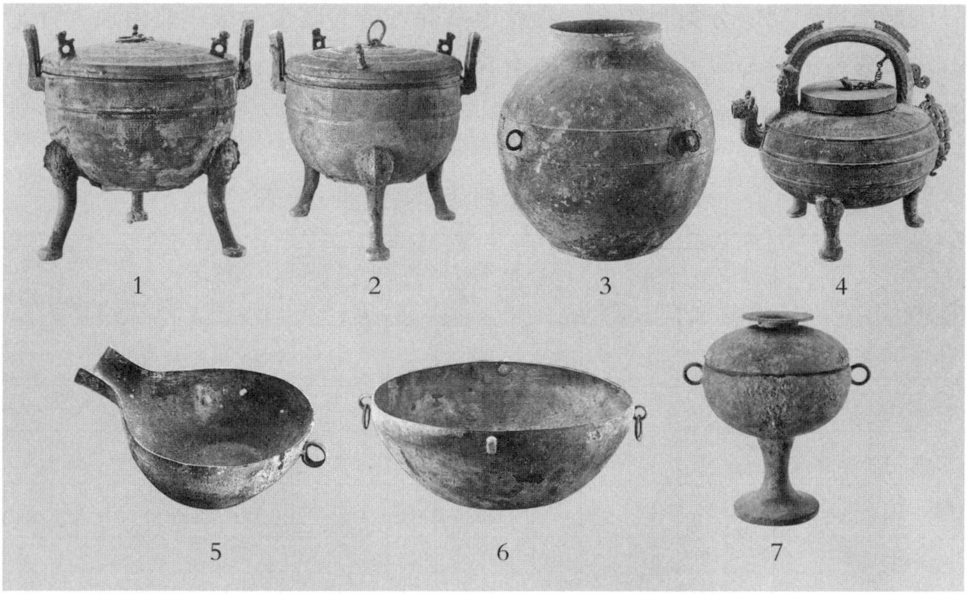

图六九　虎丘千墩坟春秋墓随葬的青铜器
1.2.蟠螭纹鼎　3.蟠螭纹缶　4.兽首流蟠螭纹盉　5.平底匜　6.鉴　7.盖豆

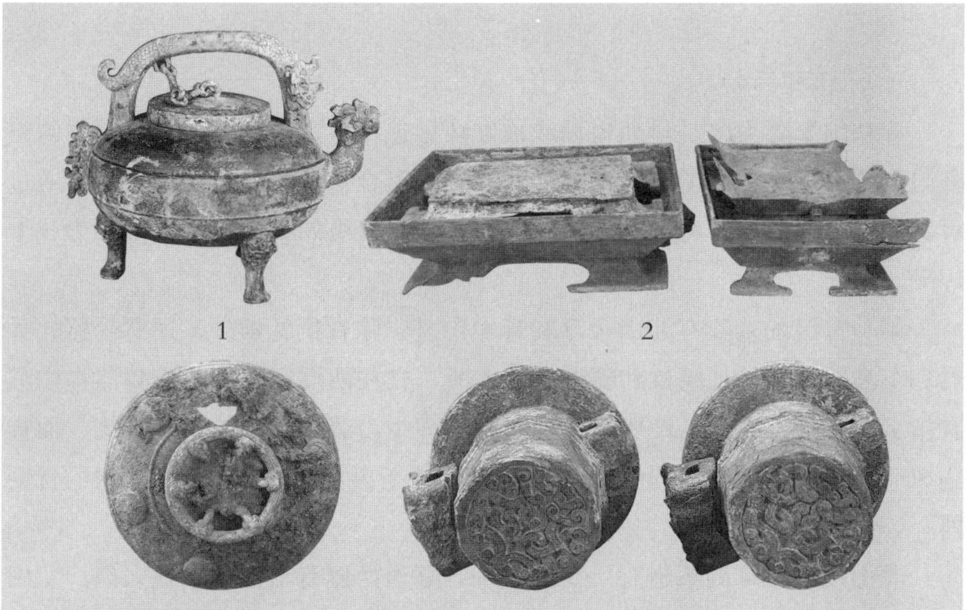

图七〇　何山春秋墓随葬的部分青铜器
1.兽首提梁盉　2.蟠螭纹簠　3.蟠螭纹罍盖　4.蟠螭纹軎辖

根据青铜器的分类与组合，春秋组墓葬可分为三个等级：北山顶、青龙山春秋墓为第一等级；王家山、何山春秋墓为第二等级；粮山、柳春园、千墩坟春秋墓为第三等级，详见表一三。

表一三　春秋组墓葬随葬青铜器一览表

青铜器／墓葬	鸠杖	大矛	鼎	甗	罍	缶	鉴	簠	盉	盘	匜	炉	虎子	乐器	车器	马器	兵器	等级
北山顶	1	1	3			2	1							√	√	√	√	一
青龙山	1	3		1										√	√	√	√	一
王家山			1	1	1				1	2	1	1	1	√	√		√	二
何　山			5		1		1		1	1	1				√		√	二
粮　山			3	1	1													三
柳春园			1								1							三
千墩坟																		三

（4）墓葬等级

春秋组墓葬大多是早期盗掘或被破坏后进行考古清理，随葬青铜器的组合与数量并不十分明了，但青铜器的器类和组合仍具有一定的代表性，通过对青铜器的器形、器类进行分析比较，可将春秋组的吴国贵族墓葬分为三个等级。

第一等级的墓葬有北山顶墓和青龙山墓，除青铜礼器外，还有乐器、兵器和车马器，尤其是鸠杖和菱形暗纹大矛，杖在西周组墓葬的随葬器物中具有指示性意义，属指示性要素，春秋组墓葬中沿袭了吴国的这一传统，而长达 30 厘米的菱形暗纹大矛则是春秋组墓葬中新出现的具有指示性要素的青铜器。

北山顶春秋墓的墓道有一女性人殉，墓道两侧有男性和女性人祭。北山顶春秋墓出土徐器“甚六鼎”的铭文有“余以铸以饔，以伐四方，以从攻𫭸王”，根据铭文“以从攻𫭸王”推出，墓主当为吴王；《国语·吴语》：“（吴）王乃秉枹，亲就鸣钟、鼓、丁宁、錞于、振铎，勇怯尽应，三军皆哗，扣以振旅，其声动天地。”北山顶春秋墓随葬有石枹头和青铜錞于、丁宁、悬鼓环、钮钟、镈钟，与《国语》所载吴王所用的一套军乐器基本相符；北山顶春秋墓出土的青铜鸠杖首和杖镦、菱形暗纹大矛“余昧矛”，暗示着墓主可能为吴王余昧。

青龙山春秋墓的墓道两侧有男性和女性人殉，墓道与墓室之间有 3 匹杀殉的马牲；青龙山春秋墓虽然严重被盗，仍出土可指示墓主身份的青铜鸠杖杖首和 3 件菱形暗纹大矛。根据墓葬规模、人殉牺牲、鸠杖、菱形暗纹大矛等指示性要素，青龙山春秋墓的墓主当与北山顶春秋墓相当，也应为吴王。根据吴国贵族墓葬在大港至谏壁沿江山脉愈向东时代愈早、愈向西时代愈晚的排葬规律，青龙山春秋墓的墓主可能为吴王僚。

第二等级的墓葬有王家山墓和何山墓，与第一等级墓葬相比较，除随葬青铜礼器、乐器或兵器之外，不见鸠杖和菱形暗纹大矛，但青铜乐器和青铜车马器不见于第三等级墓葬，因此青铜乐器和青铜车马器可作为区别第二等级、第三等级墓葬的具有指示性要素的青铜器。

王家山春秋墓虽为残墓，仍出土了青铜鼎、甗、盉、罍、刻纹匜、刻纹盘等礼器，以及錞于、丁宁等军乐器，軎、辖等车器和戈、矛、剑、镞等兵器。王家山春秋墓的墓葬规模不及北山顶和青龙山春秋墓，也不见鸠杖和菱形暗纹大矛，根据军乐器、车马器、兵器等指示性要素，王家山春秋墓的墓主身份可能为领军的武将。

何山春秋墓为取土时发现，随葬器物可能有缺失，随葬的青铜鼎、簠、罍、盘、匜、提梁盉和軎辖等车器、戈、矛、镞等兵器，但不见菱形暗纹剑、矛等兵器和錞于、丁宁等军乐器，根据指示性要素推测，何山春秋墓的墓主身份可能为领军的武将，其级别略低于王家山春秋墓。

第三等级的墓葬有柳春园墓、千墩坟墓和粮山春秋墓，仅出土 1 ~ 2 件鼎、尊、匜等青铜礼器而不见乐器、兵器和车马器，更不见杖（青铜杖首、杖镦）和菱形暗纹大矛。

根据墓葬规模、随葬青铜器的要素推测，柳春园墓、千墩坟墓和粮山春秋墓的墓主身份可能为吴国下级官吏。

（5）青铜器构成

春秋中晚期诸侯纷争，礼崩乐坏，吴先后伐郯、伐楚，伐巢、伐徐、伐越，灭巢、灭徐，灭州来、灭钟离，并入郢、败越，由于频繁的战争导致吴国贵族墓葬随葬的徐、舒、莒、楚、越青铜器缤彩纷呈。

因此春秋组墓葬出土青铜器的构成更加复杂，经过反复比较与甄别，春秋中晚期的吴国青铜器按不同来源可分为六个部分，即春秋中晚期的吴国贵族墓葬出土的青铜器主要由吴器、徐器、舒器、莒器、越器、楚器六个部分构成，徐器、舒器、莒器、越器、楚器反成为春秋中晚期吴国贵族墓葬随葬青铜器的大宗。

第一构成部分为吴国青铜器，简称“吴器”。

吴器已不再是吴国青铜器的大宗，主要有礼器鼎、盥缶、匜（攻敔季生匜）和鸠杖（杖首、杖镦）等，军乐器有錞于、丁宁、悬鼓环，兵器有戈、矛、剑、戟等，制作精良的兵器成为吴器的一大特色。北山顶春秋墓出土的青铜云纹鼎、鸠杖、菱形暗纹大矛、悬鼓环、錞于、丁宁，青龙山春秋墓出土的鸠杖首、青铜器甗等皆为吴器。

第二构成部分为徐国青铜器或具有徐文化因素的青铜器，简称“徐器”。

吴国与徐国关系十分复杂，既联姻，又征伐，最终灭徐。《左传》成公七年“吴始伐楚，伐巢、伐徐”；《左传》昭公四年“徐子，吴出也”；《春秋》昭公五年“楚子……徐人、越人伐吴”；《左传》昭公六年“徐仪楚聘于楚。楚子执之，逃归。惧其叛也，使薳泄伐徐。吴人救之”；《左传》昭公二十七年“吴公子掩余奔徐，公子烛庸奔钟吾”；《春秋》昭公三十年“吴灭徐，徐子章羽奔楚”。徐器有北山顶春秋墓出土的青铜“甚六鼎”和“甚六钟”和粮山春秋墓出土的绳索纹蟠虺纹罍等。

“甚六鼎”“甚六钟”有认为是舒器[1]，“甚六钟”铭文“徐王之孙”的“徐”，上部作“余”，下部作“口”，“口”当为“邑”省；徐称王，而舒未称王，因此将“甚六鼎”“甚六钟”归为徐器[2]。

第三构成部分为群舒青铜器或具有群舒文化因素的青铜器，简称“舒器”。

吴与群舒的关系也很复杂。《左传》成公七年“吴始伐楚，伐巢、伐徐……蛮夷属于楚者，吴尽取之”；《左传》成公十七年“舒庸人以楚师之败也，

1. 曹锦炎《北山铜器新考》，《东南文化》1988年第6期；曹锦炎《甚六编钟铭文释议》，《文物》1989年第4期。

2. 周晓陆、张敏《北山四器铭考》，《东南文化》1988年第3-4合期。

道吴人围巢，伐驾，围厘、虺，遂恃吴而不设备。楚公子橐师袭舒庸，灭之”；《左传》襄公二十六年“吴于是伐巢、取驾、克棘、入州来”；《春秋》昭公二十四年“冬，吴灭巢”；《左传》定公二年“桐叛楚。吴子使舒鸠氏诱楚人……吴军楚师于豫章，败之。遂围巢，克之”。群舒皆亡于春秋，除巢之外，皆为楚所灭。

舒器有柳春园春秋墓出土的青铜牺鼎和曲柄盉等。

第四构成部分为莒国青铜器或具有莒文化因素的青铜器，简称“莒器”。[1]

莒与吴也有交集，《春秋》襄公十四年“莒人……小邾人会吴于向”；《春秋》昭公元年“莒展舆出奔吴”；《左传》昭公元年“莒展舆立，而夺群公子秩。公子召去疾于齐。秋，齐公子鉏纳去疾，展舆奔吴”。

莒器有王家山春秋墓出土的弧顶青铜人面纹錞于和丁宁（钲）等。

第五构成部分为越国青铜器或具有越文化因素的青铜器，简称“越器”。

春秋战国之际，吴王阖闾、吴王夫差与越王允常、越王句践之间的争霸，导致吴越战事频仍，最终越灭吴。《左传》襄公二十九年“吴人伐越，获俘焉，以为阍，使守舟。吴子余祭观舟，阍以刀弑之”；《春秋》昭公五年“楚子……越人伐吴”；《左传》昭公三十二年“夏，吴伐越，始用师于越也”；《左传》定公十四年“吴伐越。越子句践御之，陈于槜李……灵姑浮以戈击阖庐，阖庐伤将指，取其一屦。还，卒于陉，去槜李七里。……三年，乃报越”；《春秋》哀公十三年“于越入吴”；《左传》哀公十七年“越子伐吴”；《左传》哀公二十年“越围吴”；《左传》哀公二十二年“越灭吴”。

越器有青龙山春秋墓出土的束腰云雷纹甗，粮山春秋墓和何山春秋墓出土的越式青铜鼎，王家山春秋墓出土的青铜束腰云雷纹甗、刻纹匜、刻纹盘、虎子和虎丘千墩坟春秋墓出土的素面盆、素面匜等。

第六构成部分为楚国青铜器或具有楚文化因素的青铜器，简称“楚器”。

---

1. 山东省博物馆等《莒南大店春秋时期莒国殉人墓》，《考古学报》1978年第3期；山东省文物考古研究所等《山东沂水刘家店子春秋墓发掘简报》，《文物》1984年第9期；莒县博物馆《山东莒县西大庄西周墓葬》，《考古》1999年第7期；沂水县博物馆《山东沂水县发现五座春秋墓》，《考古》1995年第4期；苏兆庆、刘云涛、夏兆礼《古莒遗珍》，人民美术出版社，2003年。

吴属晋国为首的北方国家集团，从吴王寿梦至吴王阖闾，吴楚战事不断。《左传》成公七年“吴始伐楚”；《左传》襄公三年“楚子重伐吴……吴人伐楚，取驾”；《春秋》襄公十四年“楚公子贞帅师伐吴”；《春秋》襄公二十四年“楚子伐吴”；《春秋》襄公二十五年“吴子遏（诸樊）伐楚”；《左传》昭公四年“楚子以诸侯伐吴。……吴伐楚，入棘、栎、麻”；《春秋》昭公五年“楚子……伐吴”；《春秋》昭公六年“楚薳罢帅师伐吴”；《左传》昭公十七年“吴伐楚”；《春秋》定公二年“楚人伐吴”；《春秋》定公四年“吴入郢”；《谷梁传》定公四年“吴入楚。日入，易无楚也。易无楚者，坏宗庙，徙陈器，挞平王之墓”。

楚器有粮山春秋墓出土的青铜鼎、王家山春秋墓和何山春秋墓出土的兽首流蟠螭纹提梁盉和虎丘千墩坟春秋墓出土的青铜鼎、盖豆等。

春秋组吴国贵族墓葬随葬青铜器的构成，详见表一四。

表一四　春秋组吴国贵族墓葬随葬的青铜器构成一览表

青铜器构成	吴器	
	徐器	
	舒器	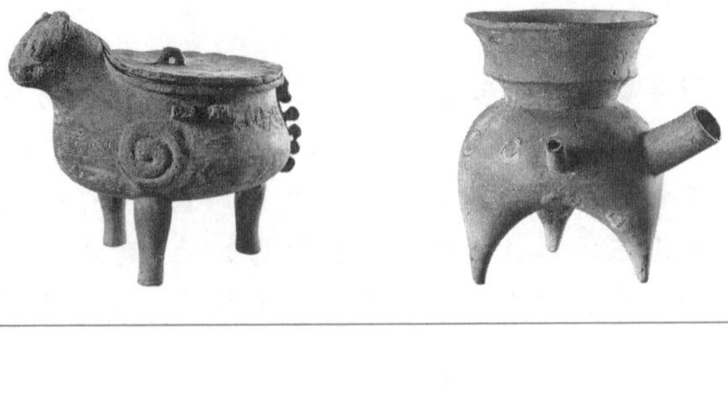

青铜器构成	莒器	
	越器	
	楚器	

4. 春战组越国墓葬

吴国有完整的世系，因此西周组与春秋组吴国贵族墓葬的随葬器物有一定的传承性；春秋晚期之前的越国没有完整的世系，因此西周组与春战组越国贵族墓葬的随葬器物没有传承性，不仅出现了文化的断层，而且出现了文化的突变和裂变，在越国贵族墓葬上的反映是西周组越国贵族墓葬与春战组越国贵族墓葬形制不见直接的嬗承关系，在随葬器物上的反映是青铜礼器的突然消失，仿青铜器的陶瓷礼乐明器和玉器的普遍出现。

春战组越国贵族墓葬发现较多，代表性的有浙江绍兴印山[1]、安吉龙山[2]、

1. 浙江省文物考古研究所等《印山越王陵》，文物出版社，2002 年。
2. 浙江省文物考古研究所等《浙江安吉龙山越国贵族墓》，《南方文物》2008 年第 3 期；浙江省文物考古研究所《浙江越墓》，文物出版社，2009 年。

长兴鼻子山[1]和江苏苏州大真山[2]、无锡鸿山[3]等越国贵族墓葬。

昭公三十年（前512），吴灭徐，徐子章羽奔楚；哀公二十二年（前473），越灭吴，横兵于江淮东。在春战组越国贵族墓葬中，绍兴狮子山战国墓[4]和淮阴高庄战国墓[5]为流亡于越国的徐国贵族墓葬，墓主当为徐国的王公遗族。由于战国时期徐已不存，且墓在越国范围之内，故将其归入越国贵族墓葬。

春战组越国贵族墓葬的年代多为春秋晚期至战国早期，即越国最强盛的越王允常、句践时期。

（1）墓地位置

考古资料相对完整的墓葬有绍兴印山和狮子山、苏州大真山、无锡鸿山、长兴鼻子山、安吉龙山和淮阴高庄。

春战组越国贵族墓葬多葬于低山丘陵，葬于山顶或山脊的有印山越王陵、大真山春秋墓、龙山战国墓、鼻子山战国墓；葬于山麓或平地的有绍兴狮子山战国墓；葬于平地高墩的有鸿山的老虎墩、老坟墩、曹家坟、邹家墩、杜家坟、万家坟、邱承墩战国墓和高庄战国墓。

绍兴印山海拔41.7米，相对高度20米，印山越王陵建于印山之巅；苏州大真山海拔76.9米，相对高度约30米，大真山春秋墓位于大真山的山顶；长兴鼻子山相对地面高度10米，鼻子山战国墓位于山脊的顶上；而龙山战国墓位于龙山山麓平地，鸿山7座战国墓均位于平地的高墩。

根据越国贵族墓葬的墓地位置，可将越国贵族墓葬分为两个等级，第一等级有印山越王陵、大真山春秋墓和鼻子山战国墓，墓葬位于山顶或山脊；

1. 浙江省文物考古研究所等《浙江长兴鼻子山越国贵族墓》，《文物》2007年第1期；浙江省文物考古研究所《浙江越墓》，文物出版社，2009年。

2. 苏州博物馆《真山东周墓地——吴楚贵族墓地的发掘与研究》，文物出版社，1999年。

3. 南京博物院等《无锡鸿山越国贵族墓发掘简报》，《文物》2006年第1期；南京博物院等《鸿山越墓发掘报告》，文物出版社，2007年。

4. 浙江省文物管理委员会《绍兴306号墓发掘简报》，《文物》1984年第1期；曹锦炎《绍兴坡塘出土徐器铭文及其相关问题》，《文物》1984年第1期。

5. 淮阴市博物馆《淮阴高庄战国墓》，《考古学报》1988年第2期；淮安市博物馆《淮阴高庄战国墓》，文物出版社，2009年。

第二等级有狮子山战国墓、龙山战国墓和鸿山战国墓葬群，墓葬位于山麓坡地或平地高墩。

不同的埋葬位置可能反映了墓葬的不同等级，即印山越王陵、大真山春秋墓、鼻子山战国墓为第一等级，龙山战国墓、鸿山邱承墩战国墓、鸿山老虎墩战国墓、鸿山万家坟战国墓、鸿山曹家坟战国墓、鸿山杜家坟战国墓、鸿山老坟墩战国墓、鸿山邹家墩战国墓为第二等级。

狮子山战国墓位于坡塘狮子山南坡，高庄战国墓位于平地，暂列为第二等级，详见表一五。

表一五　春战组墓葬墓地位置一览表

墓地位置 / 墓葬	山顶或山脊	山坡或平地	等级
印　山	√		一
大真山	√		一
鼻子山	√		一
龙　山		√	二
老虎墩		√	二
老坟墩		√	二
曹家坟		√	二
邹家墩		√	二
杜家坟		√	二
万家坟		√	二
邱承墩		√	二
狮子山		√	二
高　庄		√	二

（2）墓葬规模

越国贵族墓葬中或遭破坏，或缺乏完整的考古资料，因此墓葬规模以考古资料相对完整的印山越王陵、大真山春秋墓、龙山战国墓、鼻子山战国墓、鸿山老虎墩战国墓、鸿山老坟墩战国墓、鸿山曹家坟战国墓、鸿山邹家墩战国墓、鸿山杜家坟战国墓、鸿山万家坟战国墓、鸿山邱承墩战国墓为例。

印山越王陵为东西向长方形覆斗状封土，东西长72、南北宽36、高9.8米。墓坑平面呈“甲”字形，墓坑长110米，其中墓室长46、宽19、深12.4米，墓道位于墓室东侧，长54、宽6.5 ~ 14、深9.3米。

大真山春秋墓为东西向长方形覆斗状封土，东西长70、南北宽32、高约7米。墓坑平面呈“甲”字形，长17.4米，其中墓室长13.8、宽8、深1.8米，墓道长3.6、宽3米。

龙山战国墓为东西向长方形覆斗状封土，长约50、宽约42、高达8米。墓坑平面呈“甲”字形，墓坑长25米，其中墓室长15.4、宽7.2 ~ 7.6、深1 ~ 1.5米，墓道位于墓室东侧，墓道残长9.6、宽3.3 ~ 3.4米。

鼻子山战国墓的封土呈东西向长方形覆斗状，封土底径东西长32、南北宽18、高3.7米。墓坑平面呈“甲”字形，长约22米，其中墓室长14.8、宽5.1 ~ 5.7、深2.3米，墓道位于墓室东侧，长7、宽2.2 ~ 2.6米。

狮子山战国墓为残墓，墓坑平面呈“甲”字形，墓室残长5.4、宽8.14、深2.8米，墓道残长1.5、宽3.4米。

高庄战国墓的封土已遭破坏，墓坑平面为东西向长方形，长10.5、宽9、深3.9米。

老坟墩战国墓为东西向覆斗状封土，长24.5、宽15、高2.5米。墓坑平面呈长方形，长4.75、宽3.25、深0.2米。

曹家坟战国墓为东西向覆斗状封土，长35、宽26.9、高3.5米。墓坑平面为长条形，长8.56、宽2.32、深1.95米。

邹家墩战国墓为东西向覆斗状封土，长36.5、宽23.5、高1.7米。墓坑平面为长方形，长3.88、宽2.34、深0.35米。

杜家坟战国墓为东西向覆斗状封土，长42.6、宽35.9、高2.8米。墓坑平面为长条形，长8.05、宽2.44、深1.02米。

老虎墩战国墓遭人为破坏，东西向覆斗状封土残长56、宽43、残高2米。老虎墩墓不设墓坑，墓葬底部为平地铺木，残长8.6、宽6.6米，平地铺木的墓床及其上部和四周经过焚烧。

万家坟战国墓为东西向覆斗状封土，长42.6、宽35.9、高3.8米。万家坟墓不设墓坑，墓葬底部为平地铺木，长16.68、宽5.07米，平地铺木的墓床及其上部和四周经过焚烧。

邱承墩战国墓为东西向长方形覆斗状封土，长 78.6、宽 50.8、高 5.4 米。墓葬平面呈“中”字形，墓坑残长 56.7 米，其中墓道长 21.2、宽 3.65 米；墓室长 23.6、宽 6.3 米；后室长 11.9、宽 3.2 米，坑深 3 米。

墓葬规律的基本要素中，封土因自然或人为因素变化较大，而墓坑则基本没有变化，因此以墓坑长度应为指示性要素；万家坟战国墓和老虎墩战国墓的葬制特殊，因此以其墓葬底铺木的长宽计。

根据墓坑长度可将越国贵族墓葬分为五个等级：第一等级有印山越王陵，墓坑长度＞100 米；第二等级有邱承墩战国墓，墓坑长度＞50 米；第三等级有大真山春秋墓和龙山、鼻子山、万家坟、老虎墩战国墓，墓坑（或墓底）长度 ±20 米，根据墓坑的宽度，狮子山战国墓、高庄战国墓与第三等级的墓葬相当；第四等级有曹家坟、杜家坟战国墓，墓坑长度 ±10 米；第五等级有老坟墩、邹家墩战国墓，墓坑长度 ±5 米，详见表一六。

表一六　春战组墓葬规模一览表（单位：米）

墓葬	封土形状	封土		墓坑形态	坑长	墓室		墓道		等级
		长	宽			长	宽	长	宽	
印　山	覆斗状	72	36	“甲”字形	110	46	19	54	6.5	一
邱承墩	覆斗状	78.6	50.8	“中”字形	56.7	35.5	6.3	21.2	3.65	二
大真山	覆斗状	70	32	“甲”字形	17.4	13.8	8	3.6	3	三
龙　山	覆斗状	50	42	“甲”字形	25	15.4	7.6	9.6	3.4	三
鼻子山	覆斗状	32	18	“甲”字形	＞22	14.8	5.7	7	2.6	三
狮子山	?	?	?	“甲”字形	?	＞5.4	8.14	＞1.5	3.4	三
高　庄	?	?	?	长方形	10.5	10.5	9			三
万家坟	覆斗状	42.6	35.9	长条形		16.7	5.07			三
老虎墩	覆斗状	＞56	43	长条形		8.6	6.6			三
曹家坟	覆斗状	35	26.9	长条形	8.56	8.56	2.32			四
杜家坟	覆斗状	42.6	35.9	长条形	8.05	8.05	2.44			四
老坟墩	覆斗状	24.5	15	长方形	4.75	4.75	3.25			五
邹家墩	覆斗状	36.5	23.5	长方形	3.88	3.88	2.34			五

（3）随葬器物

春秋战国时期越国贵族墓葬中罕见青铜器，主要随葬器物有青瓷器、印纹陶器和玉器，青瓷器和印纹陶器中的仿青铜器的陶瓷礼乐明器和玉器有着明显的等级之分，因此仿青铜器的陶瓷礼乐明器和玉器为越国贵族墓葬等级比较的研究对象。

流亡于越国的徐人墓葬的主要随葬器物为青铜器和玉器，因此青铜器和玉器为流亡于越国的徐人墓葬等级比较的研究对象。

越国贵族墓葬和流亡于越国的徐人贵族墓葬都随葬玉器，因此玉器又可作越国贵族墓葬等级比较的研究对象。

绍兴印山越王陵几乎盗掘一空，随葬器物大多无存，仅出土了少量残留随葬器物，青铜器有铎 1 件和青铜斧、凿等；玉器有非乐器类音乐文物龙首玉钩 2 件、乐器类音乐文物玉悬铃 19 件，玉石兵器有玉剑 1 件、玉镞 2 件、石矛 1 件，长方形玉饰 3 件以及玉玦、珠，石环等玉石饰件（图七一）。

印山越王陵的年代为春秋晚期。

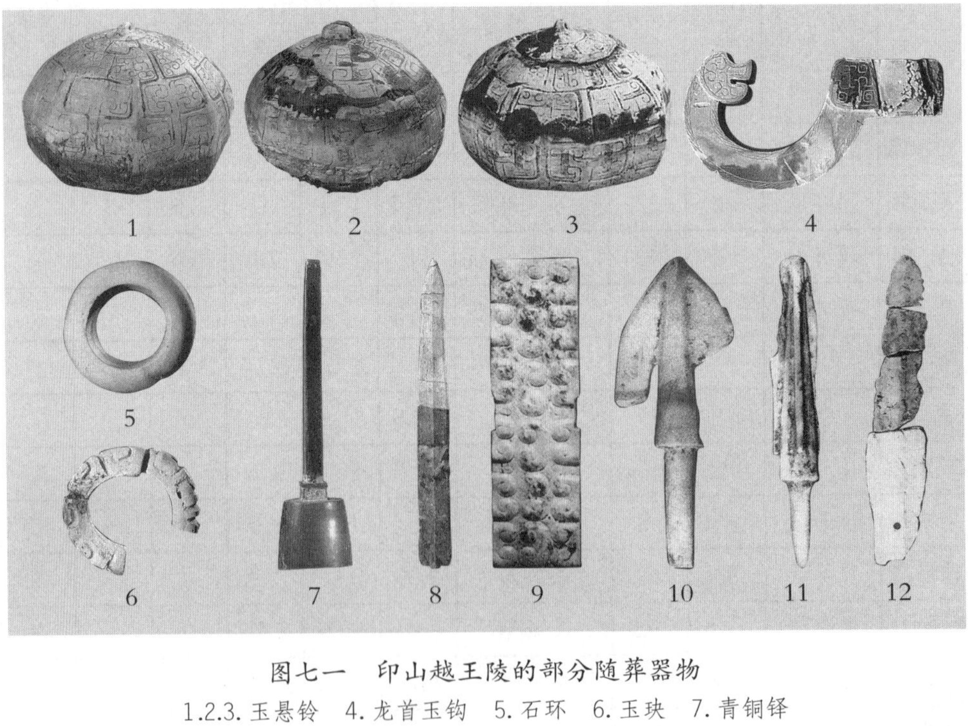

图七一　印山越王陵的部分随葬器物

1.2.3. 玉悬铃　4. 龙首玉钩　5. 石环　6. 玉玦　7. 青铜铎
8. 玉剑　9. 长方形玉饰　10.11. 玉镞　12. 石矛

苏州大真山春秋墓被盗严重，加之开山炸石，墓葬破坏也严重。

大真山春秋墓出土的随葬器物 24 件，青铜器有残破的青铜盉盖；陶瓷器有碗、盅、罐、瓮等生活用器；玉器有玉钩 3 件，虎形玉璜 2 件、蟠虺纹玉瑗 3 件以及玉珠、玉管、长方形玉饰等佩玉和饰玉，兵器有玉戈（？）1 件（图七二），另有小玉牌以及天然贝和玛瑙、绿松石管、珠、嵌饰等 11000 余枚。

大真山春秋墓的年代为春秋晚期。

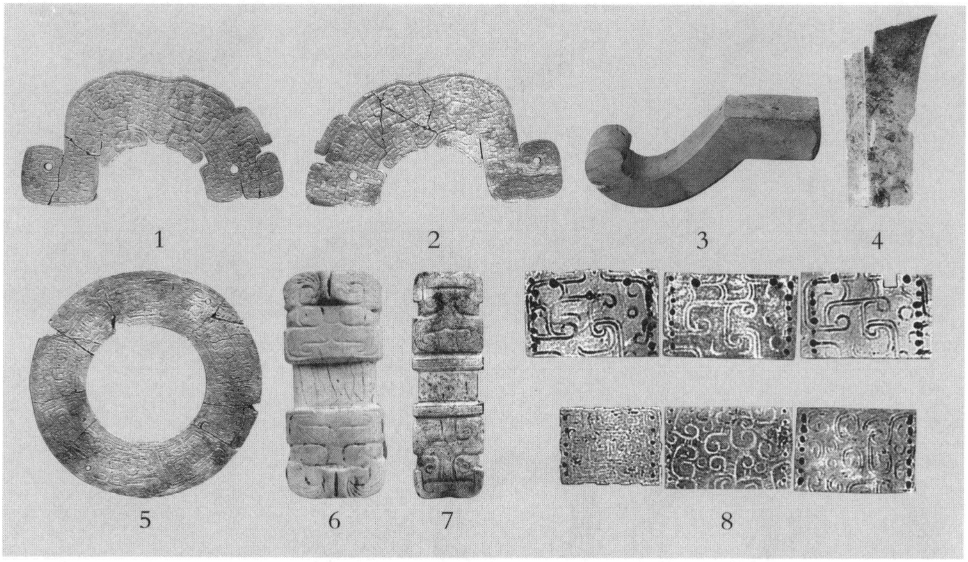

图七二　大真山春秋墓的部分随葬器物

1.2. 虎形玉璜　3. 玉钩　4. 玉戈（？）　5. 蟠虺纹玉瑗　6.7.8. 长方形玉饰

安吉龙山战国墓出土的随葬器物 267 件，仿青铜器的陶瓷礼乐明器有青瓷牺鼎、青瓷豆、青瓷小豆、青瓷盒、青瓷三足盂、青瓷杯、青瓷平底鉴、青瓷三足鉴、硬陶小罐、硬陶平底盘、硬陶三足盘、硬陶炉盘等以及陶瓷悬铃、角形器和璧形器等；玉器有龙鸟形玉璜、龙形玉璜、绞丝纹玉环、玉韘、绿松石环以及小玉饰等（图七三）。

龙山战国墓是发现盗掘后进行清理的，考古资料虽然完整，但随葬器物应有所缺失。

龙山战国墓的年代为战国早期。

长兴鼻子山战国墓是在施工发现后进行考古发掘和出土文物收缴，因此随葬器物应有散失。

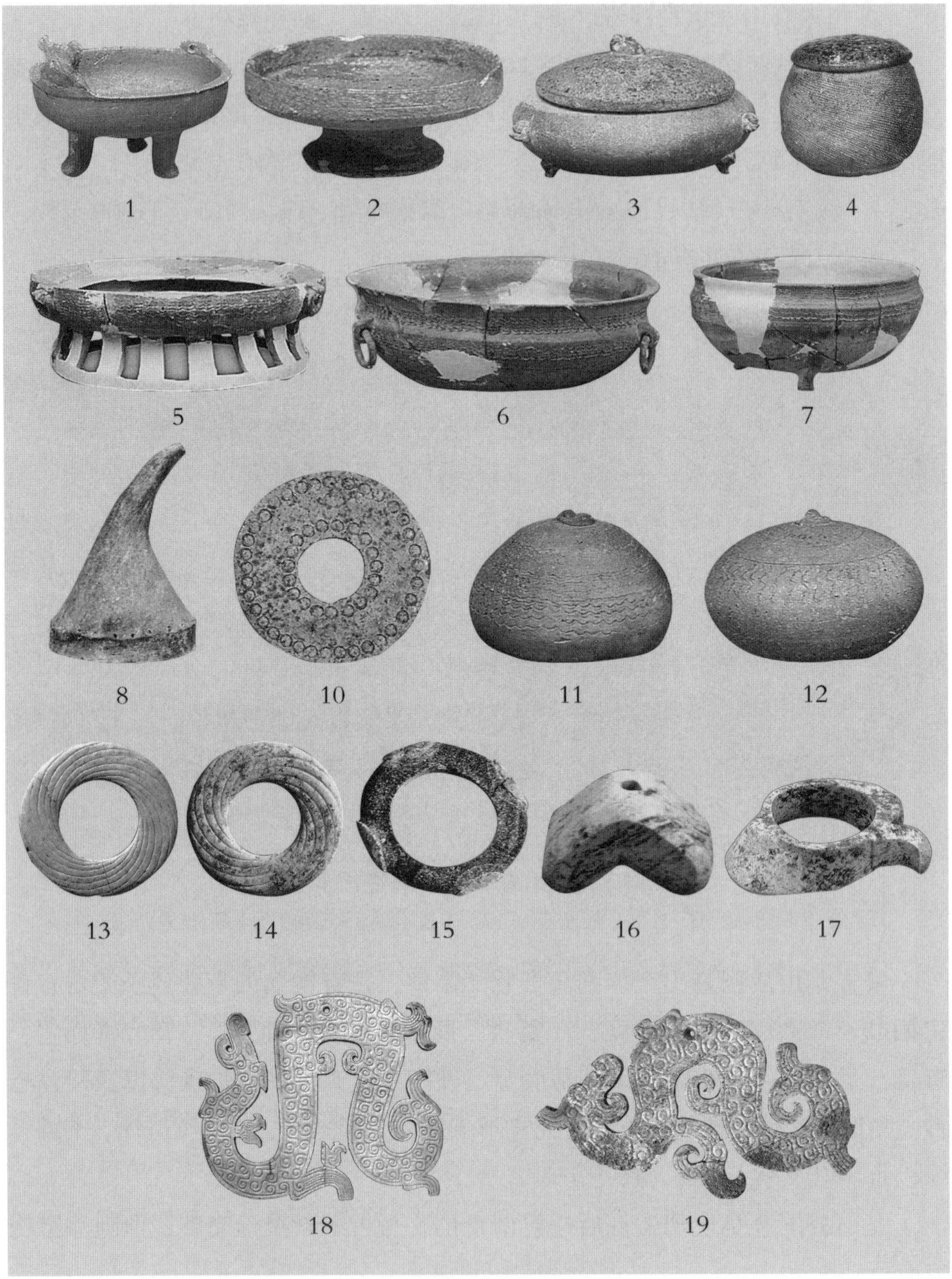

图七三　龙山战国墓的部分随葬器物

1.青瓷牺鼎　2.青瓷小豆　3.青瓷三足盂　4.硬陶小罐　5.硬陶炉盘　6.青瓷平底鉴　7.青瓷三足鉴　8.硬陶角形器　9.青瓷璧形器　10.硬陶悬铃　11.青瓷悬铃　12.13.绞丝纹玉环　14.绿松石环　15.小玉饰　16.玉韘　17.龙鸟形玉璜　18.龙形玉璜

鼻子山战国墓随葬器物有仿青铜器的陶瓷乐器有青瓷甬钟、青瓷镈钟、青瓷句鑃、青瓷錞于、青瓷丁宁（钲）、陶瓷悬铃等34件，仿石磬的青瓷磬13件（图七四）；玉器有云纹玉璜、谷纹小玉璧、云纹玉剑首（?）、玉带钩、玉管以及云纹石璜、云纹石瑗、琉璃环以及琉璃管、琉璃珠等。

鼻子山战国墓的年代为战国早期。

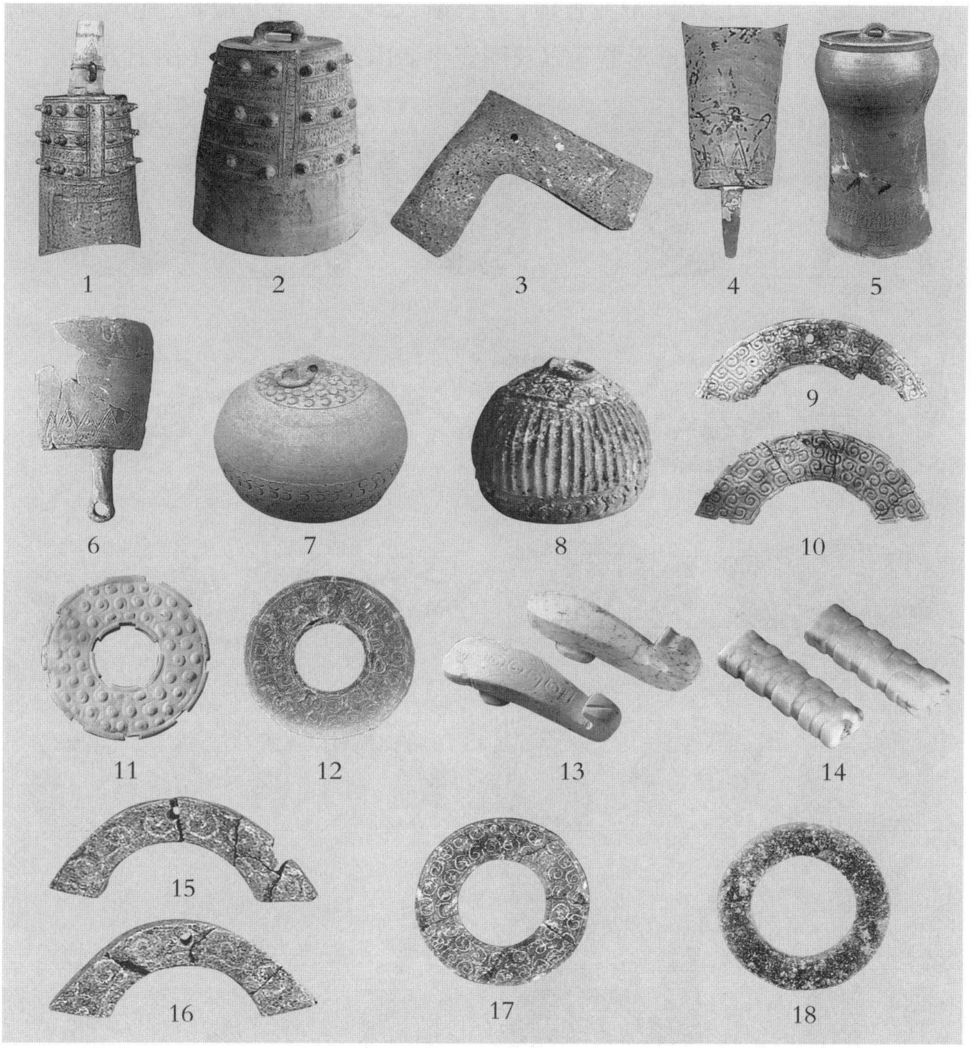

图七四 鼻子山战国墓的部分随葬器物

1.青瓷甬钟 2.青瓷镈钟 3.青瓷磬 4.青瓷句鑃 5.青瓷錞于 6.青瓷丁宁 7.青瓷悬铃 8.硬陶悬铃 9.10.云纹玉璜 11.云纹小玉璧 12.云纹玉剑首（?）13.玉带钩 14.玉管 15.16.云纹石璜 17.云纹石瑗 18.琉璃环

无锡鸿山邱承墩战国墓出土的仿青铜器的青瓷礼乐明器有鼎、盖豆、壶、兽首流提梁盉、兽耳罍、兽耳罐、虎子、平底匜、兽面铺首鉴、兽面铺首盘、兽面铺首三足盆、冰酒器、温酒器、璧形器、角形器、甬钟、镈钟、句鑃、錞于、丁宁（钲）、铎、三足缶、悬铃、鼓座，仿石磬的青瓷编磬和蟠螭纹璧形佩、螭凤纹璧形佩、谷纹环形佩、绞丝纹环形佩、出郭龙纹璧形佩、双龙管形佩、龙形璜、龙凤璜、云纹璜、双龙首璜、龙首璜、云纹觿、龙纹覆面、蛇凤纹带钩，麻布纹小罐、盘蛇玲珑球形器等以及陶瓷生活用器等 1098 件（图七五）。

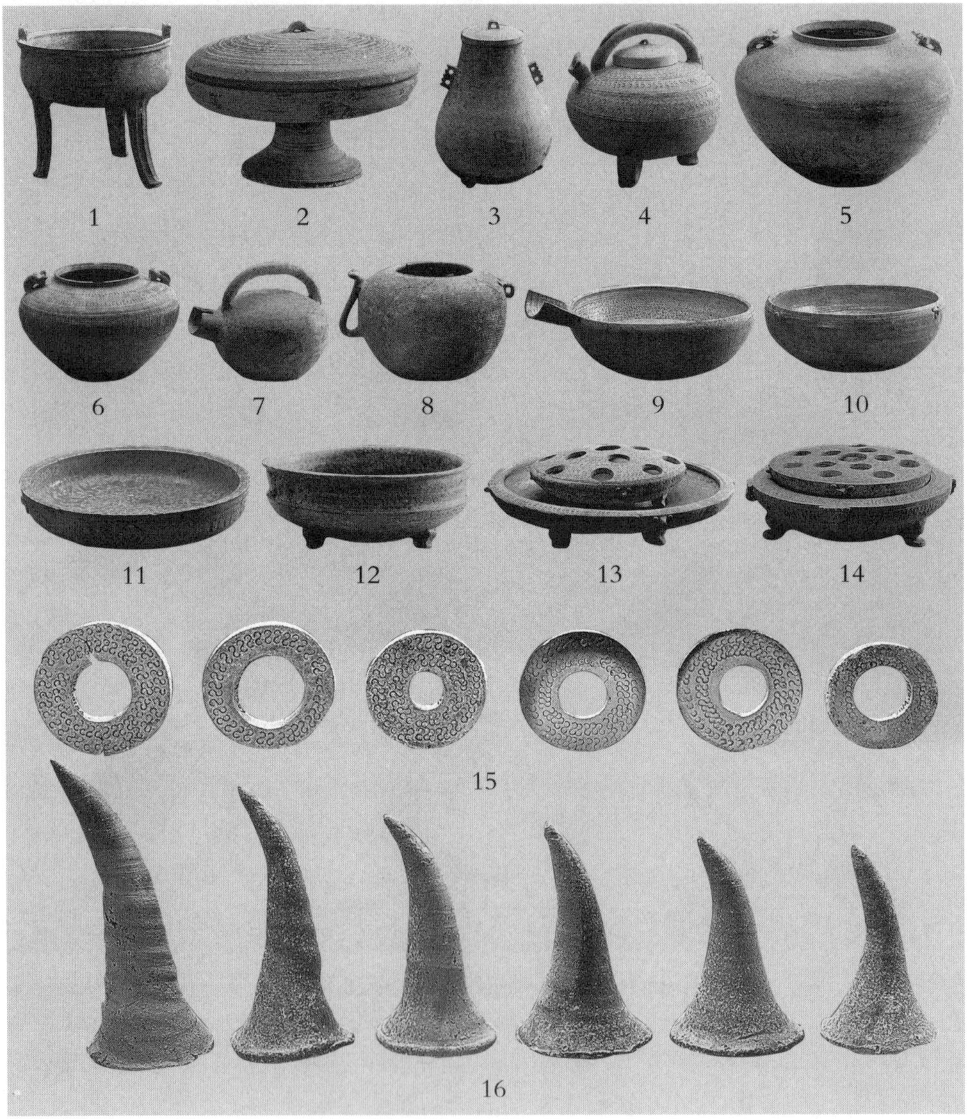

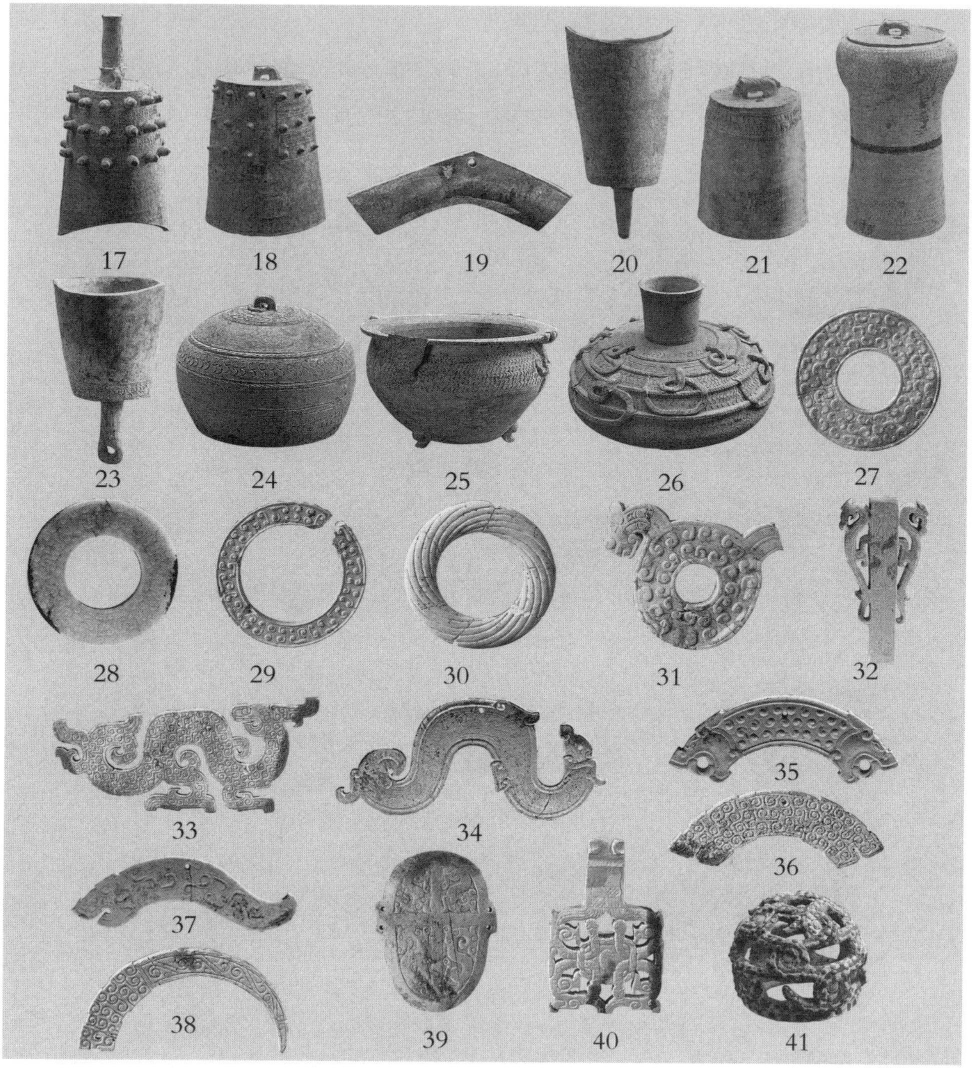

图七五　邱承墩战国墓的部分随葬器物

1.青瓷鼎　2.青瓷盖豆　3.青瓷壶　4.青瓷兽首流提梁盉　5.青瓷兽耳罍　6.青瓷兽耳罐　7.青瓷虎子　8.麻布纹硬陶小罐　9.青瓷平底匜　10.青瓷兽面铺首鉴　11.青瓷兽面铺首盘　12.青瓷兽面铺首三足盆　13.青瓷冰酒器　14.青瓷温酒器　15.青瓷璧形器　16.青瓷角形器　17.青瓷甬钟　18.青瓷镈钟　19.青瓷磬　20.青瓷句鑃　21.青瓷铎　22.青瓷錞于　23.青瓷丁宁　24.青瓷悬铃　25.青瓷三足缶　26.青瓷盘蛇鼓座　27.蟠螭纹璧形玉佩　28.螭凤纹璧形玉佩　29.谷纹环形玉佩　30.绞丝纹环形玉佩　31.出郭龙纹璧形玉佩　32.双龙管形玉佩　33.龙形玉璜　34.龙凤形玉璜　35.双龙首玉璜　36.云纹玉璜　37.龙首玉璜 38.云纹玉觿　39.龙纹玉覆面　40.蛇凤纹玉带钩　41.盘蛇玲珑球形器

邱承墩战国墓的年代为战国早期。

无锡鸿山老虎墩战国墓为破坏后进行清理，随葬器物大多为采集，出土的仿青铜器的陶瓷礼乐明器有鼎、牺鼎、罐形盉、匜、盆、鉴、罍、炉、炙炉、

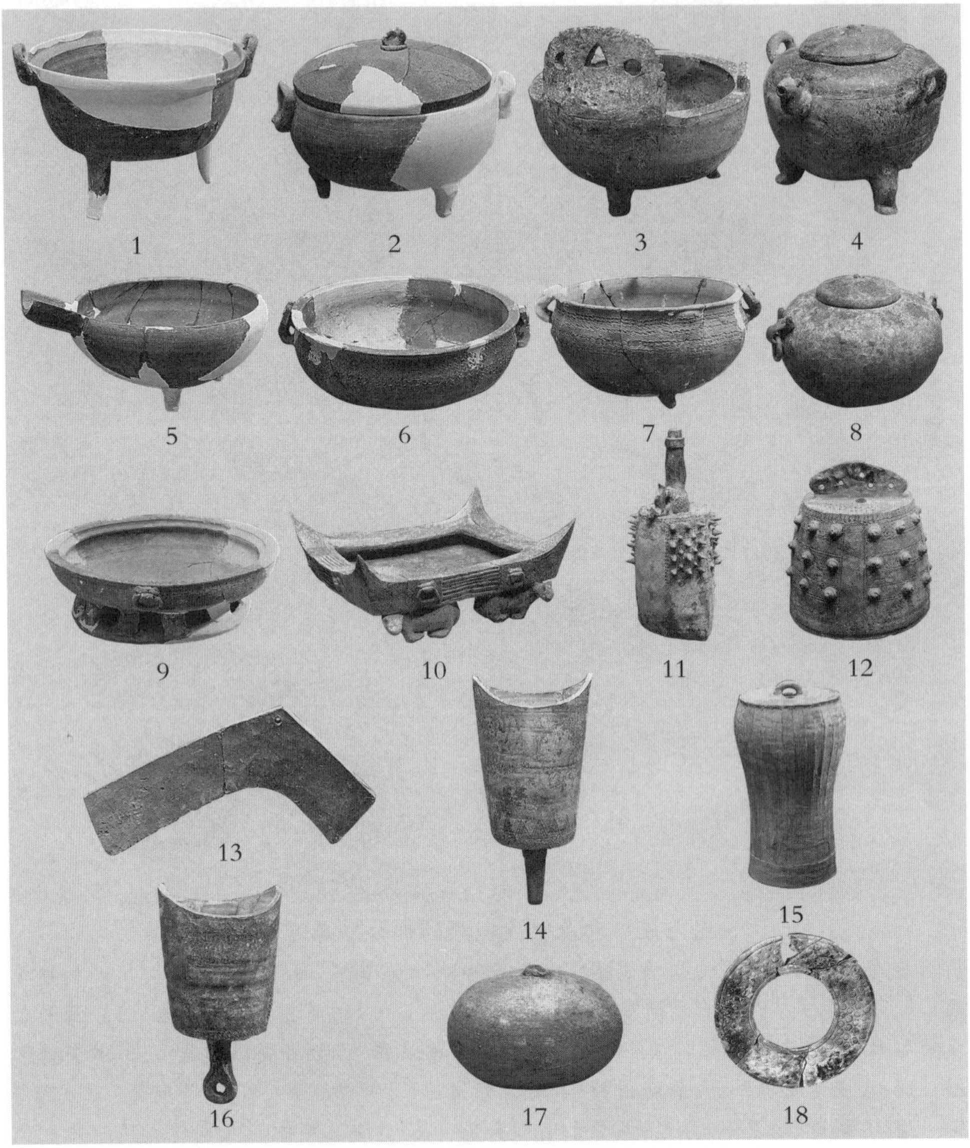

图七六 老虎墩战国墓的部分随葬器物

1.硬陶鼎 2.硬陶鼎 3.硬陶牺鼎 4.硬陶罐形盉 5.硬陶匜 6.青瓷盆 7.青瓷鉴 8.硬陶罍 9.硬陶炉盘 10.硬陶炙炉 11.硬陶甬钟 12.硬陶镈钟 13.硬陶磬 14.青瓷句鑃 15.青瓷錞于 16.青瓷丁宁 17.青瓷悬铃 18.谷纹玉瑗

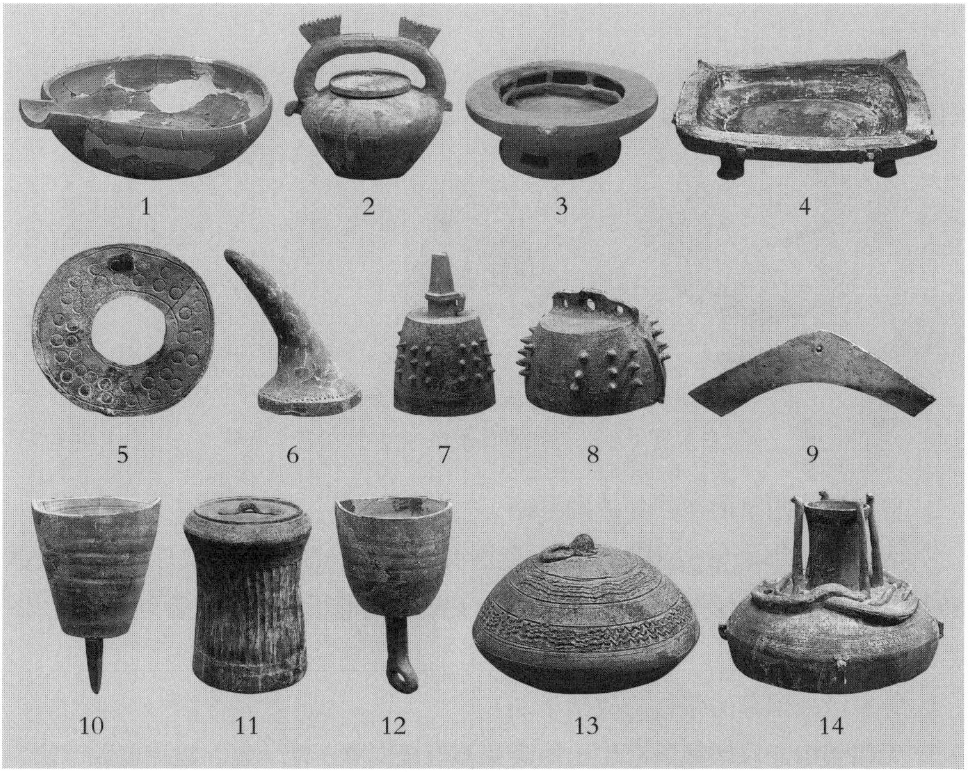

图七七 万家坟战国墓的部分随葬器物

1.红陶平底匜 2.硬陶提梁罐 3.硬陶炉盘 4.硬陶炙炉 5.硬陶璧形器 6.硬陶角形器 7.硬陶甬钟 8.硬陶镈钟 9.硬陶磬 10.硬陶句鑃 11.硬陶錞于 12.硬陶丁宁 13.硬陶悬铃 14.硬陶鼓座

甬钟、镈钟、句鑃、錞于、丁宁（钲）、悬铃和仿石磬的陶瓷编磬编磬以及谷纹玉瑗等 367 件（图七六）。

老虎墩战国墓的年代为战国早期。

无锡鸿山万家坟战国墓出土的仿青铜器的陶瓷礼乐明器有鼎、提梁盉、提梁罐、匜、盆、盘、璧形器、角形器、炉盘、炙炉、甬钟、镈钟、句鑃、錞于、丁宁（钲）、悬铃、鼓座和仿石磬的陶瓷编磬以及生活用器等 519 件（图七七）。

万家坟战国墓的年代为战国早期。

无锡鸿山曹家坟战国墓出土的陶瓷器有盆、璧形器、角形器和云纹璧形玉佩等 93 件（图七八）。

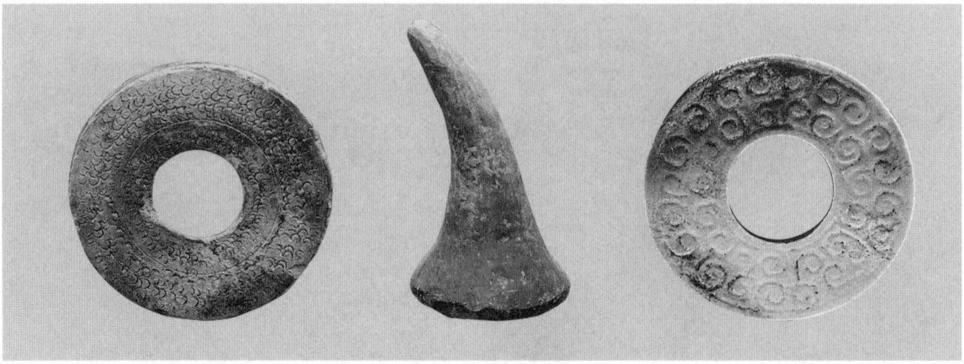

图七八　曹家坟战国墓的部分随葬器物

1.灰陶璧形器　2.灰陶角形器　3.云纹璧形玉佩

曹家坟战国墓的年代为战国早期。

无锡鸿山邹家墩战国墓出土陶瓷器有鼎、罐、甗、盆、璧形器、深腹钵和谷纹残玉璜、谷纹璧形玉佩、龙形小玉佩、龟形小玉佩、玉管等 46 件（图七九）。

邹家墩战国墓的年代为战国早期。

无锡鸿山老坟墩战国墓出土的陶瓷器有鼎、釜、甗、盆、盘、盖盂、瓮、悬铃等 52 件（图八〇）。

老坟墩战国墓的年代为战国早期。

绍兴狮子山战国墓破坏严重，出土的随葬器物 235 件，当有所散失，其中有带盖立耳涡纹云纹小口鼎、涡纹蟠螭纹附耳鼎、勾连蟠螭纹甗、简化饕餮纹尊、勾连蟠螭纹甗形盉、兽首提梁盉、勾连云纹罍、伎乐人物铜屋、龙纹蛇纹单柱插座、玉耳金钵和龙形玉璜、虎形玉璜、云纹璧形佩、云纹觿以及云纹条形、方形玉饰等（图八一）。

狮子山战国墓的年代为战国早期。

淮阴高庄战国墓出土青铜器 176 件，有云雷纹浅腹弧盖鼎、蟠螭纹浅腹弧盖鼎、蟠螭纹弧盖小鼎、兽首衔环耳罍、兽首流罐形盉、牺鼎、蟠螭纹甗、兽首流提梁盉、云雷纹盘、刻纹匜、刻纹盘、铺首平底盘、蟠螭纹三足鉴、炉盘、蟠虺纹铎等；青瓷器有双管铜盖熏、竖条纹匜、罐、壶等；硬陶器有小罐、钵等；玉器有龙形璜、出郭龙纹璧形佩、云纹璧形佩、谷纹璧形佩等（图八二）。

高庄战国墓是村民挖出青铜器后进行清理，考古资料不全，随葬器物也

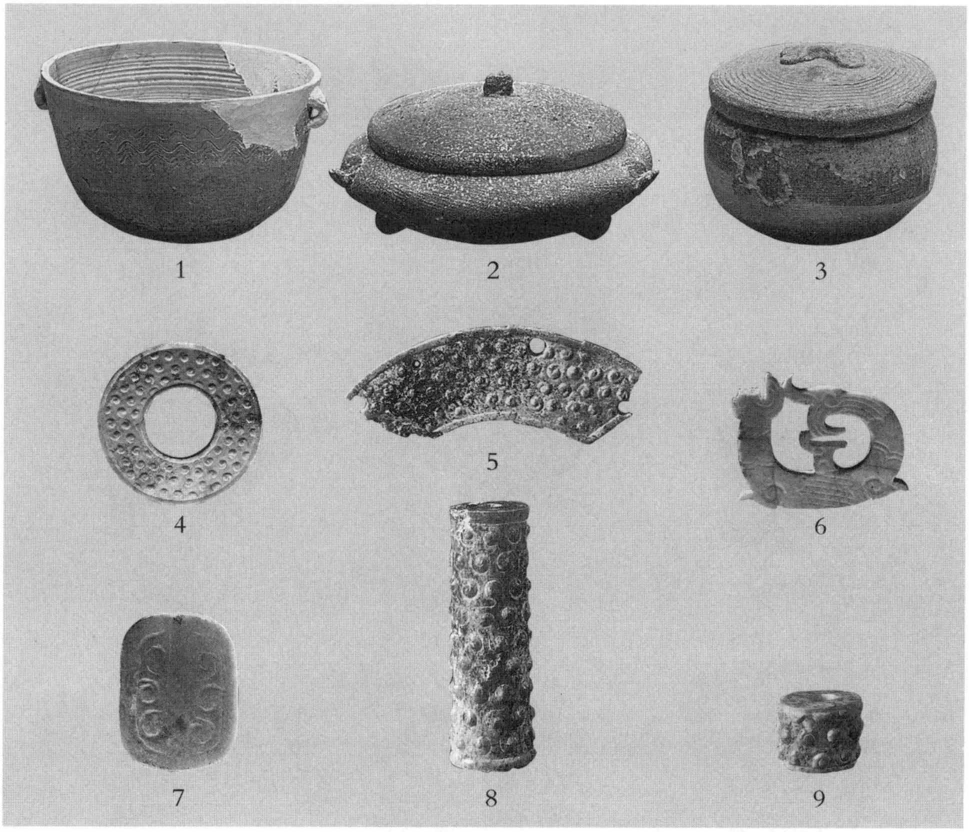

图七九　邹家墩战国墓的部分随葬器物

1.硬陶深腹钵　2.硬陶鸟形钮盖三足盂　3.青瓷带盖盅　4.谷纹璧形玉佩　5.谷纹玉璜　6.龙形小玉佩　7.龟形小玉佩　8.9.谷纹玉管

图八〇　老坟墩战国墓的部分随葬器物

1.灰陶甗形鼎　2.灰陶平底釜　3.硬陶鸟形钮盖平底盂　4.硬陶鸟形钮盖三足盂

图八一　狮子山战国墓的部分随葬器物

1.涡纹云纹青铜小口鼎　2.涡纹蟠螭纹青铜鼎　3.勾连蟠螭纹青铜甗　4.简化饕餮纹青铜尊　5.勾连蟠螭纹青铜甗形盉　6.兽首青铜提梁盉　7.勾连云纹青铜罍　8.伎乐人物铜屋　9.龙纹蛇纹青铜单柱插座　10.谷纹璧形玉佩　11.龙形玉璜　12.条形玉饰　13.虎形玉璜

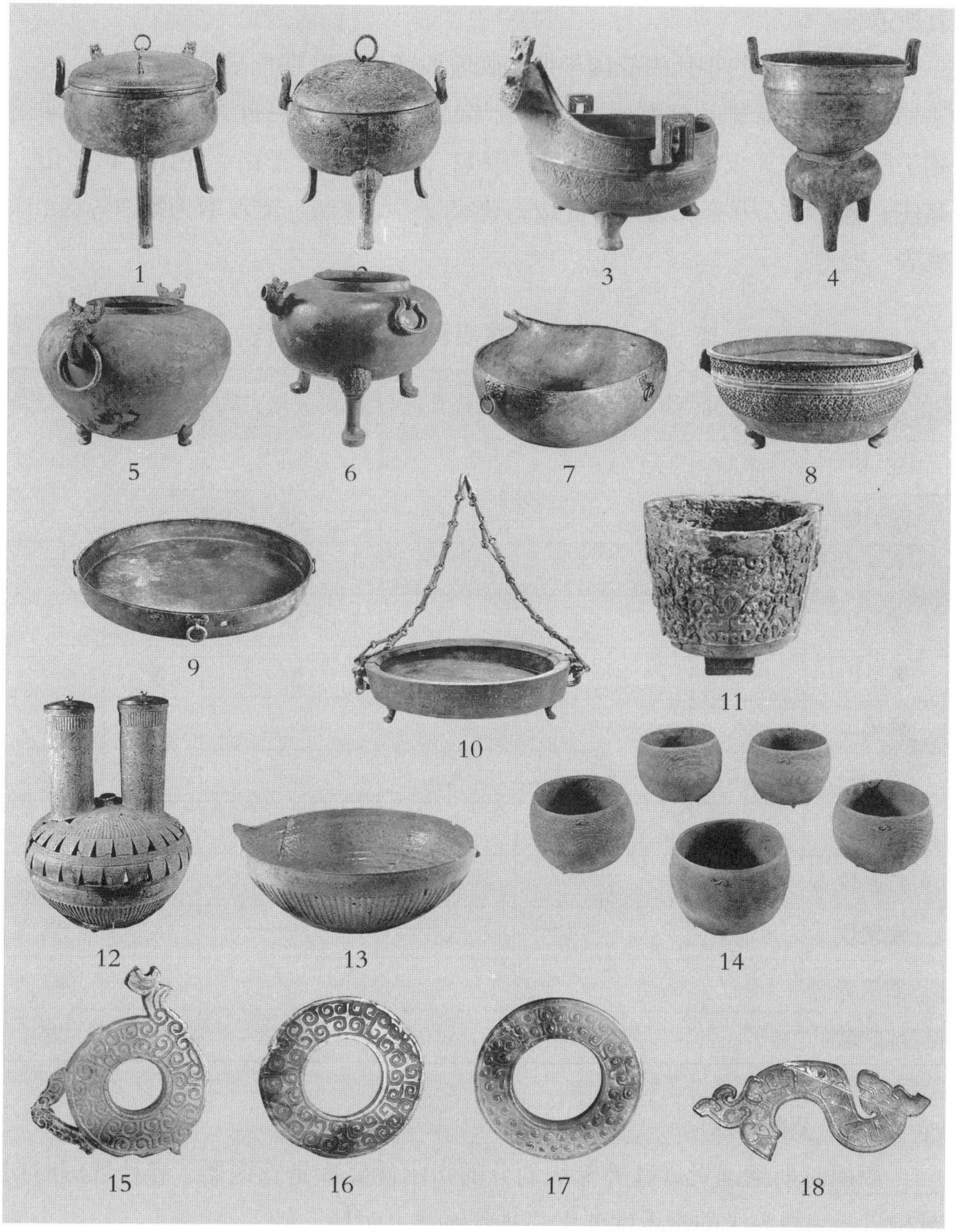

图八二　高庄战国墓的部分随葬器物

1.蟠螭纹青铜鼎　2.蟠螭纹青铜鼎　3.青铜牺鼎　4.蟠螭纹青铜甗　5.青铜罍　6.兽首流罐形青铜三足盉　7.青铜平底匜　8.蟠螭纹青铜三足鉴　9.铺首耳青铜平底盘　10.蟠龙蚊青铜三足炉盘　11.蟠虺纹青铜铎　12.双管铜盖青瓷熏　13.竖条纹青瓷匜　14.麻布纹硬陶小罐　15.出郭龙纹璧形玉佩　16.云纹璧形玉佩　17.谷纹璧形玉佩　18.龙形玉璜

有所散失。

高庄战国墓的年代为战国早期偏晚阶段或战国晚期偏早阶段。

根据随葬器物的分类比较，春战组越国贵族墓葬可分为四个等级：印山越王陵为第一等级；邱承墩为第二等级；大真山、鼻子山、龙山、狮子山、高庄、老虎墩、万家坟为第三等级；曹家坟、邹家墩、老坟墩为第四等级，详见表一七。

表一七　春战组越国墓葬随葬器物一览表

墓葬＼随葬器物	青铜礼器	青铜音乐文物	陶瓷礼器	陶瓷音乐文物	玉器	等级
印　山		√			√	一
邱承墩			√	√	√	二
大真山	√				√	三
龙　山			√	√	√	三
鼻子山			√	√	√	三
狮子山	√	√			√	三
高　庄	√	√	√		√	三
老虎墩			√	√	√	三
万家坟			√	√		三
曹家坟			√		√	四
老坟墩				√		四
邹家墩			√		√	四

（4）墓葬等级

西周时期越国贵族墓葬等级划分的指示性要素是青铜器，春秋战国时期越国贵族墓葬等级的指示性要素并非青铜器，而是玉器。

越国贵族墓葬随葬器物的器类、组合、数量都十分庞杂，通过对越国贵族墓葬随葬器物的反复梳理和对随葬器物的器形、器类进行分析比较，根据器类的组合将春战组越国贵族墓葬分为四个等级。

第一等级的墓葬有印山越王陵。

印山越王陵虽几乎盗掘一空，但残留的随葬器物的器类仍具有指示性意义，按质地可分为青铜器和玉器，青铜器有“以金铎通鼓”的青铜铎，玉器有玉剑、玉镞等“玉兵”和钩、悬铃等“玉乐”。

印山越王陵出土的“玉兵”和“玉乐”见于大真山春秋墓，青铜铎见于安徽青阳庙前龙岗春秋墓[1]，因此印山越王陵似乎不存在具有指示意义的随葬器物。但印山越王陵的墓葬规模和墓葬结构在越国贵族墓葬中首屈一指，因此列为第一等级。

第二等级的墓葬有邱承墩战国墓。

邱承墩战国墓的随葬器物主要为仿青铜器的陶瓷礼乐明器，有鼎、豆、壶、盉、罍、罐、匜、鉴、盆、盘、冰酒器、温酒器、璧形器、角形器，甬钟、镈钟、句鑃、錞于、丁宁、铎、三足缶、悬铃等乐器类音乐文物和非乐器类音乐文物鼓座，盘蛇玲珑球形器，仿石磬的青瓷编磬，此外还有越国贵族佩玉。

邱承墩战国墓出土的贵族佩玉有蟠螭纹璧形佩、螭凤纹璧形佩、谷纹环形佩、绞丝纹环形佩、出郭龙纹璧形佩、双龙管形佩、龙形璜、龙凤璜、云纹璜、双龙首璜、龙首璜、云纹觽组成的“五璜佩”，葬玉有龙纹覆面、蛇凤纹带钩等。

五璧五璜的佩玉组合中的蟠螭纹璧形佩、螭凤纹璧形佩、双龙管形佩、龙形璜、龙凤璜、双龙首璜、龙首璜以及龙蛇纹饰的葬玉等均不见于大真山、龙山、鼻子山、鸿山老虎墩、鸿山万家坟等越国贵族墓葬；仿青铜器的陶瓷音乐文物中的铎、三足缶、鼓座，特殊造型的盘蛇玲珑球形器等也不见于大真山、鼻子山、龙山、鸿山老虎墩、鸿山万家坟等越国贵族墓葬。因此五璧五璜的佩玉组合、龙蛇纹葬玉、音乐文物铎、三足缶、鼓座，特殊造型的盘蛇玲珑球形器等为区别于第三、第四等级越国贵族墓葬的指示性要素。

第三等级的墓葬有大真山春秋墓、龙山战国墓、鼻子山战国墓、狮子山战国墓、高庄战国墓、老虎墩战国墓和万家坟战国墓。

第三等级的墓葬还可分为甲、乙、丙三组。

甲组墓葬有苏州大真山春秋墓、安吉龙山战国墓、长兴鼻子山战国墓。

大真山春秋墓出土的青铜器有盉，玉器有玉钩等“玉乐”和虎形玉璜、蟠虺纹玉瑗以及玉珠、玉管、长方形玉饰等。

---

1. 青阳县文物管理所《安徽青阳县龙岗春秋墓的发掘》，《考古》1998 年第 2 期。

龙山战国墓出土的仿青铜器的陶瓷礼乐明器有青瓷牺鼎、青瓷豆、青瓷盒、青瓷三足盂、青瓷杯、青瓷鉴、硬陶小罐、硬陶平盘、硬陶三足盘、硬陶炉盘以及陶瓷悬铃、角形器、璧形器等；玉器有龙鸟形玉璜、龙形玉璜、绞丝纹玉环、玉韘、绿松石环和玉饰件等。

鼻子山战国墓出土的仿青铜器的陶瓷乐器有甬钟、镈钟、句鑃、錞于、丁宁、悬铃和仿石磬的青瓷磬；玉石器有云纹玉璜、谷纹玉璧、玉剑首、玉带钩、玉管、云纹石璜、云纹石瑗以及琉璃环、琉璃管、琉璃珠等。

乙组墓葬有绍兴狮子山战国墓和淮阴高庄战国墓。

狮子山战国墓出土的随葬器物有青铜小口鼎、附耳鼎、甗、尊、甗形盉、提梁盉、罍、伎乐人物铜屋、非乐器类音乐文物单柱插座和玉耳金钵、龙形玉璜、虎形玉璜、云纹璧形佩、云纹觿以及片状玉饰等。

高庄战国墓出土随葬器物有青铜浅腹弧盖鼎、罍、罐形盉、牺鼎、甗、提梁盉、刻纹匜、刻纹盘、三足鉴、炉盘、铎等；青瓷双管铜盖熏、匜、罐、壶等；玉器有龙形璜、出郭龙纹璧形佩、云纹璧形佩、谷纹璧形佩等。

丙组墓葬有无锡鸿山老虎墩战国墓和万家坟战国墓。

老虎墩战国墓出土的随葬器物有仿青铜器的陶瓷礼乐明器鼎、牺鼎、罐形盉、匜、盆、鉴、罍、炉、炙炉、甬钟、镈钟、句鑃、錞于、丁宁、悬铃和仿石磬的陶瓷磬以及谷纹玉瑗等。

万家坟战国墓出土的随葬器物有仿青铜器的陶瓷礼乐明器鼎、提梁盉、提梁罐、匜、盆、盘、璧形器、角形器、炉盘、炙炉、甬钟、镈钟、句鑃、錞于、丁宁、悬铃、鼓座和仿石磬的陶瓷磬等。

第三等级甲组墓葬中，大真山春秋墓出土的非乐器类音乐文物玉钩、虎形玉璜，蟠虺纹玉瑗等佩玉不见于第四等级墓葬；鼻子山战国墓出土的陶瓷乐器甬钟、镈钟、句鑃、錞于、丁宁、悬铃、磬和云纹玉璜、谷纹玉璧等佩玉不见于第四等级墓葬；龙山战国墓出土的陶瓷礼乐明器牺鼎、豆、盒、盂、鉴、炉盘和龙鸟形玉璜、龙形玉璜、绞丝纹玉环、玉韘等佩玉也不见于第四等级墓葬。

第三等级乙组墓葬中，狮子山战国墓出土的青铜小口鼎、附耳鼎、甗、尊、甗形盉、提梁盉、罍、伎乐人物铜屋、单柱插座和龙形玉璜、虎形玉璜等不见于第四等级墓葬；高庄战国墓出土的青铜浅腹鼎、罍、罐形盉、牺鼎、甗、提梁盉、刻纹匜、刻纹盘、三足鉴、炉盘、青瓷双管铜盖熏和龙形玉璜、出郭龙纹璧形佩等也不见于第四等级墓葬。

第三等级乙组墓葬为战国早期生活在越国的徐国王公遗族的墓葬，此时徐已灭亡，故列为第三等级的越国贵族墓葬。

第三等级甲组墓和乙组墓共有的、不见于第四等级墓葬的随葬器物为玉璜，玉璜即区别于第三、第四等级墓葬的具有指示性意义的随葬器物，因此龙鸟形、龙形、虎形和云纹玉璜当为区别于第三等级甲、乙两组墓葬与第四等级墓葬的指示性要素。

第三等级丙组墓葬中，老虎墩战国墓出土的陶瓷礼乐明器牺鼎、罐形盉、罍、炉、炙炉、甬钟、镈钟、句鑃、錞于、丁宁、悬铃、磬等不见于第四等级墓葬；万家坟战国墓出土的陶瓷礼乐明器提梁罐、炉盘、炙炉、甬钟、镈钟、句鑃、錞于、丁宁、悬铃、鼓座、磬等也不见于第四等级墓葬。但第三等级丙组墓葬的葬制特殊，随葬器物中的甬钟、镈钟造型怪异，而且都随葬有炉盘和炙炉。造型怪异的陶瓷甬钟、镈钟和炉盘、炙炉等应为区别于第三等级丙组墓与第四等级墓葬的指示性要素。

《吕氏春秋·孝行览·义赏》“氐羌之民……忧其死不焚也”，而百越民族是否施行火葬，不见记载。

古代的壮族、彝族及西南夷都实行火葬[1]，而古越语与壮语皆属侗台语族，学者多认为壮族祖先即百越族群中的西瓯骆越[2]。老虎墩和万家坟战国墓的发现，表明百越民族中有不同于于越族并施行火葬的族群，因此老虎墩和万家坟战国墓的墓主可能为生活在越国境内的、有异于于越的其他百越族群的贵族墓葬。

---

1. 周宗贤《民族文荟——壮族古代火葬的习俗》，《广西民族学院学报（社会科学）》1981年第4期；黄承宗《彝族古代葬俗初探》，《贵州民族研究》1982年第1期；罗开玉《古代西南民族的火葬墓》，《四川文物》1991年第3期；杨甫旺、杨琼英《彝族火葬文化初探》，《云南师范大学学报（哲学社会科学）》2000年第6期。
2. 张一民、何英德《西瓯骆越与壮族的关系》，《广西师范大学学报（哲学社会科学）》1987年第2期；潘世雄《壮族源流问题浅识》，《广西民族研究》1989年第3期；梁庭望《西瓯骆越关系考略》，《广西民族研究》1989年第4期；玉时阶《论壮族文化与壮族族源的关系》，《广西大学学报（哲学社会科学）》1991年第4期；梁敏《论西瓯骆越的地理位置及壮族的形成》，《民族研究》1996年第3期。

第三等级丙组墓葬可能为生活于越国境内的其他越族的贵族墓葬。

春战组第三等级的越国贵族墓葬有大真山春秋墓、龙山战国墓、鼻子山战国墓、狮子山战国墓、高庄战国墓、老虎墩战国和万家坟战国墓。

第四等级墓葬有曹家坟、邹家墩、老坟墩战国墓。

曹家坟战国墓出土的随葬器物有陶璧形器、角形器和云纹璧形玉佩；邹家墩战国墓出土的随葬器物有陶璧形器和谷纹璧形佩、谷纹残玉璜、龙形小玉佩等；老坟墩战国墓出土的随葬器物有陶悬铃等，表明曹家坟、邹家墩、老坟墩战国墓的墓主的身份为越国贵族。

根据春战组墓葬出土的象征身份的佩玉，还可将上述墓葬作进一步的等级划分。由于老虎墩和万家坟战国墓葬俗特殊，随葬器物怪异，而且缺乏随葬玉器，故对其不作等级的研究。

印山越王陵的发掘报告根据《越绝书·记地传》中“木客大冢者，句践父允常冢也”的记载，考证为越王允常。[1]

印山越王陵随葬的玉器应为第一等级的越国玉器，即越王用玉。但由于越王陵几乎盗掘一空，因此无法确定越王用玉，也无法利用越王佩玉进行比较。

据《左传》《国语》《越绝书》《吴越春秋》等史书的记载，越国贵族中，仅次于越王的是越大夫，见诸史籍的越大夫有文种、范蠡、计然、扶同、皋如、苦成、诸稽郢等。根据墓葬规模和随葬器物推测，邱承墩战国墓的墓主可能为仅次于越王的越国大夫。

邱承墩战国墓出土的贵族佩玉有大小有序的5件璧形佩和5对璜形佩以及管形、觽形佩组成的“五璜佩”，葬玉有龙纹覆面和蛇凤纹带钩。在越国贵族墓葬随葬的玉器中，最具指示性意义的当属玉璜。邱承墩战国墓出土的龙形、龙凤形玉璜，可视作第二等级越国贵族用玉，即越国大夫用玉。

第三等级越国贵族墓葬有大真山春秋墓、龙山战国墓、鼻子山战国墓、狮子山战国墓、高庄战国墓等，第三等级越国贵族墓葬墓主的身份应为低于越国大夫的上、中等级贵族。

由于大真山、龙山、鼻子山、狮子山、高庄墓葬随葬玉璜存在形态上的差异，因此还可作进一步的等级划分。

1. 浙江省文物考古研究所等《印山越王陵》，文物出版社，2002年。

安吉龙山战国墓出土了龙鸟形玉璜和龙形玉璜，但缺少龙凤形玉璜，龙山战国墓的等级略低于邱承墩战国墓，为越国上等贵族中的下层贵族墓葬，列为三等1级。

绍兴狮子山战国墓出土了龙形玉璜和虎形玉璜，缺少龙鸟形玉璜，墓葬等级又稍低于龙山战国墓，为越国中等贵族中的上层贵族墓葬，列为三等2级。

淮阴高庄战国墓出土了龙形玉璜，由于考古资料有所缺失，高庄战国墓墓主的等级大致与狮子山战国墓相同，亦可列为三等2级。

苏州大真山春秋墓出土了1对虎形玉璜，不见龙形玉璜，更不见龙凤或龙鸟形玉璜，墓葬等级应低于有龙形玉璜的墓葬，因此大真山春秋墓应为越国中等贵族中的中层贵族墓葬，列为三等3级。

长兴鼻子山战国墓出土了1对云纹玉璜，不见龙形、虎形玉璜，鼻子山战国墓应为越国中等贵族中的下层贵族墓葬，列为三等4级。

第四等级的越国贵族墓葬有鸿山曹家坟、邹家墩战国墓。

曹家坟战国墓出土了云纹璧形玉佩，邹家墩战国墓出土了谷纹璧形玉佩和谷纹玉璜，曹家坟战国墓的墓葬形制和墓葬规模均大于邹家墩战国墓，因此云纹璧形玉佩的等级应高于谷纹璧形玉佩；但邹家墩随葬的谷纹玉璜不见于曹家坟。

曹家坟和邹家墩战国墓的等级为越国下等贵族，对下等贵族进行等级划分已无实际意义，因此曹家坟和邹家墩战国墓统列为四等。

兹将反映贵族墓葬等级的璜形、璧形玉佩，详见表一八。

表一八　春战组越国贵族墓葬随葬的璜形、璧形玉佩比较表

墓葬	玉器	等级
邱承墩	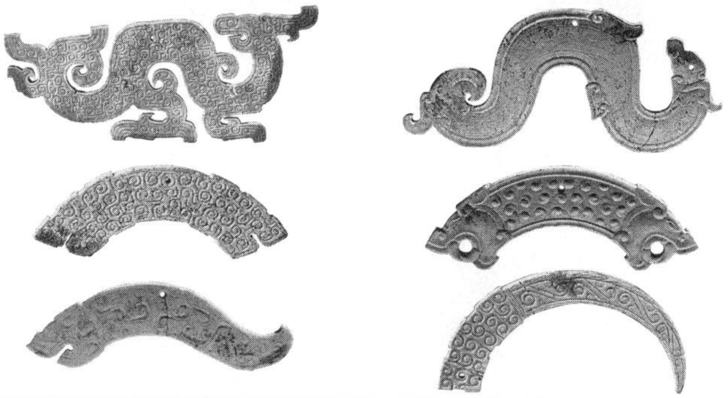	二等

龙 山	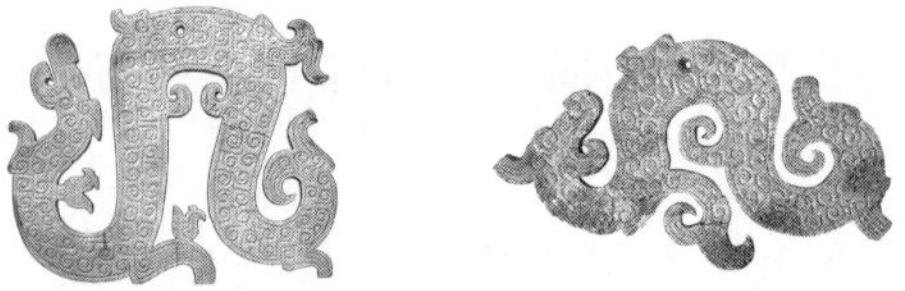	三等 1 级
狮子山	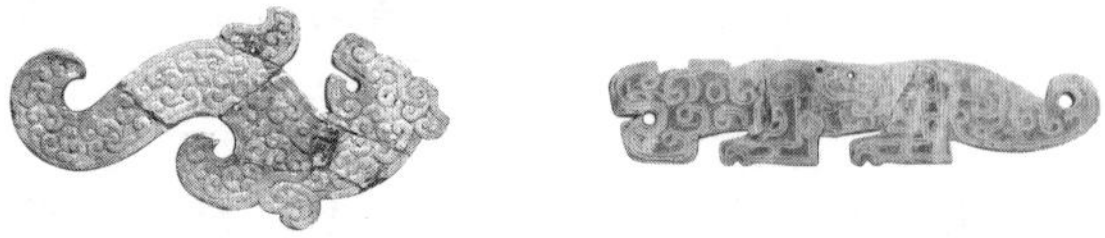	三等 2 级
高 庄	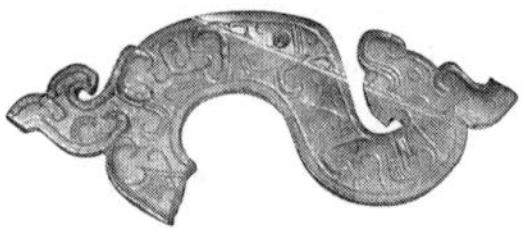	三等 2 级
大真山	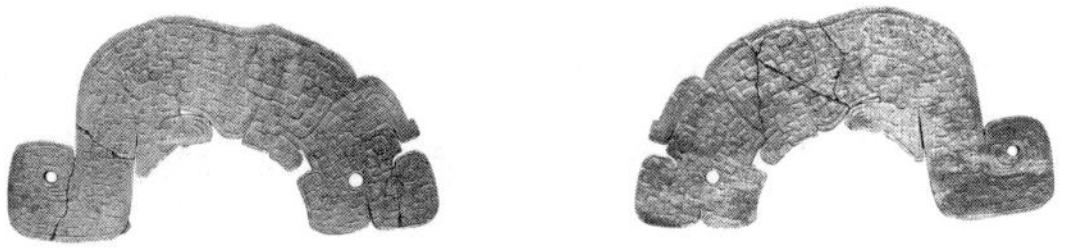	三等 3 级
鼻子山		三等 4 级
邹家墩		四等
曹家坟		四等

根据越国贵族墓葬随葬的璜形、璧形玉佩，似乎存在明显的玉器的等级和用玉的等级制度。

越国玉器的等级制度大致有如下特征：

随葬玉乐器、玉兵器的墓葬为最高等级的越国墓葬；

随葬龙形玉璜、龙凤形玉璜的墓葬等级高于不随葬龙形玉璜、龙凤形玉璜的墓葬；

随葬立鸟龙形玉璜、龙形玉璜的墓葬等级高于随葬龙形玉璜、虎形玉璜的墓葬；

随葬龙形玉璜、虎形玉璜组合的墓葬等级高于随葬虎形玉璜的墓葬；

随葬虎形玉璜的墓葬等级高于随葬云纹玉璜的墓葬；

随葬玉璜的墓葬等级高于不随葬玉璜的墓葬；

随葬云纹玉璜的墓葬等级高于随葬谷纹玉璜的墓葬。

越国玉器的等级划分与越国墓葬的等级尤其是中等贵族等级划分呈现出的复杂现象，反映了偏居江南一隅的越国内部存在着严格的等级制度，尤其是中、上等贵族内部等级的分层已出现细致化和复杂化。

（5）青铜器（仿青铜器）构成

在春战组越国贵族墓葬中，主要随葬青铜器的仅见绍兴狮子山、淮阴高庄等战国早期生活在越国的徐国王公遗族墓葬。

在越国贵族墓葬中，徐国王公遗族墓葬出土的青铜器按不同的文化来源可分为三个部分，即春秋战国时期越国贵族墓葬中徐国王公遗族墓葬出土的青铜器由三个部分构成。

第一构成部分为徐舒青铜器或具有徐舒文化因素的青铜器，简称“徐舒器”。

徐舒器有蟠螭纹附耳鼎、涡纹云纹小口鼎、蟠螭纹甗、勾连云纹罍、炉盘、蟠螭纹甗形盉、牺鼎、兽首衔环耳罍、兽首流罐形盉等。

第二构成部分为越国青铜器或具有越文化因素的青铜器，简称“越器”。

越器有浅腹弧盖鼎、刻纹匜、刻纹盘、素面匜、素面盘、伎乐人物铜屋、龙纹蛇纹单柱插座、蟠虺纹铎等。

第三构成部分为楚国青铜器，简称“楚器”。楚器主要有兽首流提梁盉。详见表一九。

表一九　春战组中徐人墓葬的青铜器构成一览表

青铜器构成	徐舒器	
	越器	
	楚器	

硬陶器和青瓷器是越人的伟大发明，以陶瓷仿制青铜器是越人的伟大创举。春战组越国贵族墓葬中，随葬陶瓷礼乐明器的墓葬有无锡鸿山邱承墩、老虎墩、万家坟战国墓，春战组的陶瓷礼乐明器按不同来源可分为四个部分，即春秋战国时期越国贵族墓葬出土的陶瓷礼乐明器由四个部分构成。

第一构成部分为仿中原青铜器，简称“仿中原器”。

仿中原青铜器数量不多，主要为仿铜的钟、镈和仿石的磬等乐器。《越绝书·陈成恒》：越王句践曰“孤……耳不听钟鼓者，已三年矣”；《吴越春秋·句践伐吴外传》：越王曰“孤……耳不听雅音，既已三年矣”，“钟鼓”即“雅音”，“雅音”即仿中原的越国宫廷音乐。

第二构成部分为仿越国青铜器，简称“仿越器”。

仿越器的陶瓷礼乐明器有浅腹盆形鼎、盖豆、壶、兽耳罍、兽耳罐、虎子、句鑃、錞于、丁宁、铎、悬铃、鼓座等。

《吕氏春秋·遇合》“客有吹籁见越王者，羽角宫征商不谬，越王不善，为野音反善之”；西晋·左思《吴都赋》“荆艳楚舞，吴愉越吟”。句鑃、錞于、丁宁、铎、悬铃、鼓座等越国音乐文物不仅反映了越国特有的乐器，而且反映了越国特有的音乐形式——“野音”，即越吟。

第三构成部分为仿徐舒青铜器，简称“仿徐器”。

仿徐器的陶瓷礼乐明器有牺鼎、罐形盉、罍、提梁罐、炉盘、炙炉等。

第四构成部分为仿楚国青铜器，简称“仿楚器”。仿楚器的陶瓷明器有兽首流提梁盉、盖豆、三足壶等。

四个构成部分中，仿越国青铜器为陶瓷礼乐明器的大宗，反映了越国有着自身的习俗礼仪和文化传统。

仿徐器的器类和数量次于仿越器。《春秋》昭公五年（公元前 527）“楚子……徐人、越人伐吴”；《春秋》昭公三十年（公元前 512）“吴灭徐，徐子章羽奔楚”。春秋晚期，徐越关系密切，徐、越皆随楚伐吴；吴灭徐后，徐子章羽奔楚，徐国的王公贵族也有可能逃奔越国。仿徐器反映了亡国后徐人与越国的依附关系。

仿中原器虽然仅为钟、镈、磬等乐器，但反映了越国存在着宫廷雅乐。

《越绝书·记地传》“北郭外路南溪北城者，句践筑鼓钟宫也”；《越绝书·陈成恒》“孤身不安床席，口不甘厚味，目不视好色，耳不听钟鼓者，已三年矣”；《吴

表二〇　春战组越国贵族墓葬的陶瓷礼乐明器构成一览表

青铜器构成	仿中原器	
	仿越器	
	仿徐器	
	仿楚器	

越春秋·句践伐吴外传》：越王“还于吴，置酒文台，群臣为乐，乃命乐师作伐吴之曲……遂作《章畅》”。越国的宫廷雅乐显然模仿“诗三百”，如“皇天佑助，我王受福。……觞酒二升，万福无极”和“我王贤仁，怀道抱德。灭雠破吴，不忘返国。……觞酒二升，万岁难极”等，详见表二〇。

三、吴越墓葬比较

（一）土墩墓与石室土墩墓的葬俗

土墩墓出现于太湖钱塘江流域，土墩墓出现的年代要早于石室土墩墓，其源头还可追溯到夏时期的肩头弄类型。

西周时期虽然在太湖钱塘江流域出现石室土墩墓，但石室土墩墓大多与土墩墓相互交织分布于同一墓地。

土墩墓在宁镇皖南地区出现于西周时期，宁镇皖南地区虽未发现石室土墩墓，但在一些墓葬中发现有木构建筑。

土墩墓与石室土墩墓既有相似性，又存在明显的差异性，陈元甫先生曾对两类土墩墓的关系进行过探讨。[1]

吴国平民墓葬即土墩墓。土墩墓的内部结构十分复杂，有一墩一墓和一墩多墓之分，有墓坑和无墓坑之分，有石床石框和无石床石框之分，有祭祀器物坑和无祭祀器物坑之分，有的墓内还有木构建筑。

土墩墓的埋葬习俗十分复杂，林留根先生将土墩墓中的建筑遗存分为与墓葬构造密切相关的建筑遗存和墓下建筑遗存，并对土墩墓建筑遗存的类型特点、形制演变和建筑遗存的性质进行了研究，认为土墩墓建筑遗存的主要功能是墓地标识和祭祀作用[2]；田名利先生认为土墩墓建筑遗存和墓葬应为丧葬行为过程中先后形成的具有密切联系的相关遗存，可能是当时的社会生活背景、家族结构形态、土地墓域观念、丧葬仪式过程在土墩墓的一个缩影[3]；赵东升、杭涛先生认为土墩墓的祭祀有立石、挖坑和筑台、焚烧燎烤、放置

---

1. 陈元甫《土墩墓若干问题探讨》，《陈元甫考古文集》，文物出版社，2016年。
2. 林留根《江南土墩墓相关建筑遗存的发现与研究》，《东南文化》2011年第3期。
3. 田名利、吕春华、唐星良《土墩墓丧葬建筑》，《中国文化遗产》2005年第6期。

器物等形式[1]；付琳先生对土墩墓中的墓下祭祀遗存、墓前祭祀遗存、墩上祭祀遗存、墩脚祭祀遗存和其他祭祀遗存的主要形式进行研究，认为江南地区以越族为主体的土著群体在丧葬活动中存在着复杂多样的祭祀行为，而且与同期中原地区华夏族群的丧葬祭祀习俗有着明显差别[2]。

越国平民墓葬既有石室土墩墓，也有土墩墓，其中可能包含少量的贵族墓葬或介于贵族与平民之间的墓葬。越国平民墓葬的内部结构和埋葬形态同样十分复杂，简单地划分可分为无床无框型、石床型、石框型、石郭型、木郭型等，越国平民墓葬在不同时间、不同空间反映出不同的葬俗，越国平民墓葬与中原地区华夏族群的丧葬祭祀习俗的差异性要大于吴国平民墓葬。

无论是吴国的平民葬俗还是越国的平民葬俗都不见历史文献记载，而土墩墓所表现出的多样化葬俗不仅涉及祭祀和祭奠行为，还涉及平民的丧葬习俗。

《战国策·赵策二》："常民溺于习俗。"土墩墓是平民墓葬，平民遵循的是约定俗成的"俗"，而贵族遵循的是基于道德观念和行为准则的"礼"。

葬俗是"俗"，葬制是"礼"。"礼"有规律可循，"俗"无规律可循，"俗"的规律是差异性，即相同时间的空间差异与相同空间的时间差异，"礼"与"俗"不可同日而语。

"百里不同风，十里不同俗"，可能是土墩墓不同葬俗是真实写照。

（二）贵族墓葬的文化背景

平民墓葬的葬俗虽无规律可循，但贵族墓葬的葬制却有规律可循。

西周至春秋时期的吴国与西周至战国时期的越国有着不同的发展轨迹，有着不同的演进历程，吴越贵族墓葬的变化过程正是吴越不同发展轨迹和不同演进历程的缩影。

受考古资料的局限，吴越贵族墓葬等级研究的结论可能有失偏颇。但通过以上分析，或许从西周时期到春秋战国时期吴越贵族墓葬的等级分化和变化中可窥探到一些深层次的文化背景，或许可从中探究出一些深层次的历史

1. 赵东升、杭涛《复杂的祭祀行为》，《中国文化遗产》2005年第6期。
2. 付琳《土墩墓祭祀遗存考辨》，《东南文化》2015年第3期。

原因。

根据现有的考古资料并综合墓地位置、墓坑形制和随葬器物等要素的归类分析，将西周组的吴国贵族墓葬分为四个等级，春秋组的吴国贵族墓葬分为三个等级。两组墓葬的第一等级可以相互对应，为吴国国君或吴王墓葬；其余几个等级都无法相互对应，即西周组的第二等级墓葬未必对应春秋组第二等级，西周组的第三等级墓葬未必对应春秋组第三等级。

尽管受考古资料的局限，但通过对吴国贵族墓葬等级研究的分析，西周时期吴国社会分层复杂化和细致化都超过春秋时期似乎是不争的史实。

西周至春秋早期的吴国历史，由于先秦两汉文献记载阙如，因此不可妄议，但此时的吴国是一个平和并缓慢发展的奴隶制社会，当无异议。

通过墓葬等级的比较，可见春秋组吴国贵族墓葬的等级不及西周组墓葬复杂，这一现象暗示着春秋时期吴国社会的分层趋于简单化。

春秋中晚期的吴国，是一个充满着野蛮的青春活力的国家，是一个突然崛起又迅速消亡的国家，是一个社会人群组织为军事化二元结构的国家，因此吴国没有完整的职官体系和行政建制：吴国只有中央职官而没有地方职官，吴国只有中央职官所在地的“都”而没有地方职官所在地的“邑”。[1]

由于春秋中晚期的吴国是军事独裁政权国家，吴国的政体是独裁的军事组织，吴国的国家政治就是不断发动掠夺性战争，与之相适应的是吴国有先进的军事思想和军事理论[2]，与之相适应的是吴国有先进的兵器制造技术和先进的作战方阵，与之相适应的是吴国的社会人群组织结构日趋简单化，而在吴国贵族墓葬上反映则是墓葬等级的简单化。

春秋中晚期，吴国对徐、舒、楚、越等国发动的战争具有强烈的复仇性和表现出野蛮的掠夺性，因此徐、舒、莒、越、楚青铜器充斥吴国贵族墓葬随葬，尤其是第二、第三等级的贵族墓葬随葬的青铜器出现徐、舒、莒、越、楚青铜器琳琅满目的现象。

---

1. 张敏《鸠兹新证——兼论西周春秋时期吴国都城的性质》，《东南文化》2014年第5期。

2.《孙子兵法》、《伍子胥兵法》等。江陵张家山汉墓出土竹简《盖庐》有认为即《伍子胥兵法》，见张家山二四七号汉墓竹简整理小组《张家山汉墓竹简》，文物出版社，2001年。

根据现有的考古资料并综合墓地位置、墓坑形制和随葬器物等要素的归类分析，将西周组越国贵族墓葬分为四个等级，春战组越国贵族墓葬分为四个等级。

与吴国贵族墓葬不同的是西周组与春战组的越国贵族墓葬之间似乎不存在明显的传承关系。《越绝书·记地传》“越王夫镡以上至无余，久远，世不可纪也”；《吴越春秋·越王无余外传》“少康恐禹祭之绝祀，乃封其庶子于越，号曰无余。……无余传世十余，末君微劣……禹祀断绝”。越国贵族墓葬表现出的文化现象证实了历史文献的记载并非虚言，但两组墓葬的国属同属越国、族属同属于越，当无疑义。

西周组第一、第二等级墓葬的随葬器物主要为越器，但越国高等级墓葬中宗周器的出现反映了西周早期周王朝对南方的控制范围可能已达黄山、天目山以南的广大地区，西周中期以后，周王朝对南方的控制逐渐丧失。

通过屯溪西周墓的年代分析，西周早期的M1、M3随葬的青铜器丰富多彩，而西周中晚期M2、M4、M5、M6和M7、M8随葬青铜器的器类和数量明显减少，这是否暗示着西周时期越国的命运与历史文献的记载一致，即从欣欣向荣突然一蹶不振。西周时期越国突然衰微的个中原因尚待进一步研究。

春战时期的越国是于越民族中突然出现的一个新兴的奴隶制国家，春战组墓葬虽然也分为四个等级，但第三等级墓葬表现出墓葬分层的细致化，可能昭示了春战时期越国社会结构的复杂化。

（三）贵族墓葬的墓葬特征

西周时期的吴越贵族墓葬，有很多相似性。

首先是墓葬的封土多为圆丘形，墓坑或墓底的分布范围皆为长方形。

其次是随葬器物都以青铜器为主，兼有印纹硬陶器和青瓷器，随葬的青铜器都可分为宗周青铜器和吴越青铜器，根据随葬青铜器的分类比较，西周时期的吴越贵族墓葬皆可分为四个等级。

宗周器为西周王朝予以分封或赏赐之器，如“夨簋”“伯簋”和“公卣”“父乙尊”，与文献中的“是时周武王克殷……周章已君吴，因而封之”和“于越来宾”可相互印证。

吴越青铜器皆可分为甲、乙、丙三组，甲组器为吴越特有的青铜器；乙组器为形同中原青铜器但又融入吴越文化元素的青铜器；丙组器为形同中原青铜器但器形与纹饰都进行改造的青铜器。

第三是西周中期以后都不见宗周青铜器，反映了西周中期以后周王室对南方地区的控制逐渐衰微。

第四是西周时期的吴越青铜器构成中，吴国墓葬中几乎不见越器，越国墓葬中也几乎不见吴器，反映了西周时期的吴和越均处于相对平衡的发展阶段，相互之间几乎不存在文化的交流，相互之间的影响微乎其微。

春战之际的吴越都是在林立的诸侯国中突然崛的国家，吴越都是充满着青春活力的国家，吴越都是一个社会人群组织为军事化二元结构的国家，吴越都怀有强烈的复仇心理和雪耻心态。《吴越春秋·夫差内传》：（越王）曰“昔者吴王分其民之众以残吾国，杀败吾民，鄙吾百姓，夷吾宗庙，国为墟棘，身为鱼鳖”；《吕氏春秋·知化》“越报吴，残其国，绝其世，灭其社稷，夷其宗庙”。

吴越不同的是，吴国是一个军事独裁政权国家，吴国的政体是独裁的军事组织，《史记·吴太伯世家》“吴王将许之，伍子胥谏曰……吴王不听”“吴王……乃兴师北伐齐，子胥谏曰……吴王不听”。而越国是一个民主化的军事政权国家，越国实行的是大夫集体议政制，《国语·吴语》“越王句践乃召五大夫（问战）……王曰‘可矣’”；《吴越春秋·句践归国外传》“越王召五大夫而告之”；《吴越春秋·句践伐吴外传》“越王乃请八大夫……王曰‘明哉’”等，反映了吴越政治体制的差异。

吴越不同的是，吴国高等级贵族墓葬中有人殉、人祭和牺牲，而越国贵族墓葬皆不见人殉、人祭和牺牲。《吴越春秋·阖闾内传》“杀生以送死，国人非之”；《尸子·广篇》“夫吴越之国，以臣妾为殉，中国闻而非之”。吴越之国“以臣妾为殉”虽为泛称，而吴王阖闾“杀生以送死”，显然并非虚言。

吴越不同的是，春秋时期的吴国贵族墓葬分为三个等级，春战时期的越国贵族墓葬分为四个等级，第三等级的越国贵族墓葬还可细化为四个层次。吴国贵族墓葬等级的简单化反映了吴国的社会人群组织结构由于征战的原因而日趋简单化；而越国贵族墓葬等级的复杂化反映了越国的社会人群组织结构尤其是中等和上等贵族阶层的分化日趋复杂化。

吴越不同的是，春秋时期吴国贵族墓葬随葬青铜器由吴器、徐器、舒器、莒器、越器、楚器六部分构成，徐器、舒器、莒器、越器、楚器成为春秋中晚期吴国贵族墓葬随葬青铜器的大宗，在不同的墓葬中以杂乱无章的形式出现。这一现象不仅反映了吴国贵族墓葬的随葬器物无埋葬规律可循或无礼仪制度可循，更是吴国不断发动掠夺性战争的直观反映；而春战时期越国贵族墓葬随葬的陶瓷礼乐明器由仿中原青铜器、仿徐国青铜器和仿越国青铜器三部分构成，仿越国青铜器为随葬器物的大宗，春战时期越国贵族墓葬随葬的相对单纯反映了越国始终保持着自身的文化传统，但越国贵族墓葬的随葬器物存在着明显的等级差异，尤其是陶瓷礼乐明器和玉器，反映出越国贵族内部分层的细致化和社会结构的复杂化，同时也从一个侧面反映了越国社会存在着有别于中原的礼制系统——“越礼”。

春秋战国之际，是我国历史上大动荡、大分化、大改组的重要时期，是由分裂走向统一的重要转折时期，也是社会形态由奴隶社会向封建社会发展的重要转型时期，在江淮流域则表现为吴灭徐、楚灭群舒、越灭吴和楚灭越。

吴属东夷族群的一支，位于东夷民族文化区的最南端。东夷是文化发展相对发达的族群，但吴国远离东夷民族文化区的文化中心，既未能吸收先进的中原文化，又排斥先进的楚文化和有着自身传统的越文化，吴国文化代表了东夷民族文化区中最落后的文化。越属百越族群的于越，于越位于百越民族文化区的最北端。百越族群虽是文化发展相对滞后的族群，但越国位于百越民族文化区的最东北，在吸收中原先进文化的同时仍顽强地保留着自身的文化传统，越国文化代表了百越民族文化区中最先进的文化。

吴越争霸的实质，是文化发展相对发达的东夷民族文化中最落后的文化与文化发展相对滞后的百越民族文化中最先进的文化之间的碰撞，而吴越争霸的结果导致吴国的灭亡，似乎暗示着两种不同文化碰撞的最终结局。

结　语

吴越文化是波澜壮阔的文化，吴越文化是可歌可泣的文化；吴越文化是富于魅力的文化，吴越文化是充满诱惑的文化。

吴越“接土邻境，壤交通属，习俗同，言语通”，因此吴越文化存在着许多共性；但吴越分属不同的族群，有着各自的发展轨迹，因此吴越文化又存在着许多异性。

将吴越文化进行全面的比较研究，是一项开创性的研究。

西周春秋时期的吴越，都游离于华夏民族文化区的边缘。吴竭力仿效中原的礼制、礼仪，既丢失了自身的文化传统，又模仿得不伦不类；越在学习中原礼制、礼仪的同时，仍顽强地坚持自身的传统文化，“越礼”成为越国最重要的礼仪制度。

吴越有着不同的政体。春秋战国时期，吴国实行的是军事独裁制，越国实行的是军事民主制。

吴越分属不同的族群，吴虽属文化先进的东夷民族文化区，但由于远离东夷民族文化区的政治文化中心而成为先进民族文化区中的落后族群；越虽属文化相对滞后的百越民族文化区，但越位于百越民族文化区最北端，于越是百越民族文化区中受华夏文化影响最多的族群而成为落后民族文化区中的先进族群。春秋战国之际吴越争霸的实质即两种不同文化的碰撞。

铜矿的开采冶炼是吴国最重要的“官工业”，是吴国国力强盛的经济基础；陶瓷的烧制是越国最重要的“官工业”，陶瓷器贸易成为越国国力强盛的经济支柱。

吴国最先掌握了硫化铜的脱硫工艺，从冶炼氧化铜发展到冶炼硫化铜，开拓了铜矿冶炼的资源空间；瓷器是越人的伟大发明，是我国物质发展史上一次重大的革命。吴越都对华夏文明做出了卓越的贡献，从而奠定了吴文化和越文化在延绵5000年之久的中华文明史中的历史地位。

吴越文化最终都融入大一统的秦汉文明之中，成为延续5000年之久的中华文明的重要组成部分。

后 记

历时七载，三易其稿，今日终于杀青。

《吴越文化比较研究》于2010年立项后，本拟三年之内完成。在2012年底已完成《吴越文化比较研究》的初稿，之后一拖再拖的主要原因是在等待考古发掘资料的发表，尤其是苏州木渎古城、东苕溪流域古窑址和苏南土墩墓等重要的考古发掘资料的发表，以便将最新的考古资料收入，使研究的内容相对丰满。

当新的考古资料发表后，即对发表或出版的考古资料进行消化吸收，并随之对初稿进行补充和调整，如此反复进行了三次大的充实和修改，并删去部分拟进行比较但资料不对称的内容。做比较研究当然希望是“半斤对八两”的比较，不对称的资料可能会导致吴越文化比较研究的失衡，遗憾的是安吉龙山古城和八亩墩越国贵族墓葬还在考古发掘之中，望洋兴叹，也只好阙如了。

对吴越历史的兴趣大约萌生于1966年“文革”，时任江苏省委统战部部长的高啸平于1962年创作的新编历史京剧《吴越春秋》被造反派认定为大毒草遭批判时，我居然鬼使神差地弄到一本油印的大批判材料《吴越春秋》而看得津津有味。极具戏剧色彩且个性分明的历史人物夫差、句践、伍子胥、文种、范蠡等，给我留下了深刻的印象。

对吴越文化的兴趣缘于北山顶春秋墓。1984年我主持发掘了丹徒北山顶春秋墓，墓葬虽然早年被盗，但还是出土了随葬的青铜鼎、勺、盥缶、镈钟、钮钟、錞于、丁宁、悬鼓环、暗纹大矛、鸠杖的杖首和杖镦以及兵器、车马器和石编磬等400余件，由于在“甚六鼎”的盖内发现了铭文“攻敔王”三字，兴奋之余不禁产生了一丝悚慄和恐惧，我发掘的居然是2500年前的吴王之墓？吴王所用的鼎居然在我的手中每日摩挲？

没想到的是在20年后的2004年，我又主持发掘了无锡鸿山越国贵族墓群，其中邱承墩大墓为仅次于印山越王陵的越国第二大墓，邱承墩出土的青瓷礼乐器有鼎、豆、壶、罍、罐、盆、盒、盘、匜、鉴、盉、温酒器、冰酒器、虎子、吊釜、沥水器、角形器、璧形器、甬钟、镈钟、磬、句鑃、錞于、丁宁、铎、缶、悬鼓座、悬铃等以及陶器、玉器、琉璃器等达1000余件，其种类和数量居然为江浙一带的越国贵族墓葬之冠！由于墓葬中没有发现可以佐证墓主身份文字材料，因此墓主的身份遂成为千古之谜。

大型吴越贵族墓葬的发掘，是促使我做《吴越文化比较研究》的动机。屈指算来，我从事吴越考古已30余年。除丹徒北山顶春秋墓、无锡鸿山越国贵族墓葬群之外，我先后参加发掘的与吴越文化密切相关的遗址有仪征甘草山、句容城头山和丹阳葛城，主持发掘的与吴越文化密切相关的有兴化南荡遗址、高邮周邶墩遗址、丹徒团山遗址、无锡阖闾城遗址和丹阳导墅、蒋墅、皇塘土墩墓、丹徒南岗山土墩墓、金坛连山土墩墓、无锡龙山石室土墩墓等，凡江苏境内与吴越文化相关的考古发掘我大多到过考古发掘现场，浙江和安徽的重要考古发掘也大多到过考古发掘现场，如安徽南陵大工山矿冶遗址和牯牛山古城、浙江德清和湖州的分布于东苕溪流域的商周窑址等，即便以往的考古发掘，我也尽可能到现场并感受自然环境和人文环境，如浙江江山的肩头弄和绍兴的印山等。

30年间，我发表的与吴越文化相关的考古发掘报告、简报和研究论文30余篇，出版考古发掘报告1部、专著1部和图录5部，因此本研究当为我从事吴越文化研究的总结：即本研究所用的考古材料大多来自考古发掘的第一手资料；本研究所有的认知和述评大多来自当年考古发掘时蹲在探方边或墓坑旁的思考。

《吴越文化比较研究》是一项开创性研究，谬误难免，尚乞方家先知不吝赐教。

2017年11月18日深夜于高邮龙虬庄